Peter Demetz
Mein Prag

Erinnerungen
1939 bis 1945

Aus dem Englischen von
Barbara Schaden

Paul Zsolnay Verlag

Die Originalausgabe erscheint erstmals 2008 unter dem
Titel *Prague in Danger: The Years of German Occupation, 1939–45*
im Verlag Farrar, Straus and Giroux, New York.

1 2 3 4 5   11 10 09 08 07

ISBN 978-3-552-05407-3
© 2008 by Peter Demetz
Alle Rechte der deutschsprachigen Ausgabe
© Paul Zsolnay Verlag Wien 2007
Bildnachweis: Die Familienfotos stammen aus der
Sammlung von Peter Demetz, die historischen Bilder aus dem
Fotoarchiv des Tschechischen Pressebüros (ČTK) in Prag.
Satz: Eva Kaltenbrunner-Dorfinger, Wien
Druck und Bindung: Friedrich Pustet, Regensburg
Printed in Germany

Inhalt

iii. Terror und Widerstand

iv. Das Ende des Protektorats

Vorwort

Vor ein paar Jahren schrieb ich mit »Prag in Schwarz und Gold« eine Geschichte meiner Heimatstadt vom sechsten bis ins frühe zwanzigste Jahrhundert. Ich weiß noch sehr gut, wie anregend es war, die klassischen Historiker und ihre Kommentare über Könige, Kaiser und den unvermeidlichen Golem zu studieren. Schwieriger waren die abschließenden Seiten über die Beerdigung Tomáš Garrigue Masaryks, des ersten Präsidenten der Tschechoslowakischen Republik, denn am 21. September 1937 stand ich selbst in der Menge, ein ungeduldiger Fünfzehnjähriger, der traurig die Flaggen, den Sarg auf einer Lafette und die defilierenden Soldaten beobachtete. Wohin sollte ich mich wenden, als ich fast sechzig Jahre später über dasselbe Ereignis schrieb? Da waren die Berichte in alten Zeitungsarchiven und die Chroniken der Historiker, aber da war auch, überwältigend gegenwärtig, gefiltert durch meine Augen und Ohren und in mir emporsteigend, meine persönliche Erinnerung an jenen düsteren Morgen.

Diese Schwierigkeiten standen wieder vor mir, als ich mich entschloß, über die deutsche Okkupation Prags (1939 bis 1945) zu schreiben. Natürlich mußte ich mich wieder auf die Berichte der Historiker und auf die Zeitungsartikel stützen, doch im Unterschied zur Regierungszeit Karls IV. oder Rudolfs II. war ich damals immer dabeigewesen, hatte all die Jahre in und von dieser Welt gelebt, dazugehört, mich darin bewegt, geatmet, beobachtet. Unsere Großväter, die Existentialisten, hatten recht – »sein« bedeutet »so sein«, eine bestimmte Sprache sprechen, einer bestimmten Volksgruppe angehören, sich zu einer bestimmten Religion bekennen. Die Sache wurde aber kompliziert, wenn man nicht in einem der scharf abgegrenzten ethnischen Bataillone marschierte, wie sie den Schulbüchern so lieb und teuer sind. Man mußte Tscheche, Deutscher oder Jude sein, klar und deutlich; mit einem Halbjuden wie mir, der zwischen den Sprachen und Volkszugehörigkeiten saß, wußten die Leute leider nichts anzufangen.

Ich möchte das, was ich hier vorhabe, als den mehr oder minder unmöglichen Versuch bezeichnen, einen öffentlichen Bericht über die Prager Gesellschaften während der Okkupation und zugleich meine private Geschichte vorzulegen. Bei der Darstellung von Politik und kulturellem Leben im Protektorat halte ich mich an die Vorgehensweise des Historikers, ohne jedoch meine persönlichen Erlebnisse auszuklammern. Ich nehme meine Zuflucht zu einem Perspektivwechsel, auch wenn er noch so abrupt und übergangslos ist. Dies geschieht deshalb, weil ich keine zwangsläufige Interpretation des Verhältnisses zwischen kriegführenden Gesellschaften und Individuum in schweren Zeiten vorgeben will und weil es mir lieber ist, öffentlichen Bericht und private Geschichte (sofern, um mit Paul Ricœur, dem Philosophen des Erinnerns und Vergessens zu sprechen, eine solche Unterscheidung überhaupt möglich ist) nebeneinanderzustellen: Durch die Konfrontation mit Umständen, die häufig den übernommenen Terminologien widersprachen, sei den Lesenden vielleicht gelegentlich ein Schock der Erkenntnis ermöglicht – auch physiologischer Art.

Als ich mich mit der Vergangenheit meiner Familie beschäftigte, um meine private Geschichte zu erzählen, stellte ich zu meiner großen Überraschung fest, daß ich auf beiden Seiten von Einwanderern abstamme und daß hundert Jahre später nur noch einer meiner Cousins mit seiner kleinen Familie in der uralten Stadt lebt, die einst von einer Vielzahl meiner Onkel und Tanten, von angeheirateten Verwandten, deren Kindern und Enkeln bevölkert war – eine angesichts der langen Zeitspanne urbaner Geschichte kurze, fragile Begegnung, die doch von Hoffnungen, individuellen Schicksalen und Tragödien überquillt. Mein Südtiroler Großvater, der aus einer ladinischen Bauernfamilie aus dem Grödnertal stammte, traf auf seinem Weg nach Norden nicht vor 1885 in Prag ein, und mein jüdischer Großvater, der vor dem in den böhmischen Kleinstädten um sich greifenden Antisemitismus floh, kam mit seiner Familie erst um 1900 nach Prag – ein bemerkenswertes Zusammentreffen unterschiedlicher Herkünfte, Sprachen und Traditionen: Sie wuchsen ins Dickicht einer uralten Gemeinschaft ein, die fortwährend neue Zuwanderer aus allen Teilen der österreichisch-ungarischen Monarchie anlockte. Ich bin überzeugt, daß das Prag der Jahrhundertwende Anklänge an das alte New York hatte – so viele verschiedene Menschen, die alle unter einem gemeinsamen bürgerlichen Recht und später, in Masaryks Republik, unter einer Verfassung lebten. Die von eigenem Nationalismus getriebene und, als Reaktion darauf, einen anderen Nationalismus heraufbeschwörende deutsche Okkupation setzte der multiethnischen Prager Gesellschaft, die jahrhundertelang sehr lebendig und produktiv gewesen war, eine Zeitlang erheblich zu und richtete sie beinahe zugrunde. Doch die Stadt war unbeugsam, und die dreieinhalb Millionen Touristen aus aller Welt, die heute Jahr für Jahr zu Besuch kommen, verschleiern eher, daß die Stadt auch heute wieder mit ungebrochener Vitalität und Kraft Neubürger anzieht, die in der Bauindustrie, in Dienstleistungsbetrieben, im Bankwesen und im Geschäftsleben aktiv sind – Russen, Polen, Ukrainer, Italiener, Amerikaner (fast 14 000 in den Neunzigern, heute wieder weniger) und »neue« Deutsche.

Dieses Buch, das vielleicht persönlicher ist als andere Bücher, die ich geschrieben habe, ist dem Andenken Hannas (1928 bis 1993) gewidmet. Wir lernten uns kurz nach der Befreiung kennen und mußten einander nicht viel erklären (unsere jüdischen Mütter waren während der Okkupation gestorben: die ihre, weil der jüdische Arzt zu spät kam, meine in Theresienstadt), und während viele, die aus den Lagern zurückkehrten, sofort nach Amerika oder Israel auszuwandern versuchten, hatten wir die Hoffnung, daß die Liberalen – jeglicher Gestalt – die Wahlen gewinnen würden, und lasen die Zeitungsartikel von Ferdinand Peroutka, Pavel Tigrid, Helena Koželuhová und Michal Mareš, einer vereinten Front gegen die Stalinisten, die täglich ihre Macht im Staat ausweiteten. Nach dem kommunistischen Putsch im Februar 1948 mußten auch wir gehen; und während wir früher im Scherz diskutiert hatten, was für ein Auto wir im großen Westen erstehen würden (Hanna wollte einen roten Sportwagen, ich einen dunkelgrünen), ging es jetzt darum, wie wir es anstellen sollten, das Land zu verlassen, ohne erwischt und zu sieben Jahren Zwangsarbeit verurteilt zu werden. Hanna, die als Sekretärin bei der Tschechoslowakisch-Britischen Gesellschaft arbeitete, stand unter wachsendem Druck von seiten der Geheimpolizei, die von ihr verlangte, Informationen über die Vorgänge in ihrem Büro weiterzugeben, und nachdem ich am Marsch der zweitausend Studenten auf den Hradschin – die Kommandozentrale in Prag, die Burg auf dem Hradschin beherbergte Jahrhunderte hindurch die Regierenden der Tschechoslowakei – teilgenommen hatte, um Präsident Beneš von der Bestätigung einer stalinistischen Regierung abzuhalten – er unterschrieb, wäh-

rend wir marschierten –, und an einer Dissertation über (ausgerechnet) Franz Kafka und englische Literatur arbeitete,
hatte auch ich meine Sorgen. Hanna mußte den Verlobungs-
ring ihrer Mutter verkaufen, damit wir einen nicht mehr ju-
gendlichen Pfadfinder bezahlen konnten, der uns und ein
paar andere Studenten Ende 1949 durch die Wälder nach
Bayern schmuggelte, und so kam es, daß wir die Flüchtlingslager in Westdeutschland durchliefen, kurze Zeit für
Radio Free Europe arbeiteten und rund zwei Jahre später mit
riesigen Rucksäcken und ein paar Münzen in der Tasche
wohlbehalten auf dem Idlewild Airport im Staat New York
eintrafen. Prag, die alte Stadt, gehörte der Vergangenheit an,
aber wir hörten nicht auf, über ihren zwiespältigen Zauber
zu reden, der sich jetzt, aus der Distanz, wieder golden
färbte.

Das offizielle Prag wurde unterdessen für lange Zeit von
den Parteiproklamationen beherrscht, und erst Ende der
sechziger, Anfang der siebziger Jahre wurden im Ausland
Detlef Brandes' Forschungsergebnisse (1969) und Vojtěch
Mastnýs frühes Buch über die Tschechen unter der Nazi-
herrschaft (1971) veröffentlicht. Untersuchungen über jüdische Angelegenheiten stießen ihrerseits auf Schwierigkeiten; das dem Zionismus argwöhnisch gegenüberstehende
kommunistische Regime zog den allgemeinen Begriff »Anti-
faschismus« vor, Karel Lagus' und Josef Poláks Buch über
Theresienstadt wurde von der Liga der Antifaschistischen
Kämpfer (1964) herausgegeben, und der Romanautor und
Auschwitzüberlebende Arnošt Lustig wanderte 1969 in die
Vereinigten Staaten aus. Wichtige Forschungsarbeiten über
die Judenverfolgung im Protektorat erschienen im Ausland,
so H. G. Adlers »Theresienstadt« (1955/2005) oder (nachdem sie früher gelegentlich auf tschechisch geschrieben
hatte) Livia Rothkirchens fundamentales Werk »The Jews of

Bohemia and Moravia: Facing the Holocaust« (2005). Zum Glück veröffentlichte das Institut Theresienstädter Initiative 1995 seinen ersten, von Miroslav Kárný herausgegebenen Band internationaler Studien, auf den viele weitere folgten.

In der Tschechischen Republik der Siebziger und Achtziger zogen es viele findige Autoren vor, eine sogenannte *literatura faktu* (»Faktenliteratur«) zu schreiben oder auf recht melodramatische Weise Dokumentation mit Fiktion zu kombinieren. Das war mitunter sehr erfolgreich, etwa im Fall von Miroslav Ivanovs 1987 in fünfter Auflage erschienenem Bestseller über Heydrich. Die »Normalisierung«, das heißt die Rückkehr des Neostalinismus nach dem kurzen Prager Frühling, stellte einer ganzen nachfolgenden Generation von Historikern und Politikwissenschaftlern neue Hindernisse in den Weg: Wirklich entfalten konnten sie sich erst nach der »Samtrevolution« (Jan Křen, Jan Kuklík, Václav Kural, Robert Kvaček, Miloslav Moulis, Tomáš Pasák und andere). Man braucht nur Karel Bartošeks und Stanislav Kokoškas Bücher über den Prager Aufstand zu lesen, um den Unterschied zu erkennen – das eine, 1965 erschienen, trotz aller Camouflage ein politisches Traktat und das andere, aus dem Jahr 2005, eine nüchterne Analyse der Ereignisse, gestützt auf Quellenmaterial aus internationalen, auch sowjetischen und amerikanischen Archiven. Die jüngeren Prager Historiker haben ihre aufgeschlossenen Kollegen in anderen Ländern eingeholt.

Zu großem Dank verpflichtet bin ich der zu slawischen Themen besonders gut ausgestatteten Sterling Memorial Library (Yale University), der Tschechischen Nationalbibliothek in Prag, an der ich erstmals vor nahezu sechzig Jahren als Doktorand arbeitete, der Österreichischen Nationalbibliothek in Wien und der Bibliothek des Adalbert-Stifter-Vereins in München, wo ich die loyale Unterstützung des

Historikers Dr. Jožo Dzambo hatte. Ein besonderes Vergnügen war es, im Tschechischen Filmarchiv in Prag zu arbeiten,
wo mir Frau Jaroslava Šlechtová stets bereitwillig alle Fragen beantwortete, ebenso im Prager Theaterinstitut, wo mir
Dr. Jitka Ludvová den Zugang zu den dort verwahrten Ma-
nuskripten meines Vaters ermöglichte. Zutiefst dankbar bin
ich auch meinem Agenten William B. Goodman für seine anhaltende Ermutigung und seinen unschätzbaren Rat sowie
Suzanne Gray Kelley, die wie immer meine erste amerikanische Leserin war und so geduldig wie langmütig die rauhen
Kanten meiner Syntax (zu schweigen von den Präpositio-
nen) glättete. Es war wieder einmal ganz besonders lohnend,
mit meiner Lektorin, Elizabeth Sifton, zusammenzuarbei-
ten, die behutsam über alle Änderungen im Text wachte,
mich in der Kunst des aussagekräftigen Arguments unterrichtete und mich immer wieder an die Erwartungen meiner
amerikanischen Leserschaft erinnerte. Meine Cousine In-
grid Runggaldier, M. A., vom Amt für Sprachangelegenhei-
ten der Autonomen Provinz Bozen prüfte freundlicherweise
die Geschichten über meine ladinischen Vorfahren nach,
mein Prager Cousin Petr versorgte mich mit wichtigen Un-
terlagen über die böhmische Geschichte der Familie Brod.
Und was Dokumente und Abbildungen betrifft, so konnte
ich wieder auf die Erfahrung von Luba Rasine-Ortoleva
zählen, die mir schon bei der Gestaltung früherer Bücher geholfen hat. Meine Nachforschungen wären nicht vollständig
ohne die sachkundige Hilfe meiner beiden Prager Assisten-
tinnen Eva Hulanová, M. A., und Linda Skolková, B. A. Frau
Hulanová, damals in der Germanistikabteilung der Karlsuniversität in Prag, half mir bei den Kapiteln I und II, und
Frau Skolková, Bibliothekarin und EDV-Expertin, unterstützte mich bei den Kapiteln III und IV. Es war informativ
und ein Vergnügen, mit ihnen zu arbeiten, und ich habe da-

bei viel gelernt. Mit Autoren, die allzuviel in die Vergangenheit blicken, ist kein leichtes Leben, und ich bin glücklich, meiner Frau Paola danken zu dürfen, für unendliche Toleranz, Sympathie und tägliche Hilfe.

Cambridge, Massachusetts, Mai 2007

1. Der Einmarsch

Präsident Hácha reist nach Berlin

Hitler machte nie ein Hehl aus seiner eigentlichen Absicht, neuen »Lebensraum« für sein Volk im Osten zu schaffen und die ihm im Weg stehende liberale Tschechoslowakei zu zerschlagen. Nach der Annexion Österreichs im März 1938 kam der britische Premierminister Neville Chamberlain in der Hoffnung, Hitlers Angriffsabsichten zu beschwichtigen und einen weiteren destruktiven Krieg in Europa zu verhindern, zweimal auf das europäische Festland; leider mit spektakulärem Mißerfolg. Um sich gegen einen deutschen Angriff zu schützen, hatte die Tschechoslowakei 1926 mit Frankreich und 1935 mit der Sowjetunion ein Bündnis geschlossen – die Sowjetunion versprach zu intervenieren, aber nur, wenn Frankreich zuerst eingriff –, doch die Republik blieb exponiert und anfällig, und die zwischen der Tschechoslowakei, Rumänien und Jugoslawien geschlossenen Parallelabkommen der »Kleinen Entente« zur Verteidigung gegen einen Angriff von ungarischer Seite waren praktisch nutzlos.

In der Tschechoslowakischen Republik selbst wehrte sich eine hektische deutschnationalistische Bewegung unter Führung von Konrad Henlein, die bei den Nationalsozialisten in Berlin volle Unterstützung fand, gegen die Prager Regierung und forderte die Vereinigung des Sudetenlands, in dem die meisten Deutschen der Tschechoslowakei lebten, mit dem Deutschen Reich. Als die deutschen Truppen im März

1938 zum Einmarsch rüsteten, machten auch die Tschechoslowaken teilweise mobil; die Lage ließ nichts Gutes ahnen.
Zur Lösung der tschechoslowakischen Krise schlug Hitlers
Verbündeter Mussolini ein Viermächtetreffen vor: Die berühmte Konferenz, an der Vertreter Deutschlands, Großbritanniens, Frankreichs und Italiens, nicht aber der Tschechoslowakei teilnahmen, trat am 29. und 30. September 1939 in
München zusammen. Chamberlain, der französische Premierminister Édouard Daladier, Hitler und Mussolini unterzeichneten ein Abkommen, das allen Forderungen der Deutschen entgegenkam. Am 1. Oktober sollte das Sudetenland
an das Deutsche Reich abgetreten werden. Die Zugeständ-
nisse entzogen der Tschechoslowakischen Republik wesent-
liche Gebiete ihres historischen Territoriums, ihre wichtigsten Befestigungen gegen Deutschland und einen großen
Teil ihrer Eisen-, Stahl- und Textilindustrie. Mit der Abtretung des Sudetenlands drohte außerdem der Verlust weiterer, von Polen und Ungarn begehrter Grenzgebiete im
Osten. Am 23. September hatte die Tschechoslowakei in einer verzweifelten Geste noch einmal ihre Armee und ihre
Luftstreitkräfte mobilisiert, nur um am 30. September zu ka-
pitulieren.

Das Münchner Abkommen beraubte die Tschechoslowakei nicht nur ihrer schützbaren Grenzen, sondern schwächte
auch ihre demokratischen Traditionen erheblich. Aus dem
Zusammenbruch des österreichisch-ungarischen Reichs war
das Land am 18. Oktober 1918 im Unterschied zu vielen seiner Nachbarn als liberale Republik mit starken parlamentarischen Institutionen hervorgegangen, und T. G. Masaryk,
sein Gründer und erster Präsident, und seine loyalen Verbündeten, zu denen auch der junge Außenminister Eduard
Beneš zählte, wachten aufmerksam über die politische Ausgewogenheit und das Zusammenspiel der verschiedenen

Parteien. 1926 traten Vertreter der deutschen Liberalen, Katholiken und Sozialisten der Regierung bei und blieben mehr als zwölf Jahre. Masaryks Rücktritt aus Altersgründen im Jahr 1935 fiel mit der dramatischen Verschlechterung der Lage in Europa zusammen, und nach der Münchner Konferenz und der Kapitulation der tschechoslowakischen Regierung 1938 zwang der fortgesetzte Druck der Deutschen Masaryks Nachfolger Beneš am 5. Oktober zum Rücktritt; er verließ das Land zwei Wochen später (22. Oktober) in einem Privatflugzeug – doch war er entschlossener denn je, auf etwaige Veränderungen in der europäischen Lage zu reagieren und weiterhin, wie Masaryk es zu seiner Zeit getan hatte, auf der internationalen Bühne aufzutreten, um die Integrität der Republik wiederherzustellen. Beneš' 1939 in Paris gegründetes Tschechoslowakisches Nationalkomitee war kein diplomatischer Erfolg, doch die tschechoslowakische Exilregierung, die sich im Sommer 1940 in London bildete, wurde von England und der Sowjetunion und später von sämtlichen Alliierten, auch den Vereinigten Staaten, anerkannt.

Deutschlands Einmarschpläne gegen die Tschechoslowakei schienen nach dem Münchner Abkommen erst einmal auf Eis gelegt. Dieser Aufschub diente dazu, die öffentliche Meinung in Großbritannien zu besänftigen und vorzeitige Konflikte zu vermeiden. Doch nachdem die Sudetenfrage zu Hitlers Gunsten gelöst war, drängte sich das slowakische Problem in den Vordergrund. Die Regierung in Prag, die Beneš nachfolgte, stimmte Anfang Oktober zu, die Tschechoslowakische Republik zur Tschecho-Slowakei zu förderalisieren und eine autonome Regierung samt Unterhaus in der slowakischen Hauptstadt Bratislava zu akzeptieren. Hitler entdeckte jetzt, mit einiger Verzögerung, die politischen Vorzüge der slowakischen Separatisten, die Unabhängigkeit forderten, und versicherte ihre militärischen Anführer persönlich seiner vollen, wenngleich verspäteten Sympathie. Der slowakische Nationalismus erlebte einen neuen Aufschwung, und in Prag hatte der verfassungsgemäß agierende Präsident Emil Hácha kaum eine andere Wahl, als vier separatistische Minister in Bratislava abzusetzen und den dort stationierten Armee-Einheiten für den Fall eines Separatistenaufstands den Befehl zur Verteidigung der Republik – ob mit oder ohne Bindestrich – zu erteilen. Sein Vorgehen mochte Hitler in die Hände gespielt haben, der prompt Monsignore Jozef Tiso, den slowakischen Regierungschef, nach Berlin einlud und bedrängte oder vielmehr erpreßte, sich für die Selbständigkeit zu entscheiden. Die Alternative, die sie der Slowakei anboten, war die Okkupation durch Ungarn, das dem Verlust slowakischer Gebiete seit 1918 nachtrauerte. Das Problem war, daß in Deutschland die militärischen Uhren tickten: Die an den Grenzen zu Böhmen und Mähren zusammengezogenen Truppen hatten ihren geheimen Marschbefehl, und Präsident Hácha bat Hitler um ein Gespräch zur Klärung der Lage.

Für die Tschechen war Präsident Háchas verhängnisvolle Reise nach Berlin keine Frage sorgfältiger diplomatischer Vorbereitung; sie konnte es nicht sein. Die Deutschen hatten sie initiiert und geplant, und der alte Mann ging ihnen geradewegs in die Falle. Hácha war über die deutschen Absichten nicht sehr gut informiert. Er fuhr in der Überzeugung, man werde über slowakische Angelegenheiten diskutieren, und die Leute in seiner Umgebung, eingeschlossen die tschechische Regierung, waren sehr zuversichtlich, daß die Tschecho-Slowakei eine Überlebenschance hätte, falls Hitler nicht direkt herausgefordert würde. Den Berichten von Oberst František Moravec, Leiter des Militärgeheimdienstes, denen zufolge der Einmarsch deutscher Truppen unmittelbar bevorstand (Moravec hatte seine Informationen von tschechischen Journalisten, vom französischen *Deuxième Bureau* sowie seinem Agenten A-54, einem Offizier der deutschen Abwehr, der beide Seiten bediente), schenkte die tschechische Regierung keinen Glauben. Nachdem Moravec seine Pflicht getan hatte, packte er einen Teil seines Archivs ein, versammelte seine Mitarbeiter und bestieg eine KLM-Maschine, die über Rotterdam nach London flog, wo die Geheimdienstoffiziere ungefähr um dieselbe Zeit landeten, als Háchas Zug in Berlin eintraf.

Am 14. März 1939 ging alles sehr schnell. Zu Mittag stimmte das slowakische Parlament in Bratislava über die schon beschlossene, von Deutschland in jeder Hinsicht unterstützte, womöglich sogar eingefädelte Selbständigkeit der Slowakei ab; das Außenministerium in Berlin teilte seinem Chargé d'Affaires in Prag mit, Präsident Hácha werde unverzüglich in Berlin erwartet (Hitler, der Hácha ursprünglich per Flugzeug bestellt hatte, ließ ihn dann mit der Eisenbahn reisen); die Nachricht wurde über die entsprechenden Kanäle von der deutschen Botschaft in Prag an Präsident Hácha weitergeleitet, der zu dem Zeitpunkt mit einem tschechischen katholischen Bischof zu Mittag aß und sich auf die abendliche Galavorstellung von Dvořáks Oper »Rusalka« im Nationaltheater freute.

Die nach dem Essen rasch zusammengestellte Reisegesellschaft war nicht sehr groß. Sie bestand aus dem Präsidenten, seiner Tochter Milada Rádlová (in ihrer Funktion als First Lady) und dem im Verdacht politischer Sympathien für die italienische Spielart des Faschismus stehenden tschechischen Außenminister František Chvalkovský, der von einem Mitarbeiter seines Büros begleitet wurde. Mit von der Partie waren ferner der Sekretär des Staatspräsidenten, Dr. Josef Kliment, der bald eigene Vorstellungen von Kollaboration entwickelte, der treue Butler Bohumil Příhoda, der in besse-

ren Zeiten T. G. Masaryk gedient hatte, sowie ein Polizei-
inspektor. Nachdem einige Regierungsmitglieder vom Präsidenten Abschied genommen hatten, verließ der noch un-
geheizte Sonderzug um vier Uhr nachmittags den Bahnhof Hybernská. Frau Rádlová hatte den Eindruck, daß auf
ihr Abteilfenster ein Schuß abgefeuert wurde, als der Zug
tschechisches Staatsgebiet verließ (es kann freilich auch ein
auf den Waggon geworfener Stein gewesen sein). Kurz vor
22 Uhr trafen die Reisenden auf dem Anhalter Bahnhof in
Berlin ein und wurden, streng nach Protokoll, von einer
militärischen Ehrengarde, dem Staatssekretär Dr. Otto Meiß-
ner sowie dem tschechischen Botschafter in Berlin, Vojtěch
Mastný, begrüßt.

Gegen Mitternacht erschien der deutsche Außenminister
Joachim von Ribbentrop kurz im Hotel Adlon, Hácha machte ein paar steife Bemerkungen über die Schwierigkeiten
kleiner Nationen gegenüber einer Großmacht, und als der
Außenminister wieder fort war, traf die Nachricht ein, Hitler sei jetzt bereit, seine tschechischen Gäste in der Reichskanzlei zu empfangen. Inzwischen war es ein Uhr morgens,
denn er hatte erst noch seinen täglichen Film sehen müssen,
keinen zweitklassigen Western wie sonst, sondern die einigermaßen anspruchsvolle Komödie »Ein hoffnungsloser
Fall« von Erich Engel mit Jenny Jugo, Karl Ludwig Diehl
und Axel von Ambesser in den Hauptrollen. Im Innenhof
präsentierte eine weitere Ehrenwache (nicht der Wehrmacht,
sondern der SS) die Gewehre, und nun wurden Hácha und
Chvalkovský von Hitler und einer einmütigen Gruppe empfangen, unter ihnen der frisch aus dem Italienurlaub zurück-
gekehrte Hermann Göring, General Wilhelm Keitel vom
Oberkommando der Wehrmacht, der Außenminister und
seine Assistenten (darunter ein Dolmetscher, der nicht
benötigt wurde, weil Hácha fließend Deutsch sprach) sowie

der Beauftragte Walter Hewel, der eine stenographische Mitschrift der Verhandlungen zu erstellen hatte.

Hácha, ein Gentleman der alten Schule, stellte sich Hitler vor, doch was er wirklich sagte in seiner stillen Selbsterniedrigung oder seinem Versuch auszuloten, was Hitler im Sinne hatte, läßt sich nicht leicht feststellen. Journalisten und spätere Historiker beziehen sich gerne auf unterschiedliche Quellen, zitieren entweder aus Hewels Stenogramm (das kaum in Zweifel zu ziehen ist, obwohl Walter Hewel ein unerschütterlicher Anhänger Hitlers war und später in Berlin auf der Straße Selbstmord beging, um der sowjetischen Gefangenschaft zu entgehen), aus Háchas eigenem, eine Woche später (20. März 1939) niedergeschriebenen Gedächtnisprotokoll oder dem Interview, das er im April dem tschechischen Schriftsteller Karel Horký gab. Hácha wollte sich als eher unpolitischer Staatsdiener präsentieren, der lange Zeit aufmerksam Hitlers Ideen verfolgt habe; mit Masaryk und Beneš habe er nie auf vertrautem Fuß gestanden (das stimmt; allerdings wurde er von Masaryk in sein Amt berufen, und beide Präsidenten hatten vollkommenes Vertrauen in seine Verfassungstreue). Er bemerkte auch, er habe sich gefragt, »ob es ein Glück für die Tschechoslowakei sei, ein selbständiger Staat zu sein«, was nicht unbedingt ein blasphemischer Gedanke war (wäre er zu einem anderen Zeitpunkt geäußert worden), rechtfertigte seine jüngste Einmischung in slowakische Angelegenheiten mit den Geboten der Verfassung und appellierte an Hitler, er, der sich nationaler Probleme seit jeher bewußt gewesen sei, werde sicherlich Verständnis für den Wunsch der Tschechen nach einem nationalen Eigenleben haben.

Hitler fegte Háchas höfliche Worte beseite und teilte ihm brüsk mit, er sei an den slowakischen Angelegenheiten momentan nicht interessiert, sondern habe wegen der unverminderten Mißhandlungen Deutscher durch die Tschechen den Befehl zum Einmarsch der deutschen Truppen um Punkt sechs Uhr morgens zur Eingliederung des Landes, das er nach wie vor Tschecho-Slowakei nannte, in das Deutsche Reich erteilt. Allerdings werde den Tschechen »die vollste Autonomie« und ein großzügigeres »Eigenleben« zugestanden, »mehr als sie es jemals in der österreichischen Zeit genossen« hätten. Die Gäste konnten darauf nichts erwidern, denn Hitler fing jetzt an zu schreien: Jeder Widerstand werde die schrecklichsten Folgen haben. Hácha, der noch immer der Meinung war, es ließen sich Argumente austauschen, fragte, ob die Entwaffnung der tschechischen Streitkräfte vielleicht auch auf andere Weise versucht werden könne, doch Hitler sagte, sein Entschluß sei unwiderruflich. Der tschechische Präsident bezweifelte, daß es möglich sei, sämtlichen Einheiten der tschechischen Armee innerhalb der noch verbleibenden kurzen Frist (inzwischen muß es bald drei Uhr morgens gewesen sein) Bescheid zu geben, woraufhin ihm Hitler die Benutzung der Telefone in seinem Amt anbot. Die tschechischen Gäste wurden in einen anderen Raum geführt, und Hácha telefonierte als erstes mit General Jan Syrový von der Prager Regierung und ordnete an, allen etwaigen Widerstand aufzugeben. Hácha und Chvalkovský führten noch einige weitere Telefonate mit der Prager Regierung, die sich verfassungsrechtlich gesehen in einem seltsamen Schwebezustand befand, denn sie hatte ihre Demission eingereicht, die vom Präsidenten aber noch nicht angenommen war.

Unterdessen kursierte der Text einer gemeinsamen Erklärung, doch der 67jährige Hácha war vollkommen erschöpft, und Hitlers Leibarzt, Dr. Theo Morell, der fest an den Nutzen von Spritzen aller Art glaubte, bot ihm eine stärkende Traubenzuckerinjektion an, die Hácha nach anfänglichem

Widerstand annahm. Göring spielte unterdessen den guten Bullen und nahm Hácha beiseite; statt ihn anzuschreien, machte er ihm ruhig, ja beinahe feinfühlig klar, daß er nur äußerst ungern seinen Piloten den Befehl erteilen werde, Prag zu bombardieren und »diese schöne Stadt« zu vernichten, nur um den Franzosen und Engländern zu demonstrieren, »daß meine Luftwaffe eine hundertprozentige Arbeit zu leisten vermag«.

Hácha wandte schließlich ein, er könne die Erklärung nicht im Namen der Regierung unterzeichnen, und es mag eine spätere Erfindung sein, daß daraufhin ein philologischer Streit über die Frage entbrannte, ob das Schicksal des tschechischen Volkes tatsächlich in Hitlers Händen »lag« oder ob Hácha es dorthin »gelegt« habe. Am Ende, gegen 3 Uhr 55, wurde das Abkommen von Hácha, Chvalkovský, Hitler und seinem Außenminister unterzeichnet. Der tschechische Präsident, der die militärische Okkupation nach wie vor für einen vorübergehenden Zustand hielt, legte also das Schicksal seiner Nation »in die Hände des Führers« (das war der rhetorische Wortlaut, den auch die slowakischen Funktionäre einige Tage zuvor gebraucht hatten). Unverzüglich wurde der Text telefonisch der Prager Regierung übermittelt, und ein zusätzliches Protokoll, verfaßt auf der Grundlage eines vier Tage zuvor von General Keitel erstellten Dokuments, formulierte in sieben Punkten die Kapitulation: Verbot jeglichen Widerstands für Armee und Polizei, Startverbot für sämtliche Flugzeuge, Abbau der Flakartillerie, unveränderte Fortführung des öffentlichen und wirtschaftlichen Lebens und äußerst eingeschränkte Berichterstattung in den Medien. Die Augenzeugenberichte verraten nichts darüber, wie Hácha und seine Entourage die Zeit verbrachten, bis der Sonderzug am 15. März 1939 kurz nach elf Uhr vormittags den Anhalter Bahnhof verließ; klar ist jedoch, daß die deutschen Behörden (angeblich wegen schlechten Wetters) die Reise absichtlich um einige Stunden verzögerten, um sicherzustellen, daß Hitler (der auf einen Sonderzug und seinen Fuhrpark zurückgriff) vor Hácha in Prag eintraf.

Emil Hácha: Richter und Präsident

Die fortdauernde Diskussion über die Frage, ob Hácha nun ein faschistischer Kollaborateur oder ein patriotischer Held oder beides war, hat eine nuanciertere historische Analyse, wie sie mehr als fünfzig Jahre später Tomáš Pasák und Robert Kvaček mit ihren Schriften vorlegten, jahrzehntelang verhindert. Doch das Drama im März 1939, in dem Hitler, der heimtückische Zerstörer aller gesetzlichen und menschlichen Ordnung, und Emil Hácha, oberster Richter und Anwalt seiner Nation, einander gegenüberstanden, hat eine Shakespearesche Dimension, in der Tragöde und grausamste Ironie nicht fehlen; und je mehr ich aus Vít Macháleks resolut defensiver Biographie (1998) über Háchas Vorzüge und über seine Blindheit, seine Hartnäckigkeit und sein hilfloses Selbstmitleid erfahren habe, desto mehr bin ich geneigt, die Seelenstärke des alternden Juristen anzuerkennen, der versuchte, weniger den Staat als seine Nation zu retten (wie er sagte), und ihm, der in seinen letzten Lebensjahren im Schloß der tschechischen Könige akute physische und psychische Veränderungen erlitt, Mitgefühl entgegenzubringen.

Emil Háchas Vorfahren waren südböhmische Bauern und kleine Grundbesitzer, Brauereimeister und Förster gewesen, erst seinen Vater, der die feste Laufbahn des Steuerbeamten anstrebte, hatte es vom Land in die Stadt gezogen. Sein ältester Sohn, Emil (geboren am 12. Juli 1872 in Trhové Sviny), brachte seine Schulzeit, eingeschlossen ein kleinstädtisches Gymnasium, rasch hinter sich und übertraf die Erwartungen seines Vaters, indem er Student an der tschechischen juristischen Fakultät in Prag wurde, während sein jüngerer Bruder, Theodor, in die Vereinigten Staaten ging, an der Cooper Union in New York Maschinenbau studierte (und auf Long Island wohnte) und als US-Bürger 1904 nach Prag zurückkehrte, um dort eine Stelle anzutreten. Zeitgenössische Fotografien zeigen den Studenten Emil als gutaussehenden, eleganten jungen Mann mit vollen Lippen und der energischen Nase seiner Mutter (sie zeigen nicht, daß er bemerkenswert klein war), und angesichts der Zeit, in der er lebte, ist es kein Wunder, daß er auch literarische und musikalische Interessen kultivierte und aufmerksam zuhörte, wenn Marie, eine Cousine mütterlicherseits und seine spätere Frau, Wagner sang (die Isolde) und sich dazu auf dem Klavier begleitete.

Emil und Marie, die später von engen Freunden »Queen Mary« genannt wurde, heirateten am 2. Februar 1902 in Prag, und ihre einzige Tochter, Milada, kam Anfang 1903 zur Welt. Der junge Anwalt fühlte sich, jedenfalls in seinen ersten Ehejahren und noch bevor er juristische Aufsätze in Fachzeitschriften zu veröffentlichen begann, sehr zur Literatur hingezogen, vorzugsweise zur englischen, und dichtete selbst. Seine Gedichte – die löblich, aber keine Meisterwerke sind – entsprechen der Mode in der zeitgenössischen Kunst, ob sie sich Symbolismus oder Fin de siècle nannte. Er verkehrte mit Jaroslav Vrchlický und Jiří Karásek ze Lvovic von den »Dekadenten« und bewunderte Émile Verhaeren aus dem fernen Prag. In seinen Gedichten, die er stets Marie widmete, stellte er seine Träume der Prosa seines Berufs gegenüber – »zwei Krücken anstelle von Flügeln / führt mich mein Weg in gewöhnliches Flachland / ich trinke nicht aus seltenen Quellen / sammle nur Tautropfen in der Hand« – und gestand, wie bezaubert er von seiner Braut sei, »Präraffaelitische Frauen hatten deinen Leib / deine großen Augen und das Altgold deines Haars / gefangen bin ich von deiner Schönheit und der Musik deiner Stimme«. 1902 reiste Hácha nach England, um sowohl das im Vergleich zum alten Österreich sehr unterschiedliche Rechtssystem als auch die zeitgenössische Literatur zu studieren, und übersetzte gemeinsam mit seinem Bruder, dem »Amerikaner«, Jerome Klapka Jeromes populären Roman »Three Men in a Boat« (1902 in Prag von Topič veröffentlicht), Rudyard Kiplings Gedicht »If« (zufällig auch das Lieblingsgedicht des späteren Präsidenten Eduard Beneš) und Robert Louis Stevensons Aufsatz über Villon, die alle ungefähr um dieselbe Zeit erschienen. 1903 berichtete er häufig für angesehene Zeitschriften über die britische Literatur der Gegenwart, und 1904 veröffentlichte er einen langen Artikel über Doyle, Kipling, Wells und Bram Stoker, aus dem der gebildete tschechische Leser die jüngsten Entwicklungen in der britischen Literaturszene erfuhr.

Aber es sollte nicht sein – berufliche Pflichten und juristische Forschung verhinderten es –, und obwohl er eine lebenslange Sympathie für die britische Jurisprudenz und Literatur beibehielt (in seiner frühen Korrespondenz mit Beneš in London versprach er am 10. November 1938, nach seiner Wahl zum Präsidenten der Tschechoslowakei am 30. Oktober 1938, höflich und auf englisch, er werde »sein Bestes tun«), wurde er kein Literat, wie er vielleicht gehofft hatte; jedoch versuchte er wenigstens, seine Pflichten mit einem Interesse für die moderne Bildhauerei, Malerei und Graphik zu kombinieren, und sammelte neue Arbeiten, so lange es ging. Weniger bekannt ist, daß er auch im fortgeschrittenen Alter noch gern in den Wäldern wanderte und in den böhmischen Flüssen schwamm, je kälter, desto besser. Ein Vetter von ihm, der – ausgerechnet – in Prag-Žižkov Gemeindepfarrer war, führte ihn ins Bergsteigen ein, so daß er fortan viele Urlaubstage in den österreichischen und slowenischen Alpen verbrachte und zu den Gründungsmitgliedern des ausschließlich männlichen und äußerst geschäftsmäßigen »Tschechischen Alpinistenvereins« zählte.

Nach Abschluß seines Studiums hatte Hácha drei Jahre in einer Anwaltskanzlei gearbeitet, fühlte sich dort aber eingeschränkt, so daß er 1898 dem ehrwürdigen Verwaltungspräsidium des böhmischen Königreichs beitrat, wo er, zuerst unter der Aufsicht von Fürst Jiří von Lobkovicz, knapp achtzehn Jahre tätig war und regelmäßig befördert wurde. Sein Ideal war es, ein echter »Staatsdiener« der britischen Art zu sein, gesetzestreu, aber keiner politischen Partei verpflichtet (ein Staatsbeamter empfände es als Beleidigung, würde er nach einer Parteizugehörigkeit gefragt, schrieb er später, während der Zeit der Republik). 1916 wurde er nach Wien geholt, zum Hofrat ernannt und in den k. k. Verwaltungsgerichtshof berufen, was seine Heimattreue aber nicht in Frage stellte. Nach der Gründung der Tschechoslowakischen Republik kehrte er nach Prag zurück und wurde Richter am Obersten Verwaltungsgericht der Tschechoslowakei, und Präsident T. G. Masaryk persönlich ernannte ihn am 22. Januar 1925 zu dessen Präsidenten und oberstem Richter über die verbrieften Rechte politischer, administrativer und wirtschaftlicher Institutionen sowie jener Einzelpersonen, die sich in ihren Grundrechten verletzt fühlten und sich über ihre Anwälte ans Gericht wandten. Seit 1909 veröffentlichte Hácha juristische Aufsätze in Fachzeitschriften, wie etwa über »Die Verfahrenswege des Parlamentarismus in Groß-

britannien«, lehrte als Dozent an der tschechischen rechts-
wissenschaftlichen Fakultät in Prag, wo er auch in Prü-
fungsausschüssen saß, und nach 1926 gab er zusammen mit
einem Komitee namhafter Professoren das umfangreiche
»Lexikon des tschechoslowakischen Öffentlichen Rechts«
heraus, zu dem er über ein Dutzend Artikel, etwa den Beitrag zum Thema Arbeitsrecht, selbst beisteuerte. Außerdem
veröffentlichte er 1934 eine Gegenüberstellung der neuen
preußischen und tschechischen Gesetze über die Kommu-
nalverwaltung, in der er in klaren Worten seine Überzeugung bekundete, daß der Glaube an die Demokratie und die
parlamentarischen Einrichtungen für immer unvereinbar
mit den Diktaten eines »Führers« sei.

Die schrecklichen Ereignisse der Münchner Konferenz
Ende September 1938 beeinflußten das Leben jedes Bürgers
der liberalen Republik und hinderten Hácha daran, sich, wie
ursprünglich beabsichtigt, als Anwalt für Anwälte in eine
südböhmische Kleinstadt zurückzuziehen und sich seinen
Studien, seiner Kunstsammlung und dem Andenken an
seine geliebte Frau zu widmen, die am 6. Februar 1938 gestorben war. Die Republik, vielmehr das, was von ihr noch
übrig war, erlebte einschneidende Veränderungen und hatte
sich mit Beginn des Herbstes in den föderativen Staat Tschecho-Slowakei verwandelt. Seine politischen Parteien, früher
32 und mehr an der Zahl, vereinbarten die Bildung einer, wie
sie paradoxerweise genannt wurde, »autoritären Demokratie«, die sich auf den Konsens lediglich zweier Parteiorganisationen stützte, der Partei der Nationalen Einheit (Konservative und Rechte) und der Partei der Nationalen Arbeit, die
sich aus Linksliberalen, Sozialdemokraten und ein paar
Kommunisten zusammensetzte. Die Armee hatte weisungs-
gemäß kapituliert, Präsident Beneš hatte am 6. Oktober auf
Druck der Deutschen sein Amt niedergelegt und war nach

England und am 22. Oktober weiter in die USA gereist. Nach der Verfassung mußte das Parlament (das noch im Amt war) einen neuen Präsidenten wählen, und zwar, so die einhellige Meinung, eine Persönlichkeit von Format; die Liste der Kandidaten war lang und vielgestaltig – manchen schwebte der Unternehmer Jan Bat'a vor, anderen der berühmte Komponist Josef Bohuslav Foerster.

Rudolf Beran, der kampferprobte Vorsitzende der konservativen Agrarier und neue Leiter der Partei der Nationalen Einheit, nach dessen Überzeugung wichtige Fragen des Rechts, der Ordnung, der Wiederherstellung auf den neuen Präsidenten zukamen, nominierte (und manipulierte?) Emil Hácha, der von einer Kandidatur zuerst nichts wissen wollte, doch von anderen, auch der Partei der Nationalen Arbeit, rasch akzeptiert wurde. Am 9. November 1938 traten beide Kammern des Parlaments, wie schon in Masaryks Republik, im großen Konzertsaal des Prager Rudolfinums zusammen, und zu Mittag wurde bekanntgegeben, daß 272 Abgeordnete (davon 39 slowakische) für Hácha gestimmt hatten. Feierlich wurde er in den Saal geführt, wo er den Amtseid ablegte, und unmittelbar danach auf den Hradschin gefahren, in die Burg, seinen neuen Sitz. Dort und im nahegelegenen Schloß Lány blieb er, bis ihn am 13. Mai 1945 die tschechische Polizei als Sterbenden auf einer Bahre ins Pankrác-Gefängnis brachte, wo ihm wegen seiner Verbrechen der Prozeß gemacht werden sollte. Seine Tochter Milada, die man mit ihm zusammen abholte, wurde überraschend und formlos im Letná-Park abgesetzt. Obdachlos geworden, ging sie zur Wohnung ihres geschiedenen halbjüdischen Ehemannes, der sie aufnahm, ohne Fragen zu stellen.

Einmal allerdings – und davon wüßten wir nichts ohne die Nachforschungen des unermüdlichen Vít Machálek – versuchte der Staatsdiener und Richter am Obersten Verwaltungsgericht in einem dramatischen Moment in den politischen Prozeß einzugreifen. Ein paar Tage vor dem Münchner Abkommen bemerkte Hácha in einem privaten Brief, Chamberlains Versuch, den Frieden zu retten, könnte leider auf Kosten der Tschechoslowakei gelingen; in den letzten Jahren habe die Republik Glück gehabt, aber jetzt?

Die Frage war berechtigt: Die Botschafter Frankreichs und Großbritanniens überreichten am 19. September 1938 Präsident Beneš ihre Note, mit der sie die Abtretung des Sudetenlandes an Deutschland (gegen eine Garantie der neuen tschechoslowakischen Grenzen) forderten, um die sofortige Besetzung durch die Wehrmacht zu verhindern; auf einmal standen die Tschechen und ihre (wenigen) Freunde völlig allein da. Hácha rief besorgt bei Beneš an, entschuldigte sich, daß er ihm kostbare Zeit stehle, und schlug dem Präsidenten vor, die Diskussionen mit den Franzosen und Briten abzubrechen und statt dessen einen Vertreter nach Berlin zu schicken, der die Angelegenheit mit Hitler persönlich besprechen sollte, damit sich vielleicht das Schlimmste verhindern ließe.

Beneš antwortete höflich, er werde über Háchas Vorschlag (der jahrelanger tschechoslowakischer Außenpolitik widersprach) nachdenken, und als alles vorbei war, bemerkte Hácha in einem anderen privaten Brief, Beneš hätte seinen Vorschlag beherzigen sollen, denn die Geschichte selbst werde die Entsendung eines Vertreters nach Berlin zumindest als einen ernsthaft erwogenen Versuch würdigen: »Man würde sagen, daß er dem rasenden Ungeheuer von Angesicht zu Angesicht gegenübertrat.« Nicht im Traum wäre ihm eingefallen, daß er selbst nur fünf Monate später dem rasenden Ungeheuer leibhaftig gegenübertreten sollte.

15. März 1939: Der Einmarsch

Die Besetzung des tschechischen Staatsgebiets durch die deutsche Armee und Polizei war auf Hitlers Geheimbefehle vom 10. Oktober und 17. Dezember 1938 hin (wonach sich die Armee für eine »Befriedungsaktion« ohne Mobilisierung zusätzlicher Truppen bereit halten sollte) gut vorbereitet und ging trotz unfreundlichen Wetters mit gelegentlichen Schneeschauern reibungslos vonstatten. Die Republik war zerfallen; am Morgen des 15. März berichteten die Prager Zeitungen, die Slowaken hätten ihre Unabhängigkeit erklärt, gefolgt von Karpato-Ruthenien, das unverzüglich von ungarischen Truppen besetzt wurde.

In Wahrheit hatte der Einmarsch bereits am frühen Abend des 14. März begonnen und die ganze Nacht und den Morgen des 15. März hindurch angedauert. Deutsche Truppen marschierten vom Osten und vom Nordosten und von der Ostmark (Österreich), vom südlichen Böhmen und Mähren her ein. Reguläre und SS-Truppen überschritten die Grenze bei Koblov, Petřkovice und Svinov, um die wichtige Kohle- und Stahlstadt Ostrau einzunehmen, auch wenn diese Aktion von deutschen Diplomaten schlicht geleugnet oder als Maßnahme zur Aufrechterhaltung der Kommunikation mit der Slowakei beschönigt wurde. Nach sechs Uhr abends nahmen die Deutschen auch die nahegelegene Stadt Místek ein, wo einsame tschechoslowakische Truppen des Dritten Bataillons des Achten Infanterieregiments in der Czajanka-Kaserne, einer ehemaligen Fabrik nahe der Brücke über die Ostravica, das Feuer auf die Invasoren eröffneten – der einzige Fall spontanen Widerstands von seiten regulärer Truppen an diesem Abend und in dieser Nacht. Am frühen Morgen marschierten deutsche Divisionen in vier Kolonnen

15. März 1939: Deutsche Truppen im Stadtzentrum

durch Böhmen und Mähren, vermutlich 350000 Mann aus
dem Dritten und Fünften Heereskommando sowie aus einigen Einheiten anderer Korps; ungefähr zur selben Zeit dran-
gen Verbände der deutschen Luftwaffe unter dem Befehl der
Generäle Kesselring, Speerle und Löhr in den tschechischen
Luftraum ein und besetzten den Prager Flugplatz Ruzyně.
Was die Invasoren nicht wußten, war, daß Josef Mašín, der
Befehlshaber des in der Nähe stationierten Ersten Tschechischen Artillerieregiments (der später als Widerstandskämp-
fer erschossen wurde), sich über die Befehle hinwegsetzen
und mit seinen Männern den Flugplatz verteidigen wollte,
doch bei einer Auseinandersetzung mit seinen kapitulati-
onswilligen Vorgesetzten überstimmt wurde.

Um 7 Uhr 45 hatten die von Norden vorrückenden Truppen den Sender Mělník erreicht, der einst von der tschecho-

slowakischen Regierung eingerichtet worden war, um die Sudeten mit liberaleren Ansichten bekanntzumachen; als »Prager Volkssender II« ließen sie verbreiten, daß sie auf Prag zumarschierten und die Stadt bald erreicht hätten. Ein paar deutsche Studenten gingen der Wehrmacht bis an die Prager Stadtgrenzen entgegen, um die Truppen als erste zu begrüßen. Mit einer Vorhut von Polizeiwagen, die sich der Polizeizentrale bemächtigten, gefolgt von motorisierter Infanterie, Motorrädern und Panzerfahrzeugen mit aufmontierten Maschinengewehren, waren die deutschen Kolonnen kurz vor neun Uhr in Prag. Unterdessen wurden am Hauptbahnhof schweres Artilleriegeschütz und Panzer entladen und exakt um 10 Uhr 42, wie die einstmals liberale *Lidové noviny* mit höhnischer Akkuratesse berichtete, im Herzen der Stadt, auf dem nahegelegenen Wenzelsplatz, vor dem Monument der Heiligen und Schutzpatrone, in Stellung gebracht. Andere Truppen erschienen vor dem Verteidigungsministerium in Dejvice und auf dem Hradschin, wo trotz Abwesenheit des Präsidenten noch eine tschechische militärische Ehrengarde vor der Burg Wache hielt.

»V Praze je klid«, Prag ist ruhig, verkündeten die Zeitungen einmütig, und der vielfach wiederholte Satz verriet nichts von der Verwirrung, Verzweiflung, Erschütterung der tschechischen Bürger – so wenig wie von der Entschlossenheit der Faschisten, die Macht an sich zu reißen. Erhaltene Fotografien zeigen schwarze Menschenmassen, die sich auf den Straßen und Plätzen versammelten, um die deutschen Truppen vorbeiziehen zu sehen. Ein paar begeisterte deutsche Frauen, Inseln in der Menge, warfen Veilchen- und Vergißmeinnichtsträußchen, während die tschechischen Männer und Frauen (die Kinder waren in der Schule) schweigend daneben standen. Bilder zeigen Tränen, grimmige Mienen, zahlreiche emporgereckte Fäuste, aber auch, vor allem spä-

ter am Tag, viel Neugier auf deutsche Waffen und Motor-
räder. Tschechische Polizisten, die ihre Gefühle oft kaum
verbargen, waren in ihren dunklen Mänteln und Bobbyhel-
men in großer Zahl unterwegs, um die Leute auf die Bür-
gersteige zurückzudrängen und den Verkehr zu regeln; die
Deutschen fuhren auf der rechten Seite, wie sie es von zu
Hause gewohnt waren, wechselten aber bereitwillig auf die
andere Seite – jedenfalls vorläufig.

General Johannes Blaskowitz, Oberbefehlshaber der Heeresgruppe Drei und des nun besetzten Prag, ließ überall in
der Stadt, rot umrandet, einen auf deutsch und in korrektem
Tschechisch verfaßten »Aufruf an die Bevölkerung« plaka-
tieren, mit dem er bekanntgab, er habe im Namen des Ober-
befehlshabers der Wehrmacht die vollziehende Gewalt in
der Stadt übernommen; der tschechische Polizeichef verhängte mit sofortiger Wirkung eine von 21 Uhr bis sechs Uhr
für alle öffentlichen Plätze einschließlich der Kaffeehäuser,
Theater und Kinos geltende Ausgangssperre, gestattete jedoch der arbeitenden Bevölkerung, sich auf kürzestem Weg
zu ihrem Arbeitsplatz zu begeben (die Ausgangssperre
wurde innerhalb von 24 Stunden wieder aufgehoben). Deutsche Offiziere absolvierten in rascher Folge eine Reihe von
Höflichkeitsbesuchen, in weißen Handschuhen und hacken-
schlagend, wie vorgeschrieben. Hermann Geyer, General
der Infanterie, suchte den befehlshabenden Offizier im Verteidigungsministerium auf, ein anderer General begab sich
zu Dr. Jiří Havelka, dem Büroleiter von Präsident Hácha in
der Burg, und ein anderer ranghoher Offizier beehrte den
Prager Bürgermeister, der später hingerichtet wurde.

Wie Beobachter in ausländischen Botschaften berichteten,
war die Besetzung Prags in den ersten Tagen eine rein militärische Angelegenheit, jedenfalls im Vergleich zu dem,
was ein Jahr zuvor in Wien geschehen war. Dort waren Ju-

Deutsche Truppen treffen in Prag ein

den mißhandelt und von ihren Nazi-Mitbürgern gezwungen worden, die Gehsteige zu schrubben (gelegentlich mit einer Zahnbürste), doch in Prag beherrschte vorläufig das Militär die Szene. Während in Österreich eine Vorhut der Gestapo sehr schnell 70 000 Menschen festgenommen hatte, die auf ihren Listen standen, besaß die tschechische Polizei, die aufgrund des wenig bekannten Abkommens vom 6. Januar 1938 zur Kooperation mit den deutschen Sicherheitsdiensten angehalten war und gern die Gelegenheit ergriff, um allerlei deutsche Emigranten und Kommunisten loszuwerden, eine Liste mit 4639 Namen, von denen die Gestapo im Zuge ihrer »Aktion Gitter« 1228 Personen, die angeblich in jüngster Zeit aktiv gewesen waren, festnahm und behielt.

Zwei kurze Zeitungsmeldungen vom 16. und 18. März, die zwischen den militärischen Bekanntgaben und Welt-

nachrichten beinahe untergingen, vermittelten einen Vorgeschmack auf das Kommende. Sie berichteten von den jüngst
erfolgten Sitzungen der tschechischen Anwalts- und der
Ärztekammer und kündigten bereits jetzt, während die
tschechische Regierung der jüdischen Frage noch möglichst
aus dem Weg zu gehen versuchte, unverhohlen judenfeind-
liche Resolutionen an. Die tschechische Anwaltskammer
forderte ihre nichtarischen (der Begriff »jüdisch« wurde sorgfältig vermieden) Mitglieder auf, akzeptable arische Stellvertreter zu nennen, die ihre Fälle übernehmen könnten;
sollte dies nicht innerhalb von 24 Stunden geschehen sein,
werde die Kammer die Sache selbst in die Hand nehmen.
Auch die tschechischen Ärzteorganisationen zögerten nicht
und erklärten ihrerseits, sie seien sich ihrer Pflicht gegenüber der Nation bewußt, und angesichts der vielfältigen Zusammenarbeit tschechischer und deutscher Ärzte in der Vergangenheit müßten alle nichtarischen Ärzte unverzüglich
aus öffentlichen Gesundheitseinrichtungen entlassen werden.

Diesen Ankündigungen waren die hemmungslosen Aktivitäten faschistischer Splittergruppen innerhalb der An-
walts- und der Ärztekammer vorausgegangen, insbesondere
der ANO (Akce národní obrody/Aktion nationaler Erneuerung), und obwohl die Besatzer diesbezüglich noch keinerlei Druck auf tschechische Anwälte oder Ärzte ausgeübt
hatten, gab es für diese beiden Gruppen, die aufgefordert
waren, die Justiz und die Gesundheit der tschechischen Nation zu schützen, nichts Eiligeres zu tun, als ihre Regierung
zu einer Entscheidung in diesen Angelegenheiten zu zwin-
gen. Die Gestapo hielt jedenfalls in ihrem internen Bericht
fest, bis auf ein paar kleinere Zwischenfälle zeige die tschechische Bevölkerung keinerlei nennenswerten Widerstand.
Das sollte sich ändern.

Hitler in Prag

Hitler hatte gegenüber Hácha von einem »Eigenleben« der von ihm verachteten Tschechen gesprochen, doch die formalen Bedingungen dafür mußten erst noch definiert werden. Kaum war Hácha abgereist, verfaßte Friedrich Gauß, der Leiter der Rechtsabteilung im Außenministerium, einen Aktenvermerk, in dem er zwei »Protektorate«, Böhmen und Mähren, sowie die Ernennung eines »Statthalters« vorschlug, der die Interessen des Deutschen Reichs vertreten sollte. Wie Vojtěch Mastný in seiner Analyse zeigt, legte das Reichsaußenministerium größten Wert darauf, »die Fiktion aufrechtzuerhalten« (wie Gauß selbst schrieb), daß die Angelegenheit mit der Prager Regierung abgestimmt sei, um sie nicht wieder, wie im Jahr zuvor in München, einer internationalen Konferenz vortragen zu müssen.

Aus einer Eingebung heraus beschloß Hitler am Morgen des 15. März, persönlich nach Prag zu reisen. Er stellte eine Reisegruppe aus Parteifunktionären, Offizieren und Experten vom Auswärtigen Amt zusammen und überraschte seine Entourage, indem er im Sudetenland (Böhmisch Leipa) von seinem Sonderzug auf eine Wagenkolonne umstieg, die auf vereisten Straßen nach Prag fuhr; angeführt wurde die Kolonne von Karl Hermann Frank, einem der Anführer der Sudetendeutschen Partei, der bald eine wichtige Rolle in Hitlers Verwaltung einnahm. Es war schon dunkel, als der Konvoi um zwanzig Uhr in der Burg eintraf. Das vom Luxusrestaurant Lippert vorbereitete Büffet hatte eine Gruppe deutscher Okkupationsoffiziere verschlungen, die der Meinung gewesen waren, die Pracht sei für sie bestimmt, doch Lippert war flexibel und schickte sogleich Nachschub, und Hitler verzehrte ganz gegen seine Prinzipien Schinken und trank tschechisches Bier. Präsident Hácha wußte nichts von Hitlers Ankunft und erfuhr von der Anwesenheit des unwill-kommenen Gastes unter demselben Dach erst später, als er in einem anderen Flügel der Burg die Mitglieder der tsche-chischen Regierung empfing. In dieser Nacht vom 15. auf den 16. März machten sich die außenpolitischen Exper-ten daran, den Wortlaut des Führererlasses über das Protek-torat Böhmen und Mähren zu verfassen. Wilhelm Stuckart, Parteimitglied der ersten Stunde (seit 1922) und Teilnehmer des Münchner Hitlerputsches, Anwalt und Rechtsreferent der SA und als Staatssekretär im Reichsinnenministerium ein Fachmann für die Eingliederung besetzter Gebiete, redi-gierte die letztgültige Fassung.

Der Erlaß, der auf Präsident Háchas Aufenthalt in Berlin nicht weiter einging, definierte in seinen dreizehn Artikeln den rechtlichen Status der neubesetzten Gebiete und er-mächtigte die Behörden des Reichs, die den Besetzten ge-währten Rechte und Privilegien außer Kraft zu setzen, falls sie es für nützlich oder notwendig erachteten. Artikel 1 hielt fest, daß die von den deutschen Truppen besetzten Landes-teile Böhmen und Mähren von jetzt an »zum Gebiet des Großdeutschen Reiches« gehörten, und nach Artikel 2 wur-den die »volksdeutschen Bewohner« Reichsbürger, deren deutsches Blut und deutsche Ehre gesetzlich geschützt seien, während alle übrigen Bewohner lediglich »Staatsan-gehörige« des Protektorats wurden. Nach Artikel 3 war das Protektorat »autonom und verwaltet sich selbst«; sein Präsi-dent (Artikel 4) »genießt den Schutz und die Ehrenrechte eines Staatsoberhauptes« (später wurde sogar verfügt, daß er Oberbefehlshaber einer kleinen nationalen Miliz sei, die in erster Linie als seine Ehrengarde fungierte). Die tschechi-sche Regierung hatte versucht, auf dem rechtlichen Begriff der Eigenständigkeit zu bestehen, doch gemäß den Bestim-

16. März 1939:
Hitler schaut auf Prag hinunter

mungen der Artikel 6 und 7 des Erlasses übernahm das
Reich die auswärtigen Angelegenheiten des Protektorats
und gewährleistete den militärischen Schutz der Gebiete;
außerdem wurde ein »Reichsprotektor« mit Amtssitz in
Prag ernannt und als Beauftragter der Reichsregierung mit
der Aufgabe betraut, die Interessen des Deutschen Reichs zu
wahren und »für die Beachtung der politischen Richtlinien
des Führers und Reichskanzlers zu sorgen«; gemäß Artikel
5 war er außerdem befugt, »gegen Maßnahmen, die das
Reich zu schädigen geeignet sind, Einspruch ein[zu]legen«

und »die Verkündung von Gesetzen, Verordnungen und sonstigen Rechtsvorschriften« auszusetzen, falls sie dessen Interessen zuwiderliefen beziehungsweise »soweit [sie] nicht dem Sinne der Übernahme des Schutzes durch das Deutsche Reich« (Artikel 12) entsprachen.

Den Erlaß verlas Reichsaußenminister Ribbentrop am Vormittag des 16. März im Rundfunk (Hácha hörte die Proklamation in seinem Zimmer in der Burg). Hitler zeigte sich kurz auf einem Balkon, um jubelnde »Reichsangehörige« zu begrüßen, inspizierte im Innenhof eine Gruppe von Nazistudenten (in ihrer Rolle als Opfer des tschechischen Terrors), gewährte Mitgliedern der tschechischen Regierung und Präsident Hácha eine knappe Audienz und war dann gleich wieder verschwunden. Dem magischen Prag konnte der Reichskanzler nichts abgewinnen; er verbrachte die Nacht in Schlesien und reiste am folgenden Tag über Olmütz und Brünn nach Wien, wo er im Hotel Imperial abstieg und zwei Ämter besetzte: Konstantin Freiherr von Neurath wurde Reichsprotektor von Böhmen und Mähren und K. H. Frank als Staatssekretär dessen Stellvertreter.

Das Dritte Reich, plötzlich

Für mich begann das Dritte Reich damit, daß jemand draußen vor unserer Wohnung in Brünn, der mährischen Hauptstadt, rief: »Herr Pol(l)ak, hängen S' die Fahne raus, die Daitschn sind da.« Ich weiß bis heute nicht, ob sich sein Name mit zwei l (wahrscheinlich jüdisch) oder einem l (wahrscheinlich tschechisch) schrieb, doch später erfuhr ich, daß die deutschen Nazi-Ortsvereine mit beträchtlicher Hilfe von den äußeren Bezirken schon vor dem Einmarsch der Wehrmacht an diesem Vormittag die Macht in der Stadt an sich gerissen hatten. Tags zuvor hatten sich Nazis und Tschechen Straßenkämpfe geliefert, und die Nacht war voll von konfusem, rastlosem Lärm gewesen. Mein Stiefvater, ein Chirurg und aktiver Sozialdemokrat jüdischer Herkunft, war Hals über Kopf abgereist, und ich wußte nicht, ob er meiner Mutter anvertraut hatte, daß er nach London, wie ich vermutete, statt nach Prag, wie er mir gesagt hatte, zu gelangen versuchte. Jedenfalls ließ er sie mit ihrer einsamen und mutigen Beteuerung zurück, sie wolle sowieso nicht ins Ausland, sondern bei ihren jüdischen Familienangehörigen, vor allem ihrer Mutter, in Prag bleiben. Ich war sechzehn, fast siebzehn und neugierig auf Politik, Mädchen, Filme und Jazz (ungefähr in dieser Reihenfolge), doch immerhin alt genug, um zu begreifen, daß die harte und gefährliche Zeit, von der alle gesprochen hatten, jetzt auf einmal da war.

Ich liebte meinen Stiefvater nicht (seine klinische Art, über Sexualität zu sprechen, schreckte mich ab), doch seine politischen Ideen und sein praktisches Engagement gefielen mir. Er stammte aus einer mährischen Kleinstadt, hatte aber in Wien studiert, wo er den Sozialismus kennengelernt hatte, und stand in enger Verbindung mit vielen österreichischen Sozialisten, die vor dem österreichischen Bürgerkrieg im Jahr 1934 nach Mähren geflohen waren und ihre Zeitungen und anderen geheimen Veröffentlichungen in einer Vorstadt von Brünn druckten (mein Stiefvater schmuggelte sie in seinem Dienstwagen über die Grenze nach Österreich; daß auch ich in dem kleinen Tatra saß, ließ einen Familienausflug vermuten). Ich las die Zeitungen, die er abonniert hatte, den mährischen *Volksboten*, der dem Traditionalisten und damaligen tschechoslowakischen Regierungsmitglied Dr. Ludwig Czech näher stand als dem nationalistisch gesinnten Wenzel Jaksch, und die Monatsschrift *Der Kampf*, in der Otto Bauer, der berühmteste Theoretiker des österreichi-

schen Sozialismus, in Begriffen, die meinen Horizont über-
stiegen, unermüdlich die Situation analysierte, und ich platzte
vor Stolz, als mein Stiefvater eine Postkarte aus dem kämpfenden Madrid erhielt, auf der Julius (Julio) Deutsch, der ehemalige
Obmann des Republikanischen Schutzbundes und jetziger General der republikanischen Truppen im spanischen Bürgerkrieg,
Grüße schickte (meine bürgerlichen tschechischen Schulfreunde wußten nicht, wovon ich sprach).

Meine politische Bildung wurde durch Spanien und München sehr gefördert; ich demonstrierte für das republikanische
Spanien, und als die Tschechoslowakei, nach München, gegen
Deutschland mobil machte, meldete ich mich sofort als Freiwilliger bei der Nationalgarde (für den Eintritt in die Armee war
ich noch zu jung), erhielt ein Gewehr aus dem Jahr 1918, wurde
instruiert, wie ich es zu präsentieren hatte (was in der Situation
offensichtlich von wesentlicher Bedeutung war), und marschierte unweit einer Straßenbahnendstation einen Hügel hinauf und
hinunter, um für den Wachdienst im demnächst zu besetzenden
Deutschland zu trainieren. Meine neuen tschechischen Schulfreunde, Mädchen inklusive, staunten nicht schlecht, als ich eines Morgens Anfang September 1938 in einer abgetragenen
Gardeuniform und mit langem russischem Bajonett am Gürtel
aufkreuzte. Meine Mutter hatte mich kurz zuvor von einer deutschen in eine tschechische Schule versetzen lassen, meine
tschechischen Verbformen saßen gelegentlich noch nicht ganz,
und es fiel mir schwer zu erklären, wieso ich in die Garde hatte
eintreten wollen, die für ihren tschechischen Nationalismus bekannt war: nicht aus nationaler Überzeugung, sagte ich, sondern weil die Republik in Gefahr sei, und ich bin heute noch
stolz auf diese Entscheidung, die instinktiv die Idee der demokratischen Republik über Sprache und Volkszugehörigkeit
stellte. Als nach ein paar Tagen auch wir von der Garde demo-
bilisiert wurden, ging ich wieder demonstrieren und forderte

46

die sofortige Abdankung der Prager Regierung, die der Armee die kampflose Räumung der Grenzbefestigungen befohlen hatte, und die Ernennung einer neuen Regierungsmannschaft, die mehr Mut und mehr soldatische Gesinnung hätte.

Sobald ich von meiner Schule freigestellt war, gingen wir nach Prag, wo meine Großmutter und alle meine Onkel und Tanten mütterlicher- und väterlicherseits lebten. Wir zogen zu meiner Großmutter in eine moderne Dachgeschoßwohnung in der Nähe des Karlsplatzes, Mutter und Großmutter nächtigten im Schlafzimmer, ich auf dem Sofa im Wohnzimmer, aber es war Platz genug in der Wohnung, denn mein Onkel, der Mieter, war mit meinem Stiefvater mit dem letzten Zug über Holland nach London gereist (ich hatte richtig vermutet), wo er bis Kriegsende in einem Postamt arbeitete. In einer Zeit, in der es wichtig war, einer bestimmten Gruppe anzugehören, Tschechen oder Deutschen (wir kannten noch niemanden, der sich zur jüdischen Nationalität bekannte), hatte ich trotz meiner einen Woche bei der Nationalgarde kaum eine Chance, mich einer eindeutigen, klar abgegrenzten ethnischen Gruppe mit eigener Identität anzuschließen, und ich war zufrieden, daß mich die meisten meiner neuen tschechischen Schulfreunde, deren politische Einstellung ich mehr oder minder teilte, als eine Art anpassungswilligen Irregulären akzeptierten.

In den Jahren der Entweder-oder-Vereinfachungen oder -Forderungen hätte ich es kaum fertiggebracht, meine besondere ethnische Zugehörigkeit zu erklären (sofern ich überhaupt eine hatte). Die jüdische Familie meiner Mutter stammte ursprünglich aus der kleinen Stadt Poděbrady (wie Kafkas Mutter), war aber um 1900 nach Prag gezogen, wo das Leben sicherer war (nachdem der arbeitslose Leopold Hilsner fälschlich des »Ritual«mords an einem tschechischen Dienstmädchen bezichtigt worden war, wurden jüdische Geschäfte häufig von einem tschechischen Provinzpöbel überfallen). Die Vorfahren meines

Vaters waren aus dem Südtiroler Grödnertal – heute ein touristischer Anziehungspunkt für Deutsche und Italiener – fortgezogen, weil sie nichts zu essen hatten. Sie waren keine Südtiroler im eigentlichen Sinn, sondern Ladiner, eine Minderheit mit eigener Sprache, die ohne Vorahnung historischer Konsequenzen Deutsch zu reden begannen, als sie erst ins oberösterreichische Linz und später, 1885, nach Prag auswanderten. Dort sprach nur meine Großmutter väterlicherseits noch Ladinisch. Die in Herkunft, Religion und Sprache so unterschiedlichen Familien lebten in Mißtrauen und Verachtung auf beiden Seiten nebeneinander her, die jüdische (ein paar Onkel, die sich der tschechischen Kultur anpaßten) in der Neustadt und die ladinische mit ihrem barocken Katholizismus in einer labyrinthartigen Wohnung im ältesten Teil der Altstadt – paradoxerweise nur einen Katzensprung vom Haus der Familie Kafka entfernt. Als ich einmal als Kind eine Zeitlang bei den Ladinern wohnte und von einem Besuch bei der Familie meiner Mutter nicht nach Hause kam, wollte meine ladinische Tante schon die Polizei verständigen. Ihre Befürchtung war, christliche Knaben (ich wurde getauft) könnten »von den Juden« umgebracht werden, die christliches Blut brauchten. Hätte sie gewußt, daß an dem Abend Seder war und ich bei Tisch die ersten Zeilen eines hebräischen Gebets sprach (oder zu sprechen versuchte) – sie wäre außer sich gewesen.

Improvisation und Anpassung;
die tschechischen Faschisten und die
»Nationale Solidarität«

Improvisation lautete die Regel während der ersten Wochen der Okkupation. Die Ausgangssperre wurde aufgehoben, junge Leute durften wieder ins Kino (in den eleganten Lichtspieltheatern in der Innenstadt wurden sechs amerikanische Filme und ein deutsches Musical gezeigt), Soldaten und Offiziere in ihren grünlichen Uniformen fielen über die Prager Geschäfte her, um mit günstigem Wechselkurs Süßigkeiten, Kuchen mit Schlagrahm (der Hit bei den Soldaten), Andenken und Textilien zu kaufen (manche Läden verlängerten ihre Geschäftszeiten, um den neuen Kundenansturm zu bewältigen). Die Tschechen hatten Grund, über den »bayrischen Hilfszug« zu lachen, eine Karawane von Suppenküchen, die aus Bayern kam, um, wie Georg F. Kennan von der amerikanischen Botschaft bemerkte, »die hungernden Bevölkerungsteile so lange zu füttern, bis die neue Ordnung alle mit Arbeit und Brot versorgen könnte«.

Bedürftige Tschechen waren durchaus bereit, die deutsche Hand, die sie füttern wollte, zu beißen, und die tschechischen Behörden verkauften den Deutschen mit Gewinn sämtliche Vorräte, die diese Monate zuvor, zur Zeit des Münchner Abkommens, kostenlos an die 180000 tschechischen, jüdischen und deutschen, aus dem Sudetenland vertriebenen Flüchtlinge verteilt hatten. Prag war keine hungernde Stadt; die meisten Deutschen wollten in den berühmten Biergarten U Fleků in der Křemencová-Straße, wo Tschechen und Deutsche – allerdings an verschiedenen Tischen – miteinander wetteiferten, wer die größeren Mahlzeiten verschlingen, mehr frisch gebrautes Bier (*pivo jako křen*, ein Bier, so würzig wie Meerrettich, heißt der tschechische Spruch) bezwingen konnte.

Die neuen Administratoren hatten es nicht eilig; sie reisten erst einmal nach Berlin, kamen wieder zurück und diskutierten über die Frage, ob die neuen Beamtenstellen mit Reichs- oder Sudetendeutschen besetzt werden sollten (vorzugsweise ersteren). Präsident Hácha bekam Gelegenheit, mit den nach der Macht strebenden tschechischen Faschisten fertigzuwerden, und verwandelte sich plötzlich in einen aktiven Politiker mit bemerkenswertem Geschick – als wollte er wiedergutmachen, was er in seiner Nacht mit Hitler angerichtet hatte. Besetzte und Besatzer machten gemeinsame Sache und brachten es fertig, innerhalb von 48 Stunden, tschechische Faschisten und andere rechtsextreme Gruppierungen aus der Politik auszuschließen. Berlin wollte eine tschechische Verwaltung, die sich auf breite Zustimmung stützte, nicht auf die Aktivitäten von »Abenteurern« (ein sowohl von Tschechen wie von Deutschen benutzter Begriff). In der Vergangenheit waren tschechische Faschisten radikal deutschfeindlich und italienfreundlich gewesen; erst seit Hitlers Machtergreifung waren sie gewillt, mit deutschen Partnern zu verhandeln. Das Problem, um das es konkret ging, war die Frage, wie sich die politischen Energien des Generals Radola Gajda, des Helden der tschechoslowakischen Legion, die in Rußland und Sibirien auf der Seite der Alliierten für eine freie Tschechoslowakei kämpfte, und der fanatischen Organisation Vlajka (»Flagge«) umlenken, absorbieren oder lähmen ließen.

Unter den tschechischen Generälen, die in der Regel nicht zu Ortswechseln neigten, war Radola Gajda (ursprünglich Rudolf Geidl) ein bunter Vogel, vielleicht überhaupt eine Art abenteuerlustiger Condottiere, und sogar seine wohlgesinnten Biographen sehen ihn innerhalb von Prag als Außenseiter, der von seinen frühen Erfahrungen auf dem Balkan und in Sibirien geprägt war. Es mögen die ständigen – freilich nicht ganz ungerechtfertigten – Vorbehalte der liberalen bürgerlichen Gesellschaft gewesen sein, die ihn letztlich in die Rolle des tschechischen Faschistenführers drängten.

1892 geboren, war er das Kind eines tschechischen Vaters, der als Unteroffizier auf dem k. u. k. Marinestützpunkt Kotor in Kroatien diente, und einer möglicherweise italienischen Mutter. Er verließ vorzeitig die Schule, versuchte es mit einer Ausbildung zum Chemiker, meldete sich freiwillig zum österreichisch-ungarischen Heer. Doch zu Beginn des Ersten Weltkriegs wechselte Gajda zur montenegrinischen Armee, die bald in völliger Auflösung war, und wurde von einer Gruppe liebenswürdiger serbischer Offiziere gerettet, die ihm zur Aufnahme in die serbische Division des russischen Heeres verhalfen. 1917 trat er in die tschechoslowakische Legion ein, kämpfte tapfer in Zborov und Bachmač – zwei legendäre Schlachten der tschechischen Geschichte –, wurde rasch befördert und widersetzte sich nach 1918 dem Befehl von T. G. Masaryks Regierung, die Bolschewiken nicht zu bekämpfen. Es mag für viele eine Überraschung gewesen sein, daß er erst in Admiral Alexander Koltschaks linksgerichteter sibirischer Regierung diente, sich später aber, nachdem Koltschak eine eigene lokale Diktatur errichtet hatte, an einem Aufstand enttäuschter Sozialisten gegen ihn beteiligte, der jedoch mißlang (Wladiwostok 1919).

Ein Jahr später war Gajda wieder zu Hause, erstand eine Villa in Říčany nahe Prag, wo er sich mit seiner russischen Frau (juristisch betrachtet, war er Bigamist, konnte sich aber von seiner tschechischen Gattin loskaufen, die umgehend einen kleinstädtischen Anwalt heiratete) und seiner Kunstsammlung niederließ, nur um erkennen zu müssen, daß die neue unabhängige Republik mit ihm eigentlich nichts anzufangen wußte. Erst wurde er ans französische Kriegskolleg in Paris (wo der Student gönnerhaft vor seinen militärischen Lehrern dozierte), dann als Befehlshaber einer Infanteriedivision in die Ostslowakei geschickt, wo er den feindlichen Ungarn gegenüberstand, und schließlich – angeblich, damit man ihn besser im Auge behalten konnte – zum stellvertretenden Generalstabschef in Prag ernannt. Gajdas Gegner, darunter Masaryk, Beneš und die Offiziere der französischen Militärmission, wurden ihr Mißtrauen gegen ihn nicht los. Nach jähem Aufstieg und spektakulärem Fall wurde er 1926 mit problematischen Beweisen der Spionage für die Sowjetunion und subversiver Aktivitäten zur Zerschlagung der Republik bezichtigt, und entgegen den Erkenntnissen eines aus Generälen zusammengestellten Untersuchungsausschusses wurden ihm sein Rang und der größte Teil seiner Pension aberkannt. Er reagierte darauf, indem er die Uniform eines Generals der Weißen Armee anlegte, sich mit den höchsten militärischen Auszeichnungen schmückte, die er von Frankreich und Großbritannien erhalten hatte (er gab sie nach dem Münchner Abkommen wieder zurück), und die Führung der, wie sie damals hieß, Nationalen Faschisten-Gemeinde übernahm, für die er zweimal kurz ins Parlament einzog (bei den Parlamentswahlen des Jahres 1935 brachten es die Faschisten auf insgeamt 167 433 Stimmen und sechs Sitze).

Der tschechische Faschismus war nie eine Massenbewegung, doch seine kleinen, aufgeregten Gruppen waren dauernd in Aktion, schlossen ständig wechselnde Bündnisse, versuchten einheitliche Organisationen aufzubauen und zerstritten sich wieder, und Ende der dreißiger Jahre gab es mindestens drei Verbände: die Nationale Faschistische Gemeinde um Gajda, die ANO-Gruppe (Akce národní obrody / Aktion nationaler Erneuerung), die unter den Intellektuellen besonders aggressiv war, und die erwähnte Organisation Vlajka, mit der die ANO von Februar 1939 an gemeinsame Sache machte. Am 3. März 1939, nur wenige Tage vor dem Einmarsch der Deutschen, wurde Gajda zu seiner endgültigen Rehabilitierung von Präsident Hácha empfangen. Er sollte in seinen früheren Dienstrang wiedereingesetzt werden und rückwirkend seine vollständige Pension ausbezahlt bekommen, im Gegenzug aber ein amtliches Dokument unterzeichnen, mit dem er sich zur Loyalität gegenüber der Regierung verpflichtete. Sogar eine Reise nach Deutschland war im Gespräch, bei der er die tschechische Sache verteidigen sollte. Doch die Situation veränderte sich rasch, und Gajda fühlte sich nicht an sein Versprechen gebunden, jedenfalls nicht sofort. Am Vorabend des Einmarsches präsentierte er sich der deutschen Botschaft als ihr Mann der Zukunft, erklärte sich offiziell zum Führer der neuen Nation, und als die Deutschen da waren, bestellte er die Prager Faschisten zum weiteren Vorgehen auf den Uhelný(Kohlen)-Markt. Es kamen nur dreihundert.

Daraufhin suchte er General Eccard Freiherr von Gablenz auf, den stellvertretenden Befehlshaber der Okkupationsmacht, der ihn in vagen Worten zur Bildung eines faschistischen Komitees ermunterte, doch innerhalb der nächsten 24 Stunden fand sich Gajda von der konzertierten Aktion Háchas und der Deutschen ausgebootet: Am 17. März wurde er ins Büro des Präsidenten zitiert, wo man ihm mitteilte, es sei eine neue vereinigte Organisation tschechischer Staatsbürger gegründet worden, die »Nationale Solidarität«, und er sei herzlich eingeladen, ihr beizutreten (im Führungskomitee, das Vertretern der liberalen Republik vorbehalten war, wollte man ihn nie haben). Am folgenden Tag, dem 18. März, veröffentlichten General Blaskowitz und die tschechische Regierung ein gemeinsames Kommuniqué, in dem sie mitteilten, die staatliche Macht liege allein in den Händen der Okkupationstruppen und der legitimen tschechischen Regierung, private Organisationen oder Gruppen irgendwelcher Art (womit die Faschisten oder die Vlajka-Leute gemeint waren) seien nicht befugt, sich in öffentliche Belange einzumischen. Es erstaunte viele, daß sich Gajda, der die Deutschen im Grunde nicht mochte, nun vernünftigerweise in eine Mühle auf dem Land zurückzog, die er mit seiner Pension gekauft hatte, und sich als Fluchthelfer für tschechische Offiziere, die der Okkupation feindlich gegenüberstanden, verdient machte, die er über Polen in den Westen schleuste.

Die Vlajka-Leute hatten keine Skrupel, aktiv mit den Besatzern zu kollaborieren und für die Gestapo Spitzeldienste zu leisten. Die Vlajka, ursprünglich ein im April 1930 gegründeter Club rechtsgerichteter Philosophie- und Jurastudenten, trat mit ihrer Zeitung in den Jahren der Wirtschaftskrise in Erscheinung, erfreute sich der kurzfristigen Sympathie des konservativen Dichters Viktor Dyk und wandte sich entschieden gegen das liberale Establishment. In der Anfangszeit war die Gruppe unter Leitung von Jan Vrzalík, der später an einer kleinstädtischen Schule unterrichtete, demonstrativ faschistisch im italienischen Sinn, gegen Deutsche, Juden, Marxisten, Freimaurer und praktisch jedermann eingestellt, doch kaum war Hitler Reichskanzler geworden, entbrannte Vrzalík in Bewunderung für seine Macht und begann in Prag den Groll der Vlajkas auf die deutschen, häufig jüdischen, linksgerichteten Emigranten zu lenken. Im Herbst 1934, als tschechische Nationalisten jeglicher Couleur die Übergabe der nach wie vor im Besitz der deutschen Fakultäten an Prags geteilter Universität befindlichen alten Universitätsinsignien (und der mittelalterlichen Carolinum-Halle) an die tschechischen Fakultäten forderten, zählten die

Vlajka-Studenten zu den Rädelsführern der Straßenschlachten. Um die Zeit des Münchner Abkommens und danach präsentierten sie sich als Superpatrioten, überschwemmten Prag mit Flugblättern, demolierten Dorfsynagogen, spürten jüdische Gäste in städtischen Kaffeehäusern auf und warfen Brandbomben auf jüdische Geschäfte und Wohnhäuser. Als die Deutschen einmarschierten, hegten sie größte Hoffnungen, unverzüglich an die Macht zu gelangen, und trafen sich im Prager Restaurant Bumbrlíček und im Café Technika, einem traditionellen Studententreffpunkt, um eine Namensliste für die zu besetzenden Ämter auszuarbeiten – ihr Anführer Jan Rys-Rozsévač zum Beispiel sollte Regierungschef werden. Sie wurden zusammen mit Gajda an den Rand gedrängt, doch das Okkupationsregime benutzte sie, um Druck auf die Regierung auszuüben und über ihre Zeitungen Liberale und Juden zu denunzieren.

In seiner ersten Rede kündigte Hácha an, er denke an eine Einheitsorganisation, die alle Tschechen vertrete; am 26. März hatte er ein Komitee zusammengestellt, das die Organisation etablieren und ihre Aktivitäten steuern sollte. Die Národní souručenství / Nationale Solidarität sollte als ziemlich diffuses Programm nationaler Zusammengehörigkeit und christlicher Moral definiert werden, das genügte, um die faschistischen Gruppen in Beitrittswillige und Gegner zu spalten. In der Praxis setzte Hácha schlau auf republikanische Traditionen, und nach Beratungen mit den Parteichefs der Nationalen Einheit und der jetzt in Selbstauflösung begriffenen Nationalen Arbeit berief er gut beleumdete Personen aus der Zeit vor dem Münchner Abkommen. Der Agrarier Adolf Hrubý sollte Vorsitzender, Hauptmann Simon Drgač, ein früherer Mitarbeiter des militärischen Geheimdienstes, Generalsekretär (innerhalb weniger Monate wurde er wegen seiner Aktivitäten im Widerstand von der Gestapo verhaftet) und Professor Miloslav Hýsek Präsident des *Kulturní rada*, des Kulturrats der »Nationalen Solidarität« werden; Hýsek pries die Tschechen als eine »lesende Nation«, mußte aber für seine Illusion von kultureller Autonomie (um mit dem Kritiker Vincenc Červinka zu sprechen) im Lauf der Zeit büßen, denn bald sang er das Loblied der NS-Idee eines neuen faschistischen Europas. Zu Recht wurde die Souručenství als reine Verteidigungsorganisation empfunden, die auf lokaler und regionaler Ebene von zweitrangigen Funktionären der alten tschechoslowakischen Parteien beherrscht wurde. In Mähren gaben trotz erheblichen Drucks von seiten der Faschisten die Katholiken den Ton an, und die Prager Ortsgruppe stand unter dem Druck von Mitgliedern der Nationalliberalen Partei von Beneš, die über ihren Verlag Melantrich und ihre Zeitung *České slovo/Tschechisches Wort* mit einer täglichen Auflage von mehr als einer Million Exemplaren weiterhin massiven Einfluß ausübte.

Der SD, der deutsche Sicherheitsdienst, der in seiner internen Einschätzung der Vorgänge bemerkenswert unvoreingenommen war, hielt die Souručenství nicht für eine Bewegung revolutionärer Erneuerung: Sie lebe vom Ruhm der Vergangenheit und deren Repräsentanten. Genau dies war es, was die Staatsbürger zum Beitritt verlockte, und innerhalb eines Monats (so die Berichte) waren 97 Prozent aller männlichen erwachsenen Tschechen Mitglieder der Národní souručenství – abgekürzt NS; aber wenn man das Abzeichen verkehrt herum trug, flüsterten die Leute einander zu, wurde daraus SN: *Smrt Němcům*, Tod den Deutschen. Juden waren ausgeschlossen, und die Vlajka-Spitzel fanden rasch heraus, daß es für die Souručenství Ehrensache war, die Familien Inhaftierter oder ins KZ Verschleppter zu unterstützen. Obwohl alles geschickt organisiert war, indem man sich unauffälliger Konten bei regionalen Bankfilialen bediente, um Unterstützungsgelder zu zahlen, nahm die Gestapo im Verlauf der Ereignisse 137 NS-Funktionäre fest, von denen 43 hingerichtet wurden. Später hieß es, die Souručenství sei eine Organisation, deren eigentliche Aufgabe nicht die Politik, sondern kulturelle Angelegenheiten seien, und im Juni 1940, nach der Verhaftung Otokar Klapkas, des Prager Bürgermeisters, und Dr. Josef Nestávals, des Prager Sekretärs der Souručenství (der erfolgreich Kommunikationskanäle über Bratislava und Budapest nach Belgrad eingerichtet hatte), wurden alle Aktivitäten der »Nationalen Solidarität« in Prag niedergeschlagen, obwohl sich die Organisation, nur noch ein Schatten ihrer selbst, bis in die Zeit der offenen Revolte weiterschleppte.

Die Flüchtlinge: Zuflucht und Hölle

»Wir fuhren gegen Mitternacht durch die Stadt«, notierte George F. Kennan von der amerikanischen Botschaft am Morgen des 16. März. »Es war seltsam, diese sonst so belebten Prager Straßen jetzt vollkommen menschenleer zu sehen. Es war uns in aller Deutlichkeit bewußt … daß die Ausgangssperre die Totenglocke eines langen und eindeutig tragischen Tages war.« An diesem Tag hatte Kennan verängstigte Menschenmengen beobachtet, die im Innenhof der britischen und der amerikanischen Botschaft Zuflucht suchten, und er wußte, daß unter den plötzlich in Not Geratenen niemand (wie die »Aktion Gitter« bewies) in größerer Gefahr war als die deutschsprachigen Emigranten und Flüchtlinge in der Stadt, die ihr sicherer Hafen gewesen war und ihnen jetzt zur Hölle wurde – ob sie Juden waren, die in Masaryks Republik auf Schutz gehofft hatten, nicht jüdische Intellektuelle und Schriftsteller, deren Bücher im Dritten Reich verbrannt wurden, oder Funktionäre der deutschen Linken, Kommunisten, Sozialdemokraten (die besiegten österreichischen Sozialisten kamen nach 1934 nach Brünn).

Als Hitler an die Macht gelangte, waren die böhmischen Grenzen durchlässig gewesen, oder es wurden Bahnlinien gelegentlich, in Mähren, von sozialistischen Mannschaften betrieben. Die Tschechoslowakische Republik mit ihren starken Linksparteien, ihren zahlreichen deutschsprachigen Zeitungen, Theatern und Schulen war für die Feinde Hitler-Deutschlands attraktiver als Piłsudskis Polen oder Horthys Ungarn; inoffiziellen Schätzungen zufolge betrug die Zahl der Flüchtlinge aus Deutschland unmittelbar nach 1933 jährlich 1500 (nicht alle wurden registriert). Fast spontan bildeten sich in Prag sehr effiziente Hilfskomitees, so die »Demokratische Flüchtlingshilfe« und die »Jüdische Flüchtlingshilfe«, die Anfang 1933 entstanden, und die kommunistische »Rote Hilfe« zwei Jahre später, die bald in legaler, bald in vielfältiger illegaler Gestalt Nahrung, Unterkunft und ein mageres Taschengeld boten und den deutschsprachigen Flüchtlingen zur Seite standen, wenn sie sich der furchteinflößenden tschechischen Bürokratie stellen mußten.

Mit der ersten Flüchtlingswelle kamen viele, die in den zwanziger Jahren ihre tschechische Heimat verlassen hatten, um im liberalen Deutschland als Zeitungsverleger, Redakteure und Reporter ihren Weg zu machen, und jetzt nach Prag zurückkehrten, froh um ihre tschechische Staatsangehörigkeit, die ihnen, wenn sie Glück hatten, die Möglichkeit gab, mit ihrem Beruf halbwegs ihren Lebensunterhalt zu verdienen und wieder einen Platz in der Prager deutschen Literatur zu finden, von der sie ursprünglich herkamen. Die meisten von ihnen kamen Anfang 1933 und waren 1937/38, spätestens 1939 wieder fort, nach England, Amerika oder Israel ausgewandert, wo sie in der Regel weiter auf deutsch publizierten. Der rasende Reporter Egon Erwin Kisch, der dem Apparat der Komintern nahestand, kam häufig nach Prag, um nach seiner alten Mutter zu sehen, die nach wie vor in der Melantrichova-Straße lebte; Bruno Adler veröffentlichte einen bedeutenden Roman über die sogenannte Hilsner-Affäre (den »Ritual«mord zu Beginn des Jahrhunderts), ehe er nach England ging; der Kritiker Willy Haas gab weiterhin Literaturzeitschriften heraus (er entkam rechtzeitig nach Indien); der Romancier Hans Natonek schrieb im liberalen *Prager Tagblatt* und wanderte schließlich über Paris nach Arizona aus; Walter Tschuppik gab in Prag mit Unterstützung des tschechoslowakischen Ministerums für Auswärtige Angelegenheiten eine Wochenzeitung *(Der Montag)* heraus und gelangte erst 1940 nach London.

Andere, die weniger Glück hatten, schafften es nicht beizeiten und kamen durch eigene Hand oder in den Lagern um. Ernst Weiss, Romanschriftsteller, Dramatiker und Arzt, floh nach Frankreich – nur um 1940, als Paris an die Deutschen fiel, Selbstmord zu begehen; der Zeitungsverleger Emil Faktor starb 1941 in Łódź, und der Dichter Camill Hoffmann, langjähriger Mitarbeiter im tschechoslowakischen diplomatischen Dienst in Wien und Berlin, wurde nach Theresienstadt und später, 1944, nach Auschwitz deportiert. »Flüchtling« bedeutete nicht nur, im Café Continental zu sitzen und die neuesten Nachrichten auszutauschen.

Als Zwischenstation oder vorübergehender Aufenthaltsort auf dem Weg ins Exil zog Prag zahlreiche Schriftsteller an, die in Hitlers Reich verhaßt waren. Manche von ihnen, wie Bertolt Brecht, blieben nur ein paar Tage, Wochen oder Monate, nur um wieder einmal frei atmen zu können (Erich

Maria Remarque veröffentlichte später einen Roman, in dem er seine Prager Erlebnisse verarbeitete). Andere kamen, um vor wohlgesinntem Publikum zu lesen, Lion Feuchtwanger zum Beispiel, auch Heinrich Mann und sein Bruder Thomas, die beide 1936 die tschechoslowakische Staatsbürgerschaft annahmen; Thomas Mann sagte bei der Gelegenheit, er sehe es als glückliche Aufgabe an, ein guter Deutscher und zugleich Bürger der Tschechoslowakei zu sein (er wurde später US-Bürger). Viele andere blieben Jahre, lebten und arbeiteten in kreativer Solidarität mit anderen Flüchtlingen und tschechischen Intellektuellen und Künstlern, etwa der deutsche Proust-Übersetzer Friedrich Burschell, der Romancier Bruno Frank, der junge Stefan Heym, der eng mit den Brüdern Čapek befreundet war und später in Ostdeutschland berühmt wurde, Franz Pfemfert, Anarchist und Verteidiger der Avantgarde, oder auch der Wiener Schriftsteller Friedrich Torberg, der in Böhmen aufgewachsen war und gut Tschechisch sprach.

Den Schriftstellern schlossen sich Künstler unterschiedlichster Temperamente an: Aus Berlin kam John Heartfield (der als Helmut Herzfelde geboren war), ein Meister der satirischen Fotomontage, der sechs Jahre blieb und Mitherausgeber der im gesamten nichtfaschistischen Europa und der Sowjetunion vertriebenen *AIZ (Arbeiter Illustrierte Zeitung)* war, und aus Wien Oskar Kokoschka, der 1935 die tschechoslowakische Staatsangehörigkeit annahm, lange Gespräche mit Präsident Masaryk führte und sein berühmtestes modernes Porträt malte. Der junge Peter Weiss kam nach Prag, um an der Akademie Malerei zu studieren, erlebte Masaryks Beisetzung mit, über die er einen anrührenden Bericht schrieb, und zog vier Jahre später nach Schweden weiter, wo er einer der wichtigsten deutschen Dramatiker der Nachkriegszeit wurde.

Zusätzlich kompliziert wurde die Lage durch die mindestens zögernde, wenn nicht zwiespältige Haltung der tschechoslowakischen Behörden gegenüber dieser beachtlichen Gruppe deutschsprachiger, politisch aktiver Flüchtlinge, die sich häufig von der Kommunistischen Partei organisieren oder manipulieren ließ. Es war nicht zu übersehen, daß sich der liberale Außenminister in seinen Ansichten erheblich von dem konservativen und nationalistischen Innenminister unterschied, der den Agrariern angehörte. Masaryk war ebenso wie Beneš und sein Außenministerium sehr darauf bedacht, auf der internationalen Bühne die demokratischen Tugenden der Tschechoslowakei zu demonstrieren; häufig unterstützten sie emigrierte Schriftsteller, indem sie ihnen Stellungen bei staatlich subventionierten Wochenblättern und Zeitschriften verschafften, während die Polizei, die dem Innenministerium unterstand, die politischen Aktivitäten so vieler Ausländer in Prag mit Mißtrauen beäugte und prompt eingriff, wenn die deutschen Nachbarn sich zu lautstark beschwerten.

Bereits im April 1933 verbot die Polizei die Vorbereitungen zu einem geplanten antifaschistischen Arbeiterkongreß (er mußte nach Kopenhagen und Paris verlegt werden), prüfte kurz darauf erwartungsvoll eine internationale Ausstellung politischer Karikaturen, die der tschechische Künstlerclub »Mánes« organisiert hatte, und entfernte alles, was die Gefühle des Dritten Reichs hätte verletzen können, wobei sie die volle Unterstützung der konservativen und rechtsgerichteten tschechischen Presse hatte, in der sich merkwürdigerweise antideutsche und antisemitische Argumente abwechselten. Von der Mitte bis zum Ende der dreißiger Jahre nahm der Druck zu, Innenministerium und Polizei begannen, die politischen Aktivitäten der Flüchtlinge zu kontrollieren, nahmen viele für eine Weile fest und arbeiteten eine neue Verwaltungsrichtlinie aus, um die Flüchtlinge auf bestimmte Bezirke im Landesinneren von Böhmen und Mähren einzuschränken. (Allerdings war der liberale Gegendruck zu stark, und sie wurde nie verabschiedet.)

Trotz aller wirtschaftlichen und wachsenden politischen Schwierigkeiten waren die Flüchtlinge in Prag, ob sie bei Freunden wohnten, in Gemeinschaftswohnungen oder in dem heruntergekommenen Schloß Mšec (das sie aus eigener Kraft restaurierten, 1937 aber wieder räumen mußten, um Platz für die tschechoslowakische Armee zu schaffen), bemerkenswert widerstandsfähig und produktiv. Ihre von ihren Feinden vielgeschmähte Anwesenheit in der Stadt ist ein weitgehend vergessenes Kapitel kultureller Solidarität von deutschen und tschechischen Intellektuellen und Schriftstellern; und wenn sich Tschechen und Deutsche im kurzen *Germinal* des Jahres 1848 gemeinsam für die Revolution einsetzten (die sich bereits im Mai 1848 in ihre jeweiligen nationalen Arme spaltete), so arbeiteten sie ab Mitte der Dreißiger jahrelang mit einem festen Ziel zusammen und lernten voneinander. Für die Flüchtlinge engagierte sich auf tschechischer Seite F. X. Šalda, der bedeutendste Literaturkritiker seiner Generation, der ein effizientes tschechisches Hilfskomitee (mit Büro im Palais Fénix auf dem Wenzelsplatz) auf die Beine stellte und bei Professor Otokar Fischer, dem Übersetzer von Goethes »Faust«, den Schriftstellern Josef Kopta und Marie Pujmanová, dem Schauspieler Václav Vydra vom Nationaltheater, dem Maler Emil Filla, bei Jiří Voskovec und Jan Werich vom Befreiten Theater und zahlreichen anderen bereitwillige Unterstützung fand. E. F. Burian, ein einfallsreicher linker Regisseur und Künstler, erfand an seinem Theater die berühmte »Voiceband«, das »Stimmenorchester«, das die beiden Flüchtlinge Hedda Zinner und Fritz Erpenbeck, die später eine bedeutende Rolle in der DDR-Theaterszene spielten, für ihr »Studio 1934« übernahmen. Obwohl streng kommunistisch organisiert, veranstaltete der Bert-Brecht-Club im Namen der Volksfront Vorlesungen über den tschechischen Dichter Jiří Wolker und sogar über T. G. Masaryk, und der Club der tschechischen und deutschen Theaterleute teilte sich programmgemäß Sprachen, Texte, Schauspieler und Bühnen. Am 23. Mai 1936 brachte der Club das (ursprünglich) zweisprachige Stück »Der Tscheche und der Deutsche« (1812) von Jan Nepomuk Štěpánek (1783 bis 1844) im tschechischen Ständetheater auf die Bühne (Präsident Beneš saß im Publikum), eine Woche später wurde die Vorstellung im Neuen Deutschen Theater wiederholt: eine in der langen Geschichte der tschechisch-deutschen Beziehungen einmalige Leistung.

Das Leben war schwierig für die deutschsprachigen Flüchtlinge, doch nach dem Münchner Abkommen, als an die 180 000 Menschen, Tschechen, Juden und Deutsche, Hals über Kopf die Sudetengebiete verließen und in der Republik, jedenfalls ihrem Rest, Schutz suchten, wurde die Lage verzweifelt, und die konservative und nationalistische Wende der tschecho-slowakischen Regierung machte die Sache nicht einfacher. Die Leute versuchten auf legalem und illegalem Weg außer Landes zu kommen – ein paar junge Juden schlossen sich sogar einer Gruppe von Wienern an, die in die Dominikanische Republik wollten, um in Sosua ein landwirtschaftliches Kollektiv zu gründen. Manche Flüchtlinge verließen die Republik über die Beskiden nach Polen und gingen erst einmal nach Frankreich oder auch (vor allem Offiziere der tschechoslowakischen Armee und der Luftstreitkräfte) nach Großbritannien, oder sie reisten donauabwärts über Ungarn und Rumänien, um sich unter Mißachtung der strengen militärischen Maßnahmen der Briten an Bord ächzender Frachter nach Palästina durchzuschlagen. Kafkas

Freund Max Brod nahm am Abend des 14. März den letzten
Zug zur polnischen Grenze, stellte am nächsten Morgen fest,
daß der Bahnhof von Ostrau über Nacht von deutschen
Truppen besetzt worden war, gelangte dennoch über die
Grenze nach Polen und später nach Jerusalem. Es heißt, er
hatte stets das Prager Telefonbuch von 1939 auf seinem
Schreibtisch liegen.

Die Zerschlagung der deutschen
liberalen Institutionen in Prag

Die dramatischen Ereignisse der Jahre 1938/39 in Prag wurden selten ausführlich beschrieben, weil der Blick auf sie
häufig von ausschließlich nationalen – tschechischen oder
deutschen – Sympathien getrübt ist und der jüdische Beitrag
zu den Leistungen der liberalen Prager Instiutionen, vor
allem jenen, die aus deutschen kulturellen Traditionen her-
vorgingen, ignoriert oder explizit geleugnet wird. Während
die späten Dreißiger wegen der Anwesenheit so vieler
deutschsprachiger Intellektueller und Künstler (von denen
alle, ob jüdisch oder nicht, die antinationalistische Einstellung der liberalen Tschechen teilten) einerseits die mit Abstand produktivste Zeit kultureller Zusammenarbeit von
Tschechen und Deutschen waren, so waren sie auf der anderen Seite auch die Zeit des rasanten Abstiegs und der Zerschlagung der liberalen deutschen Institutionen in Prag. Neben so vielen kollektiven und individuellen Tragödien hat
ihr Aufstieg und tragischer Untergang nur wenige Spuren
im Bewußtsein einer nun aussterbenden Generation und
fast gar keine in der Geschichtsschreibung hinterlassen. Das

Münchner Abkommen war der Anfang vom Ende, das Deutsche Theater sperrte zu, und die deutsche Universität erlebte ihren eigenen »Anschluß ans Reich«. Die *Prager Presse*, die deutsche Stimme der tschechoslowakischen Regierung, und die nationalliberale *Bohemia* stellten beide am 31. Dezember 1938 ihr Erscheinen ein, und auch das für seine Wirtschaftsberichte und seine Beiträge von Literaten berühmte *Prager Tagblatt* lag in Agonie, bis es am 4. April 1939 von den Okkupationsbehörden endgültig zum Schweigen gebracht wurde.

Kaum bekannt ist, daß das 1888 erbaute Neue Deutsche Theater – seit 1932 unter der Leitung des Schweizers Paul Eger – fünf Tage vor Annahme des Münchner Diktats durch die tschechoslowakische Regierung für immer seine Türen schloß. Der Prager Theaterverein war schon eine ganze Weile hochverschuldet und nicht länger in der Lage, die Institution zu unterstützen. Das Theater hatte viele in Nazi-Deutschland verbotene Autoren, von Arthur Schnitzler bis Bertolt Brecht, ebenso wie die wichtigsten tschechischen Dramen von František Langer, Fráňa Šrámek und Karel Čapek (zum Beispiel sein antifaschistisches Stück »Die Mutter« mit der berühmten Tilla Durieux in der Hauptrolle) in deutscher Übersetzung auf die Bühne gebracht und konnte mit Stolz auf die Mitglieder des Ensembles verweisen, von denen einige, ob Emigranten oder nicht, zu den besten Schauspielern und Schauspielerinnen ihrer Zeit zählten. Sein Schicksal war es allerdings, daß es für eine Sprachinsel von nur zehntausend potentiellen Theaterbesuchern spielte, und auch die staatlichen Subventionen waren erheblich geringer (zwölf Prozent) als die der Theater, die in der Landessprache inszenierten. Um den Unterschied wettzumachen, mußten private Sponsoren, große und kleine, gewonnen werden, von denen viele Juden waren, so die Eigentümer der Petschek-Bank und der Optiker Moritz Deutsch, der das Theater jahrzehntelang heroisch aus eigener Tasche unterstützt hatte. Doch es waren unsichere Zeiten, dem Theaterverein ging das Geld aus, er konnte keine Gagen und Gehälter mehr zahlen (obwohl Schauspieler und Bühnenarbeiter so berechtigt wie vergeblich in der Presse protestierten), und die sofortige Einleitung eines Konkursverfahrens ließ sich nur umgehen, weil der Verein das Theatergebäude an den Staat verkaufte und Präsident Hácha klug genug war, das Verfahren hinauszuzögern – eigentlich *ad infinitum*, denn im Spätwinter marschierten die deutschen Truppen ein, und das Büro des Reichsprotektors organisierte bald ein Neues Deutsches Theater.

Die Prager deutsche Universität verwandelte sich innerhalb eines Jahres in eine Einrichtung des Dritten Reichs, während ihre tschechische Schwester, solange sie unter der Okkupation überhaupt noch existierte, der Republik die Treue hielt. Die Wege der beiden Universitäten, der tschechischen und der deutschen, hatten sich 1882/83 getrennt, und die »Lex Mareš« von 1920, mit der die Republik die tschechische Hochschule zur eigentlichen Erbin der ursprünglichen, 1348 von Kaiser Karl IV. gegründeten Universität erklärte – obgleich dieser seine *universitas* in den Dienst »aller Einwohner seines Königreichs« gestellt hatte –, bedeutete nur eine zusätzliche Verschärfung der nationalen Konflikte. Der Streik der antisemitischen deutschen Studenten gegen den jüdischen Rektor Samuel Steinherz (1922) und die Prager Straßenkämpfe um die Universitätsinsignien (1934) ließen die nationalen und politischen Spannungen spürbar steigen. Die Tage vor und nach dem Münchner Abkommen offenbarten eine unhaltbare Situation; und als am 18. September 1938 der tschechoslowakische Bildungsminister von den deutschen Professoren verlangte, zum Nationalisten Henlein und seinesgleichen Stellung zu beziehen, ging fast die Hälfte von ihnen nach Wien und nach Bayern, um dort weitere Befehle der NS-Organisationen abzuwarten. Es war viel die Rede davon, die Universität ins Sudetengebiet zu verlegen, doch Hitler selbst beschloß, sie zu lassen, wo sie war, und am 9. November 1938 kehrten die Professoren, die sich über alle Forderungen der Tschechen hinweggesetzt hatten, triumphierend nach Prag zurück und begannen unverzüglich mit dem Umbau der Unversität nach ihren Vorstellungen. Am 27. Januar 1939 erklärte die tschechische Regierung, Juden könnten nicht länger im Staatsdienst bleiben, die deutsche Universität aber wartete nicht so lang und ging bereits im Winter 1938 aus eigenem Antrieb daran, jüdische Studenten (rund zehn Prozent aller Immatrikulierten) und jüdische Mitglieder des Lehrkörpers zu entfernen, womit in erster Linie die Dekane betraut wurden. 77 Dozenten wurden beurlaubt (entlassen), und die Universitätskliniken blieben in beklagenswertem Zustand zurück (von den 77 Entlassenen hatte fast die Hälfte der medizinischen Fakultät angehört). Am 1. September 1939 wurde die Prager deutsche Universität per Gesetz zu einer Bildungseinrichtungen des Reichs erklärt, und die tschechische Universität wurde zehn Wochen später, nach den Studentendemonstrationen vom 15. November, geschlossen.

Für unterrichtete Kreise war es keine Überraschung, daß die *Prager Presse*, die 1921 als Stimme der liberalen Republik T. G. Masaryks gegründet worden war, das Münchner Abkommen nicht lang überleben konnte; am 31. Dezember 1938 stellte sie ihr Erscheinen ein. Der Chefredakteur Arne Laurin war ein kritischer Geist ersten Ranges und hatte die tatkräftige und mutige Unterstützung des Übersetzers Otto Pick (eines Freundes von Franz Kafka), dem es gelang, einige der klügsten Köpfe Europas, darunter Albert Einstein,

Hugo von Hofmannsthal und Hermann Hesse, als Autoren zu gewinnen und den deutschen Lesern, sofern sie nur die Augen zu öffnen bereit waren, über das Feuilleton den Reichtum und die Vitalität der liberalen tschechischen und slawischen Kultur der zwanziger und dreißiger Jahre vorzuführen; und vielleicht half es wenigstens am Anfang, daß die vom Staat subventionierte *Prager Presse* in harten tschechischen Kronen zahlte, während in Deutschland und Österreich die Inflation wütete. In ihrem melancholischen Abschied von den Lesern blickte die *Prager Presse* auf achtzehn Jahre im Dienst der Republik zurück und rühmte sich zu Recht für ihre Unparteilichkeit, ihre Bemühung um politische Ausgewogenheit und vor allen Dingen ihren Willen, die Errungenschaften und Erfolge des tschechischen Kulturlebens vorzuführen. Ladislav Nezdařil, ein späterer Literaturhistoriker, wies nach, daß von den in der *Prager Presse* veröffentlichten 845 Übersetzungen zeitgenössischer tschechischer Gedichte mindestens vierhundert von Pavel Eisner stammen, der Dichter wie Jaroslav Vrchlický, Karel Hynek Mácha, Vítězslav Nezval, Karel Toman, Josef Hora und Antonín Sova übersetzte – und darin konnte nicht einmal das berühmte *Prager Tagblatt* mithalten.

Gleichzeitig mit der *Prager Presse* stellte an jenem schwarzen 31. Dezember 1938 auch die *Bohemia* oder, korrekt, die *Deutsche Zeitung Bohemia*, die der alteingesessenen Prager Familie Haas gehörte, ihr Erscheinen ein. Ihre nationalliberale Orientierung, die nach der Gründung im Jahr 1828 und vor allem während der Revolutionstage 1848 so produktiv gewesen war, hatte sich hundert Jahre später zur Belastung entwickelt, ja zu einem Anachronismus in einer Zeit, in der Liberale den neuen Nationalismus argwöhnisch beäugten und die neuen Nationalisten die Erfüllung ihrer politischen

Forderungen vom NS-Staat erwarteten. Die Schwierigkeit, zunehmend divergente Gedanken unter einen Hut zu bringen, zeigt sich sehr deutlich in der Geschichte der *Bohemia* während des zwanzigsten Jahrhunderts. 1919 brachte sie der tschechoslowakische Zensor kurz zum Schweigen, weil sie sich für ein autonomes Sudetenland engagiert hatte, und nach 1933 wurde sie von den Nazis kassiert, weil viele ihrer Mitarbeiter Flüchtlinge aus Deutschland waren. Der Romancier und Redakteur Ludwig Winder (der später nach London emigrierte) bezeichnete die Loyalität des Blattes gegenüber der tschechoslowakischen Republik als illusionslos, aber echt und aufrichtig.

Die *Bohemia* trat würdevoll und ohne Kniefall vor irgend jemandem von der Bühne ab. »Inmitten der tragischen Schicksalsschläge unserer Zeit«, erklärten die Herausgeber, »dürfen wir uns nicht in Sentimentalität vergraben.« Die *Bohemia* war die älteste Zeitung des Staates, die zweitälteste der alten Doppelmonarchie, und viele, Redakteure, Mitarbeiter, Drucker und Maschinisten, die dreißig oder gar fünfzig Jahre für ihr Blatt gearbeitet hatten, verloren nicht nur ihr tägliches Brot, sondern auch einen Teil ihres Lebensinhalts. Die Herausgeber waren stolz darauf, daß die *Bohemia* – die für die Regierungsbeteiligung der liberalen und sozialistischen Parteien während der Republik eingetreten war – das erste »aktivistische« Blatt war, und wer die *Bohemia* eine chauvinistische Publikation nannte, hatte ebenso unrecht wie jene, die ihr unterstellten, sie habe die deutschen Interessen verraten. »Aktivismus war nur die jüngste Gestalt des Bohemismus« – das heißt der lebendigen Gemeinschaft zweier Nationen, der deutschen und der tschechischen. Mit ergreifenden Worten wandte sich die *Bohemia* zum letzten Mal an die Leser; sie zitierte Fichtes Warnung vor jeder falschen nationalen Selbstüberhebung, pries den deutschen

Glauben an die Freiheit und die Gerechtigkeit der Gesetze und schloß mit der Zuversicht, daß der gegenwärtig beinahe erloschene Funke der Freiheit niemals vollends verglimmen werde.

Das *Prager Tagblatt* war jünger als die altehrwürdige *Bohemia*, hatte aber schon früh ein effizientes Netzwerk europäischer Korrespondenten aufgebaut, die sich der technischen Neuerung des Telefons bedienten, um über politische und wirtschaftliche Entwicklungen zu Hause und im Ausland zu berichten, auch über die Börsenkurse in Zürich, London und New York. Zum ersten Mal erschien das *Prager Tagblatt* am 24. Dezember 1875 als eigenständige Zeitung; ihr ursprünglicher Besitzer, der Süddeutsche Heinrich Mercy, der über Mailand nach Prag gekommen war, hinterließ sie seinem Bruder Wilhelm und dieser wiederum seinen beiden Töchtern, die eine die künftige Gräfin Nostitz und die andere Baronin Benies (offensichtlich waren die Erbinnen nicht völlig immun gegen den politischen Druck der Dreißiger, so daß der Vertrag des jüdischen Chefredakteurs Sigismund Blau nicht verlängert wurde). Das *Prager Tagblatt* konnte auf eine Reihe herausragender Redakteure und Mitarbeiter zurückblicken, von Karl Tschuppik (seit 1910) über Egon Erwin Kisch, Kafkas treuesten Freund Max Brod (1924 bis 1939) und Emil Ludwig bis hin zu Richard Katz und Rudolf Thomas, und war eine stets offene Plattform für T. G. Masaryk, druckte seine Reden ab, die parlamentarischen wie die außerparlamentarischen, und kommentierte seine politischen Entcheidungen mit besonderer Sorgfalt und Sympathie.

In den tragischen Monaten nach dem Münchner Abkommen hielt das *Prager Tagblatt* treu zu Masaryks Republik (auch noch lang, nachdem sich die liberalen deutschen Parteien aufgelöst hatten) und berichtete sachlich über die unvermeidlichen Veränderungen, auch über die Abdankung von Präsident Beneš und seine ersten Tage im Exil. Die Redakteure versuchten die berechtigten Ängste der Leser zu beschwichtigen und analysierten am 1. Oktober 1938 kühn die (mögliche) »gute Seite« der »amputierten Republik«, die nun national und politisch ein besser integriertes Ganzes bilden könne. Der »Abfall« der »antidemokratischen Sudetendeutschen«, so die unbeschönigte Formulierung, werde letztlich vielleicht den »demokratischen Charakter der Republik« stärken – aus der Flut des Faschismus werde die Demokratie wieder siegreich hervorgehen. Zu Änderungen im Ressort Kultur sahen die Redakteure keinen Anlaß; der Literaturteil beschäftigte sich mit der Produktion der antifaschistischen Verleger Berman-Fischer, Allert de Lange und Querido (Amsterdam), besprach die neuen Bücher von Heinrich und Thomas Mann, Franz Werfel und Stefan Zweig und brachte am 28. Dezember 1938 einen respektvollen und nachdenklichen Nachruf auf den international gefeierten tschechischen Schriftsteller Karl Čapek (den viele als Symbolfigur der Ersten Republik sahen), in dem auch Präsident Háchas Beileidstelegramm an die Witwe erwähnt wurde.

Daß sich das Blatt so sehr bemühte, Ängste zu beschwichtigen, stand im Widerspruch zu den Gefühlen vieler jüdischer und nichtjüdischer Leser, die nichts anderes im Sinn hatten, als so rasch wie möglich auszureisen, und so herrschte eine bemerkenswerte Diskrepanz zwischen den letzten Seiten, den Anzeigen, und dem redaktionellen Teil. Viele Leser wollten über Berufe und Techniken informiert werden, die ihnen in Übersee nützlich sein könnten, und während der Prager Jüdische »Freitisch-Verein«, der die kostenlose Speisung für arme Juden organisierte, auf Seite drei unbeeindruckt seine reguläre Generalversammlung ankündigte, suchte im Anzeigenteil jemand nach einem

Taschentuchfabrikanten für Übersee, die Meadow School in Bucks, England, bot reduzierte Schulgebühren (nur 28 Pfund im Vierteljahr) für jüdische Mädchen an, eine südamerikanische Siedlung suchte nach »Kapitalisten« und Handwerkern, und Ausreisewillige, die nach Panama und Palästina wollten, boten ihre kommerziellen Dienste in den neuen Ländern an. Im November waren diese Realitäten in die Blattmitte vorgedrungen, und Joseph Wechsberg (der später für den *New Yorker* schrieb) verfaßte eine Reihe lehrreicher Artikel, die über das »Affidavit«, die erforderliche Bürgschaftserklärung für Einwanderer, informierte und Ratschläge gab, wie man an billige Schiffspassagen in die Vereinigten Staaten kam und mit Hilfe einer positiven Einstellung und eines sauberen Anzugs den ersten Job ergatterte. Das vielsagendste Signal der bevorstehenden schrecklichen Zeiten war der Freitod des erst jüngst ernannten Chefredakteurs Rudolf Thomas und seiner Frau, die alle Zukunftshoffnungen verloren und Gift genommen hatten (10. Oktober); die Lobreden in den Zeitungen rühmten seine Bildung und universellen Interessen, vermieden aber tunlichst jede Erwähnung, daß Thomas und seine Frau durch eigene Hand gestorben waren.

Es war, als hätte Rudolf Thomas, nachdem die Deutschen einmarschiert waren und seine jüdischen Kollegen nicht mehr im Büro erschienen, das Schicksal seiner Zeitung vorausgeahnt. Plötzlich verabschiedete sich das *Prager Tagblatt* von seiner ruhmreichen Vergangenheit und wechselte auf die andere Seite: Am ersten Tag der Okkupation stand auf der Titelseite eine an den Reichspressechef Otto Dietrich gerichtete Erklärung, in der es hieß, die Redakteure und die »Gefolgschaft« des *Prager Tagblattes* akzeptierten seine Führung; unterzeichnet war sie mit einem unüblichen »Heil Hitler!« Mindestens zwei Wochen gab das *Prager Tagblatt*, das sich auf einmal in eine Art Nazigespenst verwandelt hatte, in der Folge die Ansichten der Besatzer wieder, pries die Okkupation als Akt deutscher Geschichte, berichtete über die Reise des Führers von Berlin nach Prag und registrierte prompt die ersten Maßnahmen zur »Entjudung« – der Entlassung von Juden aus öffentlichen Ämtern. Im Literaturteil kam keiner der Autoren aus der Prager Gruppe mehr zu Wort, sondern der ominöse österreichische Blut-und-Boden-Schriftsteller Karl Heinrich Waggerl (der Bruno Brehm, Heinrich Zillich und Konsorten die Türen öffnete), und sogar die Anzeigen hatten sich verwandelt, dort fragten jetzt arbeitslose »Arier« nach Krediten oder suchten eine Anstellung in der Industrie. Unverändert blieb paradoxerweise der Wirtschaftsteil, und während Hitler die Titelseiten beherrschte, hatten Ökonomen Gelegenheit, die Entwicklungen an den Börsen von Budapest, Paris und New York und die Aktienkurse für Baumwolle und Öl in Chicago zu studieren. Doch wenn die Eigentümer – oder die »Gefolgschaft« – des *Prager Tagblatts* gehofft hatten, ihre Zeitung zu erhalten, indem sie sich anbiederten und als Nazis kleideten, hatten sie die Rechnung ohne den Wirt gemacht, denn die Okkupationsbehörden hatten andere Pläne. Am 4. April 1939 hörte das *Prager Tagblatt* auf zu existieren, am 5. April erschien, herausgegeben vom Amt des Reichsprotektors, die Nummer eins der neuen Tageszeitung *Der Neue Tag*, der die offizielle Stimme der Besatzer werden sollte; die Geschäftsräume und Druckerpressen des Mercy-Unternehmens wurden rasch von der neuen Böhmisch-Mährischen Verlags- und Druckanstalt übernommen. Die letzte Spur der letzten Prager liberalen Institution war ausgemerzt.

An meiner neuen Schule

Das Akademische Gymnasium, meine neue Schule, war eine Eliteeinrichtung, die eine große Vergangenheit hatte, ob die Unterrichtssprache Deutsch wie in der alten Monarchie oder, wie unter der Republik, Tschechisch gewesen war. Nach wie vor befand sie sich im ehemaligen Piaristenkloster im Stadtzentrum. Meine Mitschüler, stellte ich fest, stammten aus bedeutenden Familien – einer, ein liebenswürdiger und unaufdringlich eleganter Langweiler, war der Sohn des Polizeipräsidenten, andere waren Töchter und Söhne von Anwälten und Chirurgen; Proletarierkinder aus den Industrievorstädten waren selten. Mehr denn je brüstete sich die Schule, ein Bollwerk des Patriotismus, der Tradition und, mit täglichen Griechisch- und Lateinstunden, der Bildung zu sein und legte besonderen Wert auf intensiven Unterricht in tschechischer Literatur, in dem auch die modernsten Autoren ihren Platz hatten; die deutsche Okkupation war keine Erwähnung wert. Mein Mathematikprofessor, der über meinen familiären Hintergrund Bescheid wußte und mir keine Schwierigkeiten machen wollte, ignorierte mich total. Er ahnte, daß ich seine Algebraformeln in keiner Sprache verstehen würde, und ließ mich fortkommen, ohne je das Wort an mich gerichtet zu haben. Mit Begeisterung las ich neue tschechische Literatur; unterrichtet wurden wir von einem jungen, gebildeten Gymnasialprofessor, dem auffiel, daß ich einmal Otokar Březinas mystische Dichtung mit Rainer Maria Rilke verglich. Unsere neue Lehrerin für Deutsch und Geschichte, die frisch von der Karlsuniversität kam, schlug mir stillschweigend einen privaten Waffenstillstand vor, jedenfalls was das Fach Deutsch betraf (wenn sie eine neue syntaktische Regel erklärte, vergewisserte sie sich mit einem kurzen Blick zu mir meines kaum merklichen Nickens der Zustimmung). Außerdem wagte sie sich nur selten zu uns Hinterbänklern, weil mein Freund Vladimír neben mir sanft ihre Hand zu streicheln pflegte, wenn diese sich auf unser Pult legte. Zum Glück für meine akademische Laufbahn ließ mich Kari (Prinz) Lobkovicz bei Matheprüfungen liebenswürdigerweise abschreiben, und wir wurden Freunde fürs Leben.

Eines Tages verkündete uns der Professor für tschechische Literatur, die Schule fordere alle Schüler in Anknüpfung an eine alte Tradition auf, sich mit langen Aufsätzen über literarische oder geschichtliche Themen um die vom Direktor verliehenen Preise zu bewerben, und ich beschloß sofort, mitzumachen, allerdings brauchte ich ein geeignetes Thema. Beim Nachhausekommen fiel mir der Schriftsteller Johannes Urzidil ein, der vor seiner Auswanderung nach England bei meiner Mutter zu Besuch gewesen war. Ich blätterte in seinem Buch über Goethe und Böhmen und erfuhr, daß Goethe mit einer Reihe herausragender Prager Intellektueller korrespondiert hatte, neben anderen mit dem Grafen Kaspar Sternberg, dem Gründer des Nationalmuseums, und mein Entschluß stand fest, ich würde meinen Aufsatz über Goethe und Prag schreiben – wobei das »und« einigermaßen heikel war, denn Goethe, der häufiger Gast in den eleganten böhmischen Bädern gewesen war, hatte sich nie nach Prag gewagt – weil er gewiß zu Recht vermutete, eine Reise in die böhmische Hauptstadt werde nur politische Querelen heraufbeschwören, denn Deutsche und Tschechen würden allzu penibel darauf achten, wem er seine Aufwartung machte (obwohl sich Graf Sternberg vermutlich eher zu einer *böhmischen* Nation als zu den Tschechen oder den Deutschen gezählt hätte). Mein Aufsatz erhielt den zweiten Preis (der erste ging an eine patriotischere Arbeit), ich fühlte mich in meinem Entschluß bestärkt, Literaturhistoriker zu werden, und von meinem Lehrer hörte ich, daß unserem Direktor ein Aufsatz über den größten deutschen Dichter gerade recht gewesen war, falls ein Nazi-Schulinspektor auf die Idee kam, unseren Wettbewerb unter die

Lupe zu nehmen (in welchem Fall ich nur beten konnte, daß er sich nicht auch noch meine Bibliographie vornahm, die aus einem einzigen Namen bestand: Urdizil, der sich kurz zuvor ins Londoner Exil abgesetzt hatte). 65 Jahre später hielt ich einen Vortrag auf dem internationalen Urzidil-Kongreß in Prag und war anwesend, als neben dem Schultor, gleich bei der neuen Prager Zweigniederlassung von Jean-Paul Gaultier, die jüngst ihr Geschäft in dem Gebäude eröffnet hatte, eine Gedenktafel enthüllt wurde und die Welt daran erinnerte, daß Urzidil zu Zeiten des alten Österreichs das berühmte Gymnasium besucht hatte.

Rendezvous im Kino und unser »Corso«

Verabredungen zum gemeinsamen Kinobesuch waren wichtig in meiner neuen Schule, folgten aber einem strengen Ritual, von dem ein wohlerzogener siebzehnjähriger Gentleman nicht abzuweichen wagte. Die jungen Frauen, alle aus unserer Schule, sechzehn oder siebzehn Jahre alt und hübsch frisiert, erwarteten Krawatte, Jackett und sauberes Hemd und dazu Eintrittskarten (nur Mitte bis letzte Reihe) für einen gepflegten Film (amerikanisch, französisch, tschechisch), vorzugsweise im Kino Juliš am Wenzelsplatz oder im teuren Broadway-Kino am Graben. Die Kosten zu teilen, galt als rückständig oder als Zeichen unangemessener und ungezügelter Intimität. Außerdem wurde vom jungen Mann erwartet, daß er seiner Begleiterin ein Eis mit dem eleganten Namen Eskimo Brick spendierte, das von den adrett uniformierten Platzanweiserinnen während der langen Pause verkauft wurde. Man durfte kaum die Hand der Dame berühren (jedenfalls nur flüchtig), durfte sie bewundern, wenn sie auf der dunklen Straße eine verwegene Zigarette rauchte, und sie mit der Straßenbahn nach Hause bringen (was weitere 2,40 Kronen kostete). Zum Glück waren mir von unserem bürgerlichen Ritual nicht ganz die Hände gebunden, denn da gab es Libuschka, die vor der Halb-fünf-Uhr-Vorstellung nahe den Kassenhäuschen der weniger schicken Kinos herumzustehen pflegte – in den Arkaden des Wenzelsplatzes zum Beispiel, im Aleš oder dem Bio Skaut im oberen Bereich der Vodičkova-Straße (dort sah ich zum ersten Mal die Marx Brothers). Sie war sechzehn oder jünger, blaß, trug ein von der Mutter geborgtes Kleid, wirkte ein bißchen älter, als sie war, aber nachmittags waren die Kartenabreißer ohnehin tolerant in Altersfragen, solange man eine gültige Eintrittskarte hatte. Es war eine Art Blind Date, denn Libuschka war da, um einen Gymnasialschüler aufzutreiben, der ihr die Karte und, ebenso wichtig, eine kleine Tüte (zehn Dekagramm) billiges Konfekt kaufte, das sie Stück für Stück verspeiste, bis die Tüte leer war. Der Film (jeder) zählte mehr als die Begleitung. Aufrecht, so gebannt vom Geschehen auf der Leinwand, daß ihr fast die Augen aus den Höhlen traten, saß sie in ihrem Sessel und kümmerte sich nicht im geringsten darum, ob ich (zögernd) ihre Knie und Brüste berührte – ein Fall von vollkommenem gegenseitigem Einvernehmen. Jahre später las ich Jan Nerudas Geschichte »Zu den drei Lilien« (aus seinen »Kleinseitner Geschichten«, Ende des neunzehnten Jahrhunderts entstanden), in dem ein Arbeitermädchen von beinahe unschuldiger Sinnlichkeit Tag für Tag ein billiges Prager Tanzlokal aufsucht, nur um das Gefühl zu haben, lebendig zu sein; Nerudas Geschichte und meine Erinnerung an die arglose Libuschka (anno 1939) sind in mir eins geworden.

Hitler versetze Polen in Angst und Schrecken, forderte Danzig, aber wir spazierten, vorzugsweise spätnachmittags zwischen fünf und sechs Uhr, unseren »Corso« auf und ab, nämlich den Block zwischen dem Café Juliš, einem architektonischen Denkmal des tschechischen Konstruktivismus aus den frühen Zwanzigern, bis zur Bat'a-Ecke des Wenzelsplatzes (links), um unsere neue Krawatte zu zeigen und den Mädchen in ihren frisch gebügelten Blusen und vielleicht einer gewagten Blume im Haar feurige Blicke zuzuwerfen. Doch einem Flaneur von auswärts wären, nachdem er unseren »Corso« verlassen hätte, um nach links in die Národní třída oder nach rechts in den Příkopy einzubiegen, die äußeren Unterschiede zwischen den Leuten sofort ins Auge gefallen, und dies nicht nur wegen der vielen deutschen Uniformen auf den Straßen. Volkszugehörigkeit und Ideologie bestimmten die Kleiderordnung, und nur wer in unauffälliger Kleidung unterzugehen versuchte, hatte etwas zu verbergen (wie ich wußte).

Deutsche Mädchen mit kurzem Haar oder langen Zöpfen und zumindest für tschechischen Geschmack derben Schuhen trugen kein Rouge in der Öffentlichkeit, denn »eine deutsche Frau schminkt sich nicht«, hatte ihr Führer gesagt; und wenn sie aus dem Sudetenland kamen, trugen sie (meistens) ein Dirndl oder wenigstens einen Dirndlrock bayrischer oder österreichischer Art, was in der industriellen böhmischen Metropole sehr fehl am Platz wirkte, oder aber die hellbraunen Uniformjacken des BDM mit dem schwarzen Dreieck am Ärmel, das Auskunft über die jeweilige Ortszugehörigkeit der Trägerin gab. Während der ersten Monate der Okkupation trugen jüngere Sudetendeutsche nach wie vor weiße Hemden und schwarze Krawatten, die einst zur Uniform der Henlein-Partei gehört hatten, und zeigten sich stolz in ihrer sportlichen, fast militärischen Tracht mit Knickerbockers und ostentativ weißen Kniestrümpfen (ursprünglich Teil einer bäuerlichen Tracht, jedenfalls sahen sie es so). Die Tschechen zogen formellere Kleidung vor, Stoffe und Hüte in dunklen Farbtönen, außer bei den Wochenendausflügen in die Moldauauen, wenn sie sich als »Tramps« oder Wildwestcowboys verkleideten und sich peinlich genau an die Regieanweisungen aus den Groschenromanen der frühen Zwanziger hielten.

Tschechische Mädchen wollten vor allem elegant sein (wie die jungen Frauen in den französischen und amerikanischen Filmen), ein bißchen Rouge war keine Sünde, sondern unerläßlich, ebenso wie hohe Absätze und teure Strümpfe; in den ersten Jahren der Okkupation schmückten sie ihre Kleider und Blusen in symbolischer Opposition zu den deutschen Dirndln mit Motiven aus der slawischen Folklore (oder dem, was sie dafür hielten), genannt *svéráz* (»unsere Art«). Die jungen Tschechen der unteren Schichten entwickelten eine eigene Art burschikoser Eleganz mit zweireihigen Sakkos und extrem enganliegenden Hosen, nannten sich *potápky* (»Tauchvögel«) und trafen sich in den Kaffeehäusern, in denen Swingbands auftraten (und wurden später zur Zwangsarbeit nach Deutschland verschleppt). Ethnische Trennungen waren ziemlich streng; tschechische Mädchen wären nie im Leben mit einem Deutschen ausgegangen, und Veit Harlan, ein weniger begabter Kollege von Leni Riefenstahl, produzierte einen dem tschechischen Publikum nie gezeigten Film, der deutsche Mädchen aus der Provinz (eine wurde passenderweise von seiner schwedischen Frau Kristina Söderbaum dargestellt) vor dem verderblichen Einfluß der jungen tschechischen Prager warnte (im vorliegenden Fall allerdings verkörpert von einem aalglatten österreichischen Schauspieler), die nichts anderes im Sinn hätten, als sie ihres wertvollsten Besitzes zu berauben und anschließend sitzenzulassen; es versteht sich von selbst, daß die schwangere Kristina sich ertränkte, wie übrigens in den meisten ihrer Filme, so daß sie auch beim deutschen Kinopublikum »die Reichswasserleiche« hieß.

Doch gingen sie alle oft in dieselben Kinos, wurden in denselben teuren Restaurants gesehen, auch wenn sie an verschiedenen Tischen saßen, und besuchten ein paar beliebte und attraktive Restaurants wie das Zlatá Studně, die Goldene Quelle, ein hoch gelegenes kleines Dachgartenlokal auf der Kleinseite, wo man eine einfache Mahlzeit bekam und die Lichter der Stadt bewundern konnte (soweit stimmt es bei Veit Harlan, der das deutsche Mädchen und den tschechischen Kavalier dort zusammenbrachte – allerdings mußte er erst alle anderen Gäste fortschaffen, ehe das glücklose Paar ganz allein am selben Tisch saß).

Mit seinen unterschiedlichen ethnischen und religiösen Gruppen war Prag immer eine doppelte oder dreifache Stadt gewesen, insgeheim jedenfalls, denn Tschechen und Deutsche – oder Juden – zogen dieses oder jenes Kaffeehaus vor, lebten in diesem oder jenem Viertel. Die Tschechen hätten niemals das (später in Deutsches Haus umbenannte) deutsche Casino betreten, wenige Deutsche besuchten je das Café Slavia, wo seit Jahrzehnten tschechische Intellektuelle zusammenkamen, und das von Franz Kafka vielbewunderte reisende jiddische Theater konnte sicher sein, im alten Café Savoy ein williges Publikum zu finden. Die Okkupation verhärtete die Trennlinien zu fatalen Grenzen, und als im Frühsommer 1939 die ersten judenfeindlichen Stadtverordnungen veröffentlicht wurden, verwandelte sich die moderne Stadt, die gestern noch ein lebendiger, für alle offener Raum gewesen war, wieder in einen ungeordneten, geradezu mittelalterlichen Flickenteppich mit strengen Trennungen und brutaler Ausgrenzung.

Der neue Reichsprotektor:
Seine Ernennung

Neuraths Ernennung zum Reichsprotektor behagte den Nazifunktionären wenig, räumte jedoch bei der alten Garde im Auswärtigen Amt manche Bedenken aus, denn immerhin holte sie einen erfahrenen, auf internationalem Parkett gut bekannten Diplomaten in eine öffentliche und verantwortungsvolle Position zurück (das dachten sie jedenfalls, ebenso wie Neurath selbst). Am 9. März 1939 war Neurath zum privaten Abendessen mit Hitler geladen und nutzte den außergewöhnlichen Anlaß, um seine Ansichten zur tschechischen Frage zu äußern; Deutschland, riet er Hitler, solle sich mit der Kontrolle über die tschechische Wirtschaft und die internationalen Beziehungen der Tschechen begnügen und der tschechischen Nation dafür ein gewisses Maß an Autonomie garantieren.

Als Präsident Hácha Hitler am 16. März bat, keinen Sudetendeutschen zum Reichsprotektor zu ernennen, war Hitler noch unschlüssig. Möglicherweise traf er seine Entscheidung spätabends am 16. oder am Morgen des 17. März; wie es dazu kam, rekonstruierte Neuraths amerikanischer Biograph John L. Heineman anhand von Nachkriegsinterviews und Berichten über Neuraths private Telefonate nach seinem Gespräch mit Hitler. Heinrich Lammers, der Chef der Reichskanzlei, und Hitler selbst sorgten sich wegen der internationalen, vor allem der britischen Reaktion auf die Errichtung des Protektorats, und Lammers Worten zufolge war Hitler, um »den wütenden Proteststurm im Ausland zu beruhigen«, bereit, eine Persönlichkeit zu ernennen, die international eine Bedeutung und einen Namen hatte und imstande wäre, klug, auf diplomatische Weise und mit sicherer, ruhiger Hand die künftige friedliche Zusammenarbeit von Tschechen und Deutschen innerhalb des Großdeutschen Reichs in die Wege zu leiten. Gegen den erheblichen Widerstand von Goebbels schloß er, daß »nur Herr von Neurath eine solche Persönlichkeit« sei. Neurath wurde unverzüglich ins Wiener Hotel Imperial bestellt, wo er sich am 18. März zu einer privaten Unterredung mit Hitler traf.

Er kam seinerseits mit manchen Illusionen zu dem Gespräch und unterschätzte Hitlers zynischen Machtwillen erheblich. Hitler bot ihm die Stellung, oder die Aufgabe an, für Ruhe und Ordnung zu sorgen, und Neurath lehnte erst ab (sagte er später), und begründete das mit seinem fortgeschrittenen Alter und seiner mangelnden Erfahrung in Verwaltungsangelegenheiten, wie sie in Prag erforderlich sei. Nach Austausch einiger weiterer Höflichkeitsfloskeln bemerkte Hitler ungeduldig, wenn Neurath das Amt nicht annehme, werde er einen Sudetendeutschen oder jemanden aus Ribbentrops Mannschaft fragen müssen, woraufhin Neurath akzeptierte – allerdings mit der Bitte um die Zusicherung, daß er freie Hand hätte und andere Organe des Reichs (er meinte die SS und den SD) sich nicht einmischen würden. Hitler las ihm die wesentlichen Sätze aus dem Führererlaß vor, wonach der Protektor der »Vertreter des Führers und Reichskanzlers und [...] Beauftragter der Reichsregierung« sei. Nach weiteren Garantien fragte Neurath nicht und wurde unverzüglich mit seinem neuen Stellvertreter und Staatssekretär bekannt gemacht, der im Vorzimmer wartete. Dies war Karl Hermann Frank, der radikalste Funktionär in Henleins Sudetenpartei und ein fanatischer Tschechenhasser.

Am 5. April reiste Neurath zum ersten Mal nach Prag, um sich einen persönlichen Eindruck zu verschaffen und dem besetzten Volk wie den ausländischen Beobachtern zu de-

April 1939: Neurath (links) und Hácha im Gespräch

monstrieren, daß seine Ernennung keine leere und lediglich formale Geste sei. Am Bahnhof empfing ihn der eigens eingeflogene Oberbefehlshaber des Heeres, General Walther von Brauchitsch, es wurde Salut geschossen, der tschechische Bürgermeister von Prag begrüßte den Protektor, der gekommen sei, um »die freie Entwicklung der reichen Gaben des tschechischen Volkes zu gewährleisten«, und anschließend fand eine Militärparade mit schwerer Artillerie und Panzern und der (nicht legal amtierenden) tschechischen Regierung als Publikum statt.

Der Tag war kein rechter Erfolg; statt mit ihren Lehrern die Straßen zu säumen, wurden die Kinder im Haus gehalten. Die Papierfähnchen, die man ihnen gegeben hatte, um den Reichsprotektor zu begrüßen, schwammen alle in der

Moldau, und die Leute dachten nicht daran, zuzuschauen, sondern promenierten angeregt rund um den Wenzelsplatz und ignorierten systematisch, was in seiner Mitte vor sich ging. Bei einem formellen Bankett am folgenden Abend wandte sich der Protektor an seine tschechischen Gäste: Er sei gekommen, sagte er, um für Böhmen und Mähren Glück und Wohlergehen innerhalb des »Lebensraums« des deutschen Reichs zu sichern, und bat seine Gäste, ihm bei der Erfüllung seiner »schwierigen Aufgabe« zu helfen.

Privat war er skeptischer; an seinen Freund und Briefpartner Gerhard Röpke schrieb er, er müsse sowohl die deutschen antitschechischen Elemente als auch die Sudetendeutschen im Zaum halten, und als seine Tochter fragte, weshalb er »nach allem, was Hitler ihm angetan«, das Amt dennoch angenommen habe, antwortete er: »Die Pflicht geht vor«, Ribbentrop sei unfähig, und er sei nach Prag gegangen, um zu verhindern, daß die Situation »in einen Krieg mündet«. Es sollte nicht sein, und nur wenige Tage, nachdem er am 16. April von den Okkupationstruppen die Verwaltung übernommen hatte, regten sich, unübersehbar für alle, die ersten Anzeichen entschlossenen Widerstands.

II. Der Beginn des Protektorats: 1939 bis 1941

Frische Blumen

Am 20. April feierte das Okkupationsregime Hitlers Geburtstag, und in Reaktion darauf versammelten sich viele Tschechen vor den Denkmälern für T. G. Masaryk, den ersten Präsidenten der Republik, und legten kleine Frühlingssträuße davor nieder. Gegen Ende des Jahres, am 28. Dezember, am Geburtstag von Woodrow Wilson, tauchten auf wundersame Weise am Fuß seines Prager Monuments (gegenüber dem Hauptbahnhof) ähnliche Blumensträuße auf und bekundeten die Haltung der Tschechen gegenüber dem amerikanischen Präsidenten, der Masaryk bei der Erlangung der Unabhängigkeit so tatkräftig unterstützt hatte.

In den ungewissen Monaten zwischen Ende März und Winter 1939 fand die tschechische Gesellschaft eigene Methoden, ihre Unabhängigkeit zu behaupten, indem sie ihre Geschichte und Sprache feierte (tschechische Historiker waren stets aufmerksame Leser von Johann Gottfried Herder gewesen, der davon überzeugt war, dass Nationalität, kulturelle Errungenschaften und Sprache eng miteinander verflochten seien). Demonstrationen, die sich zunächst auf Ereignisse oder Figuren von symbolischer Bedeutung konzentrierten, hatten spontan Zehntausende Prager Bürger mobilisiert, und die neuen Widerstandsgruppen erkannten allmählich, daß es Zeit war, ihre Einflußmöglichkeiten auszuloten und zu testen, ob sich öffentliche Demonstrationen nicht als einheitlicher Protest gegen das Okkupationsregime gestalten ließen. Auf einmal wurden Feiertage von Heiligen und Märtyrern, Wallfahrten zu bestimmten Bergkapellen und Kirchen, ein Fußballspiel gegen eine deutsche Mannschaft wichtiger denn je, und die Umbestattung des romantischen Dichters Karel Hynek Mácha auf dem Prager Friedhof geriet zur Massendemonstration.

Am 6. und 7. Mai 1939 säumten Zehntausende Prager Bürger stumm die Straßen und erwiesen Mácha die Ehre, der im Alter von knapp 26 Jahren 1836 viel zu früh gestorben und in Leitmeritz, wo er damals lebte, beigesetzt worden war. František Engliš, der Direktor der tschechoslowakischen Nationalbank, hatte in den Tagen vor dem Münchner Abkommen der Regierung dringend empfohlen, Máchas sterbliche Überreste zu bergen, ehe die deutschen Truppen Leitmeritz, in den Hügeln nahe der deutsch-tschechischen Grenze, einnahmen, um ihn gemeinsam mit den anderen Größen der tschechischen Tradition, Dichtern, Komponisten und Künstlern, in Prag zu beerdigen. Die Exhumierung nahmen ein örtlicher Totengräber und sein Helfer (beides Deutsche) in Anwesenheit eines städtischen Arztes vor.

Die Überreste des Dichters wurden in einen Metallsarg gelegt, mit Hilfe abziehender tschechischer Soldaten auf einen Lastwagen geladen und nach Prag gebracht, erst ins Strašnice-Krematorium, dann ins anthropologische Institut der Universität, wo sie von Professor Jiří Malý untersucht und anschließend in Samt und Seide gehüllt wurden – gespendet von prominenten Industriellen, darunter Jindřich Waldes, der mit Druckknöpfen und Sicherheitsnadeln ein Vermögen gemacht und die Untergrundzeitungen finanziell unterstützt hatte. Später saß er drei Jahre im KZ Dachau.

Am 6. Mai begab sich eine Delegation des Prager Magistrats zum anthropologischen Institut der Universität und eskortierte die Überreste in einem schlichten, mit der Nationalflagge umhüllten Eichensarg zum Pantheon, der zentralen Halle des Nationalmuseums, vor dessen Toren zeremonielle Feuer brannten. Zahlreiche Kränze wurden rings um den Katafalk niedergelegt, auf dem der Sarg stand, am sichtbarsten der des Präsidenten. Vormittags kamen der Erziehungsminister Jan Kapras und der Prager Bürgermeister, um dem Dichter die Ehre zu erweisen, kurz danach auch Präsident Hácha, der in stiller Meditation vor dem Sarg stand. Unterdessen hatten sich die Türen geöffnet, und eine lange Reihe von Bürgern und Schulkindern zog am Sarg vorbei. Gegen siebzehn Uhr wurden die Türen wieder geschlossen, und eine motorisierte Prozession, der die Prager vom Straßenrand aus zusahen, machte sich auf den Weg zum Vyšehrad-Friedhof. Oben wartete Monsignor Antonín Stašek, der Wächter der St.-Peter-und-Paul-Basilika auf dem Vyšehrad, und öffnete das Friedhofstor.

Am 7. Mai, einem Samstag, hißte »ganz Prag« die dreifarbige Nationalflagge, wie die Zeitungen stolz berichteten, »sogar die Vorstädte«, und in den engen Gassen zum Vyšehrad hinauf drängten sich Menschen jeglichen Alters, die einen Blick auf die Zeremonie zu erhaschen hofften. In der Kirche hielten Studenten mit gezogenen Säbeln und, neben ihnen, eine Gruppe junger Mädchen in fließendem Weiß mit Frühlingszweigen in den Händen Wache vor dem Sarg. Gegen elf Uhr trafen die offiziellen Delegationen ein, doch da das Kirchenportal weit offenstand, damit die Leute ungehindert hereinkommen konnten, war während des Gottesdienstes, wie ein Reporter bemerkte, ständig »das Tappen zahlloser Füße [zu hören], die leise und gedämpft zu sein versuchten … ein heimlicher Grundton als Begleitung des Kirchenchors«. Ein Mitglied der Philharmonie spielte eine Cellosonate von Dvořák, und Monsignore Stašek verglich in seiner Predigt den Dichter Mácha mit einem Pilger, der durch das Labyrinth der Welt wandert und nach einem *centrum securitatis* sucht, einer sicheren Mitte, die so schwer zu erreichen ist. Die Nationalhymne der Republik, »Kde domov můj«, »Wo ist meine Heimat«, beschloß den Gottesdienst.

Die erneute Beisetzung sollte am frühen Nachmittag stattfinden, und nachdem eine Abordnung der Universität, der Theater (Mácha war Amateurschauspieler gewesen) und der Akademie der Künste und Wissenschaften, darunter der Historiker Josef Šusta und der berühmte Bildhauer Max Švabinský, eingetroffen und der Sarg noch einmal gesegnet worden war, verließ die Prozession die Kirche und zog zum Slavín, dem angrenzenden Teil des Friedhofs, wo seit langem die Größen der Nation bestattet worden waren. Václav Vydra vom Nationaltheater rezitierte die letzte Strophe aus Máchas berühmtester Dichtung »Máj« (»Mai«), und Rudolf Medek, ein konservativer Schriftsteller und ehemaliger Offizier der russischen Legionen, hielt die Grabrede, in der er Mácha als Verteidiger der tschechischen Sprache pries, den ersten, der »sie zu poetischen Klängen erhob« und an die Unsterblichkeit seiner Nation und deren Sprache glaubte. Es war ein Augenblick stiller Trauer, als vier tschechische Dichter – František Halas, Josef Hora, Jaroslav Seifert und Vladimír Holan, fraglos die bedeutendsten des Jahrhunderts – den Sarg hoben und ihn mit Hilfe schlichter Lederriemen langsam ins offene Grab hinabließen, das sich bald bis zum Rand mit frischen Blumen füllte.

Máchas Zeitgenossen hätten sich über diese Uminterpretation durch einen Soldaten der Legionen sicher gewundert, denn zu Lebzeiten und kurz danach war der Dichter bei den echten Patrioten gar nicht beliebt. Der erste maßgebende, in Prag geborene tschechische Dichter war kein Fahnenschwenker wie so viele seiner weniger bedeutenden Kollegen, sondern ein echter Romantiker der metaphysischen, wenn nicht existentialistischen Art. Er wußte viel über die deutschen Romantiker, denen er in seinen frühen, auf deutsch verfaßten Gedichten nacheiferte, über Lord G. G. Byron und vielleicht auch Giacomo Leopardi; nicht zufällig ist sein Vilém, der Held des Gedichts »Máj«, Häuptling einer verfemten Räuberbande, der (aus Eifersucht) seinen Vater umgebracht hat und sich angesichts seiner baldigen Hinrichtung auf »ewige Vernichtung« vorbereitet. Interpreten neuerer Zeit sahen den einsamen Mácha als wahrhaften Dichter *sur l'abîme*, über dem Abgrund. Die Gerüchte um ein längst entziffertes, aber bislang nicht enthülltes fragmentarisches Tagebuch, das bis ins technische Detail sexuelle Begegnungen mit seiner geliebten Lori und ihr gemeinsames Bettgeflüster (auf deutsch) aufzuzeichnen schien, konnten die Bewunderung für sein poetisches Genie, wofür ihn insbesondere die modernen Surrealisten lieben, nicht schmälern – vielleicht im Gegenteil.

Die gebildeten Intellektuellen im Umkreis der *Kritický měsíčník/Kritischen Monatsschrift* (die sich systematisch mit der sprachlichen und strukturellen Analyse seiner schwierigen Dichtung, einschließlich seiner frühen Verse auf deutsch befaßt hatte) waren über die neue Wirkung des Dichters auf Massen von Lesern leicht pikiert und empfanden angesichts der billigen Artikel in der Presse und der Haltung vieler ihrer Kollegen ein leises Unbehagen – gelinde ausgedrückt. In einem bemerkenswerten Kommentar wunderte sich die *Kritische Monatsschrift* über die Anthropologen, die von Máchas Leben und seinem Werk nicht viel wußten, über die Funktionäre, die in eleganten Automobilen dem Leichenzug folgten, und über die Redner, die seine Dichtung so beherzt »ausgewertet« hatten. Der Kritiker Karel Polák, der seine kritischen Bemerkungen mutig signierte, meinte, Mácha habe die neue Aufmerksamkeit voll und ganz verdient, wagte aber auch, darauf hinzuweisen, daß das Interesse reichlich spät komme und von »kulturfernen politischen Ereignissen« ausgelöst worden sei, für die sich die Tschechen keinerlei Verdienst anrechnen könnten. Hinsichtlich »der offiziellen Ästhetik einer nationalen Kundgebung innerhalb eines Rahmens geltender Verordnungen und der Erlaubnis, den glühendsten tschechischen Bewunderer der Schönheit zu feiern«, waren die Kritiker skeptisch. Politisch jedenfalls war die Verlegung von Máchas sterblichen Überresten ein außerordentliches Ereignis, und die Widerstandsgruppen, die erst im Frühstadium ihres Entstehens und ihrer Selbstdefinition waren, hatten allen Grund, darüber nachzudenken.

Der 6. Juni, der zum Gedenken an den tschechischen Märtyrer Jan Hus und seinen Tod auf dem Scheiterhaufen in Konstanz (1416) gefeiert wird, war 1939 nicht nur, wie die *Lidové Noviny* schrieb, ein Tag »stillen Nachdenkens«, sondern ein neuerlicher Anlaß zu würdevollen öffentlichen Kundgebungen. Der unermüdliche Bürgermeister der Stadt legte vor dem gewaltigen Jan-Hus-Monument auf dem Altstädter Ring einen Kranz nieder, der Historiker Karel Vojtíšek hielt einen Festvortrag an der (noch nicht geschlossenen) Karlsuniversität, und in St. Nikolaus, der tschechoslowakischen Nationalkirche, und St. Salvator, der Kirche der Tschechischen Brüder, wurden Gedenkgottesdienste abgehalten. Nach dem Gottesdienst strömten die Leute mit Flaggen auf den nahegelegenen Platz mit dem Denkmal, Mädchen kamen in Nationaltracht, Legionäre in Zivil, ein Hussitenprediger las aus den Psalmen, und gegen neun Uhr abends stimmte die Menge den alten hussitischen Choral »Ktož jsú boží bojovníci« (»Die ihr Gotteskämpfer seid«) an, die Schlachthymne, die einst die deutschen Kreuzzugsheere in die Flucht geschlagen hatte. Es war eine spontane Demonstration zur Verteidigung der tschechischen Geschichte, die bis weit in die Nacht hinein dauerte.

Zwei Tage später, am 8. Juni, fand im Letná-Stadion ein Fußballspiel statt, Prag gegen Berlin, die Tschechen besiegten die Preußen mit 2:0, und die patriotischen Fans hatten Gelegenheit zu einer eigenen Demonstration (mit leeren Bierflaschen). Es folgten weitere Kundgebungen; am 30. September gaben die Widerstandsgruppen die Parole aus, zur Erinnerung an das Münchner Abkommen das Straßenbahnnetz zu boykottieren: Bis auf die uniformierten Deutschen gingen die Leute den ganzen Tag zu Fuß, und die Trambahnen klingelten leer an ihnen vorbei. Der Boykott gelang uneingeschränkt und unübersehbar, und die deutschen Behörden wußten nicht recht, was sie dazu sagen sollten; sie erklärten den Streik als das Ergebnis einer »tschechisch-jüdischen« Verschwörung, aber auch als das Gegenteil, nämlich als Demonstration der Tschechen, die gegen die gemeinsame Trambahnbenutzung mit den Juden protestierten. Die Bühne war bereit für die hitzigeren Prager Massendemonstrationen am 28. Oktober, dem Unabhängigkeitstag der Tschechoslowakischen Republik, bei denen es zu Straßenkämpfen zwischen Besatzern und Besetzten kam, und die für beide Seiten unvorhersehbare politische Veränderungen nach sich zogen.

Konstantin Freiherr von Neurath:
Falsche Zeit, falscher Ort

Die Prager Presse räumte der Berichterstattung über den neuen Reichsprotektor viel Platz ein und gab damit deutlich zu verstehen, daß sie die Ernennung eines Diplomaten der alten Schule, der sich auf dem internationalen Parkett sicher bewegen konnte, immerhin für einen Hoffnungsfunken in der gegenwärtigen Lage hielt; die Berichte über seinen Stellvertreter K. H. Frank beschränkten sich hingegen auf einen knappen Absatz (seine Ansichten zu den tschechischen Angelegenheiten waren aus der jüngsten Geschichte des tschechoslowakischen Parlaments hinreichend bekannt). Über Neuraths zwiespältiges und wechselhaftes Verhältnis zur NSDAP und zum »Führer« wußte die Presse leider nicht genug, und selbst wenn sie mehr gewußt hätte, wäre es ihr nicht möglich gewesen, das vollständige Bild zu veröffentlichen – es war nicht dazu angetan, die Ängste der Leser zu beschwichtigen.

Die Neuraths entstammten keiner alten Gutsherren- oder Militäraristokratie, sondern einer Art »Dienstadel«, einer bescheidenen deutschen Version der *noblesse de robe*. Einer der Vorfahren des Reichsprotektors, ein aus Hessen gebürtiger Anwalt am Reichskammergericht zu Wetzlar (das besser dafür bekannt war, daß Goethe dort ein Rechtspraktikum abgeleistet hatte, als für seine Tüchtigkeit), hatte im späten achtzehnten Jahrhundert das Adelsprädikat »von« erhalten, der Großvater des Reichsprotektors, der im Dienst des Württemberger Königs stand, wurde 1851 in den Rang des Freiherrn erhoben. Konstantin Freiherr von Neurath (geboren 1912) durchlief die vorgeschriebenen Schulen am Ort, zuletzt das traditionelle Gymnasium in Stuttgart, und stu-

dierte danach Jura an der Universität Tübingen, konnte aber
nicht in den diplomatischen Dienst eintreten, weil ihm das
dafür erforderliche jährliche Einkommen von 20000 Mark
fehlte, und mußte sich wohl oder übel mit dem konsulari-
schen Korps abfinden – seine Schwiegereltern, eine Stutt-
garter Bankiersfamilie, hatten eine Erhöhung der Mitgift für
ihre Tochter abgelehnt, und zehntausend Mark im Jahr qua-
lifizierten eben nur für ein Konsulat. Zuerst hatte Neurath
für fünf Jahre eine Stelle als Vizekonsul in London inne, war
1908, obwohl nicht als eifriger Leser bekannt, Sekretär der
Internationalen Urheberrechtskonferenz, bis ihm Glück und
Beziehungen 1912 den Wechsel in den diplomatischen
Dienst ermöglichten; 1914 ging er als erster Sekretär an die
deutsche Botschaft in Konstantinopel. Doch schon in den ersten Augusttagen trat er, ungeachtet der Wünsche des Auswärtigen Amtes, in die Armee ein, zeichnete sich an der
Front aus und ließ sich von einem Gesandten des diplomatischen Dienstes von der Westfront abholen und auf eine gefährliche Fahrt in die Türkei delegieren. Er war dort nicht besonders erfolgreich, denn er mußte zwischen den Interessen
des Außenministeriums und der deutschen Militärmission
im Osmanischen Reich lavieren. Schließlich reichte er seinen
Rücktritt ein (den ersten von vielen weiteren) und kehrte
nach Württemberg zurück, um getreu der Familientradition
Chef des Zivilkabinetts des Königs zu werden, wo er das
Amt des politischen Beraters mit dem des Privatsekretärs
verband; als im Herbst 1918 die wohlgeordnete Württemberger Revolution ausbrach, handelte er ruhig die Abdankung des Königs und die königliche Pension aus und zog
sich gleich danach auf seinen Gutsbesitz, den Leinfelderhof,
zurück, um sich seiner geliebten Jagd zu widmen. 1919 war
er abermals im Auswärtigen Amt, wo er zu jenen zählte, die
ganz und gar keine Sympathie für die Republik hegten und

dennoch bereit waren, ihrem Land zu dienen, weil sie den deutschen Staat für wichtiger hielten als seine gegenwärtige Erscheinungsform – eine Überzeugung, die ihn, zu seinem Unglück, auch noch nach dem Januar 1933 leitete, als Hitler an die Macht gelangt war.

Nach seiner Rückkehr ins Außenministerium diente er fast zehn Jahre lang als Botschafter in Kopenhagen, Rom und London und lernte ohne große Konflikte, seine (wenigen) konservativen Vorstellungen mit den Erfordernissen seines Amtes in Einklang zu bringen; und obwohl er in seinen Berichten nach Berlin nicht vor hastigen Verallgemeinerungen über die Dänen, Italiener oder Engländer zurückschreckte und die Liberalen zu Hause ihn öffentlich in der Presse kritisierten, nachdem er die in Rom zu Besuch weilenden Schriftsteller Emil Ludwig und Gerhart Hauptmann übergangen hatte, zeichnete sein diplomatischer Stil sich dadurch aus, daß er dramatische Auseinandersetzungen vermied und eine Sache lieber verschleppte, statt mit Gewalt eine Lösung herbeizuzwingen (in London hatte er unerwarteten gesellschaftlichen Erfolg, weil er einst gemeinsam mit seinem Vater eine Prinzessin vor den Flammen gerettet hatte, die später, als Queen Mary, den »kleinen Konstantin« sogleich wiedererkannte). Seine Jahre in Rom waren, wie sein amerikanischer Biograph überzeugend darlegt, von prägender Bedeutung für seine politische Bildung: Als er 1922 dort eintraf, stand er Mussolini, dem *capo* der Schwarzhemden und aufstrebenden Staatsmann in Gamaschen und grauen Handschuhen, gegenüber, dessen Pläne und Aktionen, fand Neurath, durch die staatstreue, von der Kurzlebigkeit der faschistischen Unordnung überzeugte italienische Beamtenschaft wirksam abgeschwächt würden. Daß aus den Italienern jemals vertrauenswürdige Verbündete würden, ob Faschismus oder nicht, konnte er sich nicht vorstellen, und es war seine feste Überzeugung, von der er selten abwich, daß Deutschlands Schicksal in der Auseinandersetzung mit England und Frankreich, nicht mit Italien oder den fernen Mächten Amerika, Rußland oder Japan bestimmt würde.

Nach dem Sturz der Regierung Brüning im Frühjahr 1932 hielt der greise Reichspräsident Hindenburg, gestärkt durch seine Wiederwahl ins Amt, den Zeitpunkt für gekommen, ein Kabinett konservativer Fachleute einzuberufen, das ohne die Unterstützung des Parlaments regieren sollte; Hindenburg war es auch, der mit Görings Billigung Neurath für den Posten des Außenministers vorschlug und jedem anderen Kandidaten vorzog. Neurath, der die Berufung zum Botschafter in den Vereinigten Staaten und in die Sowjetunion abgelehnt hatte, erhielt am 31. Mai 1932 ein Telegramm, in dem Hindenburg ihn bat, in dem zusammentretenden Präsidialkabinett, das aus rechtskonservativen, von Parteizugehörigkeiten freien Persönlichkeiten bestehen und weniger vom Reichstag als von der Autorität des Präsidenten unterstützt werden sollte, das Außenministerium zu übernehmen. Neurath zögerte (wie vor jeder Entscheidung), seine Frau versuchte ihn unter Berufung auf die Meinung der Queen von der Zusage abzubringen, doch Hindenburg, wie später Hitler, wußte genau, wo Neurath zu packen war. Er appellierte an seine patriotischen Pflichten, versicherte ihm, er werde die Außenpolitik ohne Einmischung der nichtsachverständigen Kabinettsmitglieder oder des Reichstags bestimmen können, und fügte hinzu, Hitler selbst habe Neuraths Ernennung zugestimmt. In Neuraths Verhandlungen mit den Regierungschefs tritt ein unverkennbares Muster zutage: Er zögert oder gibt vor zu zögern, woraufhin die Autoritätsperson von der Pflicht gegenüber dem Vaterland spricht, ihm freie Hand garantiert, was praktisch gesehen völlig absurd ist, und schon beginnt sich in ihm die Idee von der »Selbstaufopferung« festzusetzen.

Neurath begegnete Hitler zum ersten Mal im Januar 1932 und merkte nicht, daß Hitler ihn manipulieren wollte, um Hindenburg für die Möglichkeiten einer Regierung unter einem »Führer« zu gewinnen, in der Neurath weiterhin als Außenminister amtieren sollte. Neuraths Eindrücke waren, wie andere sie beschrieben, die eines konservativen Angehörigen der Oberschicht, dem zuerst das »gewöhnliche Aussehen« und die »schlechte Kleidung« Hitlers auffielen, dessen hervorstechendste Eigenschaften das »unauslöschliche Feuer« seiner Augen und die »außerordentliche Überzeugungskraft« seiner Stimme waren. Hitler absolvierte seinen üblichen Zweistundenmonolog, doch Neuraths bleibender Eindruck war seltsamerweise nicht Hitlers Fanatismus, sondern seine »Aufrichtigkeit«. Was die Sünden, ja Irrwege der Demokratie, die unumgängliche Aufhebung des Versailler Vertrags und seiner Folgen und Deutschlands »heiliges Recht auf Würde und Freiheit« (das heißt: zügige Wiederbewaffnung) betraf, waren die beiden sich einig, allerdings hatte Neurath seine Bedenken wegen Hitlers impulsiver Risikopolitik und der Gefahren eines neuen Krieges – doch als ein Abgesandter des »Führers« abends zu ihm kam und ihn fragte, ob er bereit sei, in einer Regierung unter Hitler das Amt des Außenministers zu übernehmen, antwortete Neurath: »Im Prinzip ja«, wollte aber nähere Einzelheiten hören. Er hielt an der Illusion fest, er könne, wenn schon nicht Hitlers Taten, so wenigstens seine Ansichten beeinflussen oder mildern, wie in Mussolinis Fall die treuen Staatsdiener im faschistischen Italien, und während er es (vergebens) versuchte, machte er sich schuldig; später, in Nürnberg, wurde er zu fünfzehn Jahren Haft verurteilt.

Als Minister für auswärtige Angelegenheiten unter den

Reichskanzlern von Papen, General von Schleicher und Hitler (bis Februar 1938) zeigte Neurath guten Willen, intervenierte vorsichtig zugunsten einiger von den Rassengesetzen bedrohter Kollegen, doch hielt er sich immer bedeckt, leistete niemals offenen Widerstand (im Gegensatz zu von Papen, der am 17. Juni 1934 seine berühmte Marburger Rede wider den Nationalsozialismus hielt) und regelte die Dinge ohne viel Aufhebens – ein Kollege aus der Osteuropaabteilung, der nach den neuen Gesetzen Halbjude war, wurde entlassen, doch Neurath sorgte dafür, daß ihm seine Pension in Devisen ausbezahlt wurde, damit er auswandern konnte. Als »Ehrenbürger« von Stuttgart und obwohl er um seine Reputation als guter Christ fürchten mußte, rührte er keinen Finger, um dem evangelischen Bischof von Stuttgart zu helfen, der verhaftet worden war, und als die Nationalsozialisten der schlagenden Verbindung »Suevia«, der er aktiv und mit großer Begeisterung angehört hatte, die neuen Regeln vorschrieben und den Ausschluß ihrer (zwei) jüdischen Mitglieder forderten, verfaßte Neurath eine Stellungnahme, in der er den beiden Betroffenen nahelegte, dem Wohl des Corps zuliebe auszutreten, wovon persönliche Beziehungen ja gänzlich unberührt blieben.

Das stolze Corps aber wies seine Stellungnahme zurück und löste sich statt dessen freiwillig auf; Neurath, und seinem Sohn, blieb die Verwaltung des Corpsvermögens überlassen, eine Aufgabe, die er pflichtbewußt erfüllte. Er war nicht der Mann, der den Mut hatte, für seine abweichenden Überzeugungen einzustehen: Als im November 1936 das neue Gesetz über die »Hitlerjugend«, die fortan die Erziehung von Knaben und jungen Männern beherrschen sollte, dem Kabinett vorgelegt wurde, war es ein anderer, Paul Freiherr von und zu Eltz-Rübenach, ein praktizierender Katholik, der in Hitlers Anwesenheit erklärte, er sei mit der radikalen Beschneidung der Funktion von Eltern, Kirche, Schule nicht einverstanden und könne dem neuen Gesetz nicht zustimmen, sein Amt niederlegte, den Raum verließ und die Tür hinter sich schloß.

Neurath übte sechs Jahre das Amt des Außenministers aus, denn Hitler war ein Mann der Improvisation, der Menschen und Institutionen gegeneinander ausspielte, wenn er verbindliche Entscheidungen vermeiden wollte. Der Außenminister hatte alle Hände voll zu tun, um Parteifunktionäre abzuwehren, die ihm sein Amt streitig machten und versessen darauf waren, in Hitlers Namen politische Ziele zu formulieren. Eine Zeitlang gelang es ihm, sein Amt und seine Kollegen in der Wilhelmstraße zu verteidigen. Alfred Rosenberg, Parteiideologe und Rassentheoretiker, der bereits 1933 Leiter des Außenpolitischen Amtes der NSDAP wurde, war eine ungeschickte und schwierige Figur, und Hitler sagte gegenüber Neurath, das Parteiamt solle Rosenberg als »harmloser Ersatz« bleiben. Schwieriger im Zaum zu halten war Joachim von Ribbentrop, der reisende Champagnervertreter, der alles tat, um Hitler zu gefallen. Nachdem Ribbentrop 1934 zum »Außenpolitischen Berater und Beauftragten der Reichsregierung für Abrüstungsfragen« ernannt worden war, versuchte ihn Neurath zu neutralisieren, indem er ihn der Aufsicht eines erfahrenen Diplomaten unterstellte, doch Ribbentrop richtete prompt ein eigenes Amt ein, die »Dienststelle Ribbentrop« genau gegenüber dem Berliner Außenministerium, von der aus er seine Missionen organisierte (1935 hatte er dreißig Mitarbeiter, ein Jahr später waren es bereits 150). Im Juni 1935 beförderte ihn Hitler zum »Außerordentlichen und Bevollmächtigten Botschafter des Deutschen Reiches«, als der er erfolgreich neue Marineabkommen in London aushandelte. Innerhalb von zwei Jahren und trotz seines alten Spiels gekränkter Rücktritte mußte

Neurath sein Amt diesem »schrecklichen Burschen« überlassen, der ihm in Paris und London den Rang abgelaufen
hatte. Anfang Februar 1938 wurde Ribbentrop schließlich
der neue Reichsaußenminister, während Neurath zum Präsidenten eines Geheimen Kabinettsrates ernannt wurde, der
nie amtierte, ja gar nie zusammentrat.

Im April 1939 lehnte Neurath, der jetzt im Palais Czernin,
dem ehemaligen Sitz des tschechoslowakischen Außenministeriums, residierte, die ihm als Mitarbeiter vorgeschla-
genen Kandidaten ab, denn es waren ausschließlich Sudetendeutsche, und er befürchtete Komplikationen in seinen
Beziehungen mit der tschechischen Regierung; statt dessen
besetzte er die freien Stellen mit Leuten, die er von der Wilhelmstraße her kannte. Es waren erfahrene Diplomaten und
Bürokraten, aber ohne jede Kenntnis der böhmischen Angelegenheiten: Hans Völckers, der in Havanna und Madrid stationiert gewesen war, Alexander von Kessel vom zentralen
Berliner Ministerium und der emsige Kurt von Burgsdorff,
ein Sachse, der sich mit K. H. Frank nicht verstand, sollten
jetzt die Amtsgeschäfte führen, während Neurath selbst zunehmend träge wurde. Zu einer anderen Zeit, an einem anderen Ort hätte Neurath seine Sache, vielleicht, gut gemacht
– nicht in Prag während der ersten Jahre des Zweiten Weltkriegs. Er war qualifiziert, als Botschafter seinem Land zu
dienen, einer maßvollen Monarchie in einer fernen, möglichst nicht zu liberalen Republik, doch auf dem Hradschin,
im Palais Czernin, saß er zwischen allen Stühlen – seiner
Vorgesetzten in Berlin, einem deutschen Polizeiapparat, der
auch die Gestapo und den SD einschloß, der tschechischen
Regierung, die eine erniedrigte und widerspenstige Nation
zu repräsentieren versuchte, und einem Bündnis verschiedener Widerstandsgruppen, die ihre Befehle aus London
und später auch aus Moskau erhielten.

Antijüdische Gesetzgebung:
Die tschechische und die deutsche Einstellung

Die neue Politik, jüdische Bürger ihrer Rechte zu berauben und auszugrenzen, begann nicht mit dem ersten Tag der militärischen Okkupation. Ein althergebrachter tschechischer Antisemitismus hat eine lange Geschichte, die bis in die ersten Jahrzehnte des neunzehnten Jahrhunderts zurückreicht; nachdem Präsident Beneš gegangen war, brach er mit neuer Kraft wieder hervor, zunächst nicht in Form von Rassenideen wie in Deutschland, sondern in Gestalt einer engstirnigen, dogmatischen Auffassung von Volkszugehörigkeit, die sich nach Lebensgewohnheiten und in erster Linie nach der jeweiligen gemeinsamen Sprache definierte. Doch bald waren faschistische Gruppen bereit, die rassischen Normen des NS-Staates zu übernehmen, und nach ein paar Monaten behaupteten sogar manche konservative Katholiken, die Juden unterschieden sich von den Tschechen durch Herkunft, Blut, Religion und Idiom. In Masaryks Republik war der Antisemitismus eine Sache von Minderheiten gewesen – einige faschistische Randgruppen, konservative Kleinbürger, die sich von deutschsprachigen, deutsche Kulturinstitutionen in Anspruch nehmenden Juden beleidigt fühlten, und altmodische Nationalisten am rechten Rand der Nationaldemokratischen und der Agrarpartei –, die nicht sehen wollten, daß die Republik, die ja die europäische Idee vorwegnahm, ein Vielvölkerstaat war, zu dem Tschechen, Slowaken, Deutsche, Juden, Ungarn, Polen, Ruthenen und Ukrainer gehörten, und nicht bloß der eher utopische als reale Staat der Tschechoslowaken. In den ersten Monaten der – wie man jetzt sagte – Zweiten Republik, als das Münchner Abkommen die Demokratie vernichtete, verbündeten sich die

Ressentiments und schufen ein neues Klima der Feindselig-
keit gegenüber Juden, »Freimaurern« und Linken. Persönliche und öffentliche Denunziationen, die früher undenkbar
gewesen wären, standen jetzt auf der Tagesordnung. Jüdische Beamte wurden zwangspensioniert, Jakub Deml, ein
aus dem Amt entlassener Priester und politischer Narziß,
attackierte Liberale und Juden gleichermaßen ungestüm,
und Karel Čapek, Masaryks treuer Gesprächspartner, wurde
von den Rechten beschimpft und beleidigt und starb im Dezember 1938 in trauriger Resignation angesichts des moralischen Verfalls seiner Gesellschaft.

Der zunehmend lautstarke tschechische Antisemitismus setzte sich in die Zweite Republik und ins Protektorat
hinein fort, doch gab es viele, die sich damit nicht die Hände
schmutzig machen wollten, auch unter den Mitgliedern der
tschechischen Regierung, die versuchten, die judenfeindli-
che Gesetzgebung so lang wie möglich vor sich herzuschieben – nicht nur, wie spätere Historiker meinen, um jüdischen
Besitz und jüdisches Geld der tschechischen Gesellschaft zu
erschließen und nicht dem Okkupationsregime zu überlassen. Die Regierung erklärte am 1. Dezember 1938, sie hoffe,
daß zahlreiche Flüchtlinge (auch Juden aus Deutschland
und Österreich) in Staaten mit mehr wirtschaftlichen Möglichkeiten eine bessere Zukunft fänden, und fügte hinzu, die
Tschechoslowakei »werde nicht feindselig sein« gegenüber
den Juden, die so lange auf dem Territorium der Republik
gesiedelt und »eine positive Beziehung zu ihrer Nation aufgebaut« hätten; und der Sozialdemokrat Josef Macek, der für
die linke Opposition sprach, sagte, die jüdische Frage sei
keine Sache der Rasse, sondern der Nationalität, und wer als
Jude Mitglied der tschechischen Nation geworden sei, bleibe
Tscheche. Übereifrig hingegen waren die Berufsverbände
der tschechischen Anwälte und der tschechischen Ärzte:

Schon am ersten Tag der militärischen Okkupation schlossen sie die »Nichtarier« (ein Nazibegriff) von der Mitgliedschaft im Verband und den damit verbundenen Privilegien aus und zwangen die Regierung, sich bereits bei ihrer ersten Tagung am 17. März und dann noch einmal am 21. und 27. März mit ihren Beschlüssen auseinanderzusetzen. »Nichtarische« Anwaltskanzleien sollten von »arischen« Stellvertretern übernommen und »nichtarische« Ärzte aus öffentlichen medizinischen Einrichtungen und allgemeinen Krankenhäusern entfernt werden – obwohl es noch gar keine Gesetze oder Verordnungen gab, die genau definierten, wer diese Arier oder Nichtarier eigentlich sein sollten. Die Regierung schob das Problem an das Justizministerium und andere weiter.

Die Verhandlungen der tschechischen Regierung mit dem Amt des Reichsprotektors über die antijüdische Gesetzgebung begannen im Mai 1939 und endeten ein Jahr später, als die tschechische Regierung sich dem deutschen Druck beugte und die Definitionen der Nürnberger Rassengesetze übernahm; auch die Diskussionen über Freistellungsmöglichkeiten zogen sich über ein Jahr hin. Am 21. Mai 1939 wandte sich der Chef der tschechischen Regierung, General Eliáš, mit einem formellen Schreiben an Neurath, in dem er schrieb, er wolle die Diskussion über das jüdische Problem vorantreiben und lege deshalb einen von einem Regierungsausschuß erstellten Gesetzesentwurf vor, der definiere, wer jüdisch sei, welche Ausnahmen in Frage kämen und welche Rolle Juden im wirtschaftlichen und gesellschaftlichen Leben spielten. Danach sei »jüdisch« eine der jüdischen Religionsgemeinschaft angehörende Person mit vier jüdischen Großeltern; bei nur drei oder zwei jüdischen Großeltern sei ausschlaggebend, ob die betreffende Person – oder ihr Ehepartner – nach dem 1. November 1918 der jüdischen Gemeinschaft angehört habe. Ferner definierte das Dokument ein breites Spektrum an möglichen Ausnahmen; bei Personen, die dafür in Frage kämen, könne der Präsident der Republik eine Freistellung gewähren; außerdem sollten alle jüdischen Personen (unbescholtenen Leumunds und keine Kommunisten), die fünfzig oder mehr Jahre in Böhmen oder Mähren gelebt hätten, die Möglichkeit haben, einen Freistellungsantrag an einen Regierungsausschuß zu richten; wer dafür zu jung sei, bei dem werde der Aufenthalt des Vaters mitgezählt.

Die vorbereitenden Maßnahmen bezüglich jüdischer Geschäfte und Unternehmen, um die es bei der Regierungsdebatte am 27. März ging, und das dem Reichsprotektor vorgelegte Dokument entfachten eine anhaltende Diskussion zwischen Berlin und Prag, an der sich der deutsche Innenminister, der Chef der deutschen Sicherheitspolizei, die tschechische Regierung und zuletzt Neurath selbst beteiligten. Das Amt des Reichsprotektors verteilte das tschechische Dokument an seine diversen Abteilungen, und am 27. Mai 1939 fand im Palais Czernin eine Sitzung statt, auf der eine deutsche Antwort ausgearbeitet werden sollte. Dort erfuhren die Teilnehmer die von Wilhelm Stuckart überbrachte Meinung des Berliner Innenministers, die Judenpolitik solle der tschechischen Regierung überlassen bleiben; Hitler selbst, so Neurath, habe in einem Gespräch mit ihm die Ansicht geäußert, daß die Tschechen sich der jüdischen Frage selbst annehmen und die deutschen Behörden sich zurückhalten, »daß sie nicht hineinreden sollen« (2. Mai). Walter Stahlecker, Polizeikommandant im Amt des Reichsprotektors, vertrat eine radikal andere Auffassung: Alle Juden, die bei den Volkszählungen von 1910 und 1930 Deutsch als ihre Alltagssprache angegeben hätten, sollten unverzüglich zu Deutschen erklärt und ausnahmslos der deutschen Gesetzgebung unterstellt werden (niemand im Amt stimmte ihm zu). Der Reichsprotektor selbst machte der Diskussion schließlich ein Ende, indem er – ganz gegen seine gewohnte Art, das Problem vor sich herzuschieben, während er Hitlers abschließende Gedanken dazu zu erraten versuchte – am 21. Juni 1939 eine eigene Verordnung über jüdischen Besitz erließ, mit der er sich indirekt über alle tschechischen Verfügungen hinwegsetzte und die nach ihrem Charakter rassistischen und in bezug auf Fristen jeglicher Art unnachgiebigen Nürnberger Gesetze als gültige gesetzliche Richtschnur in Böhmen und Mähren einführte. Die tschechische Regierung trug einige ihrer Ansichten vor, murrte verhalten über »Arisierung« als Instrument der »Germanisierung«, akzeptierte am 4. Juli 1939 die Rechtsgültigkeit der Nürnberger Gesetze, ohne deshalb die Frage der Freistellungen von ihrer Tagesordnung zu nehmen, und Ende Juli 1939 befahl der Reichsprotektor die Schaffung einer »Reichszentrale für jüdische Auswanderung«, die der Leitung des von Wien nach Prag versetzten Adolf Eichmann unterstand.

Es ist denkbar, daß Präsident Hácha und die tschechische Regierung die italienischen Rassengesetze vom Oktober 1938 mit ihrem umfangreichen Ausnahmenkatalog im Sinn hatten, als sie versuchten, Einzelpersonen von den antijüdischen Gesetzen freizustellen. Die italienischen Gesetze gründeten die Liste der Ausnahmen allerdings auf die militärischen und patriotischen Verdienste der Antragsteller (zu denen auch verdienstvolle jüdische Mitglieder der faschistischen Partei zählten), während die Tschechen in weiterem Sinn an Personen dachten, die, wie Hácha gegenüber Neurath sagte, der Gesellschaft insgesamt nützlich gewesen waren. Entscheidungen sollten auf der Grundlage individueller Anträge getroffen werden, die ein kompliziertes Filterverfahren durchlaufen mußten: Im August 1940 waren es

717 Anträge, im Oktober tausend. Die meisten Anträge kamen von Industriellen und Geschäftsleuten (328), gefolgt von Ärzten (196), Anwälten (53) und jüdischen Ehefrauen nichtjüdischer Männer (86). Nach ausgedehnten Überlegungen, bei denen auch der Reichsprotektor hinzugezogen wurde, gewährte die Regierung 41 Personen eine Freistellung, darunter Emil Kolben, der Assistent von Thomas Alva Edison gewesen war und die in Prag bedeutenden Kolben-Werke gegründet hatte, der berühmte Germanist an der Prager Karlsuniversität Arnošt Kraus sowie zahlreiche in der tschechischen Gesellschaft und Kunstszene gut bekannte jüdische Ehefrauen nichtjüdischer Partner. Ein Antrag, der abgelehnt wurde, stammte von Paul/Pavel Eisner, dem produktivsten Übersetzer tschechischer Dichtung und Prosa (er überlebte wundersamerweise), doch am 4. Oktober 1941 wurden ohnehin alle Bemühungen von Hácha und der Regierung zunichte, denn Neuraths Nachfolger widersprach den Auswahlkriterien »im Prinzip« und verwarf die gesamte Liste. Unterdessen hatten die Deportationen begonnen.

Als hätte man darauf gewartet, daß der Reichsprotektor definierte, wer nach den strengen Nürnberger Gesetzen von 1935 jüdisch sei und wer nicht, erließ die (von Konservativen der Agrarierpartei beherrschte) tschechische Polizeidirektion Anfang August 1939 eine Reihe von Verordnungen, die den Zutritt zu öffentlichen Einrichtungen, Restaurants und Cafés für Juden einschränkten. Am 4. August wurden die elegantesten und behaglichsten Lokale für jüdische Gäste geschlossen, beispielsweise das Restaurant auf der »slawischen Insel« (Slovanský ostrov) beim Nationaltheater, das an den Künstlerclub angeschlossene Café-Restaurant Mánes, das Restaurant auf der »Scharfschützeninsel« (Střelecký ostrov), der Hanau-Pavillon über der Stadt, das Restaurant Švehla in den »Königlichen Gärten« und die

Nationalclubs in Vinohrady, Smíchov und anderswo. Restaurants und Kaffeehäuser in jüdischem Besitz mußten als solche ausgewiesen werden; wenn andere Lokale (ausgenommen die Lokale auf der arischen Hauptliste) Juden bedienen wollten, konnten sie einen eigenen Raum für sie reservieren. Im Hochsommer nahm sich die Polizei die Schwimmbäder und Badeanstalten auf den Inseln oder entlang der Moldau vor; die öffentlichen Bäder waren nun für Juden geschlossen, und anderswo wurde ein spezieller Zeitplan eingeführt, damit arische Badegäste nicht mit nichtarischen zusammenkamen.

Viele Eigentümer und Geschäftsführer von Kaffeehäusern und Restaurants, jüdische und nichtjüdische, ließen sich von den polizeilichen Anordnungen nicht beeindrukken und annoncierten in den von der jüdischen Gemeinde herausgegebenen *Židovské listy/Jüdischen Nachrichten*, jüdische Gäste seien in ihren Lokalen willkommen, beziehungsweise es seien eigene Bereiche für sie eingerichtet worden. Unter den ersten Inserenten waren am 9. Dezember 1939 die Cafés Tepna am Wenzelsplatz und Jaro nahe der alten Judenstadt. Andere folgten innerhalb der nächsten Wochen, etwa das Café-Restaurant Seidling in der Celetná-Straße, das »Kávový buffet« am Altstädter Ring, das sogar 1941 noch »täglich frische Backwaren« verhieß, das Café Příkopy, das ehemalige Continental, das zahlreiche Flüchtlinge aus Österreich und Deutschland angelockt hatte, und das unbeugsame Café-Restaurant Aschermann, dessen Besitzer Armin Walló noch im Februar 1942 inserierte. Interessanterweise veranstaltete das nur einen Katzensprung vom Tschechischen Nationaltheater entfernte »Národní kavárna«/Nationalcafé, ein traditioneller Treffpunkt der tschechischen surrealistischen Schriftsteller, ab 1. Mai 1940 nachmittägliche Tanztees, zu denen die Herren Löffelholz und Lederer

(Klavier) und Schächter (Geige) aufspielten und einen »Jazz-Sänger« (Kaufmann) begleiteten. Ernstere Musik gab es dreimal wöchentlich im Café Nizza von den »wohlbekannten Künstlern« Otto Sattler, Curt Maier und Carlo Taube (Gedeck zehn Kronen), und das Café Unitaria nahe der Karlsbrücke inserierte freundschaftliche Kartenspiele am Nachmittag, Bridge, Rommé und Skat, alle unter dem wachsamen Auge von Frau Elsa Weidbergerová.

In vielen anderen Lokalen wurden Bereiche für Juden eingerichtet, etwa im Café Urban, wo der Raum für »Nichtarier« durch den Innenhof zu erreichen war, dem Café Belvedere (auf dem Letná), der Postillon-Bar und dem Café Zdar im bürgerlichen Viertel Vinohrady. Im Anzeigenteil der Wochenzeitung der jüdischen Gemeinde fand sich noch im Frühjahr 1940 mindestens ein halbes Dutzend Inserate, nach denen es in der Vorstadt Cafés und Restaurants für jüdische Gäste gab, die eine Tram- oder Zugfahrt auf sich zu nehmen bereit waren. Dazu zählten das Gartenrestaurant in Malá Chuchle, das stolz auf seine täglichen Tanzveranstaltungen von drei bis sechs Uhr nachmittags mit der aus den Herren Schlesinger, Löwith, Stein und Berkovič bestehenden kleinen Kapelle verwies, und das Gartenrestaurant Jezerka in Michle, das allerdings nur nach einer längeren Straßenbahnfahrt vom Wenzelsplatz aus zu erreichen war (dort konnte man sich in einem Frischwasserbecken seinen Fisch lebend aussuchen). Das Restaurant des Hotels Amerika hatte andere Vorteile zu bieten: Zwar gelangte man nur mit dem Zug vom Hauptbahnhof aus hin, doch gab es dort einen Garten mit vielen schattigen Plätzen, und man konnte Bridge spielen. Im Mai 1940 erschien in den *Listy* zweimal eine Anzeige für das Restaurant des Hotels Skalka, die beinahe einen Hauch von Frieden verhieß. Auch hier war die Anfahrt (erst mit dem Bus, dann mit dem Zug) kompliziert,

doch waren die Gäste erst einmal eingetroffen, konnten sie
»Waldspaziergänge von märchenhafter Schönheit« unternehmen, Volleyball und Tischtennis spielen, sogar schwimmen, und all dies in dem Wissen, daß es einen eigens für jüdische Gäste reservierten Bereich gab. Das Problem war, daß
zu dem Zeitpunkt neue und noch schärfere antijüdische Vor-
schriften erlassen worden waren, so daß die Bridge-Partien
am schattigen Flußufer in die Ferne eines Märchens aus alter Zeit rückten.

Am 1. September 1939 begann Deutschlands Krieg gegen
Polen, und die Bürger des Protektorats hofften wider alle
Vernunft, daß er der Okkupation ein rasches Ende machen
werde. Jüdische Wohnungen wurden registriert, und am 23.
und 24. September mußten Juden an speziellen Sammelstel-
len ihre Rundfunkgeräte abgeben. Das Räderwerk mahlte
unerbittlich weiter. Ab 20. Februar 1940 durften die Juden
keine Kino- und Theatervorstellungen mehr besuchen; im
März mußten sich alle ein J in ihren Ausweis stempeln lassen; ab 17. Mai war den Juden der Aufenthalt in den städtischen Parks, Gärten und Stadtwäldern verboten (die jüdische Gemeinde öffnete für alle Betroffenen nun wenigstens
den Garten ihres Altenheims), sie durften keine Tauben
mehr halten und keine Taxis benutzen, und bei Fahrten mit
der Trambahn mußten sie im hinteren Wagenteil des An-
hängers stehen (hatte die Tram nur einen Triebwagen, mußten sie laut Verordnung auf die nächste warten, die einen
Anhängewagen hatte).

Die Geschichte einer jüdischen Familie

Wann die jüdische Familie meiner Mutter sich in Böhmen an-
siedelte, weiß ich nicht, aber das genaue Datum ist auch nicht
wichtig. Vielleicht kamen sie im dreizehnten, vielleicht im sechzehnten Jahrhundert, vielleicht wurden sie von fanatischen
Kreuzrittern, die Feuer in den Ghettos legten, aus ihren fränki-
schen Gemeinden vertrieben, vielleicht lockten sie die neuen
wirtschaftlichen Möglichkeiten in Böhmen, wo die Adelsfami-
lien »ihre Schutzjuden« gegen Könige und Kaiser zu verteidigen pflegten, die aus ihnen so viel Geld herauszupressen suchten, wie das Geschäft hergab. Meine frühesten Ahnen mütterlicherseits, die mit Namen und Wohnort bekannt sind, hießen
Adam und Eva – das heißt Adam Brod aus dem tschechischen
Dorf Horní Cerekev, der laut einem Steuerbuch aus dem Jahr
1717 Gewürze verkaufte, meist aber »betteln ging« und Eva aus
Mähren heiratete. Sie hatten fünf Kinder, und eines von ihnen,
der Sohn Andreas, zog ins Dorf Lukavec, wo er Schönele heiratete und laut dem Steuerbuch von 1740 als Schneider arbeitete.
Andere Söhne, die Familien gründeten, waren Handschuhma-
cher, und mein Großvater war eines der dreizehn Kinder von
Isaak und Anna Brod und kam wie seine Geschwister in Lukavec zur Welt. Wahrscheinlich sprach er Jiddisch zu Hause und
Tschechisch mit seinen katholischen Nachbarn im Dorf und der
Kundschaft, und später, als er nach Prag kam, wird er wohl auch
viel Deutsch gesprochen haben. Dem vermutlich weitgehend
erfundenen Familienmythos zufolge soll er als junger Mann bei
keinem anderen in die Lehre gegangen sein als Hermann Kafka,
der, abgesehen davon, daß er einen Sohn namens Franz hatte,
ein Textilgeschäft am Altstädter Ring betrieb; jedenfalls zog
mein Großvater, nachdem er ausgelernt hatte, in die kleine
tschechische Stadt Poděbrady, wo er auf dem Hauptplatz einen

eigenen Laden aufmachte. Das Geschäft florierte anscheinend, zumindest am Anfang, denn meine Mutter und alle ihre Geschwister kamen dort auf die Welt, doch im Jahr 1900 sperrte er nach heftigen antijüdischen Demonstrationen, die über die tschechischen Orte hinwegfegten, nachdem ein gewisser Leopold Hilsner des »Ritual«mords bezichtigt worden war, den Laden oder das, was davon noch übrig war, zu und verlegte seinen Betrieb nach Prag – wie so viele Juden um diese Zeit –, um Sicherheit in der Menge zu finden und die Möglichkeiten zu nutzen, die eine zivilisiertere Gemeinschaft bot.

Ich besitze die einzige Fotografie der Familie, die um 1912 entstanden sein muß: Das Bild deutet auf Ordnung, bescheidenen Wohlstand, eine sichere ruhige Eleganz (bei den jungen Damen) und berechtigte Zukunftshoffnungen hin. Links, von der Familie ein wenig abgerückt, sitzt der Großvater, der Selfmademan, ernst, mit hoher Stirn und imposantem militärisch grauem Schnurrbart von nahezu wilhelminischen Ausmaßen, und seine Rechte steckt mit napoleonischer Geste zwischen zwei Knöpfen seiner formellen Jacke. Rechts ist die Großmutter mit einer recht schmucken Frisur und dem Anflug eines Lächelns in ihrem attraktiven Gesicht. Neben und hinter ihr scharen sich ihre fünf Kinder, von denen zwei – wie sie – im KZ umkamen und eines überlebte; zwei überstanden die Jahre der NS-Okkupation im Exil in England. Man hat mir gesagt, sie sei eine geborene Zeckendorf gewesen (ein Herr dieses Namens war ein Immobilienmogul in New York, als ich in den Fünfzigern dort ankam) und habe »unter ihrem Stand« geheiratet; sie sang, das weiß ich noch gut, die von Carl Loewe nach dem deutschen Text von Heinrich Heine komponierte Ballade von den französischen Grenadieren, die 1812 aus Moskau zurückkehren – »laß sie betteln gehn, wenn sie hungrig sind« –, ein sicheres Zeichen dafür, daß sie eine bürgerliche Erziehung in deutscher Sprache genossen hatte, auch wenn die Ballade nicht

Die Familie meiner Mutter um 1912

unbedingt ein Gutenachtlied war, das in meinem schlaftrunke-
nen Geist selige Träume heraufbeschwor. Sicher war sie muti-
ger als Mama, dachte ich; als Kind ging ich einmal mit ihr in
Prag auf der Císařský ostrov (der Kaiserinsel in der Moldau) spazieren, einer flachen Ebene aus Gras und Sand, als sie mir plötzlich befahl, mich umzudrehen: Sie schürzte ihren langen Rock,
hockte sich nieder und pinkelte auf den Boden, und ich mußte
ihr versprechen, daß ich meiner Mutter kein Wort verraten
würde. Mama hätte so etwas nie im Leben getan, und ich war
begeistert, daß ich jetzt mit meiner Großmutter ein Geheimnis
teilte.

In der Mitte des Familienporträts erkenne ich Karl, oder Karel, wie er lieber genannt wurde, den ältesten Bruder meiner
Mutter. Groß und ernst steht er da; er wurde der Millionär in der
Familie, denn er gründete eine respektable Glas- und Flaschen-
fabrik, die während der gesamten Ersten Republik florierte. Von

Karel und seiner Frau Olga, einer geborenen Kohn aus Pisek in Südböhmen, weiß ich nicht viel, denn sie lebten fern von uns in einer Welt reicher Industrieller; von seltenen Sonntagsausflügen in die Parks und auf die Spielplätze Prags sind mir immerhin ihre eleganten Söhne, meine Vettern Ivan und Jan, in Erinnerung. Onkel Karl hielt sich wohl absichtlich ein wenig von uns fern, denn er war ein politisch denkender tschechischer Jude, der sein Leben lang mehr oder weniger ausschließlich Tschechisch gesprochen hatte, nicht das *Prager Tagblatt*, sondern die liberale *Lidové noviny* abonnierte, das Tschechische Nationaltheater besuchte und nie einen Fuß in das Prager deutsche Theater gesetzt hätte, an dem mein Vater, Welten entfernt, die neuesten wilden Stücke der Berliner Expressionisten inszenierte. Irgendwann im Sommer 1936 oder 1937 kamen Ivan und Jan in die südböhmische Kleinstadt Neubistritz, wo ich meine Ferien verbrachte, und ich bedrängte sie, mich zu einer Tagung des sozialdemokratischen Ortsvereins zu begleiten, auf dem die jüngsten Ereignisse im republikanischen, von den Falangisten angegriffenen Spanien diskutiert werden sollten. Onkel Karel war entsetzt über mein abweichendes Verhalten und meine Versuche, seine Söhne vom Schwimmbad fortzulocken – nicht nur weil die Tagung sozialistisch war, sondern (ich hatte sein Klassenbewußtsein beträchtlich unterschätzt) weil sie in deutscher Sprache stattfinden sollte, nicht in dem den Ohren meiner Vettern angemesseneren Tschechisch.

Eines Tages mußte der stattliche junge Mann auf dem Familienfoto des Jahres 1912 für eine Weile an Krücken gehen, denn er war auf einer Treppe ausgerutscht und hatte sich beide Beine gebrochen. Als ich dann aber dem Familientratsch aufmerksamer zuhörte, erfuhr ich, daß er ein Verhältnis mit einer verheirateten Frau gehabt hatte und vom plötzlich zurückgekehrten Ehemann überrascht worden war, so daß er vom Schlafzimmerbalkon auf den Rasen hatte hinabspringen müssen, wo ihn später die städtische Ambulanz aufklaubte. Über den beteiligten Ehemann hatte der Familientratsch wenig zu sagen, doch von Tante Olgas berechtigtem Zorn wußte meine Mutter alles: Er ließ sich nur durch eine luxuriöse Adriakreuzfahrt besänftigen, zu der Onkel Karel sie einlud, natürlich auf einem jugoslawischen Schiff, wie es sich für einen slawischen Patrioten gehörte. Es war ein ganz anderes Leben; doch eines Tages, vier oder fünf Jahre später, wurde die gesamte Familie nach Auschwitz deportiert, wo Onkel Karel, Tante Olga und Ivan im Gas umkamen. Jan überlebte, ging nach Osten, um in die sowjetische Armee einzutreten, und kehrte mit General Ludvík Svobodas (von den Sowjets organisiertem) tschechoslowakischem Armeekorps wieder.

In einem Café in der 43th Street in New York erzählte er mir später, er habe auf der Flucht in einem verlassenen Hof Zuflucht gesucht, wo er eingemachtes Obst fand, das erste seit Jahren. Er verschlang alles und wurde augenblicks von einem entsetzlichen Durchfall niedergestreckt, der ihn die ganze Nacht auf dem Geisterhof festhielt, bevor er sich weiter ostwärts schleppen konnte. Sein Vater hätte sich gewundert, wenn er erfahren hätte, daß er schließlich eine Deutsche namens Isolde heiratete, mit der er glücklich in Westdeutschland lebt.

Das Mädchen, das geistesabwesend die Hände auf Onkel Karels Schulter legt und ungeduldig der Zukunft entgegenblickt, ist meine Tante Fritta, und der uneingeweihte Betrachter kann nicht sehen, daß die Sprach- und Kulturgrenze direkt durch die idyllische Geste auf dem Familienfoto verläuft. Karel war ein stolzer Tscheche, Tante Fritta – vielleicht inspiriert von der deutschen Erziehung ihrer Mutter – wurde eine berühmte Schauspielerin auf den Bühnen von Frankfurt und Berlin; ihr erster Mann war der Dramatiker Paul Kornfeld, der das psychologische Drama in der Weimarer Republik begründete (er starb im Ghetto von Łódź). In meiner Kindheit waren Tante Frittas fürstliche Besuche aus Berlin immer etwas Besonderes; einmal weigerte sich meine Mutter, sie zu einem Einkaufsbummel in die Stadt zu begleiten, weil Tante Fritta Hosen trug wie Marlene Dietrich und Mama Hosen in Prag geschmacklos fand. Mir erging es während ihrer Besuche immer ausgezeichnet, denn Fritta besserte bereitwillig mein mageres Taschengeld auf, indem sie mir eine halbe tschechische Krone pro Stunde dafür zahlte, daß ich den Mund hielt – in punkto Sprache war sie sehr empfindlich, und mein Pragerdeutsch, bei dem die Hauptkonsonanten auf tschechische Art ausgesprochen werden und die Paare t/d und p/b leider austauschbar sind, ertrug sie nicht.

Später las ich, daß Fritta die Heldin in den Uraufführungen von Brechts Stücken gewesen war, daß sie mit dem berühmten Heinrich George (dem späteren Supernazi) auftrat und in der Künstler- und Intellektuellenkolonie am Breitenbacher Platz in Berlin lebte. Dort pflegten sich die Nachbarn nur mit den Initialen anzusprechen, und erst viel später fand ich heraus, wen Fritta gemeint hatte, wenn sie von »dem L.« sprach: nämlich den berühmten marxistischen Kritiker Georg Lukács (über den ich dreißig Jahre später meinen ersten Vortrag in Yale hielt). Fritta war in der Berliner Prominenz zu Hause, doch im Frühjahr 1933 mußte auch sie gehen, und die Prager Familie nahm die jüngst noch theaterbesessene Tochter und ihren zweiten Mann Friedrich Burschell (den deutschen Proust-Übersetzer) gern wieder zu Hause auf. Fritta und Friedrich bezogen eine düstere kleine Wohnung in dem nicht besonders vornehmen Vorort Dejvice, und als sie wieder abreisten, ließen sie viele Bücher in unseren Regalen zurück, darunter etliche Romane von Franz Kafka in der heute seltenen Ausgabe von Heinrich Mercy & Sohn, und mein Vater wunderte sich, wieso ich die Bücher dieses Kafka Franzl so eifrig las. Fritta und ihr Mann zogen – ausgerechnet – nach Mallorca und schrieben wunderschöne Briefe über ihr sonniges Exil, bis General Francos Marine die Insel besetzte und sie abermals weiterziehen mußten, nach England diesmal, wo sie ein kaltes Haus in Oxford mieteten und Friedrich täglich nach London fuhr, weil er während des Krieges für den deutschen Dienst der BBC arbeitete. Ich besuchte sie kurz nach dem Krieg, während ich am Londoner University College studierte, und auf Onkel Friedrichs Ermahnungen hin brachte ich Fritta pflichtbewußt meine Bonbonration mit; sie freute sich immer überschwenglich über die spärlichen Süßigkeiten. Oft bekam sie Angebote für eine Rolle auf der Bühne oder in einer Fernsehproduktion, doch sie war ehrlich und gestand, sie leide nach so vielen Jahren der Abstinenz unter Lampenfieber und fühle sich außerstande aufzutreten. Schließlich zog sie nach München, wo sie in einer mit Büchern und Andenken an die Weimarer Zeit vollgestopften kleinen Wohnung starb.

Aus dem kleinen Jungen mit den großen Ohren, der sich dicht an Großmutters Seite hält, als brauchte er besonderen Schutz, wurde mein Onkel Leo, der sich zwischen den Sprachen, historischen Veränderungen, Jobs und Ländern nie so recht wohl fühlte. Er besuchte erst eine tschechische Schule, um sich auf einen kaufmännischen Beruf vorzubereiten, wechselte dann aber an die Prager deutsche Universität, um Anwalt zu werden, und nachdem er seinen Abschluß hatte (eine Premiere in der Familie), arbeitete er viele Jahre in der Rechtsabteilung der Adriatica di Sicurtà, der berühmten Triester Versicherungsgesellschaft, die in den ehemaligen österreichischen Kronländern tätig war, und hatte sein Büro in dem imposanten, von Corbusier leicht verächtlich assyrischer Palast genannten Gebäude an der Ecke Jungmannova und Národní Třida (von hier aus sah ich den Begräbniszug von Präsident Masaryk). Im Grunde seines Wesens, glaube ich, wäre Onkel Leo nichts lieber geworden als Journalist und Schriftsteller: Ihm verdanke ich viel von meiner fortschrittlichen Prager Erziehung, er ging mit mir in Unterhaltungsfilme, von den Marx Brothers bis Fred Astaire, und in die polemischen Vorstellungen des Befreiten Theaters mit dem wunderbaren Liedkomponisten Jaroslav Ježek, dessen Bluesmelodien ich noch heute im Ohr habe. Während des Zweiten Weltkriegs stand Leo im Dienst der königlich-englischen Post und arbeitete in einem Postamt bei London. Kaum war der Krieg vorbei, kehrte er nach Prag zurück, um eine Stelle im Verband der jüdischen Gemeinden der Tschechoslowakei anzutreten, die er als Jude, als »Emigrant in den Westen« und als einer, der es ablehnte, in die allmächtige Partei einzutreten, bei der Machtübernahme der Kommunisten im Februar 1948 prompt wieder verlor. Eine Zeitlang war er gezwungen, seinen Lebensunterhalt als Hilfsarbeiter in der Fabrik und Kranführer auf Baustellen zu verdienen. In den frühen Sechzigern, als die politische Lage sich etwas veränderte, bekam er Gelegenheit, sich als Fremdenführer anlernen zu lassen, der Touristen auf den Hradschin, in die Judenstadt und auf den neuen jüdischen Friedhof, zu Franz Kafkas Grab, führte. 1968 zog er erneut um und ging mit seiner Frau Elisabeth, die zum Judentum konvertiert war, und seinem kleinen Sohn ins bayrische Fürstenfeldbruck, wo er als einer der letzten Autoren der angesehenen Prager Jüdischen Gruppe ein paar späte, glückliche Jahre lang Essays, Features und Vorlesungen für ein tschechisches, österreichisches und deutsches Publikum schrieb. Es wundert mich nicht, daß sein Sohn Peter, der nach einem Studium in den USA und in England bei der Prager BBC arbeitete, heute einmal im Monat ein verlängertes Wochenende in München verbringt, um an der Staatsbibliothek die Geschichte seiner jüdischen Vorfahren zu studieren.

Das Mädchen mit den sechs Knöpfen am Kleid und dem runden weißen Kragen in der Bildmitte ist Irma, die jüngste Schwester meiner Mutter; sie wirkt ein wenig so, als wollte sie nicht zu der Gruppe gehören, und vermeidet sorgfältig jeden Körperkontakt mit der Großmutter. Sie war eine *šička*, eine Näherin mit minimaler Schulbildung, wie meine Mutter, und ich habe sie, mit ihren roten Haaren, ihren hellen Augen und ihrer ganzen Erscheinung, als imposante, eigenwillige Frau in Erinnerung, Chefin eines Salons für modebewußte Prageinnen, die sich ihre Garderobe noch maßschneidern ließen. Es gab den üblichen Familientratsch über ihr mondänes Leben – dabei wechselte sie ihre Männer nur selten und blieb lange einem verheirateten slowakischen oder ungarischen Industriellen verbunden, der sie abzuholen und mit ihr an die schicken Orte der späten zwanziger und frühen dreißiger Jahre zu reisen pflegte. Meine Mutter – die selbst oft die kleinen Badeorte in Mähren oder Schlesien aufsuchte – seufzte nur, wenn sie mir erzählte, Irma sei wieder mal, natürlich, in Nizza, Juan-les-Pins oder Biarritz. 1941 wurde Irma nach Theresienstadt deportiert, wo sie als vielgesuchte Näherin arbeitete, kam im Mai 1945 wieder zurück, stark und resolut wie immer, heiratete Milan, einen tschechischen Arbeiter und Diabetiker, dem die Beine amputiert werden mußten, und wurde seine Pflegerin. Tante Fritta lud sie in den siebziger Jahren zu einer Reise nach Österreich ein, wo ich sie traf, aber das Gespräch mit ihr war schwierig. Irma starb 83jährig in ihrer Heimatstadt.

An dem bescheidenen Wohlstand, zu dem es die jüdisch-böhmische Gesellschaft im Verlauf des neunzehnten Jahrhunderts brachte, hatte die Familie meiner Mutter uneingeschränkt Anteil. Soweit ich weiß, stand sie dem Liberalismus der Zeit näher als den alten spirituellen und religiösen Traditionen, und ich kann mich wirklich nicht erinnern, daß sie sich, innerhalb oder außerhalb der Synagoge, je streng an das ererbte Ritual hielten. Kafka sagte einmal über seinen Vater, er sei ein Vier-Feiertags-Jude, er suche nur viermal im Jahr die Synagoge auf (den Kaisergeburtstag mitgerechnet): Diese Charakterisierung könnte gleichermaßen für die meisten Mitglieder der Familie Brod gelten (die nicht identisch mit der Familie von Kafkas engstem

Freund Max Brod ist). Sicher hatte mein jüdischer Großvater in seiner Dorfgemeinschaft seine alte Religion in hohen Ehren gehalten, sicher dachten er und seine Familie, wenn sie einander auf tschechisch Vojtěch Rakous' berühmte jüdische Geschichten über Modche und seine Frau Resi vorlasen, gern an die alte Lebensweise und ihr Leben auf dem böhmischen Land zurück. Kompliziert, jedenfalls von außen betrachtet, wurde die Situation durch die Frage der Religion und der Sprache, denn im Verlauf des neunzehnten Jahrhunderts entschied sich jedes einzelne Familienmitglied – oder gewöhnte sich an –, das in den Dorfgemeinschaften nach wie vor gesprochene Jiddisch entweder durch Tschechisch oder durch Deutsch zu ersetzen.

Die tschechisch-jüdische Bewegung, die auf den Arzt Siegfried Kapper zurückging – er hatte, sehr zum Mißfallen der tschechischen Liberalen, bereits 1843 jüdische Gedichte nicht auf deutsch, sondern auf tschechisch zu schreiben begonnen –, war wichtig für die Brod-Söhne, die sich darüber klarzuwerden versuchten, ob sie der tschechischen oder der deutschen Sprachgemeinschaft angehörten, und ihre Hoffnungen noch nicht auf Israel setzten. Zionisten gab es wenige, und selbst viele jüngere Intellektuelle, darunter Max Brod, bekannten sich lieber zu einem »kulturellen« Zionismus: Solange die politischen Ereignisse sie nicht zur Auswanderung zwangen, zogen sie es vor, an Ort und Stelle über Martin Buber zu diskutieren und die jüdischen Traditionen zu erkunden, statt selbst als Pioniere nach Palästina zu gehen.

Die Widerstandsgruppen und
der 28. Oktober 1938

Im Sommer des Jahres 1939 begannen Widerstandsgruppen ihre Hoffnungen und Methoden zu definieren, meist in Fortsetzung dessen, was sie in den vorangegangenen Tagen der Zweiten Republik – nach der Demobilisierung des Heeres, nach Abdankung und Flucht nach London von Präsident Beneš, nach dem Verschwinden der alten politischen Parteien, auch der Kommunisten, aus dem öffentlichen Blick – gedacht und getan hatten. Erinnerungen an die Jahre 1917/18 und eine gewisse Durchlässigkeit zwischen den Gruppen waren nach wie vor an der Tagesordnung, und der Widerstand arbeitete oft Hand in Hand, wenn nicht in Personalunion mit den neuen, mit deutscher Genehmigung geschaffenen offiziellen Organisationen – so war zum Beispiel der oberste Zensor zugleich der Chef einer effizienten Gruppe, die Informationen nach London leitete, und der Regierungschef finanzierte heimlich Untergrundaktivitäten. Eine Zeitlang waren noch, wenn auch reduziert, Kontakte mit dem Ausland möglich, ausländische Konsulate arbeiteten noch, Vertreter wichtiger Firmen reisten zu Vertragsabschlüssen, berühmte Wissenschaftler hielten Vorträge auf Konferenzen im Ausland, und andere verließen, manchmal unter dem Vorwand einer Urlaubsreise, das Land über die Slowakei, Polen und Ungarn. Exilanten in London, Moskauer Funktionäre und die Opposition in Prag waren sich einig, daß es vorläufig das beste sei, offene, gewalttätige Konflikte mit der Okkupationsmacht zu vermeiden. In einem von London am 1. September 1939 empfohlenen pragmatischen Aktionsrepertoire stand das Sammeln von Informationen an erster Stelle, gefolgt von unauffälliger Sabotage (auch wenn nicht gesagt war, wie) und aktiver Propaganda unter widerspenstigen Österreichern und Bayern, bei denen man Unzufriedenheit mit Hitlers Reich annehmen konnte.

In den Reihen der Opposition waren die energischsten Mitglieder Offiziere und andere Berufssoldaten, die auch nach der Demobilisierung der tschechischen Armee weiter in engem Kontakt miteinander lebten und arbeiteten. Der Staat stand vor dem nicht unerheblichen Problem, 30000 von ihnen im zivilen Dienst unterzubringen – ganz zu schweigen von den aus dem Sudetenland, der Slowakei und Karpato-Russland zwangsumgesiedelten Beamten; ehemalige Soldaten wurden in speziellen Ämtern, Verwaltungseinrichtungen und einer den Tschechen zu vorwiegend zeremoniellen Zwecken überlassenen 7000 Mann starken »Regierungsarmee« (*Vládní vojsko*) zusammengefaßt. Soldaten traten für die Organisation oder vielmehr Neuorganisation früherer Befehlsstrukturen und eine geplante geheime Armee in Prag und anderen Gegenden des Protektorats ein. Der Truppenkörper, der sich *Obrana národa* (ON, »Verteidigung der Nation«) nannte, war eher militärisch als politisch, und Aktionen wurden nicht über Diskussionen, sondern auf Befehl durchgeführt, vor allem wenn es um die Funkgeräte ging, die täglich verlegt werden mußten, damit sie nicht entdeckt wurden, oder um die Art und Weise, wie Tausende junger Männer über die Grenzen geschleust wurden, damit sie militärischen Einheiten in Frankreich und England beitreten konnten. Die ersten ON-Befehlshaber waren General Sergej Ingr, der bald selbst nach London abreiste, Bedřich Neumann und Josef Bílý, der im Unterschied zu den meisten seiner Kollegen an der k. u. k. Kriegsschule in Wien studiert hatte. Die Orientierung des ON war streng nationalistisch und rechtskonservativ, und obwohl man fest entschlossen war, der Republik zu dienen und Präsident Beneš' Autorität zu respektieren, war nach der deutschen Niederlage zumindest eine zeitweilige Militärdiktatur vorgesehen. Doch hatte die Gestapo mit ihrem Versuch, die Organisation lahmzulegen, Erfolg – obwohl Offiziere eher Selbstmord begingen als Namen und Orte zu verraten –, und als London im September 1941 die Beteiligung des ON an der Planung eines bewaffneten Aufstands forderte, antwortete General Bedřich Homolka, der Oberbefehlshaber der Region Prag, er brauche Waffen und Männer.

Eine andere Widerstandsgruppe formierte sich, als Präsident Beneš im Oktober 1938 das Land verließ und seinen Privatsekretär Dr. Prokop Drtina bat, seine Freunde zusammenzuhalten und Informationen für die Exileinrichtungen zu sammeln. Auf Wunsch des Präsidenten wurde mit der Leitung der Gruppe der Kanzler Přemysl Šámal betraut, ein Veteran und Chef der alten »Mafia« von 1917/18, der für Masaryk und Beneš in Prag gearbeitet hatte; ob es eine kluge Entscheidung war, einer weithin sichtbaren Person die Leitung einer Geheimorganisation anzuvertrauen, ist eine andere Frage (Šámal bezahlte mit seinem Leben), doch Beneš war von der Idee rechtlicher und historischer Kontinuität immer sehr angetan. Die Gruppe mit Namen *Politické ústředí* (PÚ, »Politisches Zentrum«) orientierte sich an den demokratischen und liberalen Institutionen der Ersten Republik. Man organisierte wechselnde Ausschüsse aus Repräsentanten der traditionell in der Verfassung von Masaryks Republik verankerten fünf politischen Parteien, zu denen Ladislav Feierabend von der Agrarpartei (der sowohl der Protektoratsregierung als auch dem Untergrund angehörte) und der bemerkenswerte Dr. Ladislav Rašín zählten, der gegen den Willen seiner Partei, der Nationaldemokraten, seine Treue zu Beneš erklärt hatte. Das PÚ wurde von den Exilanten in London beauftragt, Informationen zu sammeln, was ihm außerordentlich gut gelang: Für den Funkbetrieb, wann immer er lief, war Dozent Vladimír Krajina zuständig, ein Pflanzenbiologe und ehemaliger Soldat (obwohl seine Kollegen vom ON seine Funksprüche redigieren wollten), eine besonders aktive Gruppe von Eisenbahnern schmuggelte gefährdete Personen über die Grenzen, und ein Kreis von Journalisten hatte es sich zur speziellen Aufgabe gemacht, Kollegen in den offiziellen Zeitungsredaktionen über die wahren Ereignisse in der Welt draußen auf dem laufenden zu halten.

Eine dritte Organisation begann sich innerhalb der liberalen Linken zu formieren; sie brachte jüngere Intellektuelle, die mit den traditionellen Parteien nichts zu tun haben wollten, Gewerkschaftler, Aktivisten der »Arbeiterakademien« und sozialistisch gesinnte Christen oder Gemeindemitglieder der Tschechischen Brüder zusammen. Angehörige der Gruppe, die sich später »Das Petitionskomitee: Wir bleiben loyal« nannte (das bezog sich auf eine Rede von Präsident Beneš bei der Beerdigung Masaryks und ein Manifest tschechischer Intellektueller vom Mai 1938), hatten das republikanische Spanien aktiv unterstützt und waren nach wie vor überzeugt, es gebe, entgegen den Annahmen der geheimen Armee, unzufriedene Deutsche im Sudetenland und im Deutschen Reich. Das »Petitionskomitee« erwartete eine eindeutige Verschiebung nach links, verwarf aber später die Vorstellungen der Kommunisten, die nach Hitlers Angriff auf die Sowjetunion eine Sozialrevolution ohne Respekt vor den liberalen Traditionen der Ersten Republik forderten.

Die militärischen, liberalen und sozialistischen Gruppen, die ab Herbst 1940 gemeinsam unter einer Zentralen Führung des Inneren Widerstands (ÚVOD) zusammenarbeiteten, unterhielten persönliche Kontakte zu den Kommunisten, die, zumindest in den späten dreißiger Jahren, tapfer die Republik unterstützt hatten; allerdings machten die von Moskau – von dem die tschechischen Kommunisten total abhingen – diktierten abrupten politischen Veränderungen die Situation nicht einfacher. Die KSČ, eine der stärksten kommunistischen Parteien Europas, war per Regierungserlaß im Dezember 1938 aufgelöst worden, doch ihre Finanzen waren in Ordnung, weil sie die brillante Idee gehabt hatte, ihre Druckerpressen an den tschechischen Erzkapitalisten Bat'a (der in seinen Schuhfabriken amerikanische Produktionsprinzipien eingeführt hatte) zu verkaufen, und im September 1939 berichtete die Partei nach Moskau, sie könne sich auf Zehntausende beitragszahlende Mitglieder in den Fabriken stützen. Nichtsdestoweniger war die Neuorganisation schwierig, Spitzenfunktionäre gingen nach Paris und Moskau, und zahlreiche Parteiaktivisten wurden am 15. März im Rahmen der »Aktion Gitter« verhaftet, andere am 1. September 1939, als der Krieg gegen Polen begann. Eine Parteierklärung vom August hatte noch von den alliierten »deutschen Antifaschisten« kommunistischer, sozialistischer, katholischer und protestantischer Prägung gesprochen und die »feste nationale Einheit« unterstützt. Doch Hitlers Nichtangriffspakt mit der Sowjetunion veränderte die vorgeschriebene Perspektive; jetzt war Krieg einerseits »imperialistisch«, während andererseits Parteimitglieder über Nacht ihre Überzeugungen über Bord werfen mußten: Der Apparat gab zu, daß an der Parteibasis »einige Verwirrung« herrsche, und empfahl die Ergreifung von Maßnahmen »zur Aufklärung der Massen«. Manche Beobachter sind der Ansicht, daß die Kommunisten nach dem deutsch-sowjetischen Pakt zwangsläufig von anderen Widerstandsgruppen isoliert wurden; tatsächlich standen die Kommunisten mit Moskau in engerer Beziehung als mit ihren Verbündeten zu Hause, und eine Zeitlang vermieden sowohl der kommunistische Apparat als auch der deutsche SD jede direkte Konfrontation. Es stimmt allerdings auch, daß die Kommunisten sich für die Demonstrationen vom 28. Oktober 1939 aussprachen und daß in der Nacht vom 12. auf den 13. Februar 1941 fast das gesamte Zentralkomitee der Partei von der Gestapo verhaftet wurde, die – erfolglos – versuchte, die kommunistischen Sender zu benutzen, um fiktive Botschaften nach Moskau auszustrahlen.

Gedanken über meine Mutter

Das junge Mädchen auf dem Familienfoto, das da mit runden Wangen, dunklen Augen und vollem Haarschopf (rötlich, wie sich herausstellte) ein wenig abseits steht, war meine Mutter, damals sechzehn Jahre alt und ziemlich beständig in ihrem Leben, jedenfalls im Vergleich zu ihrer Schwester Irma mit dem feinen Herrn an ihrer Seite oder Fritta der Bohemienne. Annie, meine Mutter, kam nie in den Genuß einer höheren Bildung wie ihre Brüder; Mädchen sollten arbeiten und finanziell zum Wohl der Familie beitragen, und deshalb ging meine Mutter nach der Volksschule in eine Schneiderlehre, lernte das Handwerk und hatte stets einen scharfen Blick für elegante Damenkleider. Im Grunde war sie eine Arbeiterin, die mindestens zehn Stunden täglich berufstätig war und abends in ihre Familie zurückkehrte, um im Haushalt zu helfen. Soweit ich mich erinnere, zeigte sie kein besonderes Interesse an ihrer Religion, interessierte sich auch nie für Politik, und was sie über Literatur und vor allem über das Theater wußte, hatte sie von meinem Vater, der ihr bei ihren Verabredungen – und sie gingen vier oder fünf Jahre miteinander, ehe sie heirateten – sicher lange Vorträge über seine literarischen Hoffnungen und Pläne hielt. Der Familienüberlieferung zufolge (die vielleicht von ihm in die Welt gesetzt wurde) lernte mein Vater meine Mutter an einem Frühsommermorgen des Jahres 1914 an der Ecke Wenzelsplatz / Stěpánská-Straße kennen, als meine Mutter auf dem Weg zur Arbeit war und mein Vater – Gott weiß, was er am frühen Morgen hier zu suchen hatte; jedenfalls hatte er die Schule abgebrochen und hoffte auf eine Anstellung beim Theater. In der Familie heißt es, mein Vater sei von meiner Mutter, dem jüdischen Mädchen, sogleich verzaubert gewesen, was sämtliche Tanten auf beiden Seiten einhellig auf den Umstand schoben, daß es in Tirol nur wenige und in den abgeschiedenen ladinischen Tälern gar keine Juden gegeben habe und mein Vater dem exotischen sommersprossigen Rotschopf hilflos verfallen sei. Ich frage mich, in welcher Sprache sie ursprünglich miteinander redeten, meine Mutter mit ihrem fragmentarischen Deutsch, Vater mit seinem unzulänglichen Tschechisch – vielleicht erfanden sie eine eigene Prager Sprache der Liebe.

Dem Literaturhistoriker wenigstens fällt es nicht schwer herauszufinden, wohin die beiden jungen Leute gingen, wenn sie einander trafen, denn mein Vater verfaßte immer ein Gedicht über den jeweils letzten Sonntagsausflug, der sie entweder im Ruderboot nach Zbraslav oder zu Fuß auf den Hügel der Kleinseite geführt hatte, und es wurde regelmäßig im *Prager Tagblatt* veröffentlicht: anfangs impressionistische Verse und später expressionistisches Pathos gemäß der neuesten Mode der Avantgarde mit jeder Menge Ausrufezeichen (wie ich meine Mutter kenne, denke ich mir, daß der avantgardistische Stil sie nicht sehr beeindruckte). Sie nähte weiter, und als der Krieg ausbrach und mein Vater zur österreichischen Armee eingezogen und zu einer mehrwöchigen Grundausbildung ins ungarische Szegedin geschickt wurde, fuhr sie ihm nach, wie es sich gehörte, um ihn zu besuchen. Es war ihre allererste Reise fort von Prag, doch

127

mein Vater kam bald wieder heim: Als Mitarbeiter des Prager Theaters, einer öffentlichen Einrichtung, wurde er gleich als unabkömmlich zurückgefordert und mußte nicht an die Front (wie er sich im Zweiten Weltkrieg dem Dienst bei der Wehrmacht entzog, ist eine andere Geschichte).

Sie heirateten nach dem Krieg, trotz starker Vorbehalte in beiden Familien: Die eine Seite hatte Einwände gegen die Jüdin (mein Großvater benutzte einen stärkeren Ausdruck), die andere gegen den Goj, aber es half nichts, und nachdem ich auf der Welt war, wurden alle religiösen und ethnischen Argumente eingestellt oder gänzlich abgebrochen, denn beide Familien begrüßten die Republik, jede auf ihre Weise – die jüdische Seite, weil die neue Verfassung die Juden als eigenständige Nation anerkannte (T. G. Masaryk galt als die neue Inkarnation des alten, freundlichen Kaisers), und die Ladiner, weil sie, obwohl sie jetzt Deutsch sprachen, nicht das Gefühl hatten, sich entweder zu den Deutschen oder zu den Tschechen zählen zu müssen, und sich – törichterweise – einbildeten, sie könnten sich aus dem Kampfgetümmel heraushalten. Dennoch ergaben sich zuzeiten unvorhergesehene Fragen und Schwierigkeiten; als ich acht war und anläßlich der Republiksgründungsfeiern auf der Straße begeistert die Trikolore schwenkte, sagte jemand (zweifellos ein deutscher Nationalist) zu meinem Vater, er solle besser auf mich aufpassen – schließlich arbeite er für eine deutsche Institution.

In unserer Prager Frühzeit nannte mich meine Mutter »Chuliminda« (ein frei erfundener tschechischer Kosename) und ließ mich in einem Lord-Fauntleroy-Anzug samt kleinen weißen Handschuhen mit anderen staunenden Kindern auf der Insel Žofín nahe dem Nationaltheater im Sandkasten spielen. Meistens vertraute sie mich einer *slečna* an, der armen Tochter aus einer Arbeiterfamilie, die mein Tschechisch am Leben hielt, und begab sich abends ins Theater, um der jüngsten Premiere beizuwohnen, für die sie die Ballettkostüme oder das Kleid der

Das Hochzeitsfoto meiner Eltern

Diva entworfen hatte. Ich fand eine Reihe von Porträts von ihr, der Königin des Theaters oder des Presseballs, einmal trug sie ein schimmerndes grünes Seidenkleid, das ihr feuriges Haar sehr schön zur Geltung brachte, und ich wunderte mich oft, wie selbstsicher sie trotz ihrer unvollständigen Bildung war, wie sie es fertigbrachte, mit den Gaststars von der Bühne oder Leinwand von gleich zu gleich zu verkehren.

Gelegentlich fühlte ich mich selbst aufgerufen, mit Wissen zu protzen. Einmal, erinnere ich mich, spazierten wir in der Nähe von Marienbad durch die Wiesen, Elisabeth Bergner, der Star, ihre Mutter und meine Mutter vorneweg; die Damen diskutierten über ein neues Stück, das psychoanalytische Erkenntnisse verarbeitete, konnten sich aber nicht auf den Namen des Dramatikers besinnen. Ich, zwölfjährig und hinterherschlur-

Meine Mutter um 1921

fend, krähte lauthals, die Autorin sei natürlich Grete Urbanitzky (deren Stück ich auf dem Schreibtisch meines Vaters gesehen hatte). Im Sommer besuchten wir häufig die bekannten Badeorte der böhmischen und mährischen Provinz, auch das schlesische Karlsbrunn und Gräfenberg, oder wir reisten ins berühmte Südbahnhotel auf dem österreichischen Semmering, in dessen prachtvollem Speisesaal ich mich zum ersten Mal verliebte, und zwar in eine indische Prinzessin am Nebentisch, der ich Liebesbriefchen unter die Serviette legte, aber sie las sie leider nie. Dort pflegte sich eine Gruppe eleganter Damen zu einer gesundheitsfördernden Wanderung auf den Pinkenkogel zusammenzufinden, einen unheroischen Hügel nahe dem Hotel, und meine Mutter trug zu dem Anlaß feste Schuhe und wollene Strümpfe. Acht Jahre später, als sie ihren Transportbefehl nach Theresienstadt erhalten hatte, trug sie dieselben Schuhe und Strümpfe.

Meine Mutter war zu schüchtern, um eine selbstbewußte Bohemienne zu sein wie ihre ältere Schwester Fritta, aber sie war auch keine Hausfrau, die sich eine Ehre daraus machte, die berühmten Rezepte von Magdalena Dobromila Rettigová nachzukochen, die stets mit der Anweisung begannen: »Man nehme zwölf Eier und …« Meine Mutter war leider gar keine Köchin; in guten Zeiten konnte sie auf die Hilfe eines oder zweier erfahrener tschechischer Landmädchen rechnen, die alle Hausarbeit machten und wesentlichen Anteil an meiner vorpubertären Rastlosigkeit hatten. An Dienstagen, wenn die große Wäsche anstand, stiegen die Mädchen ins oberste Stockwerk des Hauses hinauf, wo große hölzerne Bottiche bereitstanden und das heiße Wasser in wunderbaren Wolken dampfte. Die Mädchen, die nichts als ihre dünnen, nassen Hemden trugen, waren nicht böse, wenn ich mit verdächtiger Pünktlichkeit in den Dampfwolken auftauchte, mich unter den Tischen versteckte, von ihnen verfolgt wurde. An diesen Waschtagen wurde immer viel gelacht.

Die Leiden meiner Mutter begannen, glaube ich, Mitte der dreißiger Jahre. Mir fiel auf, daß sie sich häufig in einem abgedunkelten Zimmer niederlegen mußte; dann ließ sie sich immer wieder frische kalte Tücher für die Stirn von mir bringen und klagte über entsetzliche Kopfschmerzen, die, wie sich zeigte, mit den ausgedehnten und unerklärten Abwesenheiten meines Vaters zusammenfielen. Ich bin so gut wie sicher, daß es meine Mutter war, die das Scheidungsverfahren einleitete; sie wollte nicht mit einem Mann zusammenleben, der ständig fort war, auf Reisen mit jungen Schauspielerinnen, die begierig seine Ratschläge aufnahmen. Meine Mutter entfaltete eine bewundernswerte Energie; eines Nachts erwachte ich von großem Lärm, mein Vater schrie und weinte, meine Mutter aber rief die Polizei und ließ ihn aus der Wohnung entfernen. Um ihr Auskommen zu finden, richtete sie einen Modesalon für Damen ein, die ihre maßgeschneiderten Kleider schätzten, und ich wurde einer der jüngsten Leser von *Vogue* und *Harper's Bazaar* in der fernen Vorkriegs-Tschechoslowakei. Ein paar Jahre später erzählte mir meine Mutter, sie hätte auch nach Amerika gehen können, und zeigte mir ein kleines, »Meiner lieben Annie« gewidmetes Foto von Conrad Veidt, der sie während seiner Tournee kennengelernt und ihr nach der kurzen Begegung angeboten hatte, zu ihm nach Hollywood zu kommen. Sie habe abgelehnt, gestand sie, weil ich noch Schüler gewesen sei, und es war zu spät, ihr zu versichern, daß ich liebend gern in Amerika zur Schule gegangen wäre; wenn ich heute in *Casablanca*, meinem privaten Kultfilm, Conrad Veidt als Major der Luftwaffe sehe, denke ich mit Bedauern an meine verpaßte Karriere als Drehbuchautor in Hollywood. In der politischen Situation der Jahre 1936/37 war das eigentliche Problem aber, daß sich meine Mutter durch die Scheidung von meinem Vater eines »arischen« Ehemanns und des mageren Schutzes einer »Mischehe« beraubte, in der sie auch dann überlebt hätte, wenn, wie in den späteren Jahren des Protektorats geschehen, der eine Partner von Mischehen ins Prager Hagibor-Stadion oder, im Frühjahr 1945, als die Sowjets unaufhaltsam näherrückten, nach Theresienstadt deportiert wurde.

Es waren wirre Gedanken und Gefühle in mir, meine Mutter aber wollte ihr Leben wieder in Ordnung bringen und ging, ziemlich überraschend, Mitte der dreißiger Jahre eine neue Ehe ein: Victor Mandel war ein bekannter Arzt aus einer kleinen jüdischen Gemeinde in Mähren, der am berühmten Wiener Allgemeinen Krankenhaus seinen Facharzt für Chirurgie gemacht hatte. Während seiner Studienjahre in Wien hatte er sich den Sozialisten angeschlossen und unterstützte sie auch nach ihrer

Meine Mutter auf der
Marienbad-Promenade, um 1930

Niederlage im österreichischen Bürgerkrieg im Februar 1934. Zumindest am Anfang ahnte ich nichts von den Plänen meiner Mutter, wenn ich sie auf ihren kleinen Spaziergängen mit Victor begleitete: Er arbeitete an den Dienstag- und Donnerstagnachmittagen in der Eisenbahnerklinik, und in der ersten Zeit, als meine Mutter die Sache noch geheimhalten wollte, holten wir ihn dort zu unseren Vorstadtspaziergängen ab. Später verbarg sie ihre Gefühle nicht mehr, und da Victor Besitzer eines Autos war, unternahmen wir häufig Wochenendausflüge aufs böhmische oder österreichische Land, und ich durfte Victor und meiner Mutter beim Frühstück, häufig in kleinen Dorfgasthöfen,

Gesellschaft leisten. Victor verdanke ich meine frühe politische Erziehung; als ich viele Jahrzehnte später an der Universität Wien für einen Lehrstuhl im Fach Komparatistik in Betracht gezogen wurde und bei einem offiziellen Bankett neben Seiner Exzellenz dem Bundeskanzler Bruno Kreisky zu sitzen kam (ein arrangierter Zufall, nehme ich an), wunderte er sich, wieviel ich über seine Weggefährten des Jahres 1934 und ihre Flucht in die Tschechoslowakei wußte.

Genosse Kreisky verließ sein tschechoslowakisches Exil noch rechtzeitig und ging nach Schweden, Victor aber entkam nur knapp mit dem letzten Zug nach London; er ließ meine Mutter allein und schutzlos zurück. In dem Moment tauchte seltsamerweise und praktisch aus dem Nichts mein Vater plötzlich wieder auf und begann sie zu unterstützen, materiell und auf vielfältige andere Weise. Es war, gelinde gesagt, eine merkwürdige Situation.

Die Herbstdemonstrationen 1939

Die Prager Demonstrationen am 28. Oktober 1939 zur Feier der unabhängigen Republik wurden zuerst, jedenfalls teilweise, von den Widerstandsgruppen angeführt, die sich nicht ganz einig waren, was zu tun sei – ob man sich, wie Beneš vorschlug, mit einer symbolischen Aktion begnügen, ob man einen Generalstreik veranstalten solle. Der Funkverkehr mit London funktionierte aus technischen Gründen leider nicht, aber es mußte etwas geschehen. So wurden die Prager Bürger von einer Fülle von Flugblättern überrascht, die sie aufforderten, schwarze Krawatten (eine Idee, die später wieder verworfen wurde, um der deutschen Polizei die

Verhaftung von Demonstranten nicht auch noch zu erleichtern) oder dunkle Sonntagskleidung zu tragen, auf Alkohol und Zigaretten zu verzichten (um die dafür fälligen Steuern nicht zu zahlen), nichts zu kaufen, nicht mit der Straßenbahn zu fahren, nicht zu arbeiten. Leider war der 28. ein Samstag und die Arbeitszeit ohnehin kurz, und die wenigen Streikversuche wurden durch Drohungen von Arbeitgeberseite im Keim erstickt. Die Aktion spielte sich auf den Straßen und Plätzen der Innenstadt ab, und obwohl die tschechischen und deutschen Behörden über die Pläne der Demonstranten mehr oder weniger Bescheid wußten, waren die Regierung ebenso wie das Amt des Reichsprotektors entschlossen, die Ereignisse so weit wie möglich herunterzuspielen; und während sich Neurath in bester diplomatischer Manier für ein langes Wochenende aus Prag verabschiedete, um die zu erwartenden Ereignisse möglichst ignorieren zu können, warteten sein Staatssekretär K. H. Frank und der Polizeichef Walter Stahlecker nur auf ihre Chance, einzugreifen und zu beweisen, daß Neuraths diplomatisches Verhalten vollkommen falsch sei.

Der 28. Oktober 1939 begann ziemlich ruhig, Arbeiter und Angestellte kamen pünktlich (nur die Baustellen blieben leer), doch um neun Uhr versammelten sich viele Menschen, vor allem der jüngeren Generation, die kleine Bänder in den tschechischen Farben trugen oder Reitkappen, wie Masaryk sie so geschätzt hatte, auf dem Wenzelsplatz. Auf einmal erschienen deutsche Studenten und machten sich einen Sport daraus, den Leuten die Bänder abzureißen oder den Demonstranten die patriotischen Kappen vom Kopf zu stoßen. Am späteren Vormittag zogen tschechische Demonstranten singend und unter Sprechchören wie: »Wir wollen Freiheit, lang lebe Beneš!« (aber auch: »Lang lebe Stalin!«) auf den Altstädter Ring hinüber, wo Tschechen und Deutsche einander feindselig begegneten, während die tschechische Polizei wegzuschauen versuchte. Am Bahnhof trafen aus den Vorstädten und abgelegenen Dörfern Massen von Demonstranten ein, um sich ins Getümmel zu stürzen. Um ein Uhr mittags versammelte sich eine lärmende Gruppe vor dem Gestapo-Gebäude in der Bredovská-Straße und forderte die Freilassung von Gefangenen, doch unterdessen hatte der Kommandeur der deutschen Sicherheitskräfte den tschechischen Innenminister informiert, daß die SS wie jeden Samstag den Wenzelsplatz entlangmarschieren werde, und wenn der Weg nicht frei sei, werde sich die SS um das Problem kümmern. Tschechische und deutsche Polizisten begannen die Demonstranten vom Wenzelsplatz in die umliegenden Straßen abzudrängen. Um drei Uhr nachmittags griff eine Gruppe von Demonstranten das Palace Hotel schräg gegenüber dem Hauptpostamt in der Jindřišská-Straße an, in dem Gestapo-Leute einquartiert waren, und konnte einen von den Deutschen verhafteten Mann befreien, während sich der Wenzelsplatz zumindest von der einen Seite her wieder mit der Flut zurückkehrender Demonstranten füllte, die sich der Polizei widersetzten. Um siebzehn Uhr suchte K. H. Frank Präsident Hácha in Schloß Lány auf und teilte ihm unmißverständlich mit, Hitler dulde keine Demonstrationen im Protektorat: Wenn die tschechische Polizei nicht resoluter eingreife, werde unverzüglich die »SS Leibstandarte« das Kommando übernehmen. Kurz darauf vertrieben deutsche und tschechische Polizisten (auf Druck der Regierung) abermals die Demonstranten vom Wenzelsplatz, es fielen ein paar Schüsse, die Leute zerstreuten sich, doch rund um die Bahnhöfe, in Vinohrady und anderswo, gingen die Demonstrationen bis etwa acht Uhr abends weiter. Vierhundert Personen wurden an dem Tag von der tschechischen und der deutschen Polizei festgenommen, fünfzehn Demonstranten in Spitäler eingeliefert. Im oberen Bereich der Žitná-Straße traf eine Kugel den Arbeiter Otakar Sedláček ins Herz und tötete ihn auf der Stelle, Jan Opletal, ein Medizinstudent, wurde in den Unterleib getroffen, er lag schwerverletzt im Krankenhaus.

Von diesem Tag an schmiedete K. H. Frank möglicherweise mit Heinrich Himmler, der am 2. November nach Prag kam, im persönlichen Gespräch und in mehreren Telefonaten mit Berlin ein Komplott zur Diskreditierung Neuraths, weil der den aufsässigen Tschechen nicht die eiserne Faust zeigte. Jan Opletal starb am 11. November, und seine Kommilitonen wollten bei der Überführung seines Sargs vom Studentenheim Hlávka, in dem sie alle wohnten, zum Bahnhof – er sollte in seinem mährischen Heimatdorf beigesetzt werden – anwesend sein. Die Funktionäre des offiziellen Studentenverbands, eigentlich ein Zweig der von der Regierung unterstützten »Nationalen Solidarität«, und der Leiter des Wohnheims garantierten der tschechischen Polizei den würdevollen Verlauf des Leichenzugs. Also erteilten die tschechischen und deutschen Behörden die Genehmigung und sahen darüber hinweg, daß sich die Studenten in der Bierhalle U Fleků trafen, um den Ablauf zu organisieren. Die Gestapo wartete nur auf ihre Gelegenheit.

Am Morgen des 15. November waren über dreitausend Studenten vor dem Institut für Pathologie zusammengekommen, um Opletal die letzte Ehre zu erweisen, und in der Kapelle las ein Prediger der Böhmischen Brüder aus der Bibel und dankte Opletals Eltern für die mustergültige Erziehung ihres Sohnes, den Studentenvereinigungen für ihr Erscheinen. Schweigend wurde der Sarg zu dem wartenden Leichenwagen getragen, doch als er für die Fahrt zum Bahnhof in den Wagen geschoben wurde, stimmten Studenten und Studentinnen die Nationalhymne an, ein Zeichen, daß sich etwas zusammenbraute. Über fünfhundert Personen stark marschierten sie zum Karlsplatz, wo sie mit der tschechischen Polizei zusammenstießen und im Gebäude der Technischen Universität Zuflucht suchen mußten. Die Polizei ließ sie nur in winzigen Gruppen wieder heraus, doch diese formierten sich gleich wieder zu einem »für die Tschechoslowakei« und »für die Freiheit« demonstrierenden Zug, der sich ins Stadtzentrum durchzuschlagen versuchte. K. H. Frank, der das Geschehen mit eigenen Augen verfolgen wollte, wurde an der Ecke der Národní- und Spálená-Straße umzingelt und ließ seinen Wagen anhalten, der Fahrer wurde von der aufgebrachten Menge übel zugerichtet und trug eine gebrochene Nase und ein blutiges rechtes Auge davon (leider ging im Getümmel auch seine Armbanduhr verloren). In kleinen Gruppen demonstrierten die Studenten weiter, rissen von den Straßenbahnen die deutschsprachigen Schilder ab und warfen sie in die Moldau, versammelten sich auf dem Altstädter Ring vor dem Grab des Unbekannten Soldaten und sangen alte Volkslieder vor der Rechtwissenschaftlichen Fakultät, wo es zu einem kurzen Zusammenstoß mit tschechischen Polizisten und einer Gruppe von SS-Leuten kam, die drei Demonstranten festnahmen. Zu Mittag war alles vorbei, jedenfalls auf den Straßen von Prag.

Hitler aber war nach seinem Triumph in Polen nicht gewillt, tschechischen Ungehorsam irgendeiner Art zu tolerieren, und zitierte augenblicklich – die Demonstrationen waren kaum vorbei – Neurath, Frank und General von Friderici von den in Prag stationierten Wehrmachtstruppen zu einer Lagebesprechung nach Berlin. Die Historiker sind sich noch heute nicht einig, was dann beschlossen wurde und wann genau. Neuraths Verteidiger, darunter der Historiker Gustav von Schmoller, halten fest, man habe während der Vormit-

138

tagssitzung des 16. November die Schließung der tschechischen Universitäten besprochen, bei der nachmittäglichen Zusammenkunft, an der nur Hitler, Himmler und Frank teilnahmen (Neurath und seine Entourage waren entschuldigt worden), seien hingegen andere Maßnahmen genehmigt worden. Neurath war jedenfalls töricht genug, Frank, der auf der Stelle nach Prag fliegen wollte, sein Spezialflugzeug zur Verfügung zu stellen – Neurath und sein Generalstabschef reisten am nächsten Morgen mit dem Zug –, und als der Reichsprotektor in Prag eintraf, erwartete ihn die Nachricht, daß nicht nur sämtliche tschechischen Universitäten für drei Jahre geschlossen, sondern außerdem neun Studentenfunktionäre erschossen und mehr als 1200 Studenten in ein Konzentrationslager deportiert worden seien. Die auf rotem Papier gedruckte Bekanntmachung hing an allen Straßenecken und war nicht mit Franks, sondern mit Neuraths Namen gezeichnet: Dieser übernahm, als General Alois Eliáš, der Chef der tschechischen Regierung, bei einem Gespräch am Abend um eine Bestätigung der brutalen Maßnahmen bat, die volle und offizielle Verantwortung.

Von den am 17. November um sieben Uhr morgens in Ruzyně erschossenen neun Männern waren acht in der »Nationalen Solidarität« beziehungsweise in den nationalen und lokalen Organisationen des offiziellen Studentenverbands aktiv gewesen, und in den tschechischen Polizeiberichten hieß es, viele von ihnen hätten in der Ersten Republik Parteien rechts der Mitte angehört, entweder den Nationaldemokraten oder der Nationalen Vereinigung (Národní sjednocení), die sich beide aggressiv gegen die Politik von Beneš und Masaryk gestellt hatten. Dr. Jan Matouš, zum Beispiel, war von Präsident Hácha zum Vorsitzenden eines Tschechisch-Deutschen Freundschaftsbundes ernannt worden, und der 25jährige Jan Černý war in offiziellem Auftrag nach

Berlin gereist, um Kontakte mit entsprechenden deutschen Studentenorganisationen herzustellen. Mit anderen Worten, acht von den neun waren der Politik der regierungstreuen »Nationalen Solidarität« beziehungsweise ihren Studentengruppen verpflichtet und in keiner Weise im Widerstand aktiv. Weshalb die Gestapo auch Marek Frauwirth, einen in Polen geborenen slowakischen Staatsbürger aus jüdischer Familie, zu diesen Männern zählte, hat man nie erfahren. Frauwirth hatte sein Studium vorzeitig beendet, war am 15. März in die Slowakei zurückgekehrt, kam aber wieder nach Prag, wo er gelegentlich im slowakischen Konsulat arbeitete, vielleicht, wie Josef Leikert vermutet, um Fluchtwilligen über Bratislava nach Belgrad zu helfen. Die tschechische Polizei hielt ihn für einen Kommunisten.

In Vorbereitung auf die Hinrichtungen umzingelten deutsche Polizisten fünf der größten Studentenheime in Prag und zwei in Brünn (obwohl die Mährer gar nicht demonstriert hatten), die Prager Studenten wurden nach Ruzyně gebracht, wo man sie einzeln ins Verhör nahm. Alle unter zwanzig durften wieder gehen, ebenso die slowakischen, jugoslawischen und bulgarischen Staatsbürger; auch wer seine Mitgliedschaft in der faschistischen Vlajka nachweisen konnte, wurde nach Hause geschickt. Die übrigen, 1200 Personen, wurden ohne Verzug ins Konzentrationslager Oranienburg, später ins KZ Sachsenhausen gebracht. Auf langes Drängen Háchas, der immer wieder bei Neurath und dessen Nachfolger intervenierte, wurden 1943 viele von den 1200 in kleinen Gruppen freigelassen, allerdings mußte die tschechische Regierung einen hohen politischen Preis dafür zahlen. Fünfzehn von ihnen kamen zwischen 1940 und 1942 in den Lagern um; drei der Überlebenden, Zdeněk Mikeštík, Adolf Skalka und František Stavělík, starben im Mai 1945 heroisch auf den Barrikaden von Prag.

Die Familie meines Vaters

Die Ladiner sind eine Volksgruppe, die sich sprachlich auf das
erste Jahrhundert vor Christus zurückverfolgen läßt, als die nach
Expansion strebenden Römer unter Drusus und Tiberius die Al-
penränder ihres Reichs zu besetzen und zu verwalten begannen
und die einheimische Bevölkerung der Räter sich früh an das
gesprochene Latein der Neuankömmlinge anpaßte. Alpentäler
sind Trenngräben; Ladinisch (oder »Romansch«) wird heute im
Schweizer Kanton Graubünden (wo das Rätoromanische die
vierte Schweizer Landessprache ist), im norditalienischen Friaul
(Pier Paolo Pasolini schrieb seine frühen Gedichte im lokalen
Idiom) und in den Dolomitentälern rund um das Sella-Massiv
im einst österreichischen, heute italienischen Südtirol gesprochen. Die Familie meines Vaters lebte ursprünglich im Gröd-
nertal/Gherdëina, und wenn ich Ähnlichkeiten zwischen ihrem Ladinisch und dem Altprovenzalischen zu hören meinte,
war mein philologischer Instinkt nicht ganz falsch. Natürlich
gibt es kein »Ladinisch« im Sinne einer vereinheitlichten Sprache, denn sogar die Ladiner der Dolomiten teilen sich je nach
Dorf und Tradition in mindestens fünf verschiedene Dialekte. In
der Autonomen Provinz Bozen leben heute sechzig Prozent
deutschsprachige Südtiroler, 36 Prozent Italiener und vier Prozent Ladiner, die ihre ladinischen Nachbarn aus anderen Provinzen wahrscheinlich ziemlich gut verstehen und mühelos ins
Italienische und ins Deutsche wechseln – und im Umgang mit
amerikanischen Touristen das Englische vorziehen.

Die Vorfahren meines Vaters besaßen ein Anwesen mit dem
Hofnamen da Tlousel, das erstmals in einem Kirchenbuch aus
dem sechzehnten Jahrhundert erwähnt ist; als Bauer ist dort ein
Melchior de Metz da Tlousel eingetragen, und um seinen ladinischen Namen zu erklären, müssen wir keinen etymologischen

Umweg über das französische Metz machen: Er leitet sich von
de mezz, »in der Mitte« (des Tals), her. Das Leben war nicht
einfach, die hoch gelegenen mageren Hänge gaben keine
großen Erträge her, und um zu überleben, mußten die Berg-
bauern neben der Landwirtschaft noch andere Fertigkeiten
entwickeln: Weberei, Herstellung von wasserdichtem Loden,
Handschuhmacherei (was mich an das Handwerk meiner jüdischen Vorfahren in ihren böhmischen Dörfern erinnert) und
viel Spitzenklöppeln. Im achtzehnten Jahrhundert begannen
manche Familien aus dem kostbaren Zirbelholz religiöse Figuren, Küchengeräte und Spielsachen zu schnitzen, und hundert
Jahre später waren alle damit beschäftigt, ihre Hänge zu pflügen,
ein paar Kühe zu halten und das Schnitzmesser zu führen. Die
Bauern entdeckten, daß es weit jenseits der Berge einen Markt
für ihre Schnitzereien gab, und so gingen viele unternehmungs-
lustige Söhne und Töchter in die Welt hinaus, um Grödner
Schnitzereien zu verkaufen: In Neapel, Venedig und Triest gab
es Gruppen ladinischer Kaufleute; Johann Matthias Demetz betrieb eine Verkaufsniederlassung in Padua, Johann Aldosser residierte in Lissabon, Teile der Familie Runggaldier hatten sich in
Nürnberg und Klagenfurt niedergelassen und ein Peter de Mez
in Philadelphia. Als sich auch mein Großvater Josef Anton
Demetz da Tlousel (geboren 1857), verheiratet mit Maria Josefa
Insam, einem ladinischen Mädchen, das kurze Zeit in einem
Innsbrucker Textilgeschäft gearbeitet hatte, zur Auswanderung
nach Oberösterreich und später nach Prag entschloß, kam er zu
spät; am Ende ging er bankrott, weil sich in der neuen Zeit me-
chanischer Spielsachen der Markt verändert hatte und niemand
mehr Holzspielzeug haben wollte.

Von der Familie meines Vaters weiß ich viel weniger als von
den Vorfahren meiner Mutter, und nachdem es sich so ergab,
daß ich eher auf ihrer Seite lebte als unter den Ladinern, die
sich, von der Verwandtschaft meiner Mutter scheel beäugt, in

Meine ladinische Großmutter

der kleinen Teingasse (Týnská ulice), nahe dem Altstädter Ring, zusammendrängten, ist vieles zum Mythos geworden. Anfangs müssen die Geschäfte meines Großvaters floriert haben, denn er erwarb ein stattliches Haus am Týn-Platz. Sein Name war in dem steinernen Fries über dem Eingang eingemeißelt, wurde 1945 aber als zu deutsch empfunden und entfernt. Er wurde Schatzmeister des alten Prager Clubs der Italiener (zwischen Ladinern und Italienern machte man keinen Unterschied), und ich erinnere mich, wie ich als Junge in seinen zahlreichen handgemalten Katalogen mit den im fernen Grödnertal hergestellten hölzernen Heiligenfiguren, Trommeln und Zügen blätterte. Nach seinem Bankrott mußte das Haus verkauft werden, und die Familie zog in eine Art Eisenbahnerwohnung in dem spätmittelalterlichen Haus Nummer 6 gegenüber der Týnská, das heute stolz eine Dependance der hauptstädtischen Galerie für moderne tschechische Malerei beherbergt. In meiner Jugend war das uralte Haus eine eher anrüchige Angelegenheit; im Erdgeschoß befand sich eine Bierschänke, deren Abort zum Himmel stank, und im Tor des Nachbarhauses stand Tag und Nacht eine alternde Prostituierte und wartete auf Kundschaft (sie war aber recht mütterlich, als ich mein Taschengeld zusammenkratzte, um Kunde bei ihr zu werden). Meiner Mutter paßte es ganz bestimmt nicht, daß mein Vater weiterhin die Miete für die glücklosen Ladiner zahlte, und hatte ein argwöhnisches Auge auf meine dubiosen Týnská-Exkursionen.

Meine Fotografie aus dem Jahr 1898 zeugt nicht von der Zufriedenheit der ladinischen Einwandererkinder in der Altstadt, nicht weit von Franz Kafkas Geburtshaus. Großvater und Großmutter sind auf dem verblaßten Bild nicht zu sehen, dafür aber fünf von sieben Kindern in eigenartiger provinzieller Tracht und recht verwirrt dreinblickend. Ganz links steht Tante Mathilda, die Zimmer vermietete und an Krebs starb – ich erinnere mich, wie ich in einem Krankensaal des Prager Allgemeinen Krankenhauses zwischen vierzig weiteren Patienten an ihrem Bett stand –, und neben ihr ist Tante Anna, die meist »die anbrennte Tant« genannt wurde, weil sie früh erblindete und zu Weihnachten den brennenden Kerzen immer gefährlich nahezukommen pflegte (ein Eimer Wasser war stets zur Hand). Sie lebte in einem von freundlichen Nonnen geführten Heim und hielt sich mit selbstgestrickten Strümpfen und Schals, die sie verkaufte, über Wasser; ich muß gestehen, daß ich nicht weiß, wann sie starb, möglicherweise in den letzten Kriegsjahren. Das

Die ladinischen Kinder um 1898

kleine Mädchen neben ihr ist in Wahrheit mein Vater, der, wie damals üblich, bis zu einem bestimmten Alter in Mädchenkleidern ging, und neben ihm steht Onkel Felix, der stotterte und zum Glück eine feste Stelle bei einer Bank fand (wo er als »Deutscher« 1945 verhaftet wurde; mein Vater bekam ihn aus der Haft frei, und er kampierte ein Jahr in unserer Küche, ehe er zu seiner Tochter zog). Leopold, der ganz rechts steht, muß das Familiengeheimnis gewesen sein; er war zurückgeblieben und wurde in eine Anstalt gesteckt oder starb früh, denn ich wüßte nicht, daß ihn jemals irgend jemand erwähnte.

Tante Paula ist auf dem Bild nicht zu sehen, sie kam erst später zur Welt. Auch sie hatte kein Glück; um ihrer Familie zu entrinnen, tat sie sich mit einem Offizier zusammen und starb 1917 an einer verpfuschten Abtreibung. Auch Onkel Karl fehlt auf dem Foto, er wurde bereits im neuen Jahrhundert geboren, und obwohl ihm die Gebrechen und Krankheiten seiner Geschwister erspart blieben, war sein späteres Leben aus anderen Gründen schwierig. Er war ein begabter Künstler, hatte irgendwo auf dem Hradschin ein kleines Atelier, das ich wegen seiner reizvollen Unordnung gern besuchte, und lebte von Anzeigen und Werbeplakaten, die er im Auftrag einiger bekannter Unternehmen entwarf. Aus den skeptischen Kommentaren meiner Mama zu schließen, war er ein Frauenheld – wobei die Frauen jene waren, die am späteren Nachmittag im Café Juliš (im ersten Stock) saßen und auf einen betuchten Kavalier warteten –, und seine Vorliebe galt den rundlicheren Mädchen frisch vom Land. Leider war er ziemlich unbesonnen; eines Nachmittags im Jahr 1941 saß er kaffeetrinkend in der Halle des Hotels Zlatá Husa / Die Goldene Gans (am Wenzelsplatz) und sagte im Gespräch mit seinem Tischnachbarn, seiner Meinung nach sei der Krieg verloren, das Deutsche Reich sei nie und nimmer imstande, gegen die USA zu kämpfen. Der andere pflichtete ihm nicht bei, sondern zeigte seinen Gestapoausweis, Onkel Karl wurde augenblicklich verhaftet, ins Gefängnis geschleift und wegen Hochverrats zu zwanzig Jahren Haft verurteilt. Er wurde ins berüchtigte Kleine Fort (Malá Pevnost) in Theresienstadt geschickt, wo die Aufseher die politischen Gefangenen nach Belieben folterten; später kam er in ein Gefängnis in Dresden, wo er am 13. Februar 1944 von den Alliierten nach ihrem verheerenden Luftangriff auf die Stadt befreit wurde.

Der Historiker Frederick Taylor schreibt, viele der durch die Stadt streifenden Gefangenen hätten am brennenden Bahnhof, wo zahlreiche herrenlose Gepäckstücke herumlagen, ihre Gefängnis- gegen Alltagskleidung getauscht, und ich hoffe, daß mein Onkel einer von ihnen war und sich nicht in seiner

Häftlingskluft durch die sächsischen Grenzwälder, wo ich, wie es der Zufall wollte, in einem Lager für Halbjuden arbeitete, nach Böhmen und Prag durchschlagen mußte; jedenfalls versteckte er sich drei Monate lang in der alten Wohnung an der Týnská. Anfang Mai 1945, beim Aufstand der Tschechen gegen die Deutschen, kam er auf die Straße, um beim Bau der Barrikaden mitzuhelfen, doch ein Nachbar denunzierte ihn als Deutschen, und nur die Aussage seiner Mitgefangenen aus Theresienstadt rettete ihn. Seine letzten Jahre lebte er von der kleinen Pension für NS-Opfer in Nürnberg (ausgerechnet!), wo er friedlich starb. Er war der einzige aus der Familie meines Vaters, der je im Grödnertal war, und mein entfernter Vetter Hubert, den ich 2003 dort aufsuchte, erinnert sich noch lebhaft an den Besuch des sonderbaren alten Mannes.

Gedanken über meinen Vater

Über meinen Vater zu schreiben, ist nicht leicht, und meine Fragen, meine Zweifel, meine Bewunderung verbinden sich immer wieder mit Melancholie angesichts eines Lebens, das mit großen Hoffnungen begann und später von den zeitlichen und räumlichen Umständen – zu schweigen von der Geschichte – einen ganz anderen Verlauf nahm. Ich verstehe, warum er von der Týnská-Familie fortwollte, obwohl er mit äußerster Gewissenhaftigkeit weiterhin seine Mutter (die in langen grauen Röcken, einen Rosenkranz um die Hüften, am Herd stand und auf ladinisch vor sich hinmurmelte) bis an ihr Lebensende unterstützte und seinen Geschwistern, die selbst ihr Kreuz zu tragen hatten, zu helfen versuchte. Andere junge Leute brannten mit dem Zirkus durch, ihn aber verlockte die reiche Welt des

Mein Vater, der Dichter

Theaters; er brach die Schule ab (vermute ich) und wurde 1914, als er sich Heinrich Teweles vorstellte, der ein gebildeter Kritiker war und Leiter des Prager deutschen Theaters, vom Fleck weg als Dramaturg engagiert. Natürlich schrieb er Gedichte, las eifrig, was die fortschrittlichsten Schriftsteller in Berlin veröffentlichten (die Prager deutsche Literatur hielt er für recht konservativ, ausgenommen die Dichtung Franz Werfels, den er anbetete), und begann unter dem wachsamen Blick von Teweles und dem deutschen Theaterverein, der im wesentlichen aus den Säulen der Prager deutsch-jüdischen Gesellschaft bestand, ein zwiespältiges Publikum an neue expressionistische Stücke heranzuführen. 1916 konnte er Teweles klarmachen, daß die Bühne des altehrwürdigen Ständetheaters eine neue Repertoirereihe von »Kammerspielen« brauche, und um seine dramaturgischen Entscheidungen zu rechtfertigen, begründete er eine neue Publikation, die sich *Blätter der Prager Kammerspiele* nannte. Ich frage mich, wieviel er wohl von Karel Hugo Hilar vom Vinohradské divadlo wußte, seinem mutigen Bundesgenossen auf tschechischer Seite, der seit 1914 neue Stücke aus dem avantgardistischen deutschen Repertoire inszenierte.

Nach der Sekundärliteratur zu urteilen, schrieb mein Vater Theatergeschichte, indem er zuerst, mitten im Ersten Weltkrieg (am 30. September 1916) und noch vor der Premiere in Dresden und Berlin, dem von Arthur Schnitzler begeisterten gutsituierten Prager deutsch-jüdischen Bürgertum ein Stück zumutete, das für eine ganze rastlose Generation sprach: Walter Hasenclevers Drama »Der Sohn«; in Prag wurde der radikale Sohn erst von Gerd Fricke gespielt, später von dem melancholischen Ernst Deutsch. Kühn machte sich der junge Regisseur anschließend an das Werk von Frank Wedekind, das er nahezu vollständig aufführte, und brachte, trotz persönlicher Skepsis gegenüber dem Autor, ein neues Stück von Max Brod auf die Bühne, setzte dann seine bahnbrechenden Experimente mit »Tanya« von Ernst Weiss, einem beinahe mystischen Stück über das revolutionäre Rußland, das am 11. Oktober 1919 mit Rahel Sanzara Premiere hatte, und einer Vielzahl späterer, mit überraschenden Filmtechniken inszenierter Hasenclever-Stücke fort. Verstärkung bekam er, zumindest für eine Weile, durch Georg Wilhelm Pabst (der später einer der großen Filmregisseure wurde) und den im musikalischen Leben und in der deutschen Oper tonangebenden Komponisten und Dirigenten Alexander Zemlinsky, der das Prager Publikum mit Arnold Schönberg und dem später in Hollywood zu Berühmtheit gelangten Erich Wolfgang Korngold auf die Probe stellte.

Ich glaube nicht, daß sich mein Vater übermäßig aus der Ruhe bringen ließ, als am 16. November 1920 ein von fanatischen Schauspielern des Prager Nationaltheaters angeführter tschechischer Pöbel, der seine Wut zuerst an jüdischen Einrichtungen im alten Viertel ausgelassen hatte, das Ständetheater stürmte, meinen Vater brachial aus seinem Büro entfernte und das Gebäude im Namen der tschechoslowakischen Nation in Besitz nahm, um dort künftig nur noch tschechische Aufführungen stattfinden zu lassen (Präsident Masaryk setzte danach nie wieder einen Fuß in das Theater, weil er die Besetzung als verfassungsfeindlich und wider die Interessen der Republik ansah). Wahrscheinlich fand er, nachdem er in der Týnská Ladinia aufgewachsen war, daß ihn die lokalen nationalen Konflikte nichts angingen; er bezog ein neues Büro, gründete im Einvernehmen mit seinem aus Wien angereisten neuen Direktor Leopold Kramer 1922 in einem alten Haus am Senovážné námesti (Heuwaagplatz) eine »Kleine Bühne«, die Platz für dreihundert Zuschauer bot, und setzte dort seine experimentellen Aufführungen fort.

Überglücklich war er, als man ihm Mitte der zwanziger Jahre die Leitung der Vereinigten Deutschen Bühnen in der mährischen Hauptstadt Brünn, anbot, wo er, wie er glaubte, frei und selbständig arbeiten konnte. Besonders meine Mutter freute sich, wie sie mir später erzählte, daß er endlich aus dem Schatten der Týnská-Familie heraustrat und sich der eigenen widmete, die er sehr komfortabel in einer geräumigen Wohnung in der Úvoz-Straße unterhalb der mächtigen alten Burg Spielberg unterbrachte. Seine Aufgabe war nicht einfach, denn er mußte ein kompliziertes dreifaches Repertoire bedienen – Drama auf einer nach Fisch riechenden alten Bühne nahe dem Gemüsemarkt, Operette auf einer zweiten und große deutsche Opernaufführungen montags und dienstags auf der Bühne des tschechischen Theaters vor einem anspruchsvollen Publikum, das gern Vergleiche mit den Aufführungen an der nahen Wiener Staatsoper anstellte (ich durfte jeweils den ersten Akt besuchen, dann brachte mich das »Fräulein« nach Hause ins Bett, meine kulturellen Defizite auf diesem Gebiet waren nie wiedergutzumachen). Erst spät dämmerte meinem Vater, daß es nicht seine klügste Entscheidung gewesen war, von Prag fort in die mährische Provinz zu gehen; er war kein politisch denkender Mensch, sondern fühlte sich der Literatur und der Kunst verpflichtet (seine »Turandot«-Inszenierung mit Julius Patzak in der Rolle des unglücklichen Prinzen wurde berühmt, obwohl mein Vater kein Ohr für Musik aller Art hatte), und in seiner neuen Stellung mußte er auf einmal öffentliche Entscheidungen auf engstem Raum zwischen den Konflikten deutscher Nationalisten und einem wohlhabenden deutschsprachigen jüdischen Bürgertum, innerhalb des tschechischen Kontexts treffen. Er sah sich unerwartet in Kollisionen verwickelt, denen er sich in Prag lange erfolgreich entzogen hatte, hier aber nicht mehr aus dem Weg gehen konnte. Die Ereignisse des Oktobers 1928, oder vielmehr ihre Konsequenzen, erwiesen sich auf Jahrzehnte hinaus als unentrinnbar.

Als er für den 30. Oktober 1928 eine Festaufführung anläßlich des zehnten Jahrestags der Tschechoslowakischen Republik ankündigte, erschien in seinem Büro eine Abordnung nationalistischer deutscher Studenten, hauptsächlich von der Technischen Universität am Ort, um gegen seine Entscheidung zu protestieren und Forderungen zu stellen: Die geplante Veranstaltung müsse abgesagt, die Abonnenten dürften nicht zur Teilnahme gezwungen werden. Mein Vater ließ sich auf nichts ein, woraufhin die deutschen Studenten zu einer Demonstration aufriefen, die Vorstellung (bei der die tschechoslowakische Nationalhymne gespielt wurde) störten und im allgemeinen Tumult eine Proklamation gegen die republikanischen Feiern im allgemeinen und insbesondere gegen jeden Versuch, deutsche

Abonnenten zur Teilnahme zu nötigen, zu verlesen suchten. Die tschechische Polizei griff ein, fünf nationalistische Studenten wurden verhaftet und im Januar 1931 von einem Bezirksgericht, mit meinem Vater als Hauptzeugen, wegen Störung des öffentlichen Friedens und nach § 14 des Gesetzes zum Schutz der Republik wegen Aufruhrs »gegen den Staat, seine Entstehung, gegen seine Unabhängigkeit, konstitutionelle Einheit und seine demokratisch-republikanische Form« verurteilt. Eine Aussetzung der Strafe auf Bewährung wurde ausgeschlossen, die fünf Verurteilten mußten eine kurze Haft absitzen, und als sie ein paar Jahre später als ausgewachsene Nazis auf die Bühne zurückkehrten, konnte mein Vater mit seiner jüdischen Ehefrau ohnehin nicht weitermachen wie bisher.

1933, als Hitler in Deutschland an die Macht kam, wurde der Vertrag meines Vaters nicht verlängert, und er konnte nie mehr als Regisseur oder Künstler auf die Bühne zurückkehren. Meine Mutter erklärte mir eines Tages, als er wieder einmal verreist war, er sei anderswo auf Arbeitssuche; während er die sonderbare Gewohnheit entwickelte, nach Gutdünken aufzukreuzen und wieder zu verschwinden, ließ meine Mutter sich von ihm scheiden, und ich hörte widersprüchliche Auskünfte über seine Beschäftigung – kurze Zeit hieß es, er arbeite als Sekretär eines Verbands der Theaterleiter, dann hatte er angblich einen Job in der privaten Wirtschaft beziehungsweise arbeitete (hier spitzte ich meine Ohren) in dem von der tschechoslowakischen Regierung nördlich von Prag eingerichteten böhmischen Radiosender Mělnik, der mit eigenen Nachrichten, Features und Hörspielen der NS-Propaganda entgegenarbeitete. Im ersten Jahr der Protektoratsregierung fand er eine Stelle als Assistent im Broadway-Kino am Graben (Na Příkopě), dem elegantesten Kino der Stadt (was kostenlose Kinokarten in unbegrenzter Zahl für mich und meine Kumpel bedeutete), doch leider wurde er eines Tages ohne viel Federlesen vom SS-Treuhänder, der vom

Amt des Reichsprotektors ernannt wurde, gefeuert, weil er, wie sich herausstellte, bei irgendeinem Streit mit den tschechischen Kassierern und Platzanweisern gegen die Deutschen Partei ergriffen hatte. Unter jedem Kerzenleuchter ist ein dunkler Fleck, sagte er sich und akzeptierte das Angebot eines ehemaligen Kollegen, die Geschäftsführung des Rose-Theaters in Berlin zu übernehmen, das als letztes privates Unternehmen seiner Art in Preußen mit großem Erfolg volkstümliche Komödien ausschließlich im Berliner Dialekt aufführte, doch auch für dieses Theater währten die glorreichen Tage nur bis zum 1. September 1944, als die kriegsbedingte Schließung sämtlicher deutscher Schauspielhäuser verfügt wurde. Mein Vater, jetzt über fünfzig, lief Gefahr, zum »Volkssturm« eingezogen zu werden und die Stadt gegen die vorrückenden Alliierten verteidigen zu müssen. Er wohnte in einem billigen Hotelzimmer, Berlin wurde jede Nacht bombardiert, er hatte keine Lust, die Stadt zu verteidigen, und da an Flucht nicht zu denken war, kam er auf die sinnreiche Idee, sich aus gesundheitlichen Gründen zu entziehen: Er hatte vor, bei Dunkelheit in einen der klaffenden Bombentrichter zu »fallen«, doch als er in den Trichter hinabsprang, erwies der sich als ziemlich tief, mein Vater brach sich beide Beine (Volkssturm ade) und ließ sich von seiner Freundin von Berlin in ein Prager Krankenhaus bringen, wo ihn seine tschechischen Mitpatienten und die Ärzte, sorgfältig bandagiert und zum Schein auch dann noch auf Krücken, als sie schon längst nicht mehr nötig waren, als eine Art Maskottchen des anständigen Deutschen behielten, bis der Maiaufstand ausbrach und er, leicht hinkend, die sieben Minuten über den Karlsplatz nach Hause ging, ein pikaresker Held seiner Zeit.

Ein Literaturstreit, 1939

Zu Beginn des Protektorats rechneten viele in der tschechischen Regierung, in den Schulen, den Medien, den Theatern und in den Filmstudios, wo die Produktion unter deutscher Oberaufsicht weitergehen sollte, noch fest mit einem »nationalen Eigenleben«. Doch in der Konfrontation mit dem Reichsprotektor, der vom Palais Czernin aus seinerseits regierte, und der unabhängigen Gestapo fiel es den Leuten mit Recht schwer, an irgendeine Autonomie politischer Art zu glauben, so daß der Begriff umgedeutet und nun auf die tschechische Kultur im weitesten Sinn angewendet wurde. Man blickte zurück in die Vergangenheit, um zu ergründen, worin tschechische Traditionen bestanden und wie sie von ihren historischen Verteidigern aufrechterhalten worden waren. An die Stelle der Avantgarde der Ersten Republik, die in ihren neuesten Errungenschaften so ergiebig gewesen war, trat ein allumfassender, äußerst engagierter Historizismus, der das neue Zusammenspiel von Schriftstellern, Kritikern und Lesern beseelte. Historientheater und -filme waren *en vogue*, und die Verleger wandten sich den tschechischen Klassikern des patriotischen neunzehnten Jahrhunderts zu, die von einem wachsenden Publikum, »wie von einem Selbsterhaltungsinstinkt getrieben«, bemerkte ein Kritiker, gelesen wurden – selbst wenn wenige erkennen wollten, daß der neue Historizismus paradoxerweise eine Neuauflage dessen war, was die Deutschen auch getan hatten, als sie sich in den ersten Jahren des neunzehnten Jahrhunderts gegen die französischen Invasoren wehrten.

Der »Europäische Literaturclub«, der für ein gebildetes Bürgertum Übersetzungen bedeutender Werke aus Frankreich, England und den USA veröffentlicht hatte, kündigte im Februar 1939 an, er plane eine neue Serie unter dem Verlagsnamen »Slavia«, und begann tatsächlich, eine »Národní klenotnice«, ein »Nationales Schatzkästchen« herauszugeben, dessen erster Band ein Werk von Alois Jirásek war, dem Meister des historischen Romans im neunzehnten Jahrhundert. Andere Verleger folgten, und auf einmal wurden die patriotischen Schriftsteller des zurückliegenden Jahrhunderts in Massen publiziert, Romanautoren, Dichter und Historiker, beispielsweise František Palackýs massive »Dějiny národu českého«/»Geschichte der tschechischen Nation«, die Prager Schriftstellerinnen Božena Němcová und Karolina Světlá, der Realist Jan Neruda und der Romantiker K. H. Mácha; und während ein zeitgenössischer tschechischer Roman in einer Erstauflage von 1200 bis (maximal) 1500 Exemplaren erschien, wurden die verschiedenen Klassiker jetzt in Auflagen von zehntausend oder 20000 gedruckt und von den begierigen Lesern rasch aufgekauft. 1939 veröffentlichten acht verschiedene Verlage vierzehn Titel von Božena Němcová (1940 waren es 28), von denen insgesamt 70000 Exemplare verkauft wurden, und von Jan Neruda erschienen in den zwei Jahren zwischen 1939 und 1941 sogar 37 verschiedene Bücher. Dennoch hielten sich auch ältere Interessen; 1939 erschienen 134 Übersetzungen englischer und amerikanischer Werke (127 waren es im folgenden Jahr), 43 Übersetzungen aus dem Französischen (32 im Jahr 1940), neun aus dem Russischen (gegenüber zehn im Jahr darauf); und die neuen Romane von Pearl S. Buck, Dorothy L. Sayers und John Steinbeck (noch 1941) fanden bei vielen Anklang, die sich nicht leicht beeinflussen ließen.

Albert Pražák, Professor für tschechische Literatur an der Prager Karlsuniversität und späterer Vorsitzender des Tschechischen Nationalrats, der Anfang Mai 1945 den bewaffneten Aufstand gegen die Besatzer anführte, formulierte erstmals – und sprach damit im Namen vieler – seine ernsthaften Zweifel am neuen Historizismus. In einem vielbeachteten Essay in der *Kritischen Monatsschrift* (Februar 1939) bezeichnete er die Angewohnheit, in schwierigen Zeiten den Blick in die Vergangenheit zu richten, als typisch tschechisch. Der Historizismus, sagte er, überflute die Kinos, Theater und Ausstellungen: »Wenn wir Sorgen haben, wenden wir uns an unsere Vorfahren um Rat«; sogar K. H. Mácha »hat in Burgruinen vom künftigen Ruhm seines Volkes geträumt«. Es stelle sich allerdings die Frage, ob die Leute nicht deshalb nach dem »Idyll der alten Zeiten« strebten, weil sie den gegenwärtigen Problemen aus dem Weg gehen, nicht nach vorn blicken, das Bevorstehende verdrängen wollten. Der neue Historizismus beinhalte ein ordentliches Maß an Provinzialität, meinte Pražák und forderte seine Landsleute auf, den Blick über die Grenzen hinaus zu richten und sich für Neues und Lebendiges zu interessieren. Er fragte sogar, weshalb die Tschechen sich nicht eingehender mit den Entwicklungen in Italien (wobei er vermutlich an Alberto Moravia und Elio Vittorini dachte) und Deutschland beschäftigten, und ob es nicht sinnvoll wäre, eine Zeitschrift des Titels *Die tschechische Geisteswelt* zu gründen, um die Deutschen mit den neuesten Entwicklungen in der tschechischen Philosophie und Literatur bekanntzumachen (eine Idee, die nicht verwirklicht wurde, weil es dafür zu spät war). Der wichtigste Grund aber, weshalb das Interesse von der Vergangenheit wieder auf die Gegenwart gelenkt werden solle, sei die lebendige, aktive und außerordentlich begabte Generation junger, kreativer Schriftsteller und Dichter – einer Garantie für die Zukunft der Nation, die man nicht einfach mißachten dürfe.

František Kožík war dreißig Jahre alt, als er Ende 1939 eine Romanbiographie über Jan Kašpar Dvořák, der Welt als der größte französische Pantomime Jean-Gaspard Debureau bekannt, veröffentlichte, die sich als der mit Abstand beliebteste Roman und Bestseller nicht nur zur Weihnachtszeit erwies. Auf Anhieb wurden 50 000 Exemplare verkauft, und über das ganze Jahrhundert und alle Regimewechsel hinweg erschienen weitere überarbeitete Neuausgaben. Kožík, der als Redakteur bei Radio Brno arbeitete, war der Liebling des lesenden Bürgertums und das Feindbild der intellektuellen Kritiker, zumal nachdem er im Europäischen Bücherwettbewerb des Jahres 1939 den ersten Preis gewonnen hatte und allen internationalen Schwierigkeiten zum Trotz in zahlreiche Sprachen übersetzt wurde – 1940 erschien bei Farrar & Rinehart, New York/Toronto, sogar die amerikanische Übersetzung von Dora Round. Kožíks »Největší z pierotů«/ »Meister Pierrot« las sich gut und erfüllte zahlreiche Erwartungen, historische ebenso wie patriotische, eben weil es ein ziemlich eklektisches Werk war, das es, vielleicht aus jugendlicher Unbekümmertheit, mit seinen Quellen nicht allzu genau nahm. Kožík war 1937 auf einer kurzen Urlaubsreise in Paris gewesen, und sein Frankreich ähnelte sehr dem Schauplatz des ersten Akts von »La Bohème«; er unterhielt seine Leser mit Geschichten von Leid und Erfolg, Bühnenrevolutionen, beherzten Pariser Straßenmädchen und blutsaugerischen Kurtisanen sowie einem gehörigen Schuß rührseliger Nostalgie nach dem Böhmen, das Debureau/ Dvořák als Knabe hatte verlassen müssen.

Debureaus Vater ist ein rastloser tschechischer Soldat im österreichischen Heer, das gegen die Aufständischen in Frankreich eingesetzt wird. Dort lernt er eine junge Französin kennen, die ihm ins Winterquartier im böhmischen Kolín an der Elbe folgt und viele Kinder schenkt, von denen Jan Kašpar, geboren 1796, der fünfte Sohn ist. Sie schlagen sich mehr schlecht als recht durch, und als die Kunde zu ihnen dringt, Jans französische Großmutter habe ihnen ein Haus in Amiens hinterlassen, machen sich die Eltern mit sämtlichen Kindern, inzwischen einer dauernd hungrigen Bande von Musikern und Akrobaten, auf den Weg nach Frankreich, nur um dort einsehen zu müssen, daß das Haus eine Bruchbude ist; es wird um einen jämmerlichen Erlös verkauft. Sie touren durch ganz Frankreich und treten zuletzt auch in Paris auf, wo der junge Jan Kašpar in die Pantomimentruppe des Théâtre des Funambules aufgenommen wird, die bei den Bewohnern der Vorstädte und zunehmend auch den jüngeren, der anachronistischen Tragödien überdrüssigen Intellektuellen äußerst beliebt ist. Jan Kašpar, inzwischen Jean-Gaspard Deburau, wird als tolpatschiger und trauriger Pierrot der von den romantischen Schriftstellern bewunderte und vom Kritiker Jules Janin als wahrer »Künstler des Volkes« gefeierte Star der Truppe. Glücklich aber ist er nicht; er heiratet die arme Désirée, die ihm einen Sohn schenkt und ihn mit einem Fächermaler betrügt, und für Marie Duplessis, der er als erster den Namen *La Dame aux camélias* gibt, ist er nur eine flüchtige Affäre. Napoleon, Victor Hugo, Charles Nodier, Georges Sand und Honoré de Balzac – sie alle und andere geben ein kurzes Gastspiel, und den ersten Schuß der Revolution von 1848 feuert kein geringerer als Deburau ab; als er zu alt geworden ist, übernimmt sein Sohn Charles seine Rolle als der berühmte melancholische Pierrot.

Der tschechische Roman war eine recht simple und sentimentale Geschichte; bemerkenswert daran ist, daß der junge Kožík in seiner mährischen Provinz fasziniert von der Figur eines Künstlers war, der nicht lange danach, im besetzten Frankreich, im Zentrum eines der besten je gedrehten Filme des französischen Kinos stand: »Les Enfants du Paradis« (1941–43, unter der Regie von Marcel Carné, mit Jean-Louis Barrault in der Hauptrolle). Vielleicht war es der richtige

Zeitpunkt, um einen Künstler zu feiern, der bei seiner Kunst bleibt, auch wenn er kein Wort spricht.

Kožíks Bestseller »Největší z pierotů« – und nicht nur der Bestseller – war von Beginn an ein rotes Tuch für Václav Černý, einen Komparatisten, unermüdlichen Kritiker und Chefredakteur der *Kritický měsíčník*, nach dessen Überzeugung die wichtigste Aufgabe der Zeitschrift darin bestand, auch in schwierigen Zeiten an ihren hohen kritischen Ansprüchen festzuhalten. Schon um die Mitte des Jahres 1939 wurde Kožík in einer der Kurzkritiken über Neuerscheinungen junger Dichter flüchtig erwähnt: Er »verheißt gute Absichten, überzeugt jedoch nicht«, schreibe »deskriptive Dichtung«, die gelegentlich mit Vergnügen zu lesen sei, häufiger aber dichterisches Engagement mit Sentimentalität verwechsle. Černýs eigene, außergewöhnlich zornige Rezension des Romans läßt es nicht an wissenschaftlicher Gelehrsamkeit noch an treffendem Scharfblick fehlen; man fragt sich allerdings, ob er nicht allzu schweres Geschütz auffuhr, um Kožíks windige Konstruktion aus Silberfolie und Pappe einzureißen. Černý billigt dem Autor zwar zu, er habe das vergessene Leben eines tschechischen Künstlers wiedererweckt, das »Schönheit und eine gewisse Größe« besitze, fühlt sich jedoch pikiert, wenn nicht sogar provoziert angesichts der übertriebenen Ehren, mit denen das stümperhafte Werk überhäuft werde. Das reiche Potential des Themas, nämlich entweder den Schwerpunkt auf das innere Drama zu legen und die Verwandlung von Dvořák in Debureau vorzuführen oder aber einen eher soziologischen Standpunkt einzunehmen und die Parallelen zwischen seiner Karriere und den intellektuellen Entwicklungen in Frankreich von der napoleonischen Zeit bis zur Revolution von 1848 aufzuzeigen, habe der Autor sich leider entgehen lassen. Psychologisch aber sei Kožíks Dvořák nur »ein kleiner

Mann«, der Held eines »volkstümlichen Romans«, Dvořák und Debureau der Künstler blieben für immer voneinander getrennt. Und soziologisch gesehen habe Kožík die französische Geistesgeschichte total mißverstanden, insbesondere die Romantik, die in ihren Anfängen royalistisch, reaktionär und katholisch gewesen sei und sich erst spät der Revolution verschrieben habe. Das Schlimmste sei Kožíks Stil; er setze auf gefühlsselige Melodramatik und den Weg des geringsten Widerstands; Kunst und Erfolg seien aber zweierlei, betont Černý, und Kožíks Roman habe die Kluft zwischen den beiden Polen niemals überbrückt.

In seinen später (1995) veröffentlichten Memoiren deutet Kožík an, er habe ursprünglich all seine Unterlassungssünden zugeben wollen, doch sein Verleger (der, wie es der Zufall wollte, auch Herausgeber der *Kritický měsíčník* war) habe auf einer polemischen Antwort bestanden; ungeachtet der Warnungen seiner besten Freunde veröffentlichte der junge Autor Ende April 1940 zwei Artikel in *Lidové noviny*, in denen er seinen Kritiker der Pedanterie und einer gewissen »Lust an der Bosheit« bezichtigte. Kožík durfte nicht auf Nachsicht hoffen; noch ehe er seine Erwiderungen verfaßt hatte, geißelten ihn Kritiker und Experten der *Kritický měsíčník* wegen seines Kniefalls vor »Erfolg, Popularität und Werbung« und verurteilten sein neues Stück über Shakespeare (er schrieb schnell) als »oberflächlich und wirr«. Černý verfaßte einen weiteren längeren Artikel gegen Kožíks Roman, in dem er sich auf Haaresbreite dem Plagiatsvorwurf näherte – Kožík habe von Sacha Guitrys Schauspiel aus dem Jahr 1918 und Egon Erwin Kischs Geschichte, 1931 in seinem »Prager Pitaval« publiziert, abgeschrieben, außerdem habe er Théophile Gautiers berühmte Weste als rot, nicht rosa bezeichnet; und nur wenig später verriß er Kožíks neuen Roman über den portugiesischen Dichter Luís Vaz de Camões, in dem die meisten portugiesischen Namen offensichtlich falsch geschrieben seien.

Kožíks amerikanischer Verleger, der von diesem kleinen Kulturkrieg in Prag und vielleicht ganz allgemein vom Leben im Protektorat nichts wußte, stilisierte ihn zum Helden; in der Kurzbiographie des Autors auf der hinteren Klappe des Buchumschlags vermerkte er pflichtbewußt, Kožík sei Leiter der Abteilung Drama bei Radio Brünn, und fügte einigermaßen poetisch hinzu, er sei jetzt möglicherweise irgendwo in Frankreich bei den alliierten Streitkräften und habe »nicht das Glück, dieses Buch jemals in seiner Muttersprache oder Heimat gedruckt zu sehen«. Die Wahrheit war etwas anders, als der Klappentext vermutete; nach dem Erfolg seines Romans wurde Kožík von der Provinz in die Hauptstadtredaktion des Senders versetzt und, nachdem er so bekannt war, von den Deutschen einer Gruppe europäischer Journalisten und Schriftsteller zugeteilt, die 1943 in den Wald von Katyn nahe Smolensk geschickt wurden, wo sie bestätigen sollten, daß die Tausenden in Massengräbern entdeckten toten polnischen Soldaten von den Sowjets ermordet worden waren (das stimmt; die sowjetischen Behörden gaben es aber erst fünfzig Jahre später zu). Nach 1954 wurde Kožík vor einen Untersuchungsausschuß gestellt und zu vierjährigem Schweigen verurteilt (das bald auf zwei Jahre verkürzt wurde), verlor seine Stelle, hörte aber nie auf zu schreiben und war 1955 wieder im Geschäft, weil der kommunistische Kulturminister in Moskau während des Krieges sein Buch gelesen und goutiert hatte. Während Černý seinen Lehrstuhl verlor, auf eine subalterne Stelle in der staatlichen Bibliothek gesetzt wurde und nur noch einmal kurz, nach 1968, an die Universität zurückkehrte (er starb 1987), fuhr Kožík gutmütig, harmlos, vielleicht ein bißchen weltfremd fort, Kinderbücher und historische Dramen, Drehbücher und Biographien in Romanform (über Comenius, Tristan und Isolde, Karl IV. und viele andere mehr) zu schreiben. Seine Bibliographie umfaßt 107 Titel, ihr Autor starb 1997 friedlich im Alter von 88 Jahren.

Ein politischer Test

Mein erster politischer Test erfolgte Ende 1939 oder Anfang 1940, und ich muß gestehen, daß ich jämmerlich versagte, jedenfalls im Vergleich mit den späteren Geschichten einiger meiner tschechischen Freunde, die anscheinend während der gesamten Protektoratsjahre mit einem gut geölten Maschinengewehr unter dem Bett schliefen, jederzeit bereit zum entscheidenden Kampf. Vielleicht gab es ein paar mildernde Umstände, die ich geltend machen kann, aber handeln Helden nicht ungeachtet aller äußeren Gegebenheiten, zu denen auch komplizierte Familienangelegenheiten zählen?

Unsere Wohnsituation war, gelinde gesagt, prekär, denn der Eigentümer der Wohnung, in der ich in Prag mit meiner Mutter und meiner Großmutter lebte, mein jüdischer Onkel Leo, war 1939 nach England ausgewandert, während mein arischer Vater – mit deutschen Papieren – aus dem Nichts aufgetaucht war und sich tapfer seiner ehemaligen jüdischen Ehefrau und Mutter seines Sohnes annahm. Nachdem die Wohnung als jüdisch registriert werden sollte, suchte er sich einen arischen Strohmann, der als Vermieter auftrat und über seine jüdischen und halbjüdischen Mieter den Mund hielt, die, weil der Radioapparat auf seinen Namen eingetragen war, den Luxus genossen, Nacht für Nacht die BBC oder den für seine ausgewogene Berichterstattung berühmten Schweizer Rundfunksender Beromünster zu hören. In diese idyllischen Umstände brach eines Abends meine ladinische Tante Mathilda ein, die mich telefonisch in einer Angelegenheit von Leben oder Tod zu sich zitierte. Folgsam stieg ich die hölzerne Treppe des alten Hauses »Zum Goldenen Ring« hinauf, nur um zu erfahren, daß in dem Zimmer, das sie einem Sekretär der polnischen Botschaft vermietet hatte, ein Browning liegengeblieben sei und ich um aller Heiligen willen (es waren viele) die unselige Waffe beseitigen müsse – würde sie gefunden, würden wir alle aufgehängt oder erschossen. Tatsächlich wurden Menschen schon für geringere Verbrechen hingerichtet, und als der Held, der ich gern gewesen wäre, hätte ich versucht, die Waffe an Maria, die Schwester meiner Freundin Kristina, weiterzuleiten, die, wie mir praktisch jeder versicherte, in der staatlichen Pensionsanstalt, in der sie arbeitete, einer geheimen kommunistischen Zelle beigetreten war. Doch statt Maria und ihre Kommunisten zu bewaffnen, ließ ich die Waffe leider in meiner Schultasche verschwinden und ging – es war Abend und ich ein Schüler auf dem Heimweg – zur Karlsbrücke. Dort lehnte ich mich gegen das einsame dunkle Geländer, nicht weit von der Stelle, wo der heilige Nepomuk einst von seinen Verfolgern in den Fluß geworfen worden war, öffnete meine Schultasche und ließ, als die Luft rein war, den Browning ins Wasser fallen, das so schwarz war wie mein Gewissen. Wiederhergestellt wurde meine Selbstachtung erst drei Jahre später, als ich – ausgerechnet – im polnischen Opolno (Oppeln) in einer deutschen Gefängniszelle saß; dort hing an der Wand eine kleine Tafel mit meinem Namen, Geburtsdatum, einer Aktennummer und dem Grund meiner Festnahme: »Illegale Tätigkeit« stand darauf, und ich empfand wenigstens für einen Augenblick einen seltsamen und flüchtigen Stolz.

Geschichte in der Schwebe?

Nach dem 17. November senkte sich eine trügerische Ruhe über die Straßen und Plätze Prags, sogar London riet zur Vorsicht und zum Verzicht auf direkte Provokation der Okkupationsmacht durch weithin sichtbare Massendemonstrationen. Neurath wollte keine irritierenden Regierungsumbildungen, dennoch ernannte Hácha, nachdem der Landwirtschaftsminister Ladislav Feierabend im Januar 1940 nach England geflohen war, den Grafen Mikuláš Bubna-Litic zu dessen Nachfolger und öffnete die Tür für weitere konservative Mitglieder des tschechischen Land- und Hochadels, mit denen er wichtige Posten in der Organisation der »Nationalen Solidarität« besetzte. Die tschechischen Faschisten hielten wieder einmal ihre Zeit für gekommen: Am 8. und 9. August 1940 griff eine Vlajka-Gruppe das Prager Bezirksamt der »Nationalen Solidarität« an, woraufhin es zwischen einem SS-Trupp, der die Faschisten unterstützte, und der zum Schutz der Angegriffenen herbeigeeilten tschechischen Polizei zu einem kurzen Zusammenstoß kam. In Presse und Rundfunk meldete sich eine neue Gruppe von Journalisten und Kommentatoren zu Wort, neben anderen Emanuel Moravec, ein enttäuschter Soldat, Vladimír Krychtálek und Karel Lažnovský, und sang ein einhelliges Loblied auf das NS-Reich und die glückliche Unvermeidlichkeit aktiver Kollaboration.

Die Zeiten waren schwierig und verwirrend; und da es häufig an verläßlicher Information fehlte, machten die *šuškanda*, die »geflüsterten Nachrichten«, ihre Runden, meist mit dem (skeptischen) Satz eingeleitet: »Jedna paní povídala«, »Eine Frau hat mir erzählt …« – zum Beispiel Stalins unmittelbar bevorstehende Intervention und die Niederlage der Wehrmacht binnen 48 Stunden. Wenn tschechische Kinder in den Schulen gegen Diphterie geimpft werden sollten, behaupteten die *šuškanda*, die deutschen Spritzen seien schädlich für die Kinder, woraufhin die Mütter in Scharen in den Schulen auftauchten, um ihre Kinder vor der Vergiftung zu retten.

Am 1. Oktober 1939 war die Rationierung eingeführt worden. Anfangs waren für jeden »Normalverbraucher« wöchentlich knapp drei Kilogramm Brot, 350 Gramm Zucker (dreihundert in Deutschland), ein halbes Kilo Fleisch und 155 Gramm Fett (270 in Deutschland) vorgesehen. Zusätzliche Marken gab es für sogenannte Schwer- und Schwerstarbeiter, für Kinder und für schwangere Frauen. In der Kriegsindustrie beschäftigte Schwerarbeiter erhielten – beispielsweise im Zeitraum vom 23. Dezember 1940 bis zum 19. Januar 1941 – zusätzlich ein halbes Kilo Fleisch, 120 Gramm Fette verschiedener Herkunft und knapp zwei Kilogramm Brot; die Zusatzrationen für Schwerstarbeiter beliefen sich auf 700 Gramm Fleisch, 455 Gramm Fette und 2,5 Kilogramm Brot. Auch Kinder zwischen achtzehn Monaten und zehn Jahren hatten Anspruch auf Sondermarken und erhielten im genannten Zeitraum 125 Gramm Butter und täglich einen halben Liter Milch.

Das Problem war, daß Tausende Tonnen Lebensmittel nach Deutschland geliefert werden mußten – zwischen Frühjahr 1939 und Frühjahr 1940 waren es 18 700 Tonnen Gemüse, 64 800 Tonnen Zucker und 5200 Tonnen Frischobst –, so daß sich die ursprünglich vorgesehenen Rationen nicht lange aufrechterhalten ließen. Während 1939 jeder Bürger des Protektorats noch Anspruch auf 37,02 Kilogramm Fleisch hatte, war die Jahresmenge 1941 auf 28,86 und 1943 auf 25,02 Kilo geschrumpft. Die Milchzuteilung pro Kopf stieg von 130,97 Liter 1939 auf 145,82 Liter im Jahr darauf, nahm danach aber ständig ab (1941: 112,56 Liter; 1943: 65,05 Liter). 1939 standen pro Kopf 151 Eier zur Verfügung, 1941 waren es 86, im Jahr darauf siebzig und 1943 nur noch 64. Nur die Verteilung des Zuckers, der auf den mährischen Feldern reichlich produziert wurde, blieb bemerkenswert stabil: 33 Kilo pro Kopf im Jahr 1939, 25,78 Kilo 1940, doch schon 1942 wieder 31,04 Kilo und 32,09 Kilo im Jahr darauf. Wie Václav Král unter Berufung auf das offizielle Statistische Jahrbuch zeigte, nahmen die Ausgabemengen bei allen Hauptnahrungsmitteln mit Ausnahme des Zuckers von 1939 bis 1945 signifikant ab: Brot um 23,73 Prozent, Fleisch und Butter um fünfzig Prozent, Fette um 55 Prozent und Milch um 75 Prozent.

Andere Güter wie Seife, Schuhe, Textilien, Tabak und Alkohol verschwanden rasch aus den Geschäften und wurden von Zeit zu Zeit als »Sonderzuteilungen« auf Spezialmarken ausgegeben. Früh begann die Diskriminierung: Juden durften ihre Einkäufe nur von elf bis dreizehn Uhr und von fünfzehn bis 16 Uhr 30 erledigen und mußten nehmen, was übrig war; gemäß einer Verordnung des Finanzministeriums gab es ab dem 1. Oktober 1941 für Juden keinen Tabak mehr, gleich, in welcher Form. Bereits am 10. Oktober 1940 hatte die Prager Stadtverwaltung überstürzt einen Erlaß herausgegeben, der von den Juden die Rückgabe ihrer *šatenky*, der Kleidungsmarken, forderte: Kleidungsstücke durften nur noch bei Altwarenhändlern erstanden werden (am 23. Januar 1943 verhängte das Handelsministerium für Juden ein Verbot, Mützen zu kaufen). Weitere Verbote galten für Lebensmittel: Ab 18. Januar 1941 bekamen Juden keine Äpfel mehr, ab 13. Juni keine zusätzlichen Zuckerrationen, ab 29. August keine Marmeladen. Laut Verfügung des Landwirtschaftsministeriums vom 23. Oktober 1941 waren Frisch- und Trockenobst, Käse, Fisch, Huhn und Wild für Juden verboten; am 8. November kamen Zwiebeln hinzu, am 21. November alkoholische Getränke, zu Weihnachten 1941 Kaffee und am 15. Januar 1942 Knoblauch, und ab dem 12. Dezember 1942 wurde die Zuteilung von Honig für jüdische Kinder eingestellt.

Die Leute waren zunehmend damit beschäftigt, *pod rukou* (unter der Hand) und *pod pultem* (unter dem Ladentisch) zu kaufen oder ihren Bedarf auf dem Schwarzmarkt, *šmelina*, zu decken. Zu ihrem Glück hatten die meisten Prager Tschechen Verwandte auf dem Land, von denen sie hin und wieder ein illegal geschlachtetes Huhn oder auch eine Weihnachtsgans bekamen; allerdings mußte man dazu an einem kleinen Vorstadtbahnhof, Braník zum Beispiel, aus dem von Mittelböhmen her kommenden Bummelzug aus- und dort rasch in die Trambahn Nummer 14 umsteigen. Die tschechische Polizei führte halbherzige Kontrollen durch, und in der Regel genügte es, wenn ein Stück Speck den Besitzer wechselten. Aber auch ohne eine Großmutter oder Tante in Těchobuz oder Čerčany gab es immer noch die Möglichkeit, daß einem der Lebensmittelhändler (bei persönlicher Bekanntschaft) zu leicht erhöhten Preisen etwas zukommen ließ. In den Restaurants, vor allem den eleganteren, reichte einem der Ober die Speisekarte, informierte über die Anzahl der Marken, die das Chateaubriand kostete, und wies höflich darauf hin, daß man nach Belieben bestellen könne, sofern man dafür zahle; war man einverstanden, zog er umständlich eine kleine silberne Schere aus seinem weißen Frack, schnitt ein paar Lebensmittelmarken von seinem Vorrat ab und brachte später diskret, doch mit Verbeugung, eine Rechnung (ein Ritual, das bei der Tischdame zuverlässig Eindruck machte). Unterdessen versuchten die Besatzer die Besetzten vom kulinarischen Wert ihres vorwiegend aus Kartoffeln bestehenden »Eintopfs« zu überzeugen. Das fiel aber bei einer an das traditionelle Sonntagsessen aus *vepřo-knedlo-zelo* (Schwein, Knödel, Kohl) gewöhnten Nation nicht auf fruchtbaren Boden.

Bis zu den Herbstdemonstrationen des Jahres 1939 schien Hitler von der relativen Ruhe im Protektorat überrascht, und als sich, nachdem Mitte 1940 auch ein großer Teil Frankreichs besetzt war, die Mitarbeiter seines Außenministeriums und führende Parteifunktionäre in den Grenzbezirken zu Böhmen und zu Mähren die Frage stellten, was denn nun mit dem Protektorat zu geschehen habe, bestand Hitler persönlich darauf, es aus administrativen Gründen und im Hinblick auf die dort funktionierende Kriegsproduktion als zusammenhängendes Territorium zu erhalten. Aus Aktenvermerken des Auswärtigen Amtes zu Berlin geht hervor, daß der Wunsch bestand, die in München festgelegten Grenzen zu korrigieren und das wirtschaftliche Hinterland etlicher sudetendeutscher Städte zu erweitern (an die 100 000 Tschechen hätten ins Reich umgesiedelt werden müssen), während die Parteibosse in den Gauen Sudetenland und Niederdonau (Niederösterreich) ihrerseits Forderungen hatten, insbesondere der Gauleiter Hugo Jury, der ständig Druck ausübte, weil er seinem österreichischen Gau das südliche und mittlere Mähren einverleiben wollte, was ihn in der Praxis zum Herrn über Olmütz und Brünn gemacht hätte. Als sich diese internen Diskussionen im Spätsommer 1940 zunehmend intensivierten, hielt es der Reichsprotektor in Prag für erforderlich, gegen die Versuche, seine Macht zu beschneiden, Protest einzulegen: Am 23. September wurden Neurath und Frank in Berlin empfangen, wo ihnen Hitler versicherte, er persönlich habe beschlossen, die Grenzen des Protektorats unverändert zu lassen (sehr zum Mißfallen des Österreichers Jury.)

Die Gespräche auf höchster Ebene über die Zukunft des

Protektorats befaßten sich nicht nur mit Fragen der Verwaltungsgrenzen, sondern auch mit der Zukunft des tschechischen Volkes innerhalb des deutschen »Lebensraums«, und sowohl Neurath wie überraschenderweise auch Frank meinten, die Germanisierung der Tschechen, zumindest der rassisch akzeptablen Tschechen, sei zwar unverzüglich vorzubereiten, die praktische Umsetzung aber solle bis nach dem Krieg warten. Hitler selbst sagte am 23. September 1940, die Assimilierung eines größeren Teils des tschechischen Volkes sei möglich, sofern die »rassisch unwerten« Tschechen beseitigt würden. Frank wurde mit den Vorbereitungen betraut, und das Rasse- und Siedlungs-Hauptamt gab anthropologische, juristische und statistische Untersuchungen in Auftrag, deren eine zu dem Schluß kam, die Tschechen seien den Sudetendeutschen rassisch überlegen, weil sie zu 45 Prozent dem nordischen oder dinarischen Typus angehörten (gegenüber lediglich 25 Prozent bei der sudetendeutschen Bevölkerung); andere analysierten die Spitzfindigkeiten des Rassendogmas und erwogen die Frage, ob ein Tscheche, der sich die Dienste einer deutschen Prostituierten kaufte, schuldig sei oder nicht (Antwort: nicht schuldig, weil die Ehre des Blutes dadurch nicht beschmutzt werde). Eine Unterredung in den Prager Büroräumen des Reichsprotektors, an der auch ein General der Wehrmacht teilnahm, führte Anfang Oktober 1940 zu der Entscheidung, daß die eine Hälfte der Tschechen assimiliert werden könne, die andere Hälfte hingegen müsse sämtlicher Befugnisse beraubt oder irgendwo außer Landes angesiedelt werden. Kein Wunder, daß der tschechische (nichtkommunistische) Widerstand nicht begriff, weshalb ein in England ausgebildeter deutschsprachiger Soldat der tschechoslowakischen Armee in seiner Muttersprache über Rundfunk zur tschechischen Nation sprechen durfte.

Die Gestapo, ein Staat im Staat, mischte sich mit systematischen Verhaftungswellen fortwährend in tschechische Angelegenheiten ein, erst mit der »Aktion Gitter« am Tag des Einmarsches, dann, am 1. September 1939, als der Angriff gegen Polen begann, mit Massenverhaftungen von Intellektuellen und politischen Repräsentanten, mit der Inhaftierung von Studenten und, im Mai 1941, der Aushebung jüngerer und älterer Sozialdemokraten, zu denen Antonín Hampl zählte, aber auch der jüngst noch als Regierungschef amtierende Agrarier Rudolf Beran, der verurteilt und zu Weihnachten 1943 wieder freigelassen wurde (nach dem Mai 1945 wurde er abermals vor Gericht gestellt). Die Gestapo war, häufig mit der Hilfe von Informanten, ziemlich erfindungsreich, wenn es darum ging, die Organisationsstrukturen des Widerstands aufzudecken, und brachte die Aktivitäten des PÚ, des »Politischen Zentrums«, beinahe zum Stillstand. Sie verhaftete knapp fünfhundert Mitglieder des ON (»Zum Schutz der Nation«) in Prag und in den Provinzen und trug langsam und bedächtig Beweise gegen die mit London in Kontakt stehenden Mitglieder der tschechischen Regierung zusammen – während die Kommunistische Partei (vor dem deutschen Angriff auf die Sowjetunion im Juni 1941) weiter von ihrer »wichtigsten Verbündeten«, der unermüdlichen und revolutionären deutschen Arbeiterklasse, träumte.

III. Terror und Widerstand

Reinhard Heydrich in Prag

Als Hitler am 22. Juni 1941 die Sowjetunion angriff, schöpften die tschechischen Bürger Prags wieder Hoffnung, und die Resignation wich frohen, wenngleich verhaltenen Erwartungen. Die Kommunistische Partei wechselte über Nacht ihre Taktik; während sie sich zu Zeiten des Hitler-Stalin-Paktes gegenüber den Besatzern zurückgehalten halle (alle Kriege sind gleichermaßen »imperialistisch«, hieß es), schloß sie sich nun dem Widerstand an, allerdings auf eigene Faust. Um die Sache nicht aufzubauschen, erklärte das Amt des Reichsprotektors, es fänden »streikähnliche Ereignisse« statt; Telefonleitungen und die Bremsen in Eisenbahnwaggons wurden jetzt häufiger gekappt, auf ein deutsches Kinderheim fiel eine Feuerbombe, und ein Boykott der Protektoratszeitungen vom 14. bis zum 21. September, zu dem Radio London aufgerufen hatte, war auffällig erfolgreich: Mehr als sechzig Prozent der Zeitungen wurden unverkauft remittiert. Neurath berichtete persönlich nach Berlin, die Deutschenfeindlichkeit der Bevölkerung habe sich verschärft, und K. H. Frank bestellte seine Leute zu einer Lagebesprechung. Es wurde beschlossen, Hitler, der eine Konferenz in der Wolfsschanze, dem »Führerhauptquartier« nahe Rastenburg in Ostpreußen, einberufen hatte, ein (gegen Neurath gerichtetes) Memorandum vorzulegen. K. H. Frank, Himmler und Neurath sollten anwesend sein, doch es war der SS-Gruppenführer und General der Polizei Reinhard

Aufstieg zur Macht: Reinhard Heydrich (links) und
K. H. Frank, September 1941

Heydrich, der die umfassendste, vom Prager SD-Leiter Horst
Böhme erarbeitete Analyse der Situation vortrug, und als
Neurath sich verspätete, weil sein Flugzeug wegen schlech-
ten Wetters in Berlin nicht starten konnte, verpaßte er die
Gelegenheit, sich zu verteidigen. Hitler ernannte Heydrich,
der gleichzeitig Chef des RSHA blieb, zum »stellvertreten-
den« Reichsprotektor, denn Neurath wurde nun aus ge-
sundheitlichen Gründen, wie es hieß, auf unbestimmte Zeit
beurlaubt (um als Kriegsverbrecher vor dem Nürnberger
Gericht wiederaufzutauchen). Am 27. September 1941 traf
Heydrich ohne weitere Förmlichkeiten in Prag ein, und
K. H. Frank war wieder einmal Zweiter.

Die Geschichte von Reinhard Heydrichs Leben und Tod
nimmt in den meisten Fällen früher oder später eine Wen-

dung ins Analytische. Britische, französische, tschechische und deutsche Biographen neigen dazu, ein einzelnes, tiefgreifendes Trauma in seinen frühen Lebensjahren zu suchen und zu entdecken, das über alles Spätere Aufschluß geben soll, statt sich damit zu begnügen, daß Ehrgeiz, kombiniert mit einer skrupellosen Fähigkeit zu systematischer Arbeit sich auf mancherlei Weise erklären läßt. Seine Beweggründe können viele sein – der Verdacht vieler seiner Zeitgenossen, Heydrich sei Halbjude, das Gefühl, als mittleres Kind (er hatte eine ältere Schwester und einen jüngeren Bruder) von den Eltern vernachlässigt worden zu sein, der Versuch, den mangelnden Respekt seiner Mitkadetten zu kompensieren, die sich über seine Schmächtigkeit und seine Fistelstimme lustig machten und ihn »Ziege« nannten, zu schweigen von seiner unehrenhaften Entlassung aus der Marine. Er verließ selten seinen Schreibtisch, studierte ununterbrochen die Akten, hatte ein feines Gespür für die wechselnden Absichten Hitlers und seines unmittelbaren Vorgesetzten Himmler und organisierte den Tod von Millionen, ohne je eigenhändig jemanden umzubringen – anders als etwa der SS-Hauptsturmführer Kurt Gildisch, den Heydrich anwies, den prominenten Katholiken und Nazigegner Erich Klausener zu erschießen, anders als die zwei SS-Männer, die er mit dem Befehl entsandte, den Ingenieur Rudolf Formis, Betreiber eines geheimen NS-feindlichen Radiosenders in einem kleinen böhmischen Hotel in der Nähe von Prag, nach Berlin zu entführen (zur großen Bestürzung der tschechischen Polizei wurde Formis versehentlich an Ort und Stelle erschossen). Heydrich war der Schreibtischtäter schlechthin, und als Göring ihn einlud, auf der Wannsee-Konferenz über die »Endlösung der Judenfrage« den Vorsitz zu übernehmen, war in der Berliner Bürokratie niemand besonders überrascht.

Reinhard, eigentlich Reinhardt Tristan Eugen Heydrich wurde 1904 in Halle an der Saale geboren, seine Eltern waren von recht unterschiedlichem Temperament und Hintergrund: sein Vater ein (leidlich) begabter Opernsänger, Musiker und Komponist aus bescheidenen Verhältnissen, seine Mutter eine streng katholische Zuchtmeisterin aus gehobener Familie mit entsprechender Erziehung und Einstellung. Reinhard war ein lernwilliges, ruhiges Kind; 1914 trat er ins örtliche Reformrealgymnasium ein, strebte immer danach, Klassenbester zu sein, und zeichnete sich schon früh in den Fächern Chemie und Physik aus, legte sich aber auch passable Kenntnisse in Englisch, Französisch und Russisch zu. Während der Sommerfrische an der Ostseeküste bewunderte er die (ziemlich kleine) deutsche Marine, und im März 1922 meldete er sich als Seekadett zur Marine und absolvierte seine Ausbildung zum Funkoffizier auf dem Segelschulschiff »Niobe« und dem Flottenflaggschiff »Schleswig-Holstein«. Wenig beliebt war er bei seinen Mitschülern, denen seine Musik ebenso mißfiel wie sein Ehrgeiz, im Fechten, Schwimmen und Schießen jedermann zu übertreffen. Obwohl er gelegentlich aufgefordert wurde, auf Feiern seines vorgesetzten Offiziers Wilhelm Canaris (des späteren Leiters der Spionageabwehr) Geige zu spielen, fehlte ihm der von einem Offizierskadetten erwartete gesellschaftliche Schliff, vor allem wenn er an fremden Küsten mit britischen Offizieren und deren höflichen Gattinnen zusammentraf. Jedenfalls wurde er 1925 zum Fähnrich ernannt und drei Jahre später (1928) zum Oberleutnant zur See befördert.

Heydrich war nicht, wie viele glaubten, teilweise jüdischer Herkunft, doch die Gerüchte in seiner Heimat hielten sich beharrlich und ließen sich auch nicht durch die später von der Partei durchgeführte offizielle Untersuchung zum Schweigen bringen. Seine Großmutter väterlicherseits hatte in zweiter Ehe einen Schlosser namens Gustav Robert Süß geheiratet (in kleinstädtischen Rassistenohren klang das nach »Jud Süß«); und sein Vater trug das Seine dazu bei, wenn er, wie er es gern tat, seine Freunde mit vermeintlich jüdischen Sprechweisen und Gesten unterhielt und seine Mutter auf dem Umschlag, in dem er ihr die monatliche Unterstützung schickte, als Frau Süß titulierte (es war der Postbote in Halle, der das Gerücht in die Welt setzte). Der junge Heydrich muß schon zu Schulzeiten einen Komplex entwickelt haben, und sei es nur wegen der Einbildung der Leute; manche späteren Biographen nahmen wohl an, es mache ihn zu einer noch dunkleren, zerrisseneren, dämonischeren Gestalt, wenn man vom Juden in ihm oder von jüdischem Selbsthaß in den höchsten Rängen der Nazihierarchie sprechen könnte. Daß er der Marine beitrat, weil er von seinem kunstbeflissenen Vater und seiner katholischen Mutter fortstrebte, ist sicher nicht abwegig, und seine Heirat mit Lina von Osten, einer Tochter aus vornehmem Elternhaus (obwohl ihr Vater nur Lehrer war), die von der Nordseeinsel Fehmarn stammte, mag darauf hindeuten, daß er von Halle so weit fort wie möglich wollte. Als er Lina auf einem Marineball kennenlernte, wußte er noch nicht, daß sie Parteimitglied war und ihr Bruder ein früher Bewunderer der Nazis, nachdem er auf einer Massenveranstaltung Hitlers Rhetorik verfallen war.

Doch der »schwerste Schlag im Leben« (wie er Lina gegenüber sagte) stand dem jungen Offizier noch bevor, als er aus der Marine, bei der er Heimat und Aufgabe zu finden gehofft hatte, unehrenhaft entlassen wurde. Das Problem war, daß er vor Lina in Beziehung zu einer anderen Frau aus Potsdam gestanden hatte, die über zahlreiche Verbindungen verfügte, und als er ihr (gedankenlos) seine Verlobungsanzeige mit Lina zuschickte, erlitt sie, die sich als seine künftige

Braut gesehen hatte, einen Nervenzusammenbruch (sie hatte laut eigener Aussage eine Nacht in derselben Pension verbracht wie er und seinen Avancen widerstanden). Ihr Vater, ein Werftdirektor, forderte von der Marine die Einberufung eines Ehrenrates, und Heydrich war töricht genug, die Verhandlung auf die leichte Schulter zu nehmen; sein arrogantes Auftreten vor dem Offiziersrat führte dazu, daß er einstimmig wegen »ehrwidrigen Verhaltens« und unter Aberkennung seiner Pensionsansprüche aus der Marine entlassen wurde. Es war eine Wende; Lina stand ihm zur Seite, und seine Mutter (er weinte) wandte sich an seinen Paten Karl Freiherr von Eberstein, der in engem Kontakt zur Parteiführung in München stand. Eberstein legte ihn Himmler ans Herz, und der betraute Heydrich mit dem Aufbau des sogenannten Sicherheitsdienstes innerhalb der SS, dessen Aufgabe darin bestand, potentielle interne Feinde ausfindig zu machen, die sich in der Kaderschmiede oder anderswo in den Parteiorganisationen verbergen konnten: genau das Richtige für Heydrich, um seine Fähigkeiten unter Beweis zu stellen. Im August 1931 fing er mit einer geliehenen Schreibmaschine in einem Gemeinschaftsbüro an, und vier Monate später heiratete er Lina; über dem Altar hing ein Hakenkreuz.

In den dreißiger Jahren stieg Heydrich rasch in der SS-Hierarchie auf und leitete bald das gesamte Spitzelwesen im Deutschen Reich, wobei er geschickt seine bayrische Basis gegen die Organisationen in Berlin zu nutzen wußte. Den Sturm wegen seines angeblich jüdischen Vorfahren überstand er, und als Hitler im Januar 1933 Reichskanzler wurde, war Heydrich zwar nicht unter den ersten, die belohnt wurden, machte sich aber in besonderer Weise nützlich, indem er die konservative bayrische Regierung, die nicht gewillt war, sich den neuen Herren in Berlin zu unterwerfen, angriff und Massenverhaftungen bayrischer Katholiken, Sozialisten und Kommunisten vornehmen ließ. Im Juni 1933 wurde sein Sicherheitsdienst (SD) von Hitlers Reichskanzlei zum einzigen Geheimdienst der Partei bestellt, Heydrich zog selbst nach Berlin und hatte es binnen zweier Jahre geschafft, sowohl Göring als auch den neuen Innenminister Fricke, die jeweils eine eigene Sicherheitsorganisation begründet hatten, zu überspielen. Heydrich baute den SD nach seiner persönlichen Vorliebe auf; als Bewunderer des britischen Secret Service versammelte er Mitarbeiter mit beeindruckenden akademischen Zeugnissen in seiner Dienststelle und zögerte nicht, Agenten aus Konkurrenzorganisationen »umzudrehen«, wenn es seinen Zwecken nützte. Er entwickelte eine eigene Theorie des Terrors, die er in Bayern und später in Prag anwandte. In Bayern wurden 1933 mehr als 16 000 den Nazis feindlich gesinnte Parteifunktionäre in »Schutzhaft« genommen – zwölftausend wurden wieder entlassen, nachdem er dafür gesorgt hatte, daß sie von ihren schrecklichen Erlebnissen berichteten.

Dem Abenteurer war das nicht genug; er heischte Bewunderung auch auf internationaler Bühne und flog als Pilot mit und ohne Genehmigung. Über eine österreichische Intrige hatte er sich zum Präsidenten der Internationalen Polizeiorganisation gemacht, einer Vorläuferin von Interpol, und auf einem Wettkampf in Budapest wurde er zum deutschen Fechtmeister ausgerufen, obwohl ein Ungar den Wettkampf gewonnen hatte. Als der Krieg ausbrach, flog er Kampfeinsätze über Polen, Holland, England und Schottland und erhielt das Eiserne Kreuz Erster Klasse – das Hitler, glücklicher Zufall, an seiner Uniform erspähte –, und auf eigene Faust überquerte er von Moldawien aus sowjetisches Territorium, wurde abgeschossen und mußte von seinen Männern gerettet werden. Die rauhen Burschen in der SA und die Ideologen Julius Streicher und Josef Goebbels konnte er nicht leiden und hielt sich eng an die antijüdischen Programme, wie sie von der Partei definiert wurden. Als es darum ging, Juden nach Palästina auszusiedeln, stellte er Kontakte zu zionistischen Agenten her (möglicherweise nach dem Vorbild Mussolinis, der eine Zeitlang den gegen die Briten gerichteten Zionismus unterstützt hatte) und beauftragte Adolf Eichmann, die Lage im Nahen Osten zu sondieren; als die Juden nach Madagaskar verfrachtet werden sollten, schickte er Eichmann zum Hamburger Tropeninstitut und erwog die verschiedenen Möglichkeiten, auch die Idee, sämtliche polnischen Juden auf die afrikanische Insel zu schicken. Doch der Kriegsverlauf durchkreuzte alle diese Pläne, und Heydrich (wie Günther Deschner in seiner sachlichen Biographie zeigt) verwandelte sich vom »Strategen«, der die Zwangsemigration von Juden nach Palästina und Madagaskar plante, zum »präzisen Befehlsvollstrecker« oder, vielleicht treffender ausgedrückt, zum Organisator von Massenmord durch die seiner Herrschaft unterstellten Henker des »Einsatzkommandos«.

Hitlers Politik war immer von einem gewissen Maß an Improvisation geprägt, und in den ersten Jahren des Zweiten Weltkriegs gingen die antijüdischen Strategien in verschiedene Richtungen, oft sogar gleichzeitig. Heydrich war fleißig mit den Madagaskarplänen beschäftigt, und im Spätherbst 1939 begannen Heydrichs Untergebene, die Möglichkeit einer neu zu gründenden jüdischen Siedlung in Polen, rund um Nisko, in den Niederungen des Flusses San, zu erkunden. Knapp fünftausend Juden aus Katowice (Polen), Wien, Mährisch-Ostrau (Protektorat) und Prag wurden dort angesiedelt, während sich Hans Frank, der Generalgouverneur im besetzten Polen, bei Göring über die wirtschaftlichen Probleme infolge dieser Umsiedlung beschwerte (die

Nisko-Pläne wurden fallengelassen). Im März 1941 erließ Hitler seine Richtlinien über »Sondergebiete« hinter der Front, woraufhin Heydrich dreitausend Männer mobilisierte, die den regulären Truppen folgen sollten. Im September 1941 wurden Juden nach Minsk, Lódź und Riga geschickt (in Riga wurden alle 38 000 nach der Ankunft erschossen), und seine Sondereinsatzkommandos meldeten ihm pflichtbewußt den Tod von 300 000 Juden.

Professor Carl Jacob Burckhardt, der Schweizer Delegierte des Roten Kreuzes, reiste 1935 nach Berlin, um beunruhigende Berichte über deutsche Konzentrationslager zu untersuchen. Er traf Heydrich offiziell und beschrieb ihn als »dünn und blond«, und er hob vor allem seine »feinen, präraphaelitischen Hände, wie Lilien« hervor. Er sagte nichts über Heydrichs pervers verdächtige Absichten: Als Heydrich Ende September 1941 in Prag ankam, rief er innerhalb weniger Stunden das Kriegsrecht aus, und eine Welle von Exekutionen, die wochenlang anhielt, setzte ein – die Liste der Opfer hatte er schon in Berlin vorbereitet.

Protektoratsjazz

Man kann sich schwer vorstellen, daß der Alltag in Prag scheinbar weiterging, wie es der grauen Realität entsprach, während das Okkupationsregime seine Terrormaschinerie perfektionierte. Die sprichwörtlichen Züge gingen pünktlich (jedenfalls bis die Partisanen und die alliierten Piloten im letzten Kriegsjahr die Eisenbahnen angriffen), die Menschen taten sich auf dem Schwarzmarkt um, aber sie lasen auch neue Lyrikbände, kauften eifrig Theaterkarten und

181

gingen öfter ins Kino als vorher (es gab drei Vorstellungen am Tag). Vor allem junge Leute wandten sich nicht unbedingt der patriotischen Vergangenheit zu, sondern zogen es vor, alte und neue Jazzmusik zu hören oder zu spielen.

Viele Studenten schlossen sich, nachdem sie zur Untätigkeit verurteilt waren, älteren und neuen Musikgruppen in Prag und in den Provinzen an (sogar im fernen Náchod, wie Josef Škvorecký es in seinen wunderbaren Romanen beschrieben hat). Jazz wurde zum wesentlichen Instrument, um die Illusion, mehr noch: ein beinahe körperlich wahrnehmbares Gefühl von Freiheit zu schaffen. Auf Platten von His Master's Voice, Decca und Parlophone lauschten die jungen Leute begeistert den Musikern aus Übersee, bis zu den Tagen von Pearl Harbor liefen viele amerikanische Musicals, darunter die »Broadway Melodies« aus der zweiten Hälfte der Dreißiger in den ausverkauften Sälen der Prager Innenstadtkinos; und die Erwartungen junger Tschechen unterschieden sich nicht sehr von denen vieler junger deutscher und österreichischer »Swing Kids«, vor allem in Großstädten wie Wien, Berlin, Köln und Hamburg, ob in Uniform oder nicht. Schon vor der Gründung der Republik hatte der Jazz mit den Auftritten schwarzer Steptänzer auf Europatournee, synkopierten Versionen klassischer Stücke, Eingang in die tschechische Musik und in die beliebten Prager Nachtclubs gefunden, allen voran das schicke, sündige »Montmartre«, wo die berühmte Emča Revoluce (»die revolutionäre Emma«) zur Begleitung von »Alexander's Rag Time Band« tanzte. Eine wachsende Zahl innovativer Musiker trug den Jazz von den Nachtclubs in die Kaffeehäuser, unabhängige kleine Theater und Rundfunksender, und Jan Šimas »Gramoklub«-Orchester (1935 bis 1937) brachte ihn noch einmal mit der Avantgarde der zeitgenössischen Linken in Verbindung.

In den Zwanzigern und frühen Dreißigern wurden die Schönheiten des Jazz, wie man ihn kannte, von jüngeren Prager Komponisten und Schriftstellern verteidigt und genutzt. Einer der ersten, die eine Synthese von klassischer Musik und Jazz versuchten, war der aus wohlhabender jüdisch-deutscher Familie stammende Erwin Schulhoff, mehr oder weniger ein Zeitgenosse Franz Kafkas. Er hatte in Deutschland Komposition und Klavier studiert und sich dort für die radikale Berliner Dada-Gruppe begeistert, insbesondere für George Grosz, dessen gnadenloser malerischer Präzision die Musik, glaubte er, mit der Integration neuer Jazzmusik in kammermusikalische, Opern- und Klavierkompositionen folgen könne – seine 1922 in Berlin uraufgeführte »Suite für Kammerorchester« beispielsweise verwendet Ragtime-, Shimmy- und Steprhythmen.

In den zwanziger Jahren kehrte Schulhoff nach Prag und Ostrau zurück, spielte für Rundfunksender und unabhängige Theater, lernte den Avantgarde-Komponisten Alois Hába, den Dirigenten Václav Talich und Leoš Janáček kennen, schrieb für den surrealistischen Dichter Vítězslav Nezval und komponierte »Cinq études de Jazz« (1926), »Hot Music« (1928) und das Jazz-Oratorium »H. M. S. Royal Oak«, eine Neuauflage der Panzerkreuzer-Potemkin-Geschichte – mit dem Unterschied, daß die russischen Matrosen wegen ihrer Mißhandlung durch die Offiziere des Zaren gemeutert hatten, ihre britischen Kameraden aber meuterten, weil der Admiral Jazz an Bord verboten hatte. In den frühen Dreißigern wandte sich Schulhoff von seiner Vergangenheit ab und dem sozialistischen Realismus zu, erlangte im Frühjahr 1941 die sowjetische Staatsbürgerschaft, konnte aber nicht mehr rechtzeitig ausreisen und wurde prompt in die Festung Wülzburg in Bayern deportiert, wo er am 28. August 1942 starb. Seine vielfältigen Leistungen wurden erst in jüngster

Zeit von tschechischen und deutschen Musikwissenschaftlern wiederentdeckt.

Der erste, der in einem tschechischen Buch von beträchtlicher Bedeutung den Jazz als Musik der Befreiung begrüßte, war der junge Komponist und Theaterenthusiast E. F. Burian, der später, als er nach seiner Rückkehr aus einem deutschen Konzentrationslager das Prager Theater der tschechischen Armee entsprechend den Forderungen der Kommunistischen Partei leitete, über seine jugendliche Begeisterung den Kopf schüttelte. 1926 und 1927 entstanden, 1928 veröffentlicht, ging Burians Apologie des Jazz von der spätfuturistischen Überzeugung aus, daß die romantische Musik ebenso am Ende sei wie der »Veilchenduft« und der »dumme kleine Mond« (die Bilder könnten von Filippo Tommaso Marinetti stammen). Die »Revolution« der Musik, forderte er, müsse in die »Aktionsphase eintreten«, die Stelle der Diskussionen über Bach und Beethoven müßten jetzt Jazz, Rhythmus und die Klänge des Jahrhunderts einnehmen. Natürlich wollte Burian provozieren und herausfordern (mit Aufnahmen der nackten Josephine Baker als Illustration), dabei wußte er sehr viel über die neuen französischen Komponisten, Ernst Křeneks Jazzoper »Jonny spielt auf« und auch über Erwin Schulhoff und erklärte geduldig, unter Berufung auf amerikanische Zeugen wie Irving Berlin, »diesen Märchenmillionär«, Jasbo Brown, George Gershwin, W. C. Handy und Paul Whiteman die technischen Prinzipien der Synkopierung und Improvisation.

Die Fortschritte des tschechischen Jazz in den dreißiger Jahren und die hohe Qualität seiner späteren Errungenschaften stehen in enger Verbindung mit Jaroslav Ježeks Arbeit für das Prager Befreite Theater. Als Kind wurde Ježek (dessen Augenlicht immer sehr gefährdet war) in einem Blindenheim erzogen, wo er auch seine frühe musikalische

Ausbildung erhielt. Am Prager Konservatorium studierte er Klavier und Komposition bei Josef Suk und beschäftigte sich insbesondere mit Ravel, Hindemith und Schulhoff. Als Abschlußarbeit legte er ein »Klavierkonzert« (1929) vor, bei dem er Tradition mit Foxtrott, Tango und Shimmy kombinierte, und entdeckte, wie es sich gehört, Gershwins »Rhapsody in Blue«, deren »Vollendung der Form, sinnliche Substanz ihrer Verführungen und Exotik in Farben, Klängen und Rhythmen« ihn begeisterten. Zehn Jahre lang, von 1928 bis 1938, arbeitete Ježek am Befreiten Theater als hauseigener Komponist und Bandleader, der schon 1934 sein kleines Orchester als »Swing Band« bezeichnete, behielt Joe Jenčiks aus sechs Mädchen (nicht den fragilsten) bestehendes Ballett im Auge, und ging, als das hitlerfeindliche Theater kurz nach dem Münchner Abkommen per Regierungserlaß geschlossen wurde, mit seinen Gründern nach New York, wo er 1942 an einem Nierenleiden starb. Er war das eigentliche Genie des frühen tschechischen Jazz, und einige seiner intelligenten Songs und Bluesstücke (zum Beispiel »Tmavomodrý svět«/»Die dunkelblaue Welt«, 1930, oder »Kdepak je ten klobouk«/»Wo ist dieser Hut«, 1933) gerieten auch bei den nachfolgenden Generationen nie in Vergessenheit.

Der tschechische Swing der vierziger Jahre lebte nicht zuletzt von der Ungewißheit der deutschen Politik und der Ambivalenz von Goebbels selbst, der axiomatisch überzeugt war, Deutschland habe den Ersten Weltkrieg deshalb verloren, weil die Nation zu Hause dem Hunger, der Verzweiflung und der Frustration anheimgefallen sei. In Deutschland war der Jazz nach 1933 offiziell verboten, war aber, vor allem während der Olympischen Spiele 1936, überall zu hören, in den schicken Berliner Bars und Nachtclubs und, da die Kontrollen durchaus nicht perfekt waren, sogar in den großen Berliner Tanzsälen (Femina). Aus pragmatischen Gründen war Goebbels gegen die dogmatischen Vorstellungen von Adolf Rosenberg und anderen NS-Provinzideologen: Er kannte die Vorliebe der Soldaten, und 1941 veröffentlichte er einen Artikel in der offiziellen Wochenschrift *Das Reich*, in dem er schrieb, Atonalität und das Übergewicht des Rhythmus gegenüber der Melodie seien eine Beleidigung für die Ohren, doch die Walzer der Großeltern könnten nicht das Ende aller musikalischen Entwicklungen sein. Rhythmus sei eines der Grundprinzipien der Musik, und die Melodie der Welt werde jetzt vom tausendfältigen Brummen der Maschinen und dem Dröhnen der Motoren bestimmt. Den Begriff »Jazz« vermied er, hatte aber nichts gegen »rhythmische Tanzmusik«, wie sie das kämpfende und arbeitende Volk (und, wie sich zeigte, die Piloten der Luftwaffe, die mit Begeisterung BBC hörten) bevorzuge. Er stellte sogar ein eigenes Jazzorchester auf die Beine, dessen Rundfunkübertragungen sich an britische Soldaten wandten, und mußte das an »rhythmischer Tanzmusik« reiche Repertoire der Soldatensender dulden, vor allem der Sender Belgrad und Oslo. Sie wurden ohnehin nicht vom Propagandaminister, sondern vom Heer selbst gestaltet, Truppenunterhaltung war auf die Erwartungen der Soldaten ausgerichtet (die beklagenswerte Geschmacksverirrungen bewiesen), und wenn zur Unterhaltung von Infanteristen ein Orchester nach Calais geschickt wurde, wollten sie in erster Linie das berühmte New Yorker oder vielmehr jiddische Lied »Bei mir bist du schejn« hören.

Es war R. A. Dvorský (1899 als Rudolf Antonín in dem Städtchen Dvůr Králové geboren), der als Angehöriger der älteren Generation, ohne je seinem konservativen Geschmack und dem einen oder anderen patriotischen und volkstümlichen Evergreen untreu zu werden, die populäre Salonmusik

und den modischen Tanztee ins Prager Swing-Zeitalter einführte. Er begann, wie so viele, als Amateur und Autodidakt,
arbeitete als Büroangestellter in der örtlichen Brauerei und
ging 1918 nach Prag, um im Varieté Klavier zu spielen. 1925
gründete er die »Melody Makers« und später seine »Melody
Boys«, die ursprünglich zu fünft waren, mit der Zeit aber immer mehr wurden und rasch die begabtesten Sänger und
Sängerinnen anlockten, etwa die »Allan Sisters« und Inka
Zemánková, aber auch Kamil Běhounek, den Meister der
Swing-Harmonika, und den Komponisten und Pianisten Jiří
Traxler. Dvorský selbst, eine wohlerzogene, aufrechte Erscheinung, häufig im weißen Frack und ein wenig wie ein
Mitglied des alten Adels wirkend, hat als erster in Prag ein
Mikrofon benutzt, wenn er vor seinem Orchester sang, und
seine eleganten Darbietungen im Hotel Richmond (Karlsbad), in den Barrandov-Terrassen bei den Prager Filmstudios und in der Lucerna-Bar (beide im Besitz der Unterneh-
merfamilie Havel) wurden schon früh im Rundfunk übertragen; und wenn er im großen Lucerna-Tanzsaal auftrat,
lockten seine Konzerte Tausende Fans aller Generationen an.
Sein Repertoire kombinierte geschickt amerikanische und
britische Tanzmusik, ein paar Stücke der deutschen Jazzmu-
siker Theo Mackeben und Peter Kreuder, und den Abschluß
bildete immer ein Marsch von František Kmoch, dem be-
liebtesten Volksmusikanten. Die jungen Leute strömten
auch herbei, um Jaroslav Malina zu hören (geboren 1912),
der mit seiner Big Band regelmäßig im Café Vltava auftrat,
aber eher geneigt war, die Erwartungen des Publikums zu
bedienen, und mit Dvorskýs raffinierter, wenn auch eklekti-
scher Eleganz nicht Schritt halten konnte.

Karel Vlach gehörte einer Generation Jüngerer an, den
Fans des neuen Jazz aus dem Ausland, den ihnen die Radiosender der vorrückenden alliierten Expeditionstruppen

näherbrachten. Geboren 1911 im Prager Arbeiterviertel Žižkov, spielte Vlach schon als Kind Geige und Saxophon, das er sich von seinem Bruder auslieh, und verdiente seinen Lebensunterhalt als Laufbursche und Handelsvertreter bei einer bekannten jüdischen Kurzwarenfirma, bis ihm der Nazi-»Treuhänder« nahelegte, lieber ganz auf die Musik umzusatteln. Ende der zwanziger Jahre hatte er seine Bands »Blue Music« und »Blue Boys« gegründet, und 1939 trat er mit seinem Karel-Vlach-Orchester im Kasino in Vinohrady auf, wo er vor allem ein studentisches Publikum begeisterte; seine Konzerte wurden landesweit im Rundfunk übertragen. Während der Kriegsjahre war das Café Lloyd sein Stammlokal, wo er mit den besten Sängern, der dramatischen Jiřina Salačová, den allgegenwärtigen »Allan Sisters« (inzwischen vier an der Zahl) und Inka Zemánková zusammenarbeitete. Vlach war Prags Antwort auf Benny Goodman, und es war sehr mutig von ihm, daß er von den tschechischen Faschisten angegriffene Komponisten und Arrangeure einstellte und schützte, vor allem Bedřich (Fritzek) Weiss, der ab 1941 in Theresienstadt interniert war, und Leopold Korbař (berühmt für sein »Hm, hm, du bist so wunderbar«), der 1944 gemeinsam mit Vlachs Sänger Arnošt Kavka in ein Lager für Halbjuden deportiert wurde – nicht jeder wußte, daß der berühmte »Vlach Stomp« von Theo Ferstl stammte, einem jungen Jazzer aus Wien, der als Soldat in Prag stationiert war und an der Ostfront fiel. In seinen späteren Lebensjahren hatte Vlach mehr Glück als Dvorský: Während dieser 1944 an Tuberkulose erkrankte und später unter den Kommunisten im Gefängnis saß, stieg Vlach mit seinem Orchester bei den Prager Theatern ein und arbeitete zuerst mit Jan Werich zusammen (der beim neuen Regime beliebt war) und später am Musical Theater, wo er für das gesetzte Publikum der Siebziger und Achtziger spielte (er starb 1988).

Während des Protektorats bekamen die Könige des Swing zunehmend Konkurrenz von einer Anzahl kleinerer Gruppen, die sich auf den reinen, unverfälschten Jazz und die befreiende Kunst der Improvisation konzentrierten und sich dabei häufig von *le jazz hot* aus Paris inspirieren ließen (vor allem, nachdem alles Amerikanische offiziell verpönt war). Emil Ludvík, der 1939 sein »Hot Quintett« gründete, war einer der Studenten, die sich programmatisch gegen die »kommerzielle Kaffeehausmusik« wandten; seine Konzerte lockten die jüngsten Fans und die echten Experten an und wurden häufig von Esta Records aufgenommen. Seinen Augenblick des Triumphs erlebte Ludvík, als er eingeladen wurde, im großen Lucerna-Tanzsaal aufzutreten – mit der auffälligen Eigenart, daß von den 24 Stücken, die er am 13. Oktober 1940 spielte, mindestens 22 amerikanische Importe waren, so Hoagy Carmichaels »Star Dust«, W. C. Handys »St. Louis Blues« und Duke Ellingtons »Solitude«. Das Problem war, daß Ludvíks Band und andere neue Gruppen aus jungen Leuten und Studenten bestanden: den bevorzugten Zielen der Okkupationsbehörden, die erpicht darauf waren, ganze Altersgruppen in die deutschen Rüstungsfabriken zu schicken (zu schweigen von dem Pragerdeutschen Walter Paul, der bei Jaroslav Ježek und Ludvík spielte und in deutscher Uniform im Osten fiel). 1942 löste sich Ludvíks Orchester auf, einige Mitglieder bildeten die Band »Elite«, aber sie hielt sich nicht lang. Andere, die weitermachten, waren die 1941 in der Prager Vorstadt Spořilov (weit draußen) gegründete mutige »Harlem Jazz Group« und die »Malostranská Group«, die Django Reinhardt in Paris und *le jazz hot* nachahmten und sich zumindest eine Zeitlang behaupten konnten, allerdings nicht in der ursprünglichen Zusammensetzung.

Nichts war von Dauer – aus vielerlei Gründen: Musiker

wechselten den Ort oder wurden zur Rüstungsindustrie eingezogen –, und die Karriere von Inka Zemánková, der ersten unter den tschechischen Jazzsängerinnen, war keine Ausnahme.

Inka, ursprünglich Inez, kam 1925 in Prag zur Welt, verbrachte ihre frühen Jahre aber in ostböhmischen Kleinstädten, bis ihre verwitwete Mutter mit ihr nach Bratislava ging, um sie am Slowakischen Nationaltheater zur Balletttänzerin ausbilden zu lassen. Als die Mutter starb, holten Freunde der Familie Inka nach Prag, wo sie sich den Jazzfans im Café Metro anschloß und zu singen begann, erst mit Bobek Bryans Band (vorwiegend in Mähren) und später bei R. A. Dvorský und Karel Vlach. Ihr Ruhm breitete sich fast sofort aus, als sie, mit einem riesigen Strohhut gewappnet, in Martin Fričs Film »Blue Star Hotel« und anderen (nicht erinnernswerten) Filmen auftrat. Sie bewegte sich mit der Anmut der professionellen Tänzerin, und obwohl ihre Aussprache etwas eindeutig Nasales hatte, ließ sich schwer sagen, ob das echt war oder eine Imitation amerikanischer Sängerinnen; außerdem hatte sie das Glück, auf Texte und Melodien der begabtesten Komponisten zählen zu können, zum Beispiel Alfons Jindras »Dívka k rytmu zrozená« (»Ein für den Rhythmus geborenes Mädchen«, ihre Kennmelodie), Jiří Traxlers »Náhoda« (»Zufällig«) und Jaroslav Moravecs langsames, eindringliches »Prosinec a sníh« (»Dezember und Schnee«). 1942 wurde das Café Vltava für zwei Jahre unangefochtenen Ruhms zu ihrer Stammbühne, wo sie mit Jaroslav Malinas Band auftrat, bis sie im letzten Kriegsjahr zur Unterhaltung tschechischer Arbeiter in der Rüstungsindustrie abkommandiert wurde. Den Kommunisten war sie ganz und gar nicht willkommen, so daß sie als Traktorfahrerin arbeitete (allerdings nahm sie weiterhin Gesangsunterricht), in Polen und anderswo auftrat und erst in den siebziger Jahren wieder nach Hause zurückkehrte, wo sie von Josef Škvorecký, der alle Entwicklungen im Film und im Jazz immer aufmerksam beobachtete, herzlich empfangen wurde.

Fritzek, oder Bedřich, Weiss, geboren 1919 in Prag und jüdischer Herkunft, war ein begabter Musiker und Arrangeur von Jazzstücken, doch seine öffentliche Karriere war kurz. Er begann als Geiger, wechselte dann zur Trompete und später zur Klarinette, tat sich mit einer Gruppe von Gymnasiasten zusammen und spielte 1940 mit Ludvík, und als ihm öffentliche Auftritte unmöglich wurden, arbeitete er weiterhin als begabter Arrangeur für Ludvík und Vlach. Selbst von Theresienstadt aus, wohin er bereits 1941 deportiert worden war (unter seinen wenigen Habseligkeiten war seine Klarinette versteckt), arrangierte er Musik für Vlach; die Arrangements wurden von einem tschechischen Polizisten aus dem Lager geschmuggelt und von Vlach aufgeführt. In Theresienstadt gründete er sein »Weiss Quintett«, das in einem vom Lager »Freizeitgestaltung« eingerichteten Café spielte oder vielmehr improvisierte, und organisierte die »Ghetto Swingers«, ohne zu ahnen, daß sie nicht nur vor einer Abordnung des Internationalen Roten Kreuzes auftreten sollten, sondern auch, zusammen mit Martin Roman, einem berühmten holländischen Pianisten, in dem infamen Film über das glückliche Leben der Juden in Theresienstadt (»Der Führer schenkt den Juden eine Stadt«): Als die Dreharbeiten beendet waren, setzte der Lagerleiter sämtliche Teilnehmer auf die Liste für den nächsten Transport nach Auschwitz. Weiss und sein alter Vater kamen nebeneinander vor Dr. Josef Mengele zu stehen; der Sohn schloß sich freiwillig seinem Vater an, und am 10. April 1944 starben sie gemeinsam in der Gaskammer. Was blieb, war seine Musik auf ein paar raren Platten und eine einfühlsame Tintenzeichnung, Weiss am Klavier, von dem Theresienstädter Künstler Peter Kien.

Eine Exkursion nach Berlin /
Arbeit in einer Prager Buchhandlung

Ich gestehe lieber gleich, daß ich – aus dem nobelsten aller Gründe und ohne irgendeinen Grund – ein Schulabbrecher war. In ganz Europa und nun auch in Afrika bekämpften sich Gesellschaften und Nationen, und ich fand es absurd, im Klassenzimmer zu sitzen, um Catull zu übersetzen und alles über J. K. Tyls Theaterstücke zu erfahren, die hundert Jahre zuvor für Biedermeier-Liebhaber entstanden waren. Eines Tages blieb ich in störrischem Protest gegen die Geschichte, oder vielmehr meinen zweifelhaften Platz darin, einfach der Schule fern. Mein Vater war wieder einmal unterwegs, meine Mutter weinte (suchte aber den sehr anständigen Schuldirektor auf, der wußte, daß sie Jüdin war, und sie nicht mit meinem Versagen belasten wollte: Später sorgte er dafür, daß ich eine private Matura ablegen konnte). Ich verbrachte meine Zeit mit ein paar Griechisch- und etwas weniger Lateinstunden bei zwei berühmten Professoren, die als Juden ihre Stellen verloren hatten und um einen eigensinnigen Privatschüler froh waren, und überquerte auf langen Spaziergängen durch das romantische Prag gemächlich die Moldaubrücken, um von den Gärten der Malá Strana, der Kleinseite, über die Brücken wieder zurückzukommen. Einmal wurde ich von einem Kollektiv junger Zionisten, die in einer düsteren Wohnung in der Myslíkova-Straße ihre Auswanderung nach Israel vorbereiteten, eingeladen, einen Vortrag über Prager Dichtung zu halten (fünfzig Jahre später, nach einem kurzen Auftritt im österreichischen Fernsehen, erhielt ich einen Anruf vom israelischen Botschafter in Österreich, der damals in meinem allerersten Publikum gesessen hatte). Mein poetischer Urlaub dauerte nicht lang, denn die Prager Arbeitsbehörde stufte mich als unbeschäftigten Studenten ein und befahl mir, für das

Reich zu arbeiten. Ich widersetzte mich nicht, denn dort wußte niemand etwas von meiner komplizierten Lage, und mit einem gültigen Protektoratsausweis bewaffnet, hoffte ich, zwischen den anderen Fremdarbeitern aufzugehen; ganz auf mich gestellt und nur mit der einen Hälfte meiner Identität, als eine Art Emigrant, hätte ich vielleicht eine größere Chance zu überleben.

Wir verließen Prag im September 1941 mit einem Bummelzug. Am Leipziger Hauptbahnhof verteilten Rotkreuzschwestern belegte Brote und Kaffee, und in Berlin wurden wir auf einer Wiese ausgeladen, wo schon Leute aus den großen Fabriken warteten, um ihre Wahl zu treffen. Es hätte schlimmer kommen können; ich traf eine sommersprossige junge Dänin, die mit einem Transport aus Kopenhagen eingetroffen war, wir verabredeten uns (für den ersten Sonntag um drei Uhr nachmittags an der U-Bahn-Station Hasenheide, von der ich vage gehört hatte), aber sie kam nicht, und ich wartete nicht sehr lang. Es hatte mich in die Siemensstadt verschlagen, wo ich in einer Holzbaracke mit französischen, flämischen und wallonischen Arbeitern wohnte, die nie schliefen, weil sie, kaum aus der Fabrikhalle zurück, sofort anfingen, Karten zu spielen, oder (es war die Zeit der ersten zögernden Luftangriffe) sich draußen im Freien versammelten und um eine Flasche Bier wetteten, welches Flugzeug zuerst abgeschossen würde, das englische oder das deutsche.

Einem Einsatzplan zufolge war ich total unqualifiziert für Arbeiten jeglicher Art, aber nachdem ich spärliche Deutschkenntnisse eingestanden hatte, wurde ich in eines der großen Büros gesetzt, wo ich meine wache Zeit (nicht viel) damit verbrachte, Rechnungen für allerlei Ersatzteile zu sortieren und von Hand zu ellenlangen Listen zusammenzuschreiben. Ich wünschte, ich hätte von technischen Dingen mehr verstanden, dann hätte ich die Ersatzteile identifizieren können und, als Meisterspion aus Prag, erkannt, für welche Art von Maschinen (Flugzeuge?)

sie benutzt wurden, was die Alliierten sicher geschätzt hätten – aber selbst wenn sich mir die endgültige Bestimmung dieser Schrauben und Muttern offenbart hätte, wie hätte ich mein Wissen der Royal Air Force weitergeleitet? Ob aus Müdigkeit infolge meiner schlaflosen Nächte in der Baracke oder, um die Kriegsproduktion zu sabotieren – ich listete nicht einmal die Hälfte der Rechnungen auf; die andere Hälfte trug ich unter meinem Hemd zur Toilette, zerriß sie in kleine Fetzen und spülte sie energisch hinunter.

Ich bekam einfach nicht genügend Schlaf, und ein Berliner Kollege, unverkennbar ein älterer Sozialdemokrat, riet mir, einen Antrag auf Privatunterbringung zu stellen; ich folgte seinem Rat, und indem ich wieder selektiv mein Deutsch einsetzte, erhielt ich die Erlaubnis, ein Quartier in Charlottenburg, in der Wohnung einer Witwe mit polnischem Namen und preußischem Sauberkeitsfimmel hinsichtlich ihres Badezimmers, zu beziehen. Sie hatte einen älteren Freund an der Front, und nachdem sie ihrer Rechtschreibung nicht traute, kam es dahin, daß ich wöchentlich einen Liebesbrief für sie schrieb. Mein Lohn war ein üppiges Frühstück, und der Freund mag sich über ihre amourösen Höhenflüge, alle in perfektem Deutsch, gewundert haben.

In der Bäckerei gegenüber verlangte ich nach preußischen Brötchen statt nach österreichischen Semmeln und war ansonsten damit beschäftigt, meinen kleinen Schützengraben auszuheben oder mich zurechtzufinden. Im Büro teilte ich mein Mittagessen mit einer Gruppe von Persern, die mindestens so desorientiert waren wie ich; wir lachten über unsere tägliche »Zitterspeise«, wie wir diesen roten Wackelpudding nannten, und ich mußte ihnen erklären, daß entgegen ihrer Annahme nicht alle Deutschen »Mahlzeit« hießen, sondern sich damit nur über die Tische hinweg guten Appetit wünschten. Eines Tages hatte ich meine Begegnung mit der Wehrmacht. Ich stand vor einem Buchladen und neben mir ein eleganter Leutnant mit seiner Begleiterin, der ebenfalls die Bücher betrachtete – und sich auf einmal so abrupt umdrehte, daß sich seine Reitsporen in meiner Hose verhakten und mir ein Hosenbein weit aufrissen. Statt sich zu entschuldigen, musterte er mich, den Zivilisten, offensichtlich einen Fremdarbeiter in seinem (beschädigten) Sonntagsstaat, und überschüttete mich mit den scheußlichsten Beschimpfungen, die in seltsamem Widerspruch zu seiner Eleganz standen.

Es kam noch zu weiteren Begegnungen. Mittwochs ging ich meist ins »Aschinger« in der Charlottenburger Chaussee, weil es dort ein »Stammgericht« (keine Marken) mit frischen Muscheln gab; einmal setzte sich ein junger Soldat mit seinem Mädchen zu mir an den Tisch, und ich stellte fest, daß es Günther war, dem ich zu Hause schon einmal begegnet war, nämlich in einer Gruppe »Roter Falken«, also Jusos, als ich, der widerspenstige Bürgersohn, nach der Seele des Proletariats gesucht hatte (die ich im buchstäblichen Sinn in der blassen Alma fand, einer sechzehnjährigen Textilarbeiterin, die mit mir den 1. Mai in einem Weizenfeld nicht weit von den Massen und roten Fahnen feierte). Günther erkannte mich auf der Stelle, wir waren beide sprachlos; dann setzten sich er und sein Mädchen rasch an einen anderen Tisch. Die Begegnung mit Hilde (die schon über meine Prager Freunde, die Geschwister Alt, von meinem Aufenthalt wußte) war angenehmer, dennoch war die Situation heikel, weil sie mich, obwohl sie über mein Handicap Bescheid wußte, gern in alle möglichen heimeligen Lokale verschleppte, am liebsten in eine Taverne, in der jedes Paar in einem großen Faß saß; zwar hätte ich nichts gegen ein Séparée gehabt (jedenfalls in der Wiener Version – ich hatte meinen Schnitzler gelesen), doch hatte ich Angst, daß eine Militär- oder SS-Patrouille mich in trauter Zweisamkeit mit einer Berliner Sekretärin (Arierin) erwischte – von den Folgen für sie ganz zu schweigen.

Eines Tages im Frühherbst 1941, als ich durch den Charlottenburger Park ging, fiel mir nicht weit vom russischen Restaurant (daran erinnere ich mich noch genau) ein Paar mittleren Alters mit einem gelben Stern und der Aufschrift »Jude« am Mantel auf, und ich sagte mir, das sei vermutlich eine Idee von Goebbels, um sich bei seinem Führer einzuschmeicheln. Am nächsten Tag aber erhielt ich ein Telegramm von meinem Vater (er hat immer gern Telegramme geschickt), in dem er mir mitteilte, der Gesundheitszustand meiner Mutter habe sich verschlechtert (ich verstand), und ich solle augenblicklich nach Prag zurückkehren, wo ich wieder bei meiner Mutter und Großmutter wohnen und eine neue Stelle antreten solle, die mich vor dem Abtransport ins Reich bewahren werde; die nötigen Papiere und ein »Durchlaßschein« würden schnellstens eintreffen. Ich hatte erhebliche Zweifel bezüglich einer Rückkehr in die frühere Situation, der ich (vielleicht zu Unrecht) hatte entfliehen wollen, doch mein Vater beharrte darauf, daß ich zuallererst gegenüber meiner Mutter in der Pflicht stünde, und so saß ich binnen 48 Stunden im Schnellzug Berlin–Prag und erlebte eine kurze Panik, als die SS an der Grenze zum Protektorat den Zug kontrollierte, doch mein Durchlaßschein hielt stand. Mein neuer Chef, stellte sich heraus, war ein Pragerdeutscher mittleren Alters, der für die berühmte Buchhandlung André von Haus zu Haus Enzyklopädien verkauft hatte und jetzt selbst ein kleines Geschäft aufmachte, in dem ich der literarisch gebildete Assistent hinter dem Ladentisch sein sollte. Ich solle ein Auge auf Mutter und Großmutter haben, sagte mein Vater, und da der Laden in der Nähe war, konnte ich innerhalb von zehn Minuten nach Geschäftsschluß zu Hause sein.

Wer an der Stelle vorbeikommt, wo heute ein vornehmer Sandwich-Shop oder vielmehr eine kosmopolitische Baguetterie die vorüberziehenden Scharen auf ihre Dielenbretter lockt, kann sich nicht vorstellen, wie oft ich zusammen mit Josef, dem

Peter Demetz, Prag-Příkopy, um 1942

tschechischen Faktotum, die Fensterscheiben putzen mußte. In der Auslage hatten wir Bücher von Hans Carossa und Bruno Brehm, und als ich einmal eine Landkarte von Nordafrika im Schaufenster entfaltete (genau zu dem Zeitpunkt, als General Rommel von den Briten geschlagen wurde und die Flucht ergriff), befahl mir die Chefin, die stets aufs politisch Korrekte bedacht war, die Landkarte ja gleich wieder zusammenzupacken; und selbst mein Argument, die Vorübergehenden sollten sich doch mit der geographischen Szene zukünftiger glorreicher Rommel-Offensiven vertraut machen können, half nichts. Leicht hatte sie's ja nicht, die Chefin; ihr Mann war beim Spieß, wie man damals sagte, allerdings weder im Kaukasus noch in Tripolis, sondern bei der Wehrmacht-Leitstelle, die Soldaten auf ihre Kasernen verteilte, am Prager Hybernská-Bahnhof, etwa fünfzehn Minuten eines gemächlichen Spaziergangs vom Laden entfernt. Noch aus der Zeit lang vor der Okkupation hatte er irgendwo in der Stadt eine große tschechische Freundin und erschien nur am Samstagnachmittag im Geschäft, dann freilich in Paradeuniform und mit kupferner Nase, ein Wehrmacht-Schwejk ersten Ranges.

Wir arbeiteten also unter dem wachsamen Auge der Chefin und aufs Überleben bedacht, denn die sogenannte Belegschaft bestand aus zwei amtlich beglaubigten Halbjuden, einem Wiener und einem Einheimischen, und drei Tschechen – Josef, dem Ladendiener, einer Buchhalterin (die anscheinend kein Badezimmer zu Hause hatte, denn sie verbrachte Stunden damit, sich in der Toilette des Ladens schönzumachen) und einem tschechischen Lehrmädchen, das noch nie ein Buch gelesen hatte, auch nicht in seiner Muttersprache. Wir waren also nicht sehr germanisch artgerecht. Hinten im Büro saß Herr Glass aus Wien, mit stahlblauen Augen und einer jüdischen Mutter, und stellte mit Lineal und Feder kalligraphisch Rechnungen und Lieferscheine aus (eigentlich eine Figur von Charles Dickens oder Heimito von Doderer); und ich, beinahe dito, aber ohne blaue Augen und in allerdings exponierterer Stellung vorn am Ladentisch, dem Dienst am Kunden obliegend.

Jedenfalls entwickelte ich bald einen ideologisch-kulturpolitischen Röntgenblick, denn sobald die Kundschaft die Tür geöffnet hatte, wußte ich auch schon, nach Frisur, Hut, Schuhen oder Lodenoutfit urteilend, ob die erste Frage Rudolf G. Binding galt (konservative bis nationalistische Kunden) oder dem Antiquariat, und das war das Problem. Wer nach antiquarischen Büchern fragte, war nicht immer mit Adalbert Stifter zufrieden, sondern wollte womöglich auch Thomas oder Heinrich Mann oder gar

Alfred Döblin, und da mußte man höllisch aufpassen, das richtige Buch an den richtigen Mann oder die Frau zu bringen.

Manchmal war es leicht. Ungefähr einmal in der Woche erschien ein älterer Mann mit Lodenmantel und Parteiabzeichen, fragte, ob wir etwas von einem gewissen Franz Kafka hätten, einem lokalen Schriftsteller, lächelte zufrieden, wenn ich antwortete, seine Bücher seien längst vergriffen, und ging – nur um in der Woche darauf wiederzukommen (ich denke, wir genossen das kafkaeske Spiel beide). Zuzeiten war es schwieriger, und wenn man einer Kundschaft nicht recht traute, schleppte man einfach so lange Ludwig Ganghofer (bayrischen Kitsch) oder Ina Seidel (preußischen Kitsch) herbei, bis der unbequeme Frager wieder verschwunden war. Unter den Antiquariatsfreunden waren nicht wenige graumelierte Herren aus dem Altreich (erkennbar an der unvermeidlichen Baskenmütze), die sich klugerweise von der Berliner UFA oder der Münchner Bavaria ins dramaturgische Büro der Prag-Film am Barrandov abgesetzt hatten; viele kamen mit der Empfehlung meines tschechischen Freundes Vladimír, der in der großen Orbis-Buchhandlung am Wenzelsplatz arbeitete, und das bedeutete, daß ich diese lesefreudigen Herren erst mit einigen Fragen über die Frühphasen des Expressionismus (um 1912) zu überprüfen hatte, und wenn sie bestanden, holten wir die interessanteren Sachen aus dem Keller. Eines Tages erzählte ich meinem Vater von einem dieser emsigen Antiquariatsfreunde, und als er hörte, daß er Hugo Zehder hieß und aus Dresden kam, belehrte er mich, daß ich es mit dem Erzvater des frühen sächsischen Expressionismus zu tun hätte, der über jeden Verdacht erhaben sei.

Der Samstagnachmittag war immer besonders anstrengend, denn dann strömte alles, was dienstfrei hatte, in unsere engen Räumlichkeiten. Der Chef mischte sich katzbuckelnd unter die Kunden, und wir hatten alle Hände voll zu tun, paketweise den damaligen Bestseller, einen Liebesroman mit dem Titel »André und Ursula«, aus dem Depot in die Regale zu plazieren. Das war auch die beste Gelegenheit, den reichsdeutschen Besuchern riesige Bilder von Prag (immer dieselben, die beiden Ecken der Karlsbrücke oder eine Ansicht der Burg) zu verkaufen. Unser hauseigener Künstler war »Signor« Ballabene, der mit seiner jüdischen Frau zusammenarbeitete: Gemeinsam schleppten sie jede Woche die Gemälde zum Laden (er kam eigentlich aus der Vorstadt Karlín und war der Sohn eines Industriellen, der in einem Roman Kafkas unter dem Namen Vallabene auftaucht). Auch die Altprager patrizische Kundschaft stellte sich regelmäßig ein. Es kam Frau Primarius Bumba, Gattin eines prominenten Laryngologen, mit ihrer bezaubernden rotblonden Tochter (zugleich die Enkelin des berühmten Slawistikprofessors Franz Spina, der in den letzten Jahren der Republik deutscher christlich-sozialer Minister gewesen war), und es kamen aus den Kuhställen der Provinz die Maiden vom Reichsarbeitsdienst, junge Mädchen in BDM-Uniform mit einem rebellischen Hauch Rouge auf den Lippen, und die Fahnenjunker vom Truppenübungsplatz Milovice, die alle Mörike lasen.

Eines Tages erschien, ganz ohne Uniform, ein dreizehn- oder vierzehnjähriges Mädchen mit blauen Augen und wollte »etwas Philosophisches« für ihren Vater kaufen. Sie war eher zurückhaltend, als ich sie (ernsthaft) fragte, ob ihr Vater der Kantschen oder der Hegelschen Richtung zuneige, und schließlich verkaufte ich ihr eine neu erschienene Einführung in die existentialistische Philosophie, die ich gut geschrieben und zur rechten Zeit veröffentlicht fand. Erst viele Jahre später – nach dem Krieg, als ich sie geheiratet hatte und sie die Mutter meiner Töchter wurde – erzählte sie mir, daß sie damals allein mit ihrem Vater gelebt hatte, nachdem ihre jüdische Mutter unerwartet gestorben war, weil der für nichtarische Patienten zuständige jüdische Arzt zu spät kam.

Unter den Samstagsstammgästen war auch ein Luftwaffen-

Obergefreiter, der auf meinem ideologischen Radarschirm augenblicklich sichtbar wurde. Anstatt die Hacken zusammenzuschlagen, druckte er sich irgendwie zivil durch die Tür, murmelte im Vorbeigehen etwas von einem »Heitler« (seine Version des deutschen Grußes) und verschwand gleich hinter den Antiquariatsregalen, die nur deshalb vorne aufgebaut waren, um unsere Kellervorräte zu tarnen. Er rümpfte die Nase über Storm und Keller und wollte wissen, ob ich nicht eine alte Komödie namens »Leonce und Lena« auf Lager hätte? Ich wußte schon, worauf das hinauswollte, vertröstete ihn auf den Samstag und verkaufte ihm dann zu einem freundlichen Schleuderpreis die Georg-Büchner-Insel-Edition aus meines Vaters Bücherschrank, weil er ja nach Büchners Brandschrift »Der hessische Landbote« (»Friede den Hütten! Krieg den Palästen!«) und nach der »Dreigroschenoper« gefragt hatte, die wir beide auswendig kannten – nicht nur die Moritat von Mackie Messer. Gerd, das war der Obergefreite, lieferte uns immer prompt die neuesten BBC-Nachrichten, die er in der Funkerstube auf dem Flugplatz Ruzyně abhörte. In unserer Wohnung hing einer seiner Zivilanzüge (es war dann doch alles komplizierter), und er schrieb Komödien, hauptsächlich nach George Bernard Shaw. Er war von einem älteren jüdischen Freund literarisch erzogen worden, der vor dem Abtransport in einer Mansarde über der Heidelberger Wohnung von Gerds Familie gelebt hatte, und ich erinnere mich sehr gut an den jungen Komödienschreiber, der an meines Vaters Bücherschrank lehnte und sagte: »Gib mir was zu lesen, ich möchte was schreiben.« Für seinen Anzug hatte er keine Verwendung, denn er wurde nach Rumänien geschickt, um gegen die Russen zu kämpfen. Eine Zeitlang war er sowjetischer Gefangener, und nach seiner Heimkehr war er einer der ersten jungen Autoren, die für das neue deutsche Fernsehen schrieben; tragischerweise starb er 1958 bei einem Autounfall. Zu meiner Freude aber lernte ich in den sechziger Jahren seine

Tochter Susanne kennen, Dramaturgin am Wiener Volkstheater, saß mit ihr im Café Mozart und hörte viele Geschichten aus seinem Leben und über seine (nicht verwirklichten) Pläne.

Diese melancholisch-pikaresken Buchhandelsabenteuer erzähle ich deshalb mit einiger Ausführlichkeit, weil aus manchen Samstagsstammgästen schließlich ein Freundeskreis wurde, der mich überredete, ein kleines Samisdat-Pamphlet neuer Lyrik zu tippen und herauszugeben, das illegal an mindestens ein Dutzend Leser verteilt wurde. An manchen Samstagabenden übersiedelten wir von der Buchhandlung in unsere Wohnung in der Příčná-Straße, rezitierten eigene Werke oder Rilke und dachten mit bedeutender Naivität über die Zukunft Böhmens und seiner Völker nach. Der einzige Außenseiter unter den Dichtern, deren Lyrik ich abtippte, war ein gewisser Franz Fühmann aus einer nordböhmischen Kleinstadt. Auf seine Verse war ich in den *Lyrischen Flugblättern* gestoßen, die der mutige Hamburger Ellermann-Verlag publizierte, und fand, daß sich der Autor auch in seinen Gedichten aus Finnland und der Ukraine eine rare und menschliche Empfindsamkeit bewahrt hatte: »Alles Schöpferische war Verdacht«, lautete eine Zeile daraus. Ich schrieb ihm einen Fanbrief an die Hamburger Verlagsadresse und war sehr überrascht, daß ich prompt eine Antwort erhielt, in der er sich als rasender Nihilist offenbarte, der bereit war, die Welt in Schutt und Asche zu legen, um eine neue Zivilisation zu schaffen. Zehn Jahre später war er ein berühmter neuer Dichter der DDR und hatte den Zwiespalt seiner frühen Sensibilität selbst artikuliert, denn er bemerkte: »Es war ein seltsamer Vorgang, ich war in meinem Unterbewußtsein viel weiter als im Bewußtsein, Nazi-Deutschland stand auf der Höhe seiner Siege, aber in meinen Versen ging dauernd die Welt unter, alles verbrannte, alles verkohlte.« Ich war nicht überrascht, als ich hörte, daß er, ein enttäuschter Dissident, Mitte der achtziger Jahre am Alkoholismus zugrunde gegangen war.

Zu den Dichtern meiner kleinen Anthologie zählten mein Freund Hans Werner Kolben, der gerade erst verhaftet und deportiert worden war, Susanne Brenner, die begabte Tochter meines jüdischen Griechischlehrers, und ich, obwohl ich erst spät auf Deutsch umgestiegen war, nachdem ich erkannt hatte, daß meine tschechischen Gedichte zwar grammatikalisch korrekt, sprachlich aber hoffnungslos altmodisch waren – kein Wunder, daß A., der diese Verse galten, nie mit mir ins Kino ging und noch sechzig Jahre danach, als ich sie in Prag wiedersah, zu der ziemlich unromantischen Begegnung ihren neuen Gatten mitbrachte – die Folgen schlechter Lyrik.

Aber es gab auch Leute, die sich gern an unsere Abende erinnerten, den neunzigjährigen Erich Machleidt zum Beispiel, mit dem ich um 1998 im Café Paříž zusammensaß: Er brachte zu unserem Treffen eine wohlgehütete Mappe mit Artikeln und Korrespondenzen mit, darunter auch einen Brief, in dem ihm unser Freundeskreis für die Verse dankte, die wir in seiner Abwesenheit vorgelesen hatten. Die Unterschriften waren noch lesbar, auch die von Prinz Otakar Lobkovicz und einer jungen Schauspielerin, die, obwohl sie eigentlich Irmgard hieß, mit Blick auf die Zukunft und Hollywood als »Viola Carroll« signiert hatte (ich war ziemlich überrascht, als sie mich dreißig Jahre später in New York anrief und zu einer Richard-Strauss-Premiere in der Metropolitan Opera einlud, wo ihr Freund, ein bekannter Psychoanalytiker, eine Loge hatte). Leider hatte die Gestapo von unseren Lyrikabenden erfahren – ein Teilnehmer hatte uns denunziert; allerdings gingen die Gestapo-Leute sehr systematisch vor, und als sie mich endlich vorladen wollten, mußten sie mich aus einem Lager für Halbjuden abholen, in das ich unterdessen abtransportiert worden war. Zum Glück wußten sie nur von unseren Treffen, nicht von meiner Samisdat-Veröffentlichung – die sie vielleicht auch absichtlich nicht zur Kenntnis nahmen.

Das Schicksal von Jiří Orten

Am 30. August 1941 wollte ein junger Mann aus der Provinz ein Päckchen Zigaretten kaufen. Er überquerte den Rašín-Kai, lief im Prager Bezirk Smíchov die Moldau entlang, mußte aber feststellen (während die Tochter seiner Vermieterin auf der anderen Seite auf ihn wartete), daß die kleine *trafika*, der Kiosk, geschlossen war. Er kehrte um, doch als er schon mitten auf der Fahrbahn war, hörte er den Trafikanten schreien, der Kiosk sei jetzt wieder offen. Ohne zu zögern, ohne sich umzuschauen, machte der junge Mann abermals kehrt und wurde von einem schnell fahrenden deutschen Rot-Kreuz-Fahrzeug erfaßt und mehrere Meter mitgeschleift. Erst auf die dringenden Bitten des Mädchens hin lud der deutsche Fahrer den Bewußtlosen ein, fuhr ihn – nicht sehr weit, nur bis zum Karlsplatz – ins Allgemeine Krankenhaus, wo sich das tschechische Personal weigerte, den Patienten, den seine Papiere als Juden auswiesen, aufzunehmen. Der deutsche Rot-Kreuz-Fahrer war unterdessen verschwunden, es mußte eine städtische Ambulanz gerufen werden, die den Verletzten in das nahegelegene, den Juden vorbehaltene Kateřinky Hospital bringen sollte. Dort starb Jiří Orten, 22jährig, ein von vielen bewunderter tschechischer Dichter, ohne aus dem Koma noch einmal aufzuwachen, am 1. September 1941. Hätte er überlebt, hätte er kurz darauf den gelben Judenstern tragen müssen, der am 19. September 1941, wenige Tage vor Heydrichs Ankunft in Prag, für jüdische Bürger überall in Deutschland und im Protektorat zur Pflicht wurde.

Jiří Ohrensteins Eltern (den Dichternamen Orten legte er sich später zu), beide jüdischer Abstammung, waren aus kleinen mittelböhmischen Dörfern in die für ihre gotische

Architektur berühmte, einstmals reiche Bergbaustadt Kutná Hora (Kuttenberg) gezogen. Der Vater Eduard, ein zurückhaltender, ehrlicher Mann, besaß ein kleines Textilgeschäft – beziehungsweise hatte es vom Onkel seiner künftigen Frau für eine beträchtliche Summe erwerben müssen, ehe das junge Paar sich niederließ. Bertha, Jiřís Mutter, war eine lebhafte Frau, erzählte gerne Märchen und spielte mit Begeisterung im Laientheater mit, was sowohl ihren älteren Sohn Ota, der nach seiner Rückkehr aus dem britischen Exil ein berühmter Regisseur wurde, als auch den jüngeren Jiří inspirierte, auf die eine oder andere Weise ihrem Vorbild zu folgen. Nicht viel deutet darauf hin, daß die Familie in der religiösen Tradition verwurzelt war; Jiří schrieb ein Gedicht über Weihnachten (das im Schatten der prächtigen Kathedrale freilich kaum zu ignorieren war), und sein Vater war schon früh aktiver Sozialdemokrat, der bisweilen in der lokalen sozialistischen Zeitung redaktionell tätig war. Die Familie lebte in bescheidenen Verhältnissen; stolz war sie auf Josef Rosenzweig, einen Onkel mütterlicherseits, der ein Jurastudium abgeschlossen hatte und unter dem Namen Rosenzweig-Moira – um seine Nähe zur *Moderní revue* zu bekunden, in der die tschechischen Dekadenzdichter ihre Verse herausbrachten – zwei Gedichtbände veröffentlicht hatte.

Jiří verbrachte eine glückliche Kindheit, an die er später oft und mit Dankbarkeit zurückdachte, und begann, wie sein älterer Bruder berichtet, als begeisterter Leser der »Drei Musketiere« und der Romane Jules Vernes, verlegte sich dann aber zum Erstaunen der Familie auf Tennis und Skifahren und zählte bald zu den besten seiner Region, nahm an zahlreichen Matches und Rennen teil und brachte von solchen Begegnungen einen befremdlichen sportlichen Wortschatz mit nach Hause. Mit fünfzehn aber kehrte er wieder zur Literatur zurück und schloß sich einer Gruppe von Arbeiterkindern an, die sich heimlich im Wald trafen, um sich gegenseitig Gedichte vorzulesen. 1935 nahm er an einem Sommerlager des (sicherlich sozialistischen) »Verbands der mittellosen und fortschrittlichen Studenten« in Südmähren teil, wo er seine ersten eigenen Gedichte schrieb, im Jahr darauf war er im Sommerlager des Verbands in der Slowakei und wanderte durch Nordböhmen. Er war offensichtlich bereit, sein Elternhaus zu verlassen; und dem Vorbild seiner betrübten Mutter folgend, beschloß er, am Prager Konservatorium ernsthaft Schauspiel zu studieren. Fast überstürzt beendete er seine Schulzeit in Kutná Hora, traf zu früh in Prag ein, um sich einschreiben zu können, und mußte deshalb ein Jahr lang eine Sprachschule besuchen, wo er Englisch lernte, und arbeitete nebenbei als Registrator in einem Kreditinstitut. Es war keine unglückliche Zeit; Prag war trotz aller dunklen Wolken so lebendig wie immer, er fand viele neue Freunde, die sich alle für Dichtung und Theater begeisterten, und war sicher, daß er die richtige Entscheidung getroffen hatte.

Jiřís spätere Prager Jahre waren überschattet von den Münchner Ereignissen und der Zweiten Republik, und die Okkupation veränderte seine Situation jäh. Fast drei Jahre lang konnte er am Konservatorium studieren und nebenbei am »Studententheater« (im Gewerkschaftshaus) und dem »Kollektiven Theater der Jugend« mitarbeiten. Seine ersten Gedichte wurden unter seinem echten Namen in *Haló noviny* und anderswo veröffentlicht, und er stand mit den nachdenklichsten Dichtern seiner Generation – Kamil Bednář, Ivan Blatný, Hanuš Bonn – in enger Verbindung.

Doch es kam der Augenblick, in dem Orten und sein Bruder und ihre jüdischen Freunde eine Entscheidung treffen mußten. Während viele – eben sein Bruder Ota, aber auch Pavel Tigrid, der später bei der BBC und Radio Free Europe arbeitete und in den neunziger Jahren in Prag Kulturminister wurde – nach England auswanderten, beschloß Orten zu bleiben, denn er sah die tschechische Sprache als seine wahre Heimat an; außerdem wollte er sich nicht von seiner liebsten Věra trennen, einer Kommilitonin, die ihn ihrerseits wegen eines anderen verließ. Das Protektorat zwang Orten in die Einsamkeit seiner Dichtung, seiner Tagebücher (die eigentlich wunderbare Meditationsbücher sind) und immer wieder die Lektüre in der Leere seiner ständig wechselnden Untermietzimmer. Wenn er nicht in der jüdischen Gemeinde aushalf oder auf dem Flugplatz Ruzyně Schnee schaufelte, verschlang er zwei bis drei Bücher am Tag. Orten hatte das Glück, loyale Freunde zu haben, die seine Arbeit schützen wollten: Die vier Gedichtsammlungen, die vor seinem Tod herauskamen, wurden alle unter Pseudonym veröffentlicht: »Čítanka Jaro« (1939 /»Frühlingslesebuch«) und »Cesta k mrazu« (1940 /»Der Weg zum Frost«) erschienen unter dem Namen Karel Jílek, während »Jeremiášův pláč« (1941 /»Jeremias' Weinen«) und »Ohnice« (1941 /»Ackersenf«) einen gewissen Jiří Jakub als Autor hatten.

Es war der Dichter František Halas, älter und ein Fels in der Brandung, der Orten Starthilfe für eine Serie erster Gedichtveröffentlichungen gab, und obwohl die tschechischen Faschisten genau wußten, wer Jílek wirklich war, und ihn und seine Familie in Kutná Hora namentlich in ihrer Zeitung angriffen, hielten seine Freunde im Verlagswesen eisern zu ihm (das Spektakel wiederholte sich, als die Kommunisten gleich nach 1945 gehässig über Ortens »bourgeoisen« Individualismus herzogen). Václav Černý, Herausgeber der *Kritický měsíčník*, druckte Ortens Gedichte unter seinem echten Namen, so lange es möglich war, und veröffentlichte weiterhin Lyrik von Jílek oder Jakub, den er in den »ersten Rang« der jungen Dichter erhob. »Seine Reife«, schrieb

Černý über Jílek 1940, »denke ich mir als durch Leiden erworben. Und dieses besondere Leiden ist allgegenwärtig und kennt noch kein Ende, keine Hoffnung und kein Ergebnis … Es blickt sich selbst in die Augen und erforscht die finstersten Winkel einer bitteren Welt.« Später wurde Orten ein von den französischen Existentialisten unabhängiger existentialistischer Dichter genannt; ohne Zweifel kennzeichnen seine sowie die Gedichte seiner jüngeren Freunde einen wichtigen Augenblick in der tschechischen Lyrik – die Wende von der surrealistischen, spielerischen, kollektiven Begeisterung für die Lichter der Großstadt, für Zirkus und Revolution hin zur radikalen Erforschung des eigenen Ichs und zu der Frage, wo und wie das einsame Individuum (über)leben soll.

Die letzten Monate seines Daseins verbrachte Orten allein – er schrieb, las, trug seine Gedichte in seine dicken »Notizbücher« ein. Gewissenhaft, fast in der Form eines Gedichts, verzeichnete er alles, was er, als Jude, nicht tun durfte; außerdem studierte er Rilke, den er, obwohl sein Deutsch eher »bescheiden« war, wie er freimütig bekannte, am 12. Dezember 1939 als einen seiner »liebsten Autoren« neben Francis Jammes, Boris Pasternak und Dostojewski bezeichnet hatte. Er übersetzte aber auch Gedichte von Hesse und Goethe aus dem Deutschen, in seinen Aufzeichnungen finden sich mehr als 25 Rilke-Fragmente sowie zwei zaghafte Übersetzungen, und mit der Zeit las er immer öfter Hesse, Goethe und Hölderlin. In Erwiderung auf Rilkes »Duineser Elegien«, die er sicher in Paul Eisners Übersetzung zwischen Ende Februar und Anfang April 1941, also fünf Monate vor seinem Tod, gelesen hatte, schrieb er eigene »Elegien«, und die Literaturhistoriker wären sicher dankbar, wenn sie wüßten, worüber Jiří Orten und Hanuš Bonn, ein junger Poet und Übersetzer einiger »Duineser Elegien«, der ebenfalls für die Prager jüdische Gemeinde arbeitete, diskutierten, als sie am 6. Juni 1941 miteinander zu Mittag aßen. Orten hatte von Anfang an immer strophische Gedichte in klangvollen Reimen geschrieben, doch verlegte er sich nach einem Präludium in freier Versform im Winter 1940 auf Rilkes Stil ungereimter Zeilen – mit einer einzigen Ausnahme –, und es bleibt die Frage, ob er damit lediglich Rilkes formalem Beispiel folgte, oder ob seine Erlebnisse zu aufwühlend waren, als daß sie sich in traditionellen Strophen hätten erzählen lassen (oder beides).

Bei der Abgrenzung seines lyrischen Horizonts imitiert Orten freilich nicht Rilkes »Duineser Elegien«, sondern schreibt von einem radikal verengten, einsamen Standpunkt aus, der ganz der seine ist. Rilke zog sich in seinen künstlerischen Turm von Muzot zurück, um in seinen Elegien den kosmischen Raum zwischen den schrecklichen Engeln und der Geographie seiner ausgedehnten Reisen zu durchstreifen und eine Vielzahl von Dingen am Nil und am Tiber, aus Antike und Moderne heraufzubeschwören. Orten hingegen ist auf das Zimmer seiner Kindheit zurückgeworfen, und vergeblich fleht er bescheidenere, intimere »Dinge« an, bei ihm zu bleiben, ihm zu helfen –

Ihr Briefbeschwerer, kehrt [zu mir] zurück
ich bin so leicht, jetzt, da ich euch verlor
ein kleiner Lufthauch trägt mich schon davon
ein Atemzug genügt, mich zu zerschmelzen,
unirdische, unhimmlische Musik,
und hinterm Spiegel da die Geste
ich bin nicht mehr, ich falle, lös mich gänzlich auf.

Rilke hegt gegenüber seiner schwierigen Kindheit ambivalentere und skeptischere Gefühle, wie die Dritte Elegie, von einigen Kritikern die psychonalytische genannt, bezeugt; Orten indes hörte nie auf, seine Eltern zu lieben, und in seiner grenzenlosen Einsamkeit, in der er sie nicht erreichen, nicht berühren kann, versucht er, den Schmerz in einem Geisterreich jenseits von Schicksal, Zeit und Geschichte zu lindern –

Nicht die Entfernung, nein, ich singe die letzte
    Freude,
die hinter aller Erinnerung, auf der anderen Seite,
ich singe, was ich war, mit Furcht und mit Schrecken,
was wir ganz waren und wirklicher,
eh uns die Last der Jahre in die Knie zwang,
eh uns Bewußtsein so verwundete
eh uns die Liebe unser Herz zerstörte,
ehe wir begriffen, dass es keine Türe gibt,
durch die wir frei spazieren könnten
hinab ins Herz der Frauen und der Fernen--
nötig, nicht mehr der Kindheit zu gedenken,
als Bitterkeit, in Flammen, jäh emporschlug,
daß es im Leben nicht mehr Welt gibt, noch die Liebe,
Gestirn nicht, Weltall, Wachstum, Mutter, Heimat,
allein im Tod.

In einem der rührendsten Momente seiner Elegien geht Rilke über das Gelände eines Vorstadt-Jahrmarkts und sinnt über die vielfältigen, hohlen Verheißungen von Glück und vermeintlich fröhlicher Freiheit, die Schaukeln, die Schießbuden, die Marktschreier nach. Orten, der über die Prager Matthäus-Kirmes wandert, sucht nach etwas anderem, er fühlt sich beinahe magisch zu dem »trainierten Zirkuspferd« hingezogen, das rechnen kann (es nennt das Ergebnis durch Wenden des Kopfes) und Fragen beantwortet. Das

Zirkuspferd, sagt Orten in seiner Sechsten Elegie, »nickte
sanft mit dem Kopf, wie um zu sagen, wir kannten einander
seit ewig« –

> Frag mich was, sagte das Pony, ich weiß, du hast
>   eine Frage.
> Und ich fragte: Wo ist ein Ort für mich?
> Das Pony lächelte. Schwieg. Das konnte es gut.
> Dann erhob sich das Pony, kam näher zu mir
> und sagte leichthin: Ich rechne da etwas.
> Ich weiß nicht, warum, und weiß nicht einmal, wie.
> Aber ich muß. Hörst du? Du mußt auch.
> Geh hübsch nach Hause. Lerne zu zaubern.
>   (Übersetzungen: Peter Demetz)

Das Leben Milena Jesenskás

Nach der wachsenden Zahl von Biographien, Anthologien
und akademischen Aufsätzen zu urteilen, war Milena Jesenská die berühmteste Tschechin des zwanzigsten Jahrhunderts; Analogien mit Frida Kahlo (mit ein paar Änderungen freilich) sind nicht ganz aus der Luft gegriffen. Es
bleibt die Frage, ob ihre kurze Beziehung (1919/20) mit
Franz Kafka, zu einer Zeit, als sie verheiratet und er mit Ju-
lie Wohryzek verlobt war, tatsächlich mehr Aufmerksamkeit
verdient als das, was Milena Jesenská in ihrem späteren Leben als politische Journalistin und mutige Widerstands-
kämpferin gegen die Okkupationsmacht erreichte. Die Legenden wuchern, darunter auch einige feministische, und
eine genaue Charakterisierung ihrer Person ist praktisch un-

möglich, weil sie sich, wie ihre Biographin Marta Marková-Kotyková meint, so oft verwandelte und alle früheren Spuren austilgte, Ehemänner, Partner und Geliebte eingeschlossen, ob berühmt oder nicht.

Milena kam am 10. August 1896 als Tochter eines jungen und mittellosen Arztes zur Welt, der ein schüchternes, reiches Mädchen aus gutbürgerlicher Familie geheiratet hatte und sich patriotisch als Nachfahr von Dr. Jan Jesenius bezeichnete, des Rektors der Prager Universität, der 1621, nach der von den Katholiken gewonnenen Schlacht am Weißen Berg, zusammen mit anderen Protestanten enthauptet wurde. Milena entstammte der Elite. Sie besuchte die Prager Mädchenschule »Minerva«, ein zur Förderung der akademischen Bildung junger Frauen eingerichtetes klassisch-humanistisches Gymnasium (eine andere »Minervistin«, wie man die Absolventinnen der Schule nannte, war Alice Masaryk, die Tochter des Soziologen und späteren Präsidenten T. G. Masaryk), und während Milenas Vater als Professor für Stomatologie und Kieferchirurgie an der Universitätsklinik rasch Karriere machte, blieb ihr, obwohl sie treu ihre jahrelang kränkelnde Mutter umsorgte (sie starb 1916), genügend Zeit, um für die Schülerzeitung zu schreiben, für ihre bewunderte Klassenlehrerin Albína sowie ein paar jüngere und ältere Männer, vorzugsweise Künstler, zu schwärmen und mit ihren Freundinnen Staša und Jarmila die Spießbürger zu provozieren: Zu dritt flanierten sie den tschechischen Corso entlang und gaben sich als Lesbierinnentrio aus (in fließenden Gewändern, ohne Korsett, selten mit Strümpfen). Noch schlimmer war, daß sich Milena, zum rasenden Ärger ihres nationalistisch gesinnten Vaters, über die das Prager Leben so beherrschenden ethnischen Grenzen hinwegsetzte und im Café Arco nahe dem Hybernská-Bahnhof zu verkehren begann, wo sich junge deutschjüdische Intellektuelle und Schriftsteller trafen, um über ihre Ideen und Manuskripte zu diskutieren.

Trotz ungenügender Deutschkenntnisse fühlte sich Milena sehr zu dem wortgewandten Ernst Pollak hingezogen, einem Bankangestellten, der sich intensiv mit der neuesten Philosophie beschäftigte (Kafka tauchte nur selten im »Arco« auf), und nach einer Fehlgeburt ließ ihr Vater sie kurzerhand in eine Nervenheilanstalt einweisen, um sie von weiterem Unheil und ihrem jüdischen Liebhaber fernzuhalten. Doch als sie 21 wurde, setzten sich ihre Tanten für sie ein, ihr Vater ließ sich endlich erweichen, und sie durfte Pollak heiraten, allerdings unter der Bedingung, daß sie unverzüglich mit ihm nach Wien übersiedelte, wo er als Fremdsprachenkorrespondent wiederum eine Stellung bei einer Bank antrat.

Ihre Wiener Jahre mit Pollak (1918 bis 1924) waren mehr oder weniger ein Desaster, denn er hatte nach wie vor eine Affäre nach der anderen und saß in seiner freien Zeit mit den tonangebenden Wiener Intellektuellen im Café Central und im Café Herrenhof, während die desorientierte und vor dem Wiener Dialekt ziemlich hilflose Milena, um mit Franz Blei zu sprechen, »wie sieben Bände Dostojewski aussah«. Doch sie gab sich nicht geschlagen, plante tschechischen Sprachunterricht und begann auf tschechisch für Prager Zeitungen zu schreiben; ihr erster Artikel über das hungernde und frierende Wien erschien am 30. Dezember 1919 in der *Tribuna*, und schon in den zwanziger Jahren schrieb sie regelmäßig für *Národní listy* und die liberale *Lidové noviny*. Auch als Übersetzerin versuchte sie, ihren Lebensunterhalt zu verdienen, und erwirkte von Franz Kafka – jenem ihren Landsleuten ganz unbekannten Prager Schriftsteller – die Erlaubnis, seine Erzählung »Der Heizer« (später das erste Kapitel eines Romans) zu übersetzen, deren tschechische Version sie in der linksorientierten Zeitschrift *Kmen* veröffentlichte. Sie war nicht gerade begeistert, als Kafka (der es als Kompliment meinte) sie dafür lobte, wie eng sich ihr Text an den Originalwortlaut halte.

Nachdem sie einander lange und unschlüssige Briefe geschrieben hatten, erlebten Milena und Kafka vom 29. Juli bis zum 4. August 1920 wenige glückliche gemeinsame, von Waldspaziergängen und Sonnenbädern erfüllte Tage in Wien und einen elenden 14. August in einem schäbigen Hotel in Gmünd an der österreichisch-tschechischen Grenze. Ihr war die zärtliche Sympathie und Einfühlsamkeit seiner Briefe zu Herzen gegangen, und er, der das Desaster mit Felice Bauer hinter sich hatte und, wieder einmal, um über die Enttäuschung hinwegzukommen, mit einer anderen verlobt war, fühlte sich von der Körperlichkeit der Liebe angezogen und abgestoßen zugleich (mit Prostituierten hatte er weniger Bedenken). Milena, schrieb Kafka seinem Freund Max Brod, sei ein »lebendiges Feuer, wie ich es noch nie gesehen habe«, doch sein Körper widerte ihn an, nicht nur weil er krank war, und er sah sich nicht in der Lage, dem ständigen, jähen Wechsel zwischen Seligkeit und Grauen zu entrinnen. Nach dem gescheiterten Zusammentreffen in Gmünd wußten beide, Milena (die ihren Mann nach wie vor liebte) und Kafka, daß sie nicht füreinander bestimmt waren, so sehr es früher danach ausgesehen hatte; dennoch war es Milena, der er alle seine Tagebücher aus vielen früheren Jahren anvertraute: unverkennbar ein Zeichen unendlichen Vertrauens.

1924 trennte sich Milena von Ernst Pollak (der später in Philosophie promovierte und im Londoner Exil eine Frau aus sehr gutem Hause heiratete), zog aus ihrer Wiener Wohnung in der Lerchenfelder Straße aus und ging zusammen mit dem aus russischer Kriegsgefangenschaft heimgekehrten Grafen Franz Xaver Schaffgotsch, einem engen Freund von Ernst, nach Friedewald nahe Dresden, wo sie sich einer Gruppe unabhängiger avantgardistischer Linksintellektueller anschloß. Doch es hielt sie nicht lange: Nachdem sie den »roten Grafen« verlassen hatte, kehrte sie endlich nach Prag zurück, schrieb eifrig für die bürgerliche Zeitung *Národní listy* und arbeitete in der Redaktion einer beliebten Illustrierten, wo sie meist über Mode als Ausdruck von Stil und Charakter, über Innenarchitektur und fortschrittliche Lebensweise berichtete.

Sie bewegte sich mühelos in der Prager Avantgarde, heiratete Jaromír Krejcar, einen jungen Architekten mit kühnen funktionalistischen Ideen, und brachte eine Tochter zur Welt, die sie meist »Honza« nannte, als wäre sie ein Junge. Ihr Leben war alles andere als leicht, denn sie erkrankte an einer Gelenksentzündung und lag monatelang im Krankenhaus, nach einer unumgänglichen Operation blieb ihr rechtes Knie steif, und, schlimmer noch, sie wurde zunehmend von Schmerzmitteln abhängig. Um 1928/29 war sie bereit, in die Kommunistische Partei einzutreten, sie schrieb nicht mehr für bürgerliche Zeitungen, sondern für linksgerichtete Blätter und die in der Linie der KP stehende Wochenschrift *Tvorba*. 1934 wanderte ihr zweiter Ehemann in die Sowjetunion aus, wo er manche seiner modernistischen Projekte zu verwirklichen hoffte (er wurde gründlich enttäuscht), und nach den Moskauer Schauprozessen fühlte sich Milena nicht länger imstande, die Forderungen der politischen Funktionäre zu akzeptieren. Krejcar kam mit einer anderen Frau aus der Sowjetunion zurück, und Milena wollte noch einmal ganz von vorne beginnen.

1936, mit vierzig Jahren, Mutter einer heranwachsenden Tochter und behindert von ihrem steifen Knie, fand Milena wahrhaft zu sich. Sie beschloß, sich von ihrer Vergangenheit zu lösen, ihren Mitmenschen zu helfen, sich der Gefahr, die zunehmend die Republik bedrohte, direkt zu stellen. Ihre Anziehungskraft auf intelligente, linke Männer war ungebrochen. Sie traf die radikale Entscheidung, sich von ihrer jahrelangen Drogensucht zu befreien, schaffte es (die Gewohnheit, ihre kleine Tochter täglich ins Kino zu schleppen, legte sie allerdings nicht ab; ohne ihre regelmäßige Dosis Film konnte sie nicht leben) und begann für die liberale wöchentliche Kulturzeitschrift *Přítomnost/Gegenwart* und deren freundlichen Chefredakteur Ferdinand Peroutka zu arbeiten, den sie einst als Volksfeind verachtet hatte.

Als Peroutka im Frühjahr 1939 verhaftet wurde, trat sie sofort an seine Stelle und übernahm die Redaktion, bis die Zeitschrift eingestellt werden mußte. Unterstützt von dem jungen Dichter Lumír Čivrný (Honzas Lehrer und Milenas Liebhaber), schrieb sie für die von den unerschrockenen Offizieren der Widerstandsorganisation der geheimen Armee (ON) herausgegebene illegale Zeitung *V boj/In den Kampf!* und half auch bei deren Vertrieb in Prag.

Das war noch nicht alles. Gemeinsam mit dem deutschen Grafen Joachim von Zedwitz, einem Prager Medizinstudenten, der einen sportlichen kleinen Wagen der Marke »Aero« besaß und in seinem Ledermantel mit kleinem Hakenkreuzanstecker eine imposante Figur machte, betätigte sie sich als Fluchthelferin und schleuste selbstlos Menschen – Kommunisten, Liberale, Trotzkisten, Juden, Tschechen, Deutsche – über die polnische Grenze. Am 11. November 1939 wurde sie von der Gestapo festgenommen und im Juli 1940 ins Frauen-KZ Ravensbrück deportiert. Besonders schwierig war das Leben – wenn von Leben die Rede sein konnte – im Lager für Milena deshalb, weil viele ihrer tschechischen Mitgefangenen organisierte Kommunistinnen waren, die unverbrüchlich an die künftige Mission der Sowjetunion glaubten und die hassenswerte »Trotzkistin« verachteten, die Verräterin an der Bewegung, die für die Liberalen arbeitete. Unter ihnen war Gusta Fučíková, die Milena um so feindlicher gesinnt war, als sie ihr eine Affäre mit ihrem (später als Märtyrer der KP verehrten) Ehemann unterstellte. Zermürbt von Gelenkschmerzen kam Milena nach Ravensbrück und wurde der Krankenstation zugewiesen, wo sie Buch über die Fälle von Geschlechtskrankheiten führte, die durch medizinische Experimente besonders gefährdet waren. Immerhin aber hatte sie die Protektion einer älteren Wiener Sozialdemokratin innerhalb der internen Lagerverwaltung und erlebte eine so unerwartete wie intensive Freundschaft mit Margarete Buber-Neumann, die zu Zeiten des Hitler-Stalin-Paktes als Witwe eines in seinem Moskauer Exil verhafteten und erschossenen, ehemals führenden deutschen KP-Funktionärs vom NKWD an die Gestapo ausgeliefert worden war.

Milenas Gesundheitszustand verschlechterte sich zusehends. Aufgrund einer Niereninfektion wurde ihr eine Niere entfernt, sie erhielt viele Bluttransfusionen und starb am 17. Mai 1944. Nie erfuhr sie, daß sich Graf Zedwitz, der selbst fünfzehn Monate inhaftiert gewesen war, mit Hilfe eines Berliner Anwalts um ihre Freilassung bemühte – doch eine Fliegerbombe traf die Berliner Kanzlei, tötete den Anwalt und beendete den verzweifelten Versuch, ihr zu helfen.

In einem ihrer frühen Artikel für die liberale *Přítomnost* ergriff Jesenská die Chance, offen über die KP zu sprechen, die still und leise von der öffentlichen Bühne abgetreten war, nachdem ihr die tschechische Regierung am 20. Oktober 1938 sämtliche Aktivitäten untersagt hatte. Zweifellos sprach sie auch aus eigener Erfahrung, als sie schrieb, die Parteimitgliedschaft sei stets mit »Schwierigkeiten« und »Risiken« verbunden, weil die Partei trotz oder wegen ihrer revolutionären Ansprüche kaum Einfluß auf die (ursprünglich von den Sozialdemokraten, ihrem Urfeind, initiierte) praktische Sozialgesetzgebung habe. 1933 habe die Kommunistische Partei abrupt ihre Strategie gewechselt und verkündet, das Allerwichtigste sei es jetzt, zusammen mit den Sozialdemokraten und den Liberalen gegen den Faschismus zu kämpfen, doch der Wechsel, der ausschließlich im Dienst der Sowjetunion erfolgte, sei zu plötzlich gekommen – »so sprunghaft war das Bewußtsein des Arbeiters nicht«. Bei dieser Kehrtwende habe die Partei ihre innere demokratische Struktur verloren und nichts anderes tun können, als »blindes Vertrauen« und »absoluten Gehorsam« zu verlangen, durchaus nicht mit »unabhängigem politischem Denken« kombiniert. Wo das Denken nicht blühe, fügte Jenská hinzu, könne auch die Dichtung nicht blühen. In anderen *Přítomnost*-Artikeln provozierte sie ihre zu einem neuen Rechtsnationalismus driftenden Landsleute immer wieder mit ihren entschieden kämpferischen Ideen, die sich eng an T. G. Masaryks Vermächtnis anlehnten. Entsetzt berichtete sie, was mit den Wiener Juden nach dem »Anschluß« geschah, und natürlich entging ihr nicht, daß zahlreiche Flüchtlinge, Juden und Nichtjuden, aus Österreich und dem Sudetenland nach Prag strömten: »Menschen … ohne Papiere, zu Fuß, mit leeren Händen. Unter uns wandelt das Abbild vieler Hunderter grauenhafter menschlicher Schicksale, Hunderttausender schmerzvoller Abschiede, Selbstmorde und Ungerechtigkeiten.«

Fast als einzige unter ihren unwilligen Mitbürgern sucht sie zu verstehen, weshalb die Republik bei der sozialistischen deutschen Arbeiterklasse so viele Freunde verloren hat, und nähert sich mit ihrer Argumentation dem Philosophen Emanuel Rádl, der meinte, die Sudetengebiete hätten unter der Wirtschaftskrise viel mehr zu leiden gehabt als andere Regionen, weil die Zentralregierung in Prag ihnen nicht genügend Aufmerksamkeit geschenkt habe; und während »Menschen im Landesinneren drei Jahre arbeitslos waren«, schrieb Jesenská, »waren es sechs Jahre« in den Sudetengebieten. Angesichts der Not der Flüchtlinge plädierte Jesenská für eine internationale Lösung dieses Problems, das durch die von Frankreich und England unterzeichneten Erklärungen entstanden war, und auf die gutgemeinte Ermahnung eines Freundes hin, zum gegenwärtigen Zeitpunkt sei es ihre Pflicht, »zuallererst Tschechin« zu sein, kam sie in einem Artikel vom 10. Mai 1939 zu dem nachdenklichen Schluß, das Wichtigste sei es doch, »ein anständiger Mensch« zu sein; Tscheche zu sein, bedeute an sich gar nichts, solange es »nicht mit besonderen Eigenschaften« und mit den »höchsten moralischen Maßstäben verbunden« sei. Am 12. Februar 1995 wurde Milena Jesenská posthum vom Yad Vashem die Plakette einer »Gerechten unter den Völkern« zugesprochen, und die Jerusalemer Kommission beschloß, ihren Namen »für immer an der Ehrenmauer im Garten der Gerechten anzubringen«.

Mein Freund Hans W. Kolben

In den Jahren der Okkupation fiel es den als Halbjuden klassifizierten Menschen besonders schwer, Freundschaften zu schließen – den »Ariern« mußte zuviel erklärt werden, und man wußte nie, ob sie wirklich wissen wollten, unter welchen Schwierigkeiten die durch die neue Gesetzgebung oder durch polizeiliche Verfügungen gefährdeten Mütter, Väter oder Verwandten zu leiden hatten. Wir Halbjuden bewegten uns also in

Mein Freund Hans W. Kolben

engen Gruppen. Ich kam mit der Familie Alt zusammen, die, bestehend aus Mutter Alt, einer treuen Haushälterin, die in der Küche hauste, zwei Töchtern und zwei Söhnen, alle erwachsen und in prekärer Lage, im proletarischen Žižkov vier oder fünf schäbige Zimmer bewohnte. Der Familienvater, ein kleiner Angestellter in der Wirtschaftsabteilung des sowjetischen Generalkonsulats, war, hatte man mir erzählt, ein nicht in der jüdischen Gemeinde eingetragener Atheist gewesen, und da er etliche Jahre zuvor gestorben war, hofften nun alle, seine jüdische Abstammung sei unmöglich zu entdecken – und die Familie tat, als sei alles »normal«: Maria, die Älteste, arbeitete in der staatlichen Pensionsanstalt in Prag, Kristina war Zahntechnikerin in

Karlín, und die beiden Brüder beschäftigten sich, soweit ich wußte, mit dem Kauf und Verkauf alter Maschinenteile. Madame Alt, hager und unerschütterlich, führte mit ihrer betagten Küchenhilfe den Haushalt, alle steuerten ihre Lebensmittelmarken bei, und sonntags gab es Kaffee und Kuchen. Im Sommer wanderten wir durch die Moldauauen und sammelten Pilze (die Alts waren Experten) fürs Abendessen, und winters saßen wir gemütlich im Extrazimmer des »Vikárka«, einer ziemlich noblen, damals wie heute berühmten Taverne auf dem Burghügel – damals war sie berühmt, weil etliche bedeutende tschechische Schriftsteller des neunzehnten Jahrhunderts dort ihr Bier getrunken hatten, und später, weil Václav Havel nach seiner Wahl zum Präsidenten zwischen seinen Bürostunden gern dort gesessen hat. Nur zwei Außenseiter gab es, die der Familie Alt nie etwas erklären mußten, und das waren Hans W. Kolben, Enkel eines berühmten Erfinders und Großindustriellen, und ich, und wir hatten beide gute Gründe, unbeschwert im »Vikárka« zu sitzen, denn wir waren glühende Verehrer Kristinas, der Jüngeren, und verfaßten allwöchentlich ihr zu Ehren ein Gedicht. Die Gedichte meines Freundes waren viel besser als meine, doch Kristina war keine, die sich von literarischen Vorlieben beeinflussen ließ, und so war ich es, dem sie irgendwann erlaubte, sie auf ihren Spaziergängen auf dem Petřín-Hügel zu begleiten, wo sie mir auf einer Bank neben dem Denkmal des tschechischen Romantikers K. H. Mácha, der sich ebenfalls mit der Liebe und dem Mai und manch anderem auskannte, das Küssen (das echte) beibrachte.

Hans war siebzehn, als die deutschen Soldaten einmarschierten, und er war zwanzig, als er als KZ-Häftling in einem Steinbruch an Typhus starb. Sein Großvater Emil Kolben war Assistent von Thomas Alva Edison in New Jersey gewesen und hat später die Emil-Kolben-Maschinenfabrik gegründet, die neben schweren Maschinen auch Lokomotiven herstellte und den bedeutenden Škoda-Werken Konkurrenz machte. Die Kolbens waren jüdischer Abstammung (obwohl Hans Protestant war), und sie lebten nach wie vor in einer schloßähnlichen Villa mit Türmchen, so als wäre nichts geschehen. Während andere Juden den gelben Stern trugen, gingen die Kolbens auf mysteriöse Weise ihren Geschäften nach, benutzten ungehindert öffentliche Verkehrsmittel und betraten ohne Stern und ohne Bedenken Kaffeehäuser und Restaurants. Im Spätherbst 1941 wußten wir auf einmal, weshalb: Hans wurde vor dem Café Slavia in einer Straßenbahn verhaftet, weil ihn ein ehemaliger Mitschüler als Juden ohne Stern bei der Gestapo denunziert hatte. Es stellte sich heraus, daß die Familie Kolben zu den wenigen zählte, die, ermutigt durch die gesetzgeberische Absicht der tschechischen Regierung, um Freistellung von den antijüdischen Gesetzen angesucht hatten – bis Heydrich auftauchte und alle Regierungsgespräche über Freistellungen für null und nichtig erklärte. Emil Kolben, der berühmte Großvater, kam nach Theresienstadt, wo er starb, und sein Enkel Hans wurde von einem Prager Gefängnis über Theresienstadt nach Mauthausen und zuletzt nach Kaufering deportiert (während seinem jüngeren Bruder die Flucht gelang und er überlebte).

Hans schrieb seine Gedichte in den Jahren seiner widerruflichen »Freistellung«, als er acht- oder neunzehn Jahre alt war, und doch haben sie gar nichts von jugendlicher Rastlosigkeit oder revolutionärer Ungeduld. Als Prager Dichter blieb er gefeit gegen das neue expressionistische Idiom und bewegte sich, wie Franz Kafka, innerhalb der klassischen Tradition. Während Kafka für Goethe und Stifter schwärmte, kehrte Kolben, vermute ich, zu Goethe zurück, vielleicht gar zum frühen Hofmannsthal, und hielt der traditionellen Strophe und dem ausgewogenen Reimschema stets die Treue. Er war nicht polemisch, sondern nachdenklich; sein Augenblick der Seligkeit war das »Einst« einer ernsten Kindheit in einer streng geordneten Familie, und obwohl er genügend Phantasie besaß, um sich hungernde und eingesperrte Menschen, »ihre bleichen geöffneten Lippen« und »drängender Strom, entstellte Gestalten, lebendiger Gips« vorstellen zu können, wollte er vor allem dem eigenen Ich, im metaphysischen Sinn, nachspüren und wandte sich um Antwort an die böhmischen Wälder –

Nun such ich wieder tastend zu erfahren,
Was diese Bäume zueinander sagen.
Ich fühl, der Wald muß das Geheimnis tragen.
Vielleicht wird er mir's einmal offenbaren.

Ein anderes Gedicht aus Kolbens Papieren, »In das Schmelzen einer Abendstunde«, versucht die Geschichte zu ignorieren, doch seine Vision von der künftigen Befreiung zeigt, aus welchem Augenblick des Entsetzens das Gedicht hervorgeht –

Dann wissen wir: das Schwere wird verschwinden,
Einst singen alle Geigen in dem Saal,
Die sich an diesem hohen Klang entzünden
Und tausend helle Bogenstriche münden
Zu einem großen jubelnden Choral.

Kolbens Gedicht »Brot und Wein« offenbart in der Gegenüberstellung von Geschichte und Menschheit und seinem neuen Umgang mit alten Symbolen, befreit vom traditionellen Erbe und erfüllt von Hoffnung, viel von seinem melancholischen Denken –

Da fiel ein neuer Samen in das Land,
Ein fremder Halm wuchs auf, auf weiter Weide,
Und seine Macht war groß, denn bald verschwand
Das andre Gras vor wogendem Getreide.

Und Hütten sah ich in dem Tal entstehen,
Und die dort lebten, litten niemals Not,
Denn ihre Leiber wurden stark und schön,
Ihr Leben satt und einfach durch das Brot.

Doch das »einfache Leben« währt nie lange, und sogar der Drang des Menschen nach edlen Taten erweist sich als zutiefst zwiespältig, als Segen und Gefahr zugleich –

Und wieder fiel ein Samen in das Land,
Und schlanke Reben stiegen aus dem Staube,
Sie reiften rasch und in den Krügen stand
Der glimmend rote Saft der dunklen Traube.

Und die so lange ohne Wunsch geruht,
Sie wurden jetzt nach Taten sehnsuchtskrank,
Und Stürme standen auf in dieser Glut
Und Farben, Götter, Bilder und Gesang.

Als ich Kolbens Gedichte auf meiner alten Schreibmaschine abtippte, war er längst dem Tod nahe. Einige seiner Gedichte erschienen später im *Wiener Plan* (1947), in dem Otto Basil auch die ersten Gedichte von Paul Celan publizierte. Ich würde mir wünschen, daß seine letzte Strophe nicht ungehört bliebe –

Doch wenn ich einst mit Menschen klingen werde,
Das sei wie Tanz aus alten Gartenschenken
Und Sommerfernen, bebendes Verschränken,
Gedämpftes Lied aus Bergen, Meer und Erde.
                    (Übersetzungen: Howard Stern, New Haven)

Heydrichs Politik

Als Heydrich an einem sonnigen Wochenende in Prag eintraf, vergeudete er keine Zeit mit Militärparaden oder formellen Empfängen, und seine Befehle, die schon längst feststanden, als er am 4. Oktober 1941 auf seiner ersten Versammlung der höchsten Funktionäre des Okkupationsregimes sprach, kamen schnell und gnadenlos. Verhandeln oder repräsentieren lag ihm nicht, ihm ging es darum, alte Grundsätze zu verändern und neue einzuführen oder, wie er den Parteichef, Martin Bormann, wissen ließ, eine Scheinautonomie beizubehalten und sie gleichzeitig von innen heraus zu liquidieren.

General Eliáš, den tschechischen Regierungschef seit 9. September 1939, ließ er verhaften und wegen Hochverrats verurteilen, die Fabrikarbeiter – im Gegensatz zu den Intellektuellen – umgarnte er mit einem neuen Rationierungssystem und neuen Bezugsscheinen für Schuhe und Zigaretten, und nach einer weiteren Geheimsitzung mit seinen Spitzenfunktionären, zu denen auch Eichmann zählte, gingen am 10. Oktober die ersten Judentransporte von Prag ab – erst nach Łódź, dann nach Theresienstadt. Um dieselbe Zeit begann die Massendeportation von Juden aus Deutschland in den Osten.

Die Ausrufung des Kriegsrechts hatte Heydrich noch in Berlin, vor seiner Abreise nach Prag, vorbereitet und sich bezüglich seiner Rechtmäßigkeit (innerhalb des deutschen Systems) bei seinem Verbündeten und Berater, dem Volksgerichtspräsidenten Otto Thierack rückversichert, so daß er sich frei fühlte, »mit ungewöhnlichen Vorfällen umzugehen«, wie er dort sagte. Während des sechzehnwöchigen

Kriegsrechts wurden 486 Todesurteile verhängt und 2242 Menschen ins KZ deportiert, die meisten von ihnen Angehörige militärischer oder ziviler Widerstandsorganisationen, die seit langem unter Beobachtung standen, so etwa General Josef Bílý, ein Mitbegründer des ON, der bereits 1940 festgenommen worden war.

Um den maximalen Schockeffekt zu erzielen, setzte Heydrich die Hinrichtungen mit besonderer Sorgfalt in Szene. Am ersten Tag wurden sechs Menschen erschossen, am zweiten zwanzig, am 30. September waren es 58; später nahm die Zahl dann langsam wieder ab. Unter den Hingerichteten waren mindestens sechs Generäle, zehn Oberste und 21 weitere Offiziere, jedoch fast keine Bauern oder Arbeiter, und um die Sympathien der Fabrikarbeiter zu gewinnen, setzte Heydrich auch eine Reihe von Viehhändlern und Metzgern auf die Liste der Kriegsrechtsopfer – die wirtschaftlichen »Hyänen der Inlandsfront«, die alle, 169 Personen, nicht erschossen, sondern erhängt wurden. Gleichzeitig wurden rund fünftausend Menschen festgenommen, die Aktivitäten des nichtkommunistischen Untergrunds kamen erst einmal praktisch zum Erliegen, und Heydrich konnte damit prahlen, daß seine Leute neunzig Kurzwellensender entdeckt hatten. Weniger betroffen war der kommunistische Untergrund, der mit seinen Aktivitäten eben erst begonnen hatte.

General Eliáš stand lange unter Beobachtung der Gestapo. Nachdem er festgenommen worden war, wurde er ins Hauptquartier gebracht und 48 Stunden lang verhört; am 1. Oktober 1941 wurde ihm vor einem »Volksgericht« mit einem Gestapo-Mann als Staatsanwalt (ein Verfahrensverstoß, den Heydrich kraft seiner neuen Autorität legitimierte) kurzer Prozeß gemacht. Eliáš, ehemaliger Fremdenlegionär und General der tschechoslowakischen Gendarmerie, hatte ständig Verbindung zum Untergrund gehalten; die Gestapo wußte zwar nicht einmal die halbe Wahrheit über seinen Kontakt zu Beneš, hatte jedoch eine lange Liste von Anklagepunkten zusammengestellt, alle auf der Grundlage der Ermittlungen über die Schmoranz-Leute, eine kleine, aber außerordentlich tüchtige Widerstandsgruppe im Presseamt der Regierung, sowie der Enthüllungen von Otakar Klapka, dem ehemaligen Bürgermeister von Prag, der, ein Diabetiker, aus dem Konzentrationslager noch einmal nach Prag zurückgeholt wurde. Eliáš wurde zum Tod verurteilt, die tschechische Regierung diskutierte in einer stürmischen Sitzung, ob sie auf der Stelle zurücktreten solle (sie entschied dagegen), und Präsident Hácha bat zweimal um Schonung für Eliáš. Eine Woche später erhielt er den Bescheid, die Hinrichtung werde verschoben, denn Eliáš sei für weitere Ermittlungen über den Widerstand nötig. Eliáš wurde schließlich am 19. Juni 1942 hingerichtet, aber das war nach dem Attentat auf Heydrich.

Heydrichs Plan war, den Widerstand zu spalten, indem er die Arbeiterschaft gegenüber den Intellektuellen bevorzugte. Er folgte dabei dem Beispiel der »Arbeitsfront« im Deutschen Reich, kombiniert mit einer gehörigen Portion Pragmatismus und sonderbarerweise auch einer Beimengung der Othmar Spannschen Idee von »unpolitischen Klassengruppen« (eine Gruppe von Schülern des Wiener Philosophen innerhalb der alten Garde des sudetendeutschen »Kameradschaftsbunds« war schon zuvor ins KZ deportiert worden). In Prag nutzte Heydrich, was er vorfand, nämlich die Nationale Angestelltengewerkschaft, ließ durch deren Funktionäre in den Fabriken verkünden, es stünden einschneidende Veränderungen an, und lud am 24. Oktober Gewerkschaftsvertreter unter Vorsitz ihres Präsidenten Václav Stočes zu einem Motivationsvortrag auf die Burg. Anschließend erhöhte er bestimmte Rationen auf deutsches Niveau, ließ in den Fabriken 200 000 Schuhe verteilen, richtete Kantinen ein, in denen Arbeiter, die Zusatzschichten schoben, kostenlos nahrhafte Suppen bekamen, und veranstaltete Arbeiterurlaube in ehemaligen Luxushotels, in Luhačovice und anderswo (bis 1944 nahmen 80 000 Arbeiter das Programm in Anspruch, aber es sind immerhin ein paar Fälle bekannt, in denen die Anspruchsberechtigten sich weigerten). Im April war die Reform des Sozialsystems, die eine Erhöhung der Alters- und Invalidenrenten um ein Fünftel, der Witwenrenten um ein Drittel vorsah, ausgearbeitet. Václav Král, der in den Jahren 1957 bis 1959 aus stalinistischer Sicht eine dreibändige Studie über die wirtschaftliche Situation zwischen 1939 und 1945 verfaßte, fiel es schwer, das Verhalten der Arbeiterklasse zu rechtfertigen, und er richtete sein Augenmerk lieber auf die Missetaten des gehobenen Bürgertums.

Die antisemitische Gesetzgebung in der Zweiten Republik begann mit der Entlassung von Juden aus dem Staatsdienst im Januar 1939. Sie wurde unter Neurath fortgesetzt, der mit seinem Erlaß vom 21. Juni den Geltungsbereich der Nürnberger Rassengesetze auf das Protektorat erweiterte. Vom 19. September 1941 an mußten Juden, wie von Heydrich in einem Reichserlaß drei Wochen zuvor angeordnet, den gelben Stern tragen, und nach Heydrichs Ankunft in Prag begannen die systematischen Deportationen; die ersten Transporte gingen zwischen dem 5. Oktober und dem 3. November nach Łódź und weiter nach Chelmno, wo die Verschleppten mit Abgasen getötet wurden. Ein paar Wochen lang erörterten die Prager jüdische Gemeinde und ihre Gestapo-Vorsitzenden mehrere Möglichkeiten, entweder in Prag selbst oder in Kleinstädten wie Stará Boleslav, Kyjov,

Český Brod oder Boskovice (Mähren) ein Ghetto einzurichten. Heydrichs Männer zogen jedoch eindeutig Theresienstadt vor. Die ehemalige Garnisonsstadt – von Kaiser Joseph II. in den 1780er Jahren erbaut und nach seiner Mutter, Kaiserin Maria Theresia, benannt – hatte viele alte Befestigungen und Kasernen. Die jüdische Gemeinde mußte sich fügen. Am 24. November ging ein erster Transport als »Aufbaukommando« von Prag nach Theresienstadt: 342 leistungsfähige Männer, denen am 4. Dezember weitere tausend folgten; innerhalb einer Woche kamen auch schon die ersten Familien dort an, die sehr bald auseinandergerissen wurden. Am 1. Oktober 1941 lebten 88 886 Juden im Protektorat (ungefähr die Hälfte von ihnen in Prag). Heydrichs SS deportierte 141 000 Menschen nach Theresienstadt, unter ihnen auch Juden aus Deutschland, Österreich, Holland und Dänemark. Die Bedingungen in der kleinen Stadt, oder eigentlich in den elf oder zwölf Militärbaracken, den feuchten Kasematten und wenigen Häusern waren unfaßbar, die Ernährung unzureichend, und Krankheiten breiteten sich aus. Während 88 000 Menschen in Schüben weiter in den Osten, in die Gaskammern, transportiert wurden, starben 33 500 Menschen im KZ selber (H. G. Adler glaubt, daß nur rund ein Zehntel der Menschen, die vor dem 1. November 1941 nach Theresienstadt kamen, gerettet wurden).

Im Unterschied zu Neurath hatte Heydrich klare Pläne für die Prager »Reichsuniversität«, die seiner Meinung nach an der slawischen Peripherie stand und im wesentlichen dazu dienen sollte, mittels ethnischer Studien von umfassendster Anwendbarkeit – Geschichte, Sozialanthropologie, Jura, Rassenlehre – zur Germanisierung des Ostens und Südostens beizutragen. Heydrichs Mann war Hans Joachim Beyer, ein 43jähriger SS-Hauptsturmführer, den Heydrichs Reichssicherheitshauptamt schon zuvor als Dozent nach

Danzig und ins polnische Posen geschickt hatte. Im Februar 1942 traf Beyer in Prag ein und versuchte in Ermangelung eines starken Rektors und entgegen den Ansichten des Berliner Erziehungsministeriums, einige der älteren Professoren (obwohl in der NSDAP aktiv) ihrer Posten zu entheben, um sie durch jüngere SS-Leute zu ersetzen. Er hatte nur teilweise Erfolg; nach dem Tod Heydrichs aber eignete er sich dessen Idee einer Dachdisziplin an, die, aufgeteilt in vier Fächer, alle relevante wissenschaftliche Forschung zusammenfaßte, nämlich die sogenannte »Volkswissenschaft«, über die er persönlich den Vorsitz führte. Mit der vollen Unterstützung von Heydrichs Nachfolger erstand er einen alten Palast auf der Malá Strana, um darin die slawischen Bibliotheken der tschechischen Universität sowie viele Bücher aus den Bibliotheken von Warschau und Minsk unterzubringen; zum Glück kam bei all diesen Intrigen und Umbildungen nicht viel heraus. Am 1. Juli 1946 erging ein Haftbefehl gegen Beyer; später lehrte er in Flensburg.

Medienpolitisch förderte Heydrich entschieden die »Aktivisten«, die in Zeitungen, Rundfunksendungen und Büchern die vollständige Eingliederung der tschechischen Nation ins Deutsche Reich forderten. Einer aus der buntgemischten Gruppe von Journalisten war Emanuel Vajtauer (geboren 1892), der sich nach seinem Studium der Philosophie und Psychologie den Anarchisten und der ultralinken Opposition innerhalb der jungen Kommunistischen Partei anschloß, in die USA ging, wo er inhaftiert und wegen seiner radikalen Aktivitäten schließlich (1921) ausgewiesen wurde. Er veröffentlichte eine Fülle von Büchern, unter anderem ein Werk über »Die menschliche Seele« (1922) und »Ellis Island« (1928), und wurde später Redakteur der Zeitung *České slovo/Tschechisches Wort*; 1945 floh er ins Ausland und wurde nie wieder gesehen. Vladimír Krychtálek (geboren 1903 in Brünn) brach sein Studium an der Technischen Universität ab, arbeitete Mitte der dreißiger Jahre für die *Lidové noviny*, begab sich auf eine Studienreise durch China und die Sowjetunion, wechselte zur Agrarierpresse, wo er Chefredakteur von *Venkov/Das Land* war, wurde schließlich Präsident des Nationalen Journalistenverbands und forderte – erfolgreich – die Inhaftierung der Familienangehörigen politischer Emigranten in einem speziellen Lager. Nach 1945 wurde Krychtálek seinerseits vor ein Strafgericht gestellt und 1947 gehenkt. Karel Lažnovský stammte aus einer Bergarbeiterfamilie, war 1925 in der Kommunistischen Partei aktiv und arbeitete in den dreißiger Jahren für die Organe der Nationalliberalen. 1940 bis 1941 war er Chefredakteur ihres Blattes *České slovo* und veröffentlichte seine »Rozmluvy s dějinami«/»Gespräche mit der Geschichte« (1940), in denen er die tschechische Vergangenheit entsprechend den Forderungen der Okkupationstruppen interpretierte.

Die »Aktivisten« wurden auf eine Reise durch Deutschland eingeladen und von Goebbels persönlich empfangen, doch ihre Propagandaartikel zur Reichsidee – ob über Herzog Wenzel, der ein mittelalterlicher Vasall des Kaisers wurde, oder über Nazi-Deutschland als revolutionäre Kraft – machten auf die tschechische Öffentlichkeit keinen Eindruck, die Zeitungen büßten Leser ein. Als Gruppe versuchten die »Aktivisten«, Háchas Regierung ständig Erklärungen zugunsten des Okkupationsregimes abzupressen, provozierten einzelne Minister durch dreiste Interviews und forderten lautstark Unterstützung im Kampf gegen die Rundfunkübertragungen aus London. Die Regierung war nicht besonders erpicht darauf, mit ihnen zu verhandeln, und als General Eliáš sie am 18. September 1941 zu einem Gespräch mit kleinem Imbiß einlud, nahmen die Ereignisse eine dramatische Wendung. Vier der »Aktivisten« erkrankten innerhalb von Tagen an einer seltsamen »Grippe«, Karel Lažnovský starb am 10. Oktober, und der Arzt vertrat die Ansicht, er sei einer seltenen Form von Typhus erlegen. Heydrich jedenfalls erklärte, er sei ermordet worden. Lažnovský erhielt ein Staatsbegräbnis, und an seinem offenen Grab verkündete Emanuel Moravec, die »Aktivisten« würden ihren Kampf bis zum endgültigen Sieg fortsetzen. Der von Heydrich persönlich geförderte Superaktivist Emanuel Moravec war ein anderes Kaliber: In den zwanziger und dreißiger Jahren war er weithin bekannt gewesen: als Legionär, hochrangiger Offizier, den Präsidenten Masaryk und Beneš nahestehender militärischer Schriftsteller und, in den verzweifelten Tagen des Münchner Abkommens, als aufrechter Patriot, der die Verteidigung der Republik um jeden Preis forderte. Paradoxerweise war es das Trauma des Münchner Abkommens, das ihn den Deutschen in die Arme trieb.

Abschiede

Eines Nachmittags Ende September 1941 sagte meine Mutter, sie sei in Josefov im Büro der jüdischen Gemeinde gewesen (ich frage mich, ob sie je zuvor dort war) und habe sich um ihre gelben Sterne – aus Stoff, schwarzumrandet, mit dem Wort »Jude« in der Mitte – angestellt. Zu Hause nähte sie fingerfertig, wie sie war, die Sterne an zwei Blusen und ein Kleid, wie es der Erlaß vorschrieb. Von dem Moment an konnte sie sich nicht mehr frei in der Stadt bewegen, alle Parks, Gärten und viele Straßen waren den Juden verboten; sie fand aber einen Weg, den Erlaß wenigstens gelegentlich zu umgehen und mit meiner Hilfe so zu tun, als wären wir normale Bürger wie die anderen: Sie besaß eine elegante Handtasche, viereckig, schwarz und glänzend, ein bißchen Hollywoodschick à la Claudette Colbert, die sie in einem bestimmten Winkel an die Brust drückte, so daß der gelbe Stern verdeckt war, und wenn wir, Mutter und Sohn, nebeneinander gingen, schöpfte niemand Verdacht. Wenigstens spazierten wir, als ein paar sonnige Tage kamen, gemächlich durch die Parks, genossen die frische Luft und das warme Licht (vorzugsweise abseits, in den Parks von Vinohrady, wo wir sicher sein konnten, daß uns keine Nachbarn begegneten), wagten aber nicht, uns zu den alten Leuten auf eine Bank zu setzen. Es hätte gefährlich sein können. Einmal, erinnere ich mich, hatten wir einen besonderen Anlaß, dem Erlaß zu trotzen. Es war Silvester (des schlimmen Jahres 1942), und mein Vater fand, wir sollten gemeinsam die Spätvorstellung in seinem Kino am Příkopy besuchen. Er beschaffte die Eintrittskarten und sorgte dafür, daß wir auf dem Balkon, nahe der Tür saßen, falls es nötig sein sollte, schnell zu verschwinden. Wir sahen eine Komödie. Meine Mutter amüsierte sich und ließ ihre schwarze Handtasche sinken, doch als die Lichter wieder angingen, drückte sie die Tasche pflichtbewußt wieder ans Kleid – gerade noch rechtzeitig, denn ein Paar, das sich zum Gehen wandte, starrte schon argwöhnisch zu uns herüber. Das sei K., sagte mein Vater, ein ehemaliger Theaterkollege, der aus früherer Zeit über unsere familiäre Situation bestens Bescheid wisse. Das neue Jahr fing nicht gut an. Mindestens drei Tage und Nächte hatten wir Angst, daß K. uns denunziere, doch er war ein anständiger Mensch und schwieg. Für meine Mutter aber war das der letzte Kinobesuch, denn wir wagten nicht, unsere Ausflüge wiederaufzunehmen. Sogar unsere Spaziergänge im Park wurden selten.

Nachdem die Transporte begonnen hatten, verschwanden Bekannte und Freunde nach kurzem Abschied oder völlig wortlos, und wer (noch) da war, verstummte und beantwortete Fragen nach einem Verschwundenen nur mit einem ratlosen, verwirrten Achselzucken. Gelegenheit, Abschied zu nehmen, bekam man selten; einmal allerdings lud mich Herr Glass ein, mein Kollege aus der Buchhandlung und Halbjude wie ich, Eva L. Lebewohl zu sagen, die ihren Transportbefehl für Theresienstadt erhalten hatte. Wir alle kannten ihre traurige und komplizierte Geschichte: Eva war die Tochter eines bekannten Prager Journalisten und Schriftstellers, der sich rechtzeitig nach England abgesetzt hatte, sie aber weigerte sich zu gehen, weil sie mit einem jungen Österreicher liiert war, der versprochen hatte, sich um sie zu kümmern. Sie versuchten gemeinsam zu fliehen, doch es war zu spät. Eva saß kurz im Gefängnis, er wurde nach Dachau geschickt, und nachdem sie wieder frei war, bemühte sie sich erneut zu fliehen, doch alle Versuche mißlangen. Jetzt lud sie uns alle zu einem letzten Abend in ihre kleine Wohnung ein, ehe sie sich auf den Weg machen mußte. Mein Kollege fungierte als Gastgeber, wie sich zeigte, und die Gäste waren, mich eingeschlossen, drei junge Männer; wir saßen da und nippten an einem Glas Weißwein, bis der Gastgeber verkündete, Eva habe uns eingeladen, um vor dem Abschied mit jedem von uns zu schlafen. Es war kein Gangbang (was immer darunter zu verstehen ist; das Wort lernte ich erst fünfzig Jahre später kennen), sondern eine seltsam schickliche Sache, und so kam es, daß ich aufgefordert wurde, in das enge Schlafzimmer einzutreten, wo ich Eva, nachdem mein Vorgänger gegangen war, mit warmem Körper, in einem Spitzenhemd aus besseren Zeiten im Bett liegend fand. Sie war ein bißchen älter als ich, ihr aschblondes Haar war kurzgeschnitten, sie umschlang mich sofort, und obwohl ich reagierte, wie ich sollte (nahm ich jedenfalls an), spürte oder meinte ich doch zu spüren, daß ich sie enttäuschte, denn ich wollte so zärtlich sein, wie ich konnte, während sie einen stummen, heftigen Ausbruch von Leidenschaft erwartete. Dann verließ ich das Schlafzimmer, wir tranken noch ein Glas Wein, mein Nachfolger war an der Reihe, und schließlich kam auch Eva aus ihrem Zimmer, umarmte uns der Reihe nach, und wir gingen. Wir sahen sie nie wieder, und man nimmt an, daß sie im letzten Kriegsjahr im KZ Bergen-Belsen umkam.

Ein paar Monate später forderte mein Vater mich auf, mich von Paul Kisch zu verabschieden, dem Bruder des berühmteren Egon Erwin aus der alteingesessenen Prager Familie Kisch, die in einem alten Haus in der Melantrichova-Straße wohnte, und ich machte mich eher widerwillig auf den Weg, weil die Literaturgeschichte oder vielmehr ein Prager Gerücht behauptete, Paul sei, sehr im Unterschied zu seinem Bruder, immer ein deutscher Nationalist gewesen (wenn auch mit liberaler Einfärbung), habe seine Dissertation über den deutschen Dramatiker Friedrich Hebbel und die slawischen Völker geschrieben und sich darin auf Hebbels Seite gestellt, der von den Slawenvölkern als »Sklavenvölkern« sprach. Jeder kannte die unter Prager, Wiener und Berliner Intellektuellen kursierende uralte Anekdote über Paul, der im Herbst 1918 erfuhr, daß ausgerechnet sein radikaler Bruder Kommandant der Roten Garden war, die zahlreiche Wiener Regierungsgebäude besetzt hielten. Er stürmte in Egoneks Büro, und als er ihn in seiner zwar improvisierten, aber prachtvollen Bolschewikenuniform dort sitzen sah, rief er ungeniert aus: »Wart nur, ich sag's der Mama!« Jetzt aber war Herbst 1943, und als ich ins Zimmer trat, saß Paul, ein alter Mann, auf dem Sofa, reglos, doch im Kostüm seiner deutschen schlagenden Studentenverbindung von 1910, mit Handschuhen, Federbusch und Säbel, ein steinerner Gast aus einer anderen Zeit, vielleicht von einem anderen Planeten. Wir sagten nicht viel, ich wünschte ihm stotternd alles Gute, denn er wollte am nächsten Morgen aufbrechen, und als ich die Tür wieder hinter mir schloß, kam mir der Verdacht, daß er mir, einem jungen Studenten, stolz etwas hatte vorführen wollen, etwas aus dem vergessenen Prag der Vergangenheit, vielleicht die glorreichen schwarz-rot-goldenen Zeiten der deutschen

Nationalliberalen, die in den ersten paar Wochen der Revolution von 1848 Seite an Seite mit ihren tschechischen Verbündeten gekämpft hatten.

An diesen merkwürdigen Abend mußte ich denken, als mein Vater im Frühjahr 1948 erzählte, er habe Egonek, der inzwischen ein international berühmter kommunistischer Autor war, in der Stadt getroffen und ihn im Scherz gefragt, was seine Genossen denn täten, wenn sie die bevorstehenden Wahlen verlieren würden. In dem Fall, antwortete Egonek, würden überall auf dem Wenzelsplatz rote Maschinengewehre aufgestellt. Egonek und seine Verbündeten gewannen die Wahlen, doch er starb kurz darauf, am 31. März 1948 – gerade rechtzeitig, um nicht zusammen mit anderen Juden, die hochrangige Posten in der kommunistischen Hierarchie besetzten, und Helden des spanischen Bürgerkriegs von den eigenen Genossen in die Prager Schauprozesse gezerrt und der zionistischen und imperialistischen Verschwörung gegen die sozialistische Gesellschaft angeklagt zu werden. Sein Bruder Paul war, wie ich fast sechzig Jahre später im »Terezín Memorial Book« las, am 12. Oktober 1944 in den Gaskammern von Auschwitz umgekommen.

Der Fall Emanuel Moravec
und die neue Regierung

Emanuel Moravec kam 1893 als Sohn eines bescheidenen Prager Kaufmanns zur Welt, dessen Familie aus Kutná Hora stammte (seine Frau, Emanuels Mutter, mag deutscher Herkunft gewesen sein, jedenfalls behauptete der Sohn dies später). Der Junge besuchte die Oberschule in Smíchov und später eine Fachschule für Industrie, die ihm einen gewissen

Nachteil verschaffte (das tschechische Bildungsbürgertum pflegte seine Söhne ins humanistische Gymnasium zu schikken), und arbeitete zunächst als Büroangestellter in zwei Prager Firmen. Als der Erste Weltkrieg ausbrach, wurde er am ersten Tag eingezogen, in Salzburg zum MG-Schützen ausgebildet und zum Fronteinsatz in die Karpaten geschickt, wo er sich – gemeinsam mit vielen anderen Tschechen – den Russen ergab und in ein patriotisches Kriegsgefangenenlager im fernen Samarkand abtransportiert wurde. Dort lernte er seine erste Frau kennen, die zufällig eine nahe Verwandte von Lenins Nachfolger Alexei Rykow war, der 1938 ermordet wurde. Er hoffte, einer tschechischen Einheit beitreten zu können, um gegen die Österreicher zu kämpfen, doch die zaristische Regierung ließ sich Zeit, und so war er froh (wie im übrigen auch sein Kamerad Radola Gajda), der serbischen Freiwilligendivision beitreten zu können, mit der er gegen die – slawischen, aber mit Deutschland verbündeten – Bulgaren kämpfte. Er kämpfte in Amzač gegen die bulgarischen Truppen, wurde im September 1916 von einer explodierenden Granate paralysiert und mit einer Nervenlähmung ins Lazarett eingeliefert, wo er sechs Monate blieb; anschließend ging er nach Kiew, um der tschechoslowakischen Legion beizutreten, die von tschechischen und slowakischen Soldaten der früheren österreichischen Armee gegründet worden und jetzt bereit war, für die Alliierten und eine unabhängige Tschechoslowakei zu kämpfen. Er lernte T. G. Masaryk kennen, den er ungemein bewunderte, und wurde prompt zur weiteren Ausbildung nach Rumänien delegiert. Nach seiner Rückkehr stürzte er vom Pferd, brach sich das Schlüsselbein und begann zu schreiben – über militärische Themen, zuerst einen technischen Artikel über Festungen (veröffentlicht von der *Frontzeitung* im Sommer 1918), dem Hunderte weitere folgten. Im Herbst 1918 wurde

Moravec in Omsk zum Hauptmann befördert, und General M. R. Štefánik, Kriegsminister in der tschechoslowakischen Regierung, dem anläßlich einer Truppeninspektion in Sibirien die geheimdienstliche Qualifikation des Hauptmanns aufgefallen war, vertraute ihm die Verantwortung für die »russische Insel« vor der Küste von Wladiwostok an, wo die Legionäre, die sich zum Bolschewismus bekannten, in Quarantäne saßen. An Bord eines amerikanischen Schiffs kehrten Moravec und seine junge Familie in die Heimat zurück und kamen im August 1920 in Triest und kurz darauf in Prag an. Die Offiziere der Legion erhielten das Angebot, in der regulären tschechoslowakischen Armee weiterzudienen, und Hauptmann Moravec, der nun der Nachrichtenabteilung der Armee angehörte, wurde auf der Stelle in den Osten, nach Užhorod, geschickt, wo die Armee den aufsässigen Ungarn gegenüberstand.

Nach so vielen Abenteuern folgten die Kontinuitäten und Brüche einer militärischen Laufbahn: ein kurzes Studium an der Militärhochschule in Prag, ein Kommando in Michalovice in der Ostslowakei und die Rückkehr mit seiner zweiten (slowakischen) Frau nach Prag, wo Moravec an der Militärhochschule und der Prager Technischen Universität lehrte. Seine vorgesetzten Offiziere bescheinigten ihm »zuvorkommendes Verhalten« und »Belesenheit«, und Anfang der dreißiger Jahre begann er seine Artikel über Themen von geopolitischem Interesse und mit verzweigten strategischen Auswirkungen in den wichtigsten liberalen Zeitungen und Zeitschriften zu veröffentlichen, darunter dem von Dr. Hubert Ripka (der später Eduard Beneš nahestand) betreuten Blatt *Democratický střed/Demokratisches Zentrum*. Moravec schrieb für die *Lidové noviny* und Ferdinand Peroutkas *Přítomnost/Die Gegenwart*.

Moravec hatte ein schmales Bändchen mit Präsident

Masaryks Reden an Soldaten herausgegeben, und am 5. Mai 1933 kam er abermals mit Masaryk zusammen, der ihn bat, ein breit angelegtes Buch über die militärische Lage der Republik aus strategischer und psychologischer Sicht zu schreiben. Moravec, der um Worte nie verlegen war, veröffentlichte zwei Bände, »Vojáci a doba«/»Soldaten in unserer Zeit« (1934) und »Obrana státu«/»Verteidigung des Staates« (1935), und viele hielten diese Publikationen für eine Bestätigung dafür, daß der Autor zum Sprecher des Präsidenten in militärischen Angelegenheiten geworden war.

Moravecs außenpolitische Ansichten machten die Sache jedoch kompliziert; er zog Beneš' Vertrauen in die westlichen Alliierten zunehmend in Zweifel und stellte, vor allem nach dem Krieg in Abessinien und angesichts der Gefahr durch Deutschland, in seinen Artikeln die Frage, ob es nicht ratsam sei, Verbündete lieber in Italien, Polen, Ungarn und Rußland zu suchen. Ihm persönlich behagte eine Demokratie »der starken Hand« mehr als der endlose Vielparteienkonflikt, und als 1937 der Schriftsteller Jaroslav Durych, der mit General Franco sympathisierte, den liberalen Karel Čapek als »zu zivilistisch« angriff, stellte sich Moravec hinter Durych, ohne deshalb von der Notwendigkeit der resoluten Verteidigung der Tschechoslowakei abzuweichen. In den Tagen der endgültigen Mobilmachung und des Münchner Abkommens war er wild entschlossen, die Kapitulation zu verhindern; irgendwann hielt es ihn nicht mehr auf seinem Kommandoposten in Südmähren, er fuhr mit seinem kleinen Privatauto nach Prag und stürmte in Felduniform ins Amtszimmer des Präsidenten, um Beneš zum Widerstand aufzufordern (nur um vom Generalstabschef, General Jan Syrový, hinausgeworfen zu werden). Nachdem der Präsident die Kapitulation der Armee unterzeichnet hatte, wählte eine Gruppe hochrangiger Offiziere Moravec zu ihrem Abgesandten, der nach Prag reisen und noch einmal mit dem Präsidenten sprechen sollte, doch er richtete nichts aus. Am 14. November 1938 wurde Moravec zusammen mit anderen plötzlich freigestellten Offizieren »beurlaubt«, war verzweifelt, fühlte sich verraten und trug sich mit dem Gedanken, als Militärberater in eine der kleinen mittelamerikanischen Republiken auszuwandern.

Es kam anders: Die Deutschen hatten bisweilen ein gut entwickeltes Gespür für Personen, die ihrer Sache nützlich sein konnten. Mitte Oktober 1938 erklärte Moravec in seinem letzten republikanischen Artikel (bevor der Prager Generalstab ein Publikationsverbot über ihn verhängte), auch der seiner Grenzgebiete beraubte Staat brauche seine Armee, denn die Kriegsgefahr sei nach wie vor virulent, und nur die Armee könne verhindern, daß die Republik sich in einen blutigen Kriegsschauplatz verwandle. Ohne ihre Grenzregionen sei die Tschechoslowakei eine viel kleinere Macht, ohne die Armee aber sei sie gar nichts. In seiner Verzweiflung begann er mit einem Buch und beendete das Manuskript im ersten Sommer der Okkupation, just als die Deutschen auf die Idee gekommen waren, in einer Weise an ihn heranzutreten, mit der er ganz bestimmt nicht gerechnet hatte. Vermutlich suchte ihn ein mit dem Amt des Reichsprotektors in Verbindung stehender Militärexperte auf, lud ihn zu einer Deutschlandreise ein und bat ihn nach seiner Rückkehr, im Rundfunk freundlich über die Okkupationsmacht zu berichten, was Moravec getreulich befolgte.

Moravec selbst bemerkte öffentlich, sein Buch »V úloze mouřenína«/»In der Rolle des Mohren« (1939) bestehe aus »weitschweifigen und ungeordneten Überlegungen«, und es hat natürlich seine Gründe, weshalb es so viele Leser fand (es wurde innerhalb von zwei Jahren fünfmal aufgelegt), auch unter deutschen Militärbeobachtern. Im Titel bezog sich Moravec auf einen bekannten Vers von Friedrich Schiller über einen guten Diener, der unehrenhaft entlassen wird, nachdem er all seine Pflichten loyal erfüllt hat. Das Buch war teils ein weit ausholender, mit Statistiken über Armeedivisionen, Flugzeuge und die Eisen- und Stahlproduktion gespickter geopolitischer Aufsatz und teils das zornige Bekenntnis eines durch die Kapitulation der Republik zutiefst beleidigten Soldaten. Moravec kam darin auf einige seiner älteren Überlegungen zurück, etwa die Idee des Generationenkonflikts, der in allen europäischen Ländern die 21jährigen, »diese unerfahrenen Träumer«, die »erfahrenen und produktiven« Vierzigjährigen (mehr oder weniger seine Altersgruppe) und die beklagenswerten Sechzigjährigen, »die Berechnenden und Vorsichtigen«, die leider unfähig seien, den Mut zur bedingungslosen Verteidigung der Republik aufzubringen, gegeneinanderstelle. Weil er schon immer empfohlen hatte, sich mit dem historischen Wandel gründlich zu befassen, legte er unbeirrbaren Respekt vor T. G. Masaryk an den Tag und hatte für Beneš nur Verachtung übrig, dem es nicht gelang, auf die veränderte Situation Anfang der dreißiger Jahre mit angemessenen politischen Strategien zu reagieren, und der unfähig war, die zeitgleich mit den deutschen Forderungen gestellten territorialen Ansprüche Polens und Ungarns abzuwehren. Moravec liefert einen präzisen und minutiösen Bericht über die Entwicklungen von 1935, als Frankreich seine Hegemonie in Europa verlor, bis zum »Anschluß« Österreichs und den Tagen des Münchner Abkommens im Jahr 1938, und macht auch kein Hehl aus seinen überraschenden, altmodischen Gefühlen bezüglich des jetzt unwiderbringlich verlorenen »alten Königreichs Böhmen« (»das Volk tobte, die Soldaten verstummten … in verzweifeltem Schmerz«). Sein ebenso kluger wie kritischer Biograph Jiří Pernes meint, sein Buch sei noch kein

Dokument perverser Kollaboration, sondern die Suche nach einer Möglichkeit, ohne Verlust der eigenen Würde mit der Erkenntnis fertigzuwerden, daß Deutschland »das Schicksal« der tschechischen Nation sei. Dennoch war Moravec infiziert von illiberalen Gedanken, als er gegen den dreifachen Egoismus wetterte, der an der Tragödie der Republik schuld sei, nämlich: »das System der westlichen Plutokratien, denen die Tschechoslowakei als untergeordnete Kolonie galt«; die überalterten Politiker der traditionellen Parteien; und (unsoldatisch) »die Juden«, die wiederum eigene Gründe hätten, den tschechischen Patriotismus zu mißbrauchen.

Unter den »Aktivisten« war Moravec sicherlich der professoralste und theoretisch gefestigtste, dies änderte sich jedoch sehr plötzlich mit Heydrichs Ankunft in Prag: Dieser erkannte die wahren Ambitionen des ehemaligen (nie zum General beförderten) Soldaten und bestand trotz der Einwände Präsident Háchas darauf, Moravec als Minister für Erziehung und Volkskultur in die dritte Protektoratsregierung aufzunehmen. Heydrich hatte es nicht eilig, die seit der Verhaftung von General Eliáš lahmgelegte tschechische Regierung zu konsolidieren, und nutzte das Interregnum, um durch Instrumentalisierung der Gewerkschaften und der »aktivistischen« Journalisten sowie über die Schockwirkung der Hinrichtungen und Massenverhaftungen seine persönlichen Ziele zu verfolgen. Präsident Hácha war tief getroffen von der Verhaftung Jiří Havelkas, seines Büroleiters und Ministers ohne Portefeuille (25. September 1941), der ein loyaler Liberaler war, und es steht außer Zweifel, daß Heydrich den Fall Havelka nutzte, um den gesundheitlich bedrohten Hácha zu würdelosen politischen Kompromissen zu nötigen. Havelka stand lediglich unter Hausarrest, und Háchas Reden schrieb fortan Josef Kliment, ein ehrgeiziger Verteidiger der »Reichsidee«, der unangefochten im Präsidialamt diente. Erst am 19. Januar 1942 wurde eine de facto von K. H. Frank geplante neue Regierung vorgestellt und vom Reichsprotektor bestätigt. Es war eine kuriose Versammlung, bestehend aus Experten mit langjähriger loyaler Gesinnung gegenüber der Tschechoslowakischen Republik, rechts der Mitte angesiedelten älteren Bürokraten, erstmals einem Deutschen aus dem Büro des Reichsprotektors sowie dem von Heydrich trotz Háchas Vorbehalten protegierten Moravec.

Jaroslav Krejčí, Experte für Verfassungsangelegenheiten, war in der Zweiten Republik Justizminister gewesen und hatte nach der Verhaftung von General Eliáš den Posten des Regierungschefs übernommen, den er nach wie vor innehatte. Er überredete Richard Bienert, das Amt des Innenministers zu akzeptieren. Bienert war schon 1916 in die böhmische Polizeidirektion eingetreten, hatte sich am Ende des Ersten Weltkriegs in Masaryks und Beneš' Geheimorganisation betätigt und war von 1920 bis 1925 Polizeipräsident von Prag und später Chef der böhmischen Regionalregierung gewesen (K. H. Frank traute ihm nicht und ließ ihn bei Ausbruch des Kriegs gegen Polen vorübergehend festnehmen). Adolf Hrubý, der Landwirtschaftsminister, war in jüngeren Jahren Mitglied der bolschewikischen Legionäre gewesen, seine politische Karriere aber begann in den Agrariergenossenschaften, und 1935 wurde er ins tschechoslowakische Parlament gewählt. Er war der erste Vorsitzende der »Nationalen Solidarität«, zeigte beträchtliches Geschick im Umgang mit den Faschisten, geriet aber in Konflikt mit den deutschen Behörden und mit Hácha, doch als Heydrich die Bauern zu umwerben begann, war er wieder zur Stelle.

Josef Kalfus, der als junger Mann in den tschechoslowakischen Zolldienst eingetreten war, wurde bereits 1936 zum ersten Mal Finanzminister und nach dem Münchner Abkommen sowohl von General Syrový als auch von Beran im Amt bestätigt. Er wirkte an der Finanzierung der modernen tschechoslowakischen Armee mit, und in der Nacht vom 14. auf den 15. März 1939 bewies er große Kühnheit, indem er hastig eine Reihe von Regierungskonten privatisierte und damit vor der Beschlagnahmung durch die Deutschen rettete. Jindřich Kamenický, Eisenbahner sein Leben lang, war in der kurzlebigen Regierung vor München (September 1938) Verkehrsminister gewesen, löste beherzt die Probleme im Zusammenhang mit der Mobilmachung und bot im November 1939, als die Universitäten geschlossen wurden, in seiner Eigenschaft als Generaldirektor der Eisenbahn Hunderten von Studenten sofort eine Anstellung.

Zwei neue Regierungsmitglieder waren Heydrichs persönliche Wahl, der deutsche Volkswirt Walter Bertsch (der, lange nach dem Krieg, in einem Gefängnis in Brünn starb), und eben Emanuel Moravec, der bald die Rolle des Regierungssprechers übernahm, eine der »Hitlerjugend« nachgebildete Organisation zur Umerziehung der tschechischen Jugend ins Leben rief und sich während des Prager Bürgeraufstands Anfang Mai 1945 in einem Militärlastwagen erschoß.

Thalia, zweigeteilt

Besatzer und Besetzte standen einander nicht nur im Kampf um die administrative Macht gegenüber (zwischen Protektoratsregierung und dem Büro des Reichsprotektors), sondern auch auf den Schlachtfeldern des Untergrunds, wo die Widerstandsgruppen gegen die Gestapo zu kämpfen hatten. Auf ihre Art waren auch die öffentlichen Kulturinstitutionen intensiv involviert, unter ihnen die Prager Theater, die der Öffentlichkeit seit dem achtzehnten Jahrhundert zugänglich waren und nun vor einem in sprachlicher wie in ideologischer Hinsicht strikter denn je geteilten Publikum spielen mußten. Das Prager tschechische Theater stand zwischen zwei Polen: auf der einen Seite das aktive Engagement des Publikums für seine nationalen Institutionen und auf der anderen die Maßnahmen der Okkupationsmacht, um Regimegegner auszuschalten und zumindest offene Demonstrationen gegen die Obrigkeit zu verhindern. Das tschechische Theaterleben wurde von einer Wirtschaft getragen, in der die Menschen mehr Geld für Theater- und Kinokarten übrig hatten als für die anderen Lebensnotwendigkeiten. Große und kleine Häuser, in Prag ebenso wie in der Provinz, waren allabendlich ausverkauft, und daß die Zeitgenossen in der Regel eher Fragen der (natürlich überlisteten) Zensur und des Repertoires erörterten als die Finanzen, sagt einiges über die Situation aus. Ob das Okkupationsregime mehr daran interessiert war, die Filmindustrie zu kontrollieren als das Theater, darüber wurde in der patriotischen tschechischen Literatur nicht diskutiert; natürlich liegt es nahe, daß Berlin der Technik und der Anziehungskraft der Filmindustrie auf die Massen mehr Beachtung schenkte als dem Theater.

Deutsche Kontrolleure des Theaterlebens – manchmal August Ritter von Hoop (im tschechischen Sprachgebrauch das »Känguruh«, weil sein Name nicht »Hoop«, sondern »Hopp!« ausgesprochen wurde) und Wolfram von Wolmar (allgemein »Osram von Tungsram« genannt), sein Vorgesetzter im Amt des Reichsprotektors, und später Emanuel Moravec, der es sich speziell angelegen sein ließ, sich überall einzumischen – öffneten und schlossen willkürlich einzelne Theater. Im März 1939 übernahm der Reichsprotektor sofort das Neue Deutsche Theater, das in den Tagen des Münchner

Abkommens Pleite gemacht hatte und ein Mündel des tschechischen Staates geworden war, und erklärte es zum deutschen Opernhaus, in dem, vorwiegend von Gastensembles, Opern und Operetten aufgeführt wurden. Das ehemalige Ständetheater, das während der Prager Unruhen des Jahres 1920 von einer Gruppe zorniger tschechischer Schauspieler besetzt worden war, unterstellten die Besatzer als sogenanntes Schauspielhaus wieder deutscher Oberhoheit und behielten die für ihre avantgardistischen Stücke aus Weimarer und früherer Zeit berühmte Kleine Bühne. Sie nannten sie Kammerspiele, der Zuschauerraum wurde auf 260 Sitzplätze reduziert.

Die Tschechen wiederum polierten binnen weniger Wochen die alte Varietéhalle in Karlín wieder auf und nahmen sie als Prozatimní divadlo/Interimtheater in Gebrauch, das noch heute großen Zulauf hat (mit importierten Musicals). Auch hier war, wie bei vielen Romanen und Filmen, die grundlegende Reaktion auf den Druck der Okkupation ein neuer Historizismus, der sich den Schätzen der nationalen Tradition zuwandte. Auf der Bühne bedeutete dies: volkstümliche Stücke aus dem neunzehnten Jahrhundert von V. K. Klicpera, K. Sabina und J. K. Tyl, gelegentlich auch Aufführungen von Volksmärchen und anderen Texten, beispielsweise Weihnachtsspiele und szenische Lesungen älterer Dichtung. Es wurden viel mehr deutsche und österreichische Stücke aufgeführt als je zuvor, darunter Kleist, Goethes »Urfaust« und »Torquato Tasso«, Grillparzer und, sehr beliebt, die wichtigeren Stücke von Gerhart Hauptmann, darunter »Kollege Crampton« und die Satire »Der Biberpelz«, allerdings sehr wenig Schiller, der angesichts der Lage vielleicht zu rhetorisch war. Eine Schwierigkeit bestand darin, daß die Okkupationsbehörden die Anzahl der tschechischen Shakespeare- und Molière-Inszenierungen begrenzt hatten, und in späteren Kriegsjahren waren polnische, französische, britische und russische Dramatiker – bis auf vielleicht die eine oder andere Ostrovski-Aufführung in Provinztheatern – sogar verboten, so daß sich die Aufmerksamkeit den Skandinaviern zuwandte, allen voran wieder Ibsen. Eine der langlebigen Bühnenentdeckungen, die auch die Okkupation überdauerte, war Carlo Goldoni, der, wie es der Zufall wollte, Italiener war und viele hervorragende Rollen, besonders im komischen Genre, und bemerkenswerte Möglichkeiten für Regisseure bot, die *commedia dell'arte* neu zu erfinden. Bohuslav Martinů, der Mitte der Fünfziger im Ausland eine komische Oper nach Goldonis »La Locandiera« schrieb, arbeitete nach wie vor in der Tradition des Protektoratstheaters.

Die Avantgarde früherer Jahre wurde von E. F. Burian und seiner kleinen Bühne im modernistischen Mozarteumsgebäude in der Jungmannova-Straße am Leben erhalten, doch benötigte er dringend einen größeren Raum für die Experimente mit seiner »Voiceband«, dem »Stimmorchester«, und seine Aufführungen, die Text, Licht, Musik und Film kombinierten. Er begann mit seinem D 34 (Theater 34), zog dann aber in ein größeres Theater an der Poříčí-Straße um, wo er und zwei seiner Assistenten am 12. März 1941 verhaftet und ins KZ deportiert wurden. E. F. Burian war fest entschlossen, sich ein eigenes tschechisches Repertoire zuzulegen, und in Ermangelung geeigneter Texte ließ er – mit großem Erfolg – tschechische Prosastücke für die Bühne bearbeiten, so etwa Božena Benešovás »Věra Lukšóvá«, die fragile Geschichte eines jungen Mädchens (1936), oder Viktor Dyks »Krysař«/»Der Rattenfänger« (1940), in dem die Hauptfigur Hitler ziemlich ähnlich geriet; und in besonderer Weise schätzte er Lesungen romantischer und patriotischer Gedichte (zum Beispiel Máchas »Mai« im Barockgarten des ehemaligen Palais Waldstein) oder Rezitationen der Lyrik von František Halas und Jaroslav Seifert zu Ehren von Božena Němcová, der Begründerin der Traditionen moderner tschechischer Prosa. Politisch stand er links (mit seinen eigenen Komplikationen), unterstützte die Kommunistische Partei, protestierte jedoch gegen die Verurteilung des Avantgardisten Vsevolod Meyerchold durch die Sowjetunion – nur um nach der Rückkehr aus dem KZ abermals den Kurs zu wechseln, sich von seiner avantgardistischen Vergangenheit loszusagen und ein Stück zu schreiben, in dem er das kommunistische Todesurteil gegen eine liberale Parlamentsabgeordnete und einen (kurz zuvor hingerichteten) regimekritischen Linksintellektuellen rechtfertigte; anschließend übernahm er die Leitung des Armeetheaters (er starb 1959).

Viele Zeitgenossen haben E. F. Burians Inszenierung des Stücks »Manon Lescaut«, das der Dichter Vítězslav Nezval nach dem 1731 erschienenen Roman des Abbé Prévost schrieb, als eine seiner wichtigsten Regiearbeiten, wenn nicht überhaupt den Höhepunkt des Protektoratstheaters in Erinnerung. Es war eine glückliche Verbindung von Sprache, Bühne und Spiel; und nach der Uraufführung am 7. Mai 1940 war das Haus jedesmal ausverkauft, die Leute wollten das Stück wieder und wieder sehen. E. F. Burian hatte ursprünglich eine kunstvolle Bühnenmusik vorgesehen, doch im Verlauf der Proben änderte er seine Meinung, weil ihm die an sich schon wunderbare Musikalität von Nezvals Sprache aufging; und obwohl das Stück romantische Unterhaltung in der Nähe der Komödie war, behaupteten spätere Kritiker, es sei »ein in schlimmen Zeiten gewonnener Kampf für die tschechische Sprache«. Nezval hielt sich getreu an die Prévostsche Vorgabe: mit Manon, jung, attraktiv und leichtfertig (Marie Burešová), und de Grieux, unglücklich verliebt, gewillt zu verzeihen, leicht hinters Licht zu führen und von blinder Leidenschaft erfüllt (Vladimír Šmeral); wieder und wieder wich die Prosa kunstvollen Balladen, Gedichten und Gesängen, so etwa dem Mississippisong am Ende, der sehr an »Ol' Man River« erinnert. Noch jahrelang rezitierten junge Leute auf ihren nächtlichen Spaziergängen durch Prag Nezvals Verse »Ach Manon, Manon hříšnice« (»Ach Manon, Manon die Sündige«), als wären sie Zaubersprüche (ich weiß es, denn ich war dabei).

Politische und institutionelle Probleme erschwerten das Schicksal der Prager tschechischen Stadttheater, die von einem Verein getragen und von der Stadtverwaltung subventioniert wurden. Die Stadttheater bestanden aus dem prächtigen Vinohradské divadlo/Vinohrady-Theater, das es in der Qualität seiner Aufführungen oft mit dem Nationaltheater aufnehmen konnte, und dem kleinen Komorní divadlo, den Kammerspielen an der Hybernská-Straße, die vorwiegend auf Boulevardstücke setzten, bessere und schlechtere. Als die Gestapo E. F. Burians avantgardistisches Poříčí-Theater im März 1941 schloß, boten seiner Bühne auf Betreiben der deutschen und tschechischen Behörden hin die Stadttheater Asyl: Im Juni 1941 wurde das Poříčí-Theater innerhalb der Verbunds der städtischen Theater mit einer Aufführung von Carlo Gozzis »Prinzessin Turandot« wiedereröffnet. Leider folgte darauf das gehässig antisemitische Stück »Rothschild siegt bei Waterloo« von Eberhard Möller. Fünf Monate später wurde das Vinohrady-Theater ohne Vorankündigung geschlossen, und es stellte sich heraus, daß das Amt des Reichsprotektors die Eröffnung eines vorwiegend für die in Prag stationierten Truppen gedachten »Großen Deutschen Varietés« geplant hatte; man stand mit dem Direktor des Berliner Varietés in Verhandlung und hatte ihm das Gebäude des Vinohrady-Theaters angeboten. Doch der Berliner Varietédirektor wollte durchaus nicht nach Prag und stellte unmögliche Forderungen, beispielsweise ein überdimensionales neues Gebäude am Wenzelsplatz. Außerdem hatte Emanuel Moravec in einer großen Geste das Vinohrady-Theater den Tschechen zurückgegeben, die nun entdecken mußten, daß ein großer Teil der Inneneinrichtung von einem deutschen Team, das hier mehrere Filme gedreht hatte, schwer beschädigt worden war.

Auf der Bühne des tschechischen Protektoratstheaters war František Zavřel, Beamter, Schriftsteller und Dramatiker, die zweifelhafteste und wahrscheinlich bedauernswerteste Figur. Er war weder ein militanter Faschist wie General Gajda noch ein politischer Kollaborateur, den die Vision von der Rettung der böhmischen Länder durch das Dritte Reich antrieb wie den späteren Emanuel Moravec, sondern ein konservativer Nationalist alter Schule, der leider der Überzeugung anhing, die Liberalen und Linken der Republik hätten sich gegen sein literarisches Talent verschworen; und da er sich als Faust unter den kleinen Leuten sah, loyal gegen Masaryk und Beneš, machte er während der Okkupationsjahre der Wut auf seine Gegner in Epigrammen und Flugblättern Luft, die er persönlich in Umlauf brachte. Zavřel, geboren 1885 als Sohn eines Lehrers in einem kleinen Dorf der Region Vysočina, durchlief das kleine städtische Gymnasium in Chrudim, studierte danach in Prag Jura und arbeitete im Handelsministerium, wurde aber 1931 mehr oder minder gezwungen, seine Stelle aufzugeben, weil sein benešfeindlicher Roman polizeilich beschlagnahmt worden war, arbeitete dann als Anwalt und reiste viel nach Italien – eher aus Begeisterung für die Renaissance denn für den Faschismus – und, *in memoriam Napoleonis,* nach Frankreich. Sein erstes Schauspiel über ein Thema aus der tschechischen Geschichte wurde schon 1920 aufgeführt; es folgten weitere, doch mit der Zeit entwickelte er das unabweisliche Gefühl, daß seine Karriere als Dramatiker von mächtigen liberalen Feinden behindert werde, und er beschwerte sich deshalb bei Moravec und den Besatzern – mit dem vorhersehbaren Ergebnis, daß seine Stücke zwar im Nationaltheater aufgeführt wurden, allerdings vor halbleerem Haus. 1942 veröffentlichte er seine Memoiren, in denen er sich entschlossen zeigte, sich nicht unterkriegen zu lassen, jedoch ließ er durchblicken, daß er wohl keine weiteren Stücke schreiben werde.

František Zavřels Nationalismus war ein vollendeter Anachronismus, und seine Memoiren zeigen, wie wenig er der eigenen Zeit angehörte: Eigentlich schien er um die Mitte des neunzehnten Jahrhunderts zu leben. Sein Großvater hatte F. L. Rieger verehrt, den Vorsitzenden der Alttschechischen Partei, und der junge Zavřel identifizierte sich absolut mit seinem Vater, der den »großen Moralisten« Masaryk weit über den konservativen Karel Kramář stellte (der seinerseits gern den Zaren auf einem tschechischen Königsthron gesehen hätte). In »Fortinbras« (1930), seinem Erziehungsroman, beklagt Zavřel den Mangel an tschechischer Seelenkraft, beobachtet Mussolini aus der Ferne (Hitler wird ignoriert), und seinem Protagonisten fällt auf einer Berlinreise auf, daß die Gesichter der Deutschen nicht dieselben sind wie 1918, sondern eine auffällige »Rückkehr des alten Preußen« spiegeln – gefährlich für die in Korruption und Mattigkeit dahinlebenden Tschechen. Sein Alter ego Petr Dan ist gewiß kein Deutschenfreund; auf einer Reise in die mährische Hauptstadt Brünn (1930) bemerkt er traurig, das Erscheinungsbild der Stadt sei immer noch sehr deutsch, und flieht ins nahegelegene Austerlitz, um seinem ungehemmten Napoleonkult zu frönen.

Emanuel Moravec irrte sich nachweislich, als er in einer

angespannten Unterredung (1940) mit František Götz, dem Dramaturgen am Tschechischen Nationaltheater, die Ansicht äußerte, Zavřels Drama über Wallenstein sei eigentlich »das einzige Stück, das in seiner Idee der wahren Beziehung der tschechischen Länder« zum Deutschen Reich entspreche. Zavřel feierte seine »Polobozi« oder Halbgötter Cäsar, Christus, Jan Hus, Wallenstein und Napoleon in seinen fünf gleichnamigen Stücken nicht als Verkörperungen eines deutschen »Führers«, sondern als ein Spiegelbild seines Alter ego, und Wallenstein selbst, der von der Krone des mittelalterlichen Reichs auf dem Haupt seines (toten) Sohnes träumt, erweist sich nicht als exemplarische politische Gestalt von maßgeblicher Bedeutung für die mitteleuropäische Machtpolitik der vierziger Jahre, sondern als halbwahnsinniger Träumer. Zavřel war ein unersättlicher Egoist, der die falschen Hebel in Bewegung setzte, um seine Stücke aufführen zu lassen, und endete obdachlos, hungrig und krank im November 1947 auf einer Bank auf dem Letná-Hügel. Er starb einen Monat später in einem Prager Krankenhaus.

Ein Kuriosum ist, daß der Österreicher Richard Billinger (1890 bis 1965) im besetzten Prag zu den am häufigsten aufgeführten Dramatikern gehörte, dessen Stücke sowohl auf tschechisch wie auf deutsch gespielt wurden. Billingers politische Einstellung war zwiespältig; in zwei (gnädig kurzen) Gedichten versicherte er den »Führer« seiner Treue zum Deutschen Reich und ließ sich hin und wieder zu offiziellen Feiern des Regimes einladen – doch er wurde kein Parteimitglied, saß drei Monate im Gefängnis, weil ihn ein Kritiker als homosexuell denunziert hatte, und den NS-Ideologen, Goebbels und Rosenberg eingeschlossen, war er, gelinde ausgedrückt, ein Dorn im Auge. Seine vorwiegend bayrische Blut-und-Boden-Bühnenwelt war weniger aufrecht und weitaus dekadenter, als den Parteikritikern lieb sein konnte, und seine Hauptfiguren hatten eine dionysische Ader, die mit der blauäugigen muskelstrotzenden Kraft des typischen Nazihelden in seltsamem Kontrast stand. Veit Harlan, der sich Billingers Schauspiel »Der Gigant« (1937) – das sich um einen starken Vater und eine leidenschaftliche Tochter dreht – als Vorlage für seinen widerlichen Film »Die goldene Stadt« aussuchte, mußte das Drehbuch umschreiben und eine bei Billinger nicht vorhandene slawenfeindliche Komponente einfügen. Sein theatralischer Instinkt, der einen naturalistischen Materialismus und eine expressionistische Vision gegeneinander intrigieren läßt, war stark und originell, und es ist möglich, daß sein deutsches und sein tschechisches Publikum ihm aus gänzlich verschiedenen Gründen Aufmerksamkeit schenkten. Billingers Schauspiel »Die Hexe von Passau« (1935), das am 10. Oktober 1940 am Prager Ständetheater und am 20. Juni 1941 am Tschechischen Nationaltheater aufgeführt wurde, spielt im späten Mittelalter; es ist die Geschichte einer der Hexerei bezichtigten Passauerin, deren Verbrennung einen bewaffneten Aufstand der lange von der Kirche unterdrückten, von Steuern und Zehntzahlungen zermürbten Bauern auslöst. Valentina Ingold, Tochter eines Schmieds und Bauernführers, tritt gern in religiösen Stücken auf, die dem Erzbischof verhaßt sind, vor allem das Maria-Magdalenen-Spiel. Weil sie Menschen verzaubert, wurde sie als Hexe angezeigt und zum Tod auf dem Scheiterhaufen verurteilt, doch die Kirche, die den Widerstand der Bauern fürchtet, zögert noch mit der Vollstreckung des Urteils. Der junge Jörg, reicher Müllerssohn, der Valentina liebt, eröffnet ihr einen Ausweg, indem er ihr die Ehe anbietet, womit das Urteil hinfällig wäre; doch nach kurzer Überlegung schlägt Valentina seine Hand ebenso aus wie ein ähnliches Angebot des Grafen Klingenberg, des

Stadtkommandanten von Passau, der sie ebenfalls liebt. Sie wird verbrannt, und Graf Klingenberg schließt sich den zum Kampf gerüsteten aufständischen Bauern an.

Abgesehen von der spätmittelalterlichen Effekthascherei arbeitet Billinger mit modernen Techniken (einer Bühne auf der Bühne bei Valentinas Auftritten), und die lokalen Kritiker spendeten Marga Klas als Valentina in der deutschen Inszenierung ebenso wie Olga Scheinpflugová, der Witwe Karel Čapeks, in der tschechischen Version am Nationaltheater uneingeschränktes Lob. In der deutschsprachigen Zeitung *Der Neue Tag* diskutierte der Kritiker das Drama als Beweis für den Widerstand der »völkischen Idee« gegen das römische Gesetz, während dem an Abstraktionen vorläufig weniger interessierten tschechischen Publikum der Aufstand der unterdrückten Bauern bei weitem lieber gewesen sein wird. Es war wohl unvermeidlich, daß das tschechische Interimtheater am 17. Oktober 1942 Heinrich Zerkaulens »Der Reiter« auf die Bühne brachte, ein weiteres Historiendrama über deutsche Hexenjagden, denn hier sah es so aus, als hätte sich der Protagonist, ein junger Ritter, gegen die Unterdrückung durch Kirche und Gesetz empört. Das tschechische Publikum begriff nicht ganz, daß der »Reiter« einem exemplarischen HJ-Führer ähnelte (obwohl das Porträt von Kaiser Rudolf, der von seinem Prager Schloß aus den Hexen vergibt, mit großem Verständnis gezeichnet war).

Mit seinem Befehl vom 6. September 1939 legte Goebbels die Leitung des Prager deutschen Theaters in die Hände von Oskar Wallek, einem fünfzigjährigen Schauspieldirektor, der in Brünn als Walletschek zur Welt gekommen war und sich seine ersten Sporen als Schauspieler in der mährischen und böhmischen Provinz verdient hatte. Nach dem Ersten Weltkrieg machte er seinen Weg als Schauspieler und Regisseur an deutschen Theatern, trat früh in die NSDAP ein und war 1934 Leiter des Münchner Gärtnerplatztheaters. Trotz Walleks mährischer Herkunft hatte das Prager deutsche Theater der Jahre 1939 bis 1944 einen ausgeprägt kolonialen Charakter: Er wurde, ungeachtet der lokalen Talente und Erwartungen (obwohl die häufig tschechischen Bühnenarbeiter vom alten deutschen, 1938 geschlossenen Theater übernommen wurden), zur Unterhaltung und Aufklärung der Einheimischen – und der zahlreichen in Prag stationierten Soldaten und Beamten – von oben herab verordnet. Wallek, der direkt und vollständig vom Amt des Reichsprotektors subventioniert wurde, suchte sich im gesamten Deutschen Reich seine manchmal erstklassigen Hauptdarsteller zusammen – Maria Schanda aus Berlin, Edith Herdeegen aus Bonn, Marga Klas aus Köln, Albert Johannes aus Dresden, O. E. Hasse aus Hamburg; 1940 kam aus Köln Inge Schürmann, die nach dem Krieg ein Star am Wiener Burgtheater wurde.

Wallek war natürlich nicht in der Lage, die ihm zur Verfügung gestellten drei Häuser, das Ständetheater, das Opernhaus (das ehemalige Neue Deutsche Theater) sowie die Kleine Bühne (jetzt Kammerspiele) zu füllen, und veranstaltete deshalb regelmäßig aufwendigste Gastvorstellungen deutscher und italienischer Ensembles, etwa des Berliner Schauspielhauses, der Wiener Josefstadt, der Wiener und der Florentiner Oper, der Mailänder Scala. Unter den Gästen war auch der Schauspieler und Regisseur Fritz Rémond, der seinem Publikum in Erinnerung rief, daß irgendwo, jedenfalls in seiner Kunst, noch eine vollkommen nazifreie Welt existierte; noch heute trägt ein bedeutendes Frankfurter Theater mit Stolz und Recht seinen Namen.

Im Herbst 1941 befahl Goebbels die Verlegung der bei einem Luftangriff der Alliierten ausgebombten Duisburger

Oper nach Prag, und am 28. November 1941 begann sie die Saison mit einer Aufführung von Wagners »Lohengrin«. Die Oper stand unter eigener Leitung und wurde vollständig und unabhängig finanziert, und Wallek konnte sich dem eigenen Repertoire widmen. Seine Vorlieben galten dem seriösen, klassischen Fach, und er konzentrierte sich vor allem auf Lehrbuchinszenierungen von Kleists »Prinz von Homburg«, Schillers »Kabale und Liebe« und der »Braut von Messina«, auf Lessings »Minna von Barnhelm«, viel Grillparzer, unter anderem die »Medea«; Goethe war kaum vertreten, dafür gab es hin und wieder eine italienische Komödie von Cesare Meano, der den italienischen Faschisten nahestand. Die übrigen Komödien überließ Wallek seinen Assistenten österreichischer, deutscher und ungarischer Herkunft, die den Publikumssehnsüchten nach leichterer Kost in Kriegszeiten nachkommen mußten, etwa mit Anton Hamiks »Der verkaufte Großvater«, Martin Costas »Hofrat Geiger« (aus dem nach dem Krieg ein österreichischer Film entstand) und dem Singspiel des Komponisten Ralph Benatzky »Bezauberndes Fräulein« – Wallek fand wenig Anklang, als er zu Weihnachten einmal Schillers düstere »Braut von Messina« auf den Spielplan setzte, während die Komödie »Diamanten aus Wien« vor ausverkauften Häusern, zu nicht enden wollendem Beifall, 42mal wiederholt werden mußte.

Wallek war 1943 zum SS-Standartenführer befördert worden und engagierte pflichtbewußt Regimevertreter wie Curt Langenbeck, Gerhard Menzel und (natürlich) Erwin Guido Kolbenheyer, inszenierte aber auch die »Nausikaa« des jungen Eckart Peterich, dessen »Venezianische Sonette« in Samisdat-Kopien unter den deutschen Soldaten an der italienischen Front (1944) kursierten – erster Vorbote einer Nicht-Naziliteratur, die nach dem Krieg kam. Wallek brachte drei

Theaterstücke des Prager Romanautors und Dramatikers Franz Hauptmann (1895 bis 1970) auf die Bühne, der ursprünglich Anwalt und Bankier gewesen war und nach dem Krieg in Leipzig als Dramaturg und in Mainz als Verleger arbeitete. Hauptmanns frühe Historiendramen wurden in den dreißiger Jahren vom Prager deutschen Theater aufgeführt; die während des Krieges enstandenen Inszenierungen des Stücks »Die Entscheidung«, der Dorfkomödie »Der goldene Helm« und des Borgia-Dramas »Das Verhängnis« wurden respektvoll aufgenommen, zeugten jedoch mehr von Gelehrsamkeit als von dramatischer Kraft. In dem Napoleondrama »Die Entscheidung« setzt Hauptmann eine raffinierte Bühne auf drei Ebenen ein (vielleicht eine Abwandlung der Shakespeareschen Bühne), füllt sie jedoch alsbald mit wortreichen Reden und historischen Kostümen.

Sämtliche Theater des Deutschen Reichs, eingeschlossen die tschechischen und deutschen Bühnen in Prag, wurden am 1. September 1944 auf Befehl von Goebbels geschlossen, und so kam es, daß auch das Deutsche Theater in Prag wenig rühmlich mit den Sommeraufführungen der Operette »Der Vogelhändler« und der Komödie »Der verkaufte Großvater« seine Aktivitäten einstellte. Wallek selbst zog sich nach Coburg zurück, war kurze Zeit in alliierter Kriegsgefangenschaft, trat aber schon im Herbst 1945 als sogenannter Spielleiter des Tiroler Landestheaters in Innsbruck wieder in Erscheinung und war von 1953 bis 1956 Intendant des Oberösterreichischen Landestheaters in Linz, ehe er in den Ruhestand ging und abermals nach Deutschland zurückkehrte.

Das Theater in Theresienstadt

Das Prager Theaterleben während des Protektorats ging getrenntere – deutsche und tschechische – Wege denn je. Die Häftlinge in Theresienstadt aber, unter Gestapo-Kontrolle und von ständiger Vernichtung überschattet, bewiesen unglaublichen Mut und Vorstellungskraft. Trotz Seuchen, Hunger und fortgesetzter Transporte in die Gaskammern wurde in vielen Sprachen, auch in jiddisch, in Dachkammern und Kellern Theater gespielt, neue Texte wurden geschrieben, es war wie eine Renaissance der kreativen Einmütigkeit, die Prag Mitte der dreißiger Jahre geprägt hatte. Im Theresienstädter »Amt für Freizeitgestaltung« (FZG) arbeiteten viele jüdische Intellektuelle und Künstler zusammen und veranstalteten Vorträge und Lesungen, Theateraufführungen und musikalische Darbietungen. Ältere Juden aus Großstädten, sei es Prag, Berlin oder Wien, sprachen nach wie vor Deutsch, Jüngere aus Prag und kleineren Provinzstädten zogen Tschechisch vor, wieder andere waren perfekt zweisprachig. Nicht die Sprache war von vorrangiger Bedeutung, vielmehr bildeten sich Gruppen auf religiöser, politischer und philosophischer Basis. Es gab tschechische Juden, die an den Traditionen von T. G. Masaryks liberaler Erster Republik festhielten, andere, die in der Tradition des deutschen Idealismus und der klassischen Literatur standen, es gab Katholiken und Lutheraner (rund zehn Prozent der Insassen), Kommunisten (die sich heimlich trafen) und, vor allem in der jüngeren Generation, Zionisten religiöser und/oder sozialistischer Überzeugung, die mehr das Jiddische als das Hebräische pflegten, und ungarische, dänische, holländische Juden, die häufig bei den musikalischen Aktivitäten einen Platz fanden. Allerdings war nicht jeder von den großen Leistungen des kulturellen Lebens in Theresienstadt überzeugt, und H. G. Adler, selbst ein gelehrter Musikwissenschaftler und der erste, der die Theresienstädter Gemeinschaft aus soziologischer Sicht analysierte, warnte vor den möglichen Illusionen, oder Selbsttäuschungen, durch die Stars der »Freizeitgestaltung«; seiner Ansicht nach spielte das kulturelle Leben in Theresienstadt der Gestapo in die Hände, die das jüdische KZ der internationalen Öffentlichkeit als eine Art Kurort verkaufen wollte. Viele andere hingegen waren, wie die Historikerin Livia Rothkirchen dargelegt hat, von der Kultur als »Lebenselixir« überzeugt und machten auf je eigene Weise weiter, bis sie ins Gas geschickt wurden. Leider standen, wenn wir Zeit und Ort bedenken, Selbsttäuschung und »Lebenselixir« nicht unbedingt im Gegensatz zueinander – im Herbst 1944 ordneten die SS-Lagerkommandanten Theateraufführungen an, um internationale Besucher zu beeindrucken, zum Beispiel mit »Hoffmanns Erzählungen« von Jacques Offenbach.

In den beengten Räumen der Theresienstädter Dachkammern und Keller waren das literarische und das musikalische Genre natürlich schwer zu trennen. Zwischen Ende 1941 und den fatalen Massentransporten des Jahres 1944 entwickelten sich aus Zusammenkünften von Freunden Vorträge, Lesungen und echte Aufführungen auf einer improvisierten Bühne. Die Miloš-Salus-Gruppe, zu der Milena Illová und Anna Auředníčková gehörten, organisierte zahlreiche Lesungen älterer und moderner tschechischer Lyrik, gelesen wurde aus den Werken von K. H. Mácha, S. K. Neumann, František Halas, Jiří Wolker, aber auch aus Čapeks Übersetzungen von Rimbaud und anderen französischen Dichtern der neueren Zeit, und die deutsche Gruppe, die sich um Philipp Manes aus Berlin scharte, veranstaltete Lesungen aus klassischen Werken und den in Theresienstadt entstandenen Gedichten von Otto Brod (dem Bruder von Max), Georg Kafka, Peter Kien und H. W. Kolben. Die »Freizeitgestaltung« brachte ein umfassendes Programm mit über 2200 Vorträgen von mehr als 520 hochqualifizierten Vortragenden zustande, deren jeder pro Auftritt dreißig Gramm Margarine erhielt. Der Berliner Rabbi und angesehene Philosoph Dr. Leo Baeck begann mit einem Vorlesungszyklus »Von Plato bis Kant«, der an die 700 Zuhörer in den eiskalten Dachboden der sogenannten Dresdner Kaserne lockte, und ebenfalls aus Berlin kam die Feministin und Rabbinerin Regina Jonas, der zwar in Theresienstadt vom lagerinternen Rabbinerausschuß sofort die Zulassung aberkannt wurde, doch ließ man sie immerhin Vorträge über jüdische Sozialfragen halten. Die vielen verschiedenen Gruppen veranstalteten mehr als hundert Vorlesungen über Theorie und Praxis des Dramas sowie konkrete dramatische Lesungen: Besonders Goethes »Faust« und Lessings »Nathan der Weise« lockten viele Zuhörer an. Unter den Vortragenden waren Gustav Schorsch aus Prag und Carl Meinhold aus Berlin; sie gehörten zu den ersten, die echte Theateraufführungen konzipierten.

Das Repertoire tschechischer Stücke, die in Theresienstadt inszeniert wurden, unterschied sich nicht wesentlich von dem des Prager tschechischen Theaters der späten dreißiger und frühen vierziger Jahre, manchmal spiegelte es noch die Ideen und Errungenschaften der Prager Avantgarde; besonders beliebt beim Publikum waren Theaterstücke von Mitgefangenen, etwa Zdeněk Jelíneks »Komedie o pasti«/»Eine Komödie über eine Falle«, die ihrem Stil nach dem Varieté ähnelte. Gustav Schorsch, Jiří Ortens Freund und Kollege vom Prager Konservatorium und Begründer der kleinen experimentellen Bühne D 99 in Topičs beliebtem Büchersalon, hielt in Theresienstadt viele Theaterseminare ab, er arbeitete mit Kindern, und seine originelle, 22mal wiederholte Inszenierung von Gogols »Ženitba«/»Die Heirat« im Februar 1944 blieb den Überlebenden lange in Erinnerung. Er brachte auch, in tschechischer Übersetzung, Peter Kiens Schauspiel »Loutky«/»Puppen« auf die Bühne, ein Stück über den Lageralltag, und hatte viele Aufführungspläne für Werke von Romain Rolland, Alexander Gribojedow und Pedro Calderón de la Barca, die leider nicht realisiert wurden. Die Darstellerin Vlasta Schönová, die im jüdischen Waisenhaus von Prag mit einer Gruppe junger Schriftsteller und Schauspieler aufgetreten war, inszenierte Jean Cocteaus »La voix humaine«/»Die geliebte Stimme«, Jiří Wolkers »Hrob«/»Grab«, Josef und Karel Čapeks »Lasky hra osudná«/»Das verhängnisvolle Spiel der Liebe« (1941), das 21mal aufgeführt wurde, und František Langers beliebtes Stück »Velbloud uchem jehly«/»Ein Kamel geht durch das Nadelöhr«. Andere Gruppen (zum Beispiel die um Ota Růžička) führten nicht nur Tschechows Einakter und Molières »George Dandin« auf, sondern auch, ganz im Sinn der avantgardistischen Tradition von E. F. Burian, tschechische Balladen und noch im April 1944 »Esther«, ein Stück aus der barocken tschechischen Volkstradition. Es war František Zelenka (1904 bis 1944), einer der innovativsten Architekten und Bühnenbildner der Prager Avantgarde (er hatte am Befreiten Theater von Voskovec und Werich gearbeitet), der in Theresienstadt die Bühnenbilder und Kostüme für die wichtigsten, tschechischen ebenso wie deutschen Theaterereignisse schuf, auch die Kostüme für »Esther« – hervorgezaubert aus dem Nichts.

Das deutsche Repertoire in Theresienstadt war demgegenüber bürgerlicher und konservativer, denn – um die Wahrheit zu sagen – jüngere und begabtere deutsche und österreichische Regisseure und Schauspieler hatten bessere

Fluchtchancen über einen längeren Zeitraum, und sie gingen früher, vorwiegend in die USA. Ihre Theresienstädter Kollegen aus Berlin und Wien gehörten einer etwas älteren Generation an, und Kurt Gerron, der mit dem jungen Brecht zusammengearbeitet hatte, kam mit einem späteren Transport aus Holland. Von den deutschen und österreichischen Regisseuren und Schauspielern inszenierten Carl Meinhold, der seinerzeit mindestens vier Berliner Theater geleitet hatte, Erich Österreicher und Ben Spanier Stücke von G. B. Shaw, Ferenc Molnárs unterhaltsames »Spiel im Schloß«, Hugo von Hofmannsthals düsteres lyrisches Drama »Der Tor und der Tod« sowie Schauspiele ihrer Mithäftlinge Otto Brod und Georg Kafka.

Im Sommer und Herbst 1943 wurde auch den Theresienstädter Kindern Theaterunterhaltung geboten. Vlasta Schönovás Bühnenbearbeitung von »Broučci«/»Die Käferchen«, nach dem berühmten Kinderbuch von Jan Karafiát, wurde 33mal aufgeführt, öfter als jedes seriöse Stück für erwachsenes Publikum; in allen Kinderbaracken gab es kleine Puppentheater, und das hervorragende Loutkové divadlo, das »Puppentheater«, für das der bekannte Bildhauer Rudolf Saudek alle Puppen, Bühnenbilder und Kostüme schuf und sich dazu noch die Beleuchtung ausdachte, hatte seine Hoch-Zeit. Varietédarbietungen, die bereits 1941 begannen, waren bei jeglichem Publikum beliebt, allerdings folgten tschechische und deutsche oder vielmehr Wiener Gruppen je unterschiedlichen kulturellen Traditionen und Erwartungen und gingen getrennte Wege. Karel Švenk, der »Theresienstädter Aristophanes«, stand politisch links, und in seiner 44mal aufgeführten Varieté-Revue »At' žije život«/»Ins Leben!« arbeitete er vorwiegend mit der kommunistischen *agitka,* der kurzen polemischen Szene, die häufig eher kapitalismus- als nazifeindlich war, und mit Liedern von uner-

*Ein Plakat, das ein Jazzkonzert
in Theresienstadt ankündigt*

schütterlichem Optimismus (»Auf den Ruinen des Ghettos
werden wir lachen«). In seinem Stück »Poslední cyklista«/
»Der letzte Radfahrer« zündet Bořivoj Abeles, der letzte (jüdische) Radfahrer, versehentlich eine Weltraumrakete (das
Stück wurde nur öffentlich geprobt, aber nie aufgeführt, weil
der Ältestenrat das Eingreifen der Lageraufsicht befürchtete). Eine andere, von Josef Lustig und František Kowanitz
begründete tschechische Varietégruppe stand, noch mehr
als Švenk, unter dem Einfluß von Voskovecs und Werichs
Befreitem Theater; sie schrieb neue Texte zur Musik von Jaroslav Ježek und machte sich treffsicher und witzig über die
Alltagsprobleme in Theresienstadt, auch die der internen
Lagerverwaltung lustig. Die Mitglieder der tschechischen

und Wiener Varietégruppen unterschieden sich erheblich im Alter und in der Ausbildung; die Tschechen waren Schüler der Avantgarde, die Deutschen beziehungsweise Österreicher, darunter Hans Hofer und Leo Strauss, waren Profis der älteren Generation, die häufig die Wiener Tradition verspotteten, sich gelegentlich aber auch nur auf die Höhepunkte aus den süßlichen Operetten des Vorjahres beschränkten. Eine Aufführung der neuen Operette »Das Ghettomädel« wurde zu Recht von vielen abgelehnt.

Die Musik war erstaunlich lebendig und nahm vielerlei Form und Gestalt an. Rafael Schächter, der in Prag gearbeitet hatte, organisierte die ergreifenden konzertanten Aufführungen von Smetanas »Die verkaufte Braut« (28. November 1942) und »Der Kuß »(20. Juli 1944) und inszenierte Pergolesis «La serva padrona«. Andere Gruppen führten, oft szenisch reduziert, doch mit erstklassigen Sängern, »Aïda«, »Rigoletto« oder »Carmen« auf (mit Bühnenbildern von Zelenka), und die letzte Vorstellung vor den Herbsttransporten des Jahres 1944 war Vilém Blodeks moderneres Werk »V studni«/»Im Brunnen«. Hans Krásas Oper »Brundibár« (in der die braven Kinder am Ende, gemeinsam mit ihrem Hund, einer Katze und einem Spatzen, über den bösen Leierkastenmann Brundibár triumphieren) wurde ursprünglich im Winter 1942/43 im Prager jüdischen Waisenhaus einstudiert und aufgeführt (während der Komponist nach Theresienstadt deportiert wurde), und weil der Leiter des Kinderchors die Partitur gerettet hatte, erlebte die Oper ihre Premiere in Theresienstadt am 21. September 1943 und wurde, wahrscheinlich mit ein paar Änderungen an der Partitur, 55mal wiederholt. Nach dem Krieg fand die erste Vorstellung von »Brundibár« auf tschechisch am 8. September 1975 im amerikanischen West Hartford (Connecticut) und auf englisch am 14. November 1977 im kanadischen Ottawa statt, von wo ihr langer Weg auf die internationalen Bühnen und in die Medien begann.

Viktor Ullmanns »Der Kaiser von Atlantis« mit dem Libretto von Peter Kien (der dabei an Karel Čapeks »Die weiße Krankheit« gedacht haben mag) wurde in Theresienstadt systematisch geprobt, doch die Massentransporte nach Auschwitz verhinderten die Aufführung. In ihren Jazzelementen und den Anspielungen auf den tschechischen Komponisten Josef Suk – und ironischerweise die Nazihymne – war diese Oper von schrillerer Modernität und eine weniger melodiöse Komposition als »Brundibár«. Die Partitur, die fünf Sänger und ein fünfzehnköpfiges Orchester vorsah, galt lange Zeit als verschollen, bis sie in H. G. Adlers Theresienstädter Sammlung wieder zum Vorschein kam.

Ein Theater jüdischer Ideen entwickelten die avantgardistischen tschechischen Autoren, während die deutschen und österreichischen Juden eigene kulturelle Traditionen pflegten, selbst unter radikal veränderten Umständen. Egon /Gonda Redlichs in Anlehnung an Jean Cocteaus »La voix humaine« geschriebenes Eine-Frau-Stück »Velký stín« / »Der große Schatten« stellte (auf tschechisch) schonungslose Fragen über die Assimilation, und Redlich selbst vermerkte in seinem Tagebuch, dem Publikum habe sein Stück (in dem eine getaufte tschechische Jüdin nach ihrer Ankunft in Theresienstadt über ihr Leben nachdenkt) nicht gefallen, er habe aber nicht den nationalen, sondern den religiösen Aspekt des Problems beleuchten wollen. Es gab jedoch eine »Jiddische Bühne«, die Auszüge aus Isaac Leib Peretz' »Die goldene kejt« von 1909 – ein weiser Rabbi will dem Übel in der Welt ein Ende machen, indem er den Sabbat verlängert – sowie dramatische Monologe aus Scholem Aleichems »Tevye der Milkhiger« aufführte; Viktor Ullmann komponierte dazu Variationen zu jüdischen Volksmelodien – das Broadway-

Musical von 1964 hatte also einen bescheidenen Vorläufer. Am 10. Oktober 1943 präsentierte eine daraus hervorgegangene Gruppe »Jüdische Lieder und Verse« (die Texte zusammengetragen von Irene Dodalová, am Klavier begleitet von Gideon Klein), und Walter Freund führte kleine szenische Darstellungen traditioneller jüdischer Geschichten auf, vielleicht inspiriert von den Purim-*shpils* über Königin Esther und Chanukka. Franz Kafka, den im Jahr 1912 das Gastspiel einer Truppe jiddischer Schauspieler in Prag bezaubert hatte, wäre sicher begeistert gewesen.

Heydrichs Tod

Am 18. Juli 1940 nahmen die Sowjetunion und England die (provisorische) tschechoslowakische Exilregierung zur Kenntnis, während die USA versprachen, sich der Frage ernsthaft anzunehmen. Churchill favorisierte die Tschechoslowaken, jedenfalls eindeutiger als seine Vorgänger, aber Beneš stand trotzdem vor großen Problemen. Die Kriegsproduktion im Protektorat war um zwanzig Prozent gestiegen, die Bauern lieferten die geforderten landwirtschaftlichen Produkte, die es den Deutschen ermöglichten, dringend notwendige Reserven anzulegen, und Beneš' Soldaten, die früher dem Geheimdienst angehört hatten, beklagten, daß sich der Widerstand zu Hause nicht direkt genug gegen die Besatzer richtete.

František Moravec, der Chef des tschechoslowakischen Geheimdienstes in London, behauptet in seinen Memoiren, daß Beneš selbst für den Plan verantwortlich war, Heydrich aus dem Hinterhalt zu überfallen und zu töten. Typisch für

Beneš, dessen politische Kultur sonst meist auf Memoranden, Diskussionen und Verhandlungen gründete, war diese Idee jedenfalls nicht. Doch im Frühherbst 1941 versuchte Beneš – dem nach dem Münchner Abkommen und seiner Abdankung die vollständige Wiederherstellung der Tschechoslowakischen Republik zur fixen Idee geworden war und der sich von den Alliierten in London und anderswo zunehmend unter Druck gesetzt fühlte – zu demonstrieren, daß die Tschechen und Slowaken bereit seien, einen aktiveren Beitrag zum Krieg zu leisten als bisher. Beneš war immer stolz auf die wichtigen und präzisen Informationen gewesen, die seine Prager Widerstandsgruppen zusammentrugen und den Geheimdiensten der Alliierten lieferten, doch nach Heydrichs Ankunft in Prag war die Kommunikation praktisch abgerissen; jetzt galt es vor allem, die Verbindungen wiederherzustellen und Gruppen tschechischer und slowakischer Fallschirmspringer zu trainieren, die mit dem nötigen Funkzubehör und neuen Befehlen über Böhmen abspringen sollten. Unter den 160 seit April 1941 vom britischen Kommando für Spezialoperationen für künftige Absprünge bereiten Fallschirmspringern waren zwei Männer, die schwören mußten, daß sie Heydrich finden und töten würden.

Das Spezialtraining, das die Briten organisierten, war eine gründliche Angelegenheit (eingeschlossen sechs Wochen auf einem einsamen Flugfeld in Schottland), doch ob der tschechische Geheimdienst viel über die Lebensumstände im Protektorat und die Techniken der Gestapo wußte, die ihre Informanten im Untergrund plazierte oder eigene »Widerstands«gruppen bildete, um kampfbereite Menschen anzulocken, ist eine andere Frage. Beneš war ungeduldig, er hoffte, daß der 28. Oktober (der symbolische Tag der tschechoslowakischen Unabhängigkeit) für eine spektakuläre

Aktion geeignet wäre, die sich als spontanes Signal nationaler Entschlossenheit interpretieren ließe, doch es galt Trainingspläne und Wetterbedingungen zu respektieren. Die ersten Absprünge waren katastrophal, der erste Fallschirmspringer landete nicht in Böhmen, sondern in den österreichischen Alpen, und ein zweiter, der zwar am geplanten Ort ankam, war gezwungen, die Hilfe einer von der Gestapo infiltrierten Untergrundorganisation in Anspruch zu nehmen (er wurde verhaftet und später im Gefängnis Plötzensee hingerichtet). Anfang Oktober 1941 hatte František Moravec entschieden: Josef Gabčik, ein slowakischer Unteroffizier, und Karel Svoboda sollten die Männer für die Aktion gegen Heydrich sein, doch Svoboda hatte einen Unfall und wurde sofort durch Jan Kubiš, einen Freund von Gabčik, ausgewechselt. Gabčik und Kubiš wurden nach London, zum Chef des tschechoslowakischen Geheimdienstes gebracht, über ihre Mission in Kenntnis gesetzt und später von Beneš empfangen, der, wenn wir Moravecs Memoiren Glauben schenken, die beiden mit Tränen in den Augen verabschiedete. Erst am 28. Dezember 1941 traf die definitive Anweisung ein, daß ein Halifax-Langstreckenbomber auf einem Flugfeld nahe London bereitstehe; der kanadische Pilot beschloß, nicht nur die Gruppe »Anthropoid« (Gabčik und Kubiš) zu fliegen, sondern auch die Gruppen »Silber A« und »Silber B«: ausgebildete Funker mit dem Auftrag, den Kontakt zu den Widerstandsgruppen wiederherzustellen, darunter vor allem der herausragende deutsche Agent Paul Thümmel, der für die Tschechen arbeitete; alles in allem waren es sechzehn Männer sowie eine Menge Waffen, Munition und Funkgeräte. Um zehn Uhr abends war die Maschine in der Luft und flog über Calais, Darmstadt und Bayreuth (deutschen Flugzeugen wußte der Pilot geschickt auszuweichen) weiter nach Böhmen, wo der Pilot in den dichten Wolken leider gänzlich die Orientierung verlor – die »Anthropoiden« mußten auf jeden Fall abspringen, gefolgt von zwei mit technischen Geräten schwerbeladenen Fallschirmen.

Die beiden Soldaten hatten fünf Monate Zeit, von Ende Dezember 1941 bis Ende Mai 1942, um das Attentat gegen Heydrich vorzubereiten, doch weder Heinrich Mann, der einen Roman über den Reichsprotektor schrieb, noch Douglas Sirk, der einen Hollywoodfilm drehte, gaben die außergewöhnliche Kombination aus halsbrecherischem Mut, verhängnisvollen Fehlern, Tragödie und blutiger Groteske wieder, die Teil der Geschichte ist und erst eine Generation später von Miroslav Ivanov, G. S. Graber, Günther Deschner, Hellmut G. Haasis und anderen entwirrt wurde.

Der Halifax-Bomber, der über die winterliche böhmische Landschaft hinwegdonnerte, hatte Kubiš und Gabčík in der Nähe des Dorfes Nehvizdy (knapp dreißig Kilometer östlich der Hauptstadt) abgesetzt, und die beiden hatten keine Ahnung, wo sie waren. Gabčík verletzte sich bei der Landung auf dem hartgefrorenen Boden am linken Fuß, so daß er tagelang nicht ohne Hilfe gehen konnte. Ohne ihre Fallschirme zu zerstören, ihre Fußspuren im Schnee hinterlassend, schleppten sich die beiden Agenten zu einem nahegelegenen Steinbruch, wo sie von einem Wildhüter und einem Müller aus der Umgegend entdeckt wurden, die das Flugzeug gehört hatten und jetzt, ohne Fragen zu stellen, die Gestrandeten in Kontakt mit einer patriotisch gesinnten Sokol-Gruppe, dem traditionsreichen national-tschechischen Turnverein, in Lysá brachten, die ihrerseits für ärztliche Hilfe sorgte, Atteste fabrizierte, denen zufolge die beiden jungen Männer unter Magen-Darm-Erkrankungen litten, und die Fahrt mit der Eisenbahn ins nahe Prag arrangierte (8. Januar 1942).

In der Hauptstadt wurden Gabčik und Kubiš bereitwillig, mal gemeinsam, mal einzeln, in vielen verschiedenen, bescheidenen Familienwohnungen versteckt, in Žižkov, Dejvice und anderswo; nie blieben sie zu lange an einem Ort. Auf der Suche nach der für die Ausführung ihres Befehls am besten geeigneten Stelle durchstreiften sie unermüdlich die Stadt, erkundeten auch den Hradschin. Ihre Gastfamilien, die Moravecs, Fafeks, Ogouns, die später erbarmungslos hingerichtet wurden, waren alle entweder Sokols oder ehemalige Mitglieder der »Masaryk-Liga gegen Tuberkulose«, die nach wie vor ihre Tagungen abhielt, oder in ihrer Kirche aktive Böhmische Brüder. Es wurde Frühling, und selbst die strengsten militärischen Befehle hinderten Gabčik und Liběna Fafková nicht daran, sich ineinander zu verlieben: Am 24. Mai, einem Sonntag, drei Tage vor dem Attentat, feierten sie in der Wohnung der Familie ihre Verlobung.

Die beiden Soldaten ahnten nicht, was vor ihrer Entsendung aufs Festland in London besprochen worden war; František Moravec selbst warnte, wie er in seinen Memoiren schreibt, den tatendurstigen Beneš, die Rache der Deutschen werde schrecklich sein und möglicherweise die letzten versprengten Reste des organisierten Widerstands in Gefahr bringen – doch Beneš sagte, er betrachte sich als den Oberbefehlshaber, und angesichts der Weltlage seien Opfer notwendig und unvermeidlich. Gabčik und Kubiš hatten Weisung, keine Verbindung mit dem Untergrund aufzunehmen, weil er von der Gestapo unterwandert sein könnte, doch sie hätten nicht lang genug überlebt, um ihre Mission auszuführen, hätten sie nicht die Unterstützung von Widerstandskämpfern angenommen.

Im Prager Untergrund herrschte der starke Verdacht, daß die beiden mit einem Spezialauftrag im Zusammenhang mit Heydrich gekommen waren, und auch wenn die »Anthro-

poiden« sich ausschwiegen, fürchteten die Widerstandsgruppen ihre vollständige Zerschlagung und wollten die
Ausführung der Londoner Befehle durchkreuzen (spätere
Kommentatoren vermuten, daß mindestens zwanzig Personen in Prag wußten oder jedenfalls richtig vermuteten, was
Gabčik und Kubiš im Sinn hatten). Doch die Funkverbindung klappte nicht, und erst am 4. Mai, nachdem Alfred
Bartoš von der Gruppe »Silber A« mit einem Sendegerät aufgetaucht war, konnte ein Protest nach London übermittelt
werden, in dem es hieß, »der Mord … würde nicht nur das
Leben von Gefangenen und Geiseln gefährden, sondern
auch Tausende weitere Opfer fordern, die Nation in beispiel-
lose Unterjochung stürzen und gleichzeitig die letzten Reste
jeglicher Form von Organisiertheit unter uns hinwegfegen«
(eine ähnliche Warnung erging von einer anderen Gruppe
am 12. Mai).

Bei einem Gespräch mit Vertretern des Widerstands stießen Gabčik und Kubiš auf nahezu einhellige Ablehnung;
Gabčik wollte sofort und im Alleingang handeln, wurde jedoch von Adolf Opálka, dem Ranghöchsten unter den Fallschirmspringern, der lang vor den »Anthropoiden« abgesetzt worden war, zur Ordnung gerufen: Er stehe unter Befehl und könne nicht auf eigene Faust vorgehen. Bei einer
Besprechung in der Wohnung der Familie Ogoun am 23. Mai
zeigte sich abermals deutlich, daß zwischen dem Prager
Widerstand und London kein Einvernehmen mehr bestand,
jedenfalls was die »Anthropoiden« betraf.

Um Ostern war der Reichsprotektor mit seiner Familie in
eine von ihren jüdischen Besitzern enteignete Villa in Pa-
nenské Březany gezogen, von der er sich regelmäßig in einem offenen Wagen und ohne Leibwache in seine Amts-
räume auf dem Hradschin bringen ließ. Einem für die In-
standhaltung der antiken Möbel in der Burg eingestellten

tschechischen Schreiner gelang es, einen Blick in Heydrichs Terminkalender zu werfen, und er meldete dem Untergrund, daß der Reichsprotektor am 27. Mai zu einer Besprechung nach Berlin und eventuell weiter nach Paris reisen werde; die »Anthropoiden«, zu denen in der Zwischenzeit ein weiterer Fallschirmspringer, Josef Valčik, gestoßen war, wußten nun also, daß sie nicht länger warten durften.

Am Morgen des 27. Mai 1942 bezogen sie Stellung in der Spitzkurve der Holešovice-Straße, wo Heydrichs Wagen abbremsen mußte. Um halb elf signalisierte Valčik mit einem Taschenspiegel (zum Glück war es ein sonniger Tag) das Herannahen des Wagens, und als der von SS-Scharführer Johannes Klein gesteuerte dunkelgrüne Mercedes langsamer wurde – auch deshalb, weil ihn auf der einen Seite eine Straßenbahn der Linie 3 bedrängte –, riß Gabčik seinen Mantel auf und richtete seine Sten-Maschinenpistole auf Heydrich, doch die Waffe funktionierte nicht. Heydrich, statt seinen Fahrer anzuweisen, schleunigst Gas zu geben, ließ anhalten, stand vom Sitz auf und zielte mit seiner Pistole – die ebenfalls nicht funktionierte – auf Gabčik, woraufhin Kubiš von der anderen Seite seine Mills-Handgranate warf, die das Heck des Wagens traf und Heydrich schwer verletzte. Chaos brach aus. Von der Explosion gingen sämtliche Scheiben der Straßenbahn zu Bruch, die Passagiere stürzten davon und suchten Deckung, Gabčik packte das (Damen-)Fahrrad, das er unter einem Baum abgestellt hatte, und ergriff die Flucht in Richtung Libeň, während Heydrichs beleibter Fahrer Kubiš aufzuhalten versuchte; der aber schoß dem Fahrer ins Knie und entkam über die Moldaubrücke. Ein tschechischer Bäcker weigerte sich, als er der Uniform Heydrichs ansichtig wurde, ihn in seinem Lieferwagen mitzunehmen, und schließlich wurde der Verletzte in einen Laster (Parkett und Bodenwachs) verfrachtet und traf eine halbe Stunde später im Bulovka-Krankenhaus ein, das nicht weit von der Spitzkurve entfernt war. Britisches Penizillin hätte ihm das Leben gerettet; doch die Blutvergiftung schritt trotz zahlreicher Transfusionen unaufhaltsam voran, und Heydrich, der nur noch gelegentlich aus dem Koma erwachte, starb am 4. Juni 1942, um halb acht Uhr morgens.

Sein Tod löste eine Lawine des Terrors aus. Hitler war bereits am Mittag des 27. Mai über das Geschehen informiert worden und verlangte telefonisch von K. H. Frank die augenblickliche Hinrichtung von zehntausend Tschechen, ferner setzte er eine Belohnung von einer Million Reichsmark für sachdienliche Hinweise aus (die tschechische Regierung erhöhte die Summe um eine weitere Million). Heydrich hatte zahlreiche Ämter ausgeübt, und Hitler bat erst Frank, die Pflichten des Reichsprotektors zu übernehmen, besann sich aber binnen eines Tages und ernannte Kurt Daluege, den Chef der sogenannten Ordnungspolizei, zum neuen Reichsprotektor; Frank blieb also wieder nur Zweiter. Daluege hielt das Attentat für das Werk lokaler Widerstandsgruppen, doch Frank (der es besser wußte) meinte, es sei vom Ausland gesteuert worden, und die Protektoratsregierung zog es vor, sich seiner Meinung anzuschließen. Frank rief auf der Stelle den Notstand aus, ließ allen Verkehr von und nach Prag aufhalten, und in der Nacht zum 28. Mai durchsuchten 21 000 Deutsche in Uniform, Angehörige der SS und der Wehrmacht, die ganze Stadt von Haus zu Haus, allerdings ohne greifbare Ergebnisse. Kubiš war in seiner Prager Gastfamilie gut verborgen, und Gabčik, der sich das Haar gefärbt hatte, unternahm mit seiner geliebten Liběna einen Frühlingsspaziergang durch die Stadt.

Es begann die Hinrichtung von Geiseln. Am 7. Juni fand in Prag eine Begräbnisfeier für Heydrich statt, am 9. Juni eine zweite, mit teutonischem Pomp, in Berlin. Die Fahn-

*18. Juni 1942: Die SS und eine tschechische Feuerwehrbrigade
versuchen, die tschechoslowakischen Fallschirmspringer,
die sich in der Krypta der St.-Kyrill-und-Methodius-Kirche
in Prag verstecken, zu fluten.*

dung der Polizei und der Gestapo ergab keinerlei Anhalts-
punkte, so daß Hitler seinen Zorn an dem Bergarbeiterdorf
Lidice, einer angeblichen Operationsbasis für Aktivitäten
aus dem Ausland, und an Ležáky, wo ein britisches Funk-
gerät gefunden worden war, ausließ. In Lidice, das dem Erd-
boden gleichgemacht wurde und damit traurigen Weltruhm
erlangte, wurden sämtliche männlichen Einwohner erschossen, die Frauen ins Konzentrationslager Ravensbrück verschleppt und die Kinder zur weiteren Erziehung in alle
Winde zerstreut – die meisten endeten in den Gaskammern
von Chelmno; von den 98 Kindern tauchten nach dem Krieg
nur sechs Überlebende auf.

Am 16. Juni nahmen die Ereignisse eine andere Wendung.
Karel Čurda, einer der Fallschirmspringer aus der Opálka-

Gruppe, der um sein Leben fürchtete, aber auch nach der ausgesetzten Prämie schielte, legte eine umfassende Aussage vor der tschechischen Polizei und der Gestapo ab und richtete ihre Aufmerksamkeit auf die Gastfamilie Moravec. Deren junger Sohn hielt dem Druck nicht stand und verriet das Versteck der Fallschirmspringer in der orthodoxen Kirche St. Kyrill und Methodius (St. Borromäus) an der Resslova-Straße in Prag.

Am 18. Juni versuchte die SS, die Kirche zu stürmen, doch es kam zu einem langen Feuergefecht in der Kirche. Drei der Fallschirmspringer starben, darunter Kubiš, der, nachdem er schwer verwundet worden war, Selbstmord verübte. Die anderen vier flohen in die Krypta, wo sie sich in den alten Nischen für die Särge versteckten. Dort überstanden sie einen Tränengasangriff (der die Angreifer ebenso beeinträchtigte) und einen Versuch, sie zu fluten (mit Hilfe einer tschechischen Feuerwehrbrigade), bis eine alte Trennwand aus Stein einbrach und den Weg in die Krypta freigab. Granaten schlugen ein, Schüsse fielen, alle vier kamen ums Leben, die meisten durch eigene Hand. Kurt Daluege wurde nach dem Krieg vor Gericht gestellt und sagte aus, daß im Zuge des Rache- und Terrorfeldzugs des NS-Regimes nach Heydrichs Tod 1331 Menschen hingerichtet wurden, davon 201 Frauen. Über die dreitausend Juden, die zum selben Zeitpunkt von Theresienstadt nach Auschwitz deportiert wurden, sagte er nichts. Der Verräter Karel Čurda stand 1947 vor Gericht und wurde nach kurzem Prozeß zum Tod durch Erhängen verurteilt.

Meine Mutter geht

In der Nacht nach dem Heydrich-Attentat hatten die Besatzer noch keine Spur von den Attentätern (obwohl sie das Fahrrad gefunden hatten, auf dem der eine entkommen war) und organisierten eine Menschenjagd unvorstellbaren Ausmaßes. Gegen Mitternacht drang eine SS-Patrouille in das Haus an der Příčna-Straße nahe dem Karlsplatz ein, in dem wir (meine Großmutter, meine Mutter und ich) wohnten, läuteten Sturm und hämmerten mit den Gewehrläufen an alle Türen. Ich machte auf; ein Soldat blieb draußen im Flur, die anderen stürzten in die Wohnung, rissen die Decken von den Betten und zwangen meine Großmutter und meine Mutter, beide im Nachthemd, sich mit dem Gesicht zur Wand aufzustellen, während ich, ein Stück abseits, die Hände heben mußte. Sie öffneten sämtliche Türen, spähten in Winkel und unter die Betten und zogen unter großer Lärmentfaltung mit Stiefeln und Waffen wieder ab, um ihre sinnlose Suche nebenan fortzusetzen. Meine Großmutter – die einer Familienüberlieferung zufolge einst versichert hatte, es werde schon nicht so schlimm werden, schließlich seien die Deutschen eine Kulturnation – begann zu zittern, meine Mutter legte ihr einen Morgenrock um die Schultern und ging in die Küche, um Tee zu machen.

An Schlaf war nicht mehr zu denken, die Nacht war schwarz und erfüllt von Lärm, Lastwagenbremsen quietschten, militärische Befehle hallten durch die Straßen. Mir kam der Gedanke, daß wir ohne weiteres jemanden draußen auf dem Balkon hätten verstecken können, wo die Soldaten niemals nachsahen, nicht so sicher war ich mir indessen, ob die Leute gegenüber aus Furcht um das eigene Leben nicht die Polizei informiert hätten, falls sie zwischen den Blumentöpfen eine Gestalt entdeckt hätten.

Meine Mutter um 1936

In »Le Rouge et le Noir«, Buch 2, Kapitel 1, schreibt Sten-
dhal, ein über die Parteiintrigen beunruhigter Bürger tue am
besten daran, sich in einem Appartement in der vierten Etage
abseits der Champs-Élysées zu verbergen, wo er Frieden und
Sicherheit fände; die Prager Bürger hingegen wären schlecht
beraten gewesen, wären sie Stendhals Vorschlag gefolgt. Auf
dem Land standen die Chancen besser, die mittelalterliche Stadt
aber war zu eng, die Leute zu gierig (vor allem die Hausmeister), und die Tschechen waren zwar keine Rassisten, doch zwischen den Juden, von denen manche deutschsprachig waren,
und den tschechischen Nationalisten war das Verhältnis seit
altersher gespannt. Jiří Weils berühmter Roman »Život s hvěz-

dou«/»Leben mit einem Stern« erzählt die Prager Geschichte des ehemaligen (jüdischen) Bankangestellten Josef Roubícek, der alles verloren hat, eine Zeitlang als Faktotum auf dem jüdischen Friedhof überlebt (wo er und seine Freunde ein paar Gemüsepflanzen zwischen den Gräbern ziehen und immerhin zu essen haben) und doch lange zögert, ehe er wagt, seinen Selbstmord durch Ertrinken vorzutäuschen (seine Papiere werden passenderweise in einer Tüte am Flußufer gefunden) und sich für die Dauer des Kriegs in einer Kammer in dem winzigen Vorstadthaus seines Freundes und Nachbarn Materna zu verstecken, eines Arbeiters und aktiven Sozialisten, dessen Flugblätter Roubícek in der Vergangenheit korrigiert hat, ohne sich seinem Denken anzuschließen. Tatsächlich tauchten 227 Prager Juden, die in einem Versteck oder mit falschen Papieren überlebten (die sogenannten *ponorky*, die »U-Boote«), in den Tagen der Befreiung aus dem Untergrund wieder auf; in Berlin waren es 1321 und in Wien knapp achthundert.

Ein paar Monate vor ihrer Deportation mußten meine Mutter und meine Großmutter die Wohnung verlassen und nach Josefov ziehen, eines der alten Viertel, in denen die Prager Juden vor dem Abtransport nach Theresienstadt zusammengezogen wurden. Meine Mutter war darauf vorbereitet; statt zu Fremden zu ziehen, was mit viel Unbehagen auf beiden Seiten verbunden gewesen wäre, fand sich eine bequemere Lösung: Mutter und Großmutter zogen zu Tante Irma, die jetzt eine geräumige Wohnung im fünften Prager Stadtbezirk hatte, weil sie in Ermangelung von Kundinnen ihren eleganten Modesalon hatte schließen müssen. Wenigstens waren die drei Frauen zusammen; Onkel Karel und seine Familie waren längst irgendwo im Osten verschwunden, und Onkel Leo lebte in England, wenngleich niemand wußte, wo. Sie hatten weder Telefon noch Radio; wie ich hörte, hatten die drei Damen dennoch ihre morgendliche Unterhaltung, nachdem sie entdeckt hatten, daß

mein Vater auf der anderen Seite des Platzes in einer Kellerwohnung hauste, natürlich zusammen mit einer jungen Schauspielerin aus der Provinz, die sich hoffnungsvoll Diana York
nannte. Tante Irma beobachtete interessiert und mit Hilfe des fa-
milieneigenen Opernglases vom fünften Stockwerk herab, was
dort unten vor sich ging, und lieferte Mutter und Schwester die
laufenden Kommentare dazu. Papa tauchte morgens, ziemlich
zerzaust (so Irma), aus der Kellerwohnung auf, um mit einer leeren *bandaska*, einer Metallflasche, frische Milch für Diana zum
Frühstück zu holen – natürlich, so wiederum Irma, er hatte ja
deutsche Lebensmittelmarken. Meine Mutter bemerkte dazu,
daß Papa zu ihrer Zeit selbstverständlich nie einen Finger im
Haushalt gerührt hatte; jetzt holte er frische Milch!

Es dauerte nicht lang; wenige Wochen nach meiner Großmutter und Tante Irma erhielt auch meine Mutter den Transportbefehl und packte ihren kleinen Koffer. Ich nahm mir zum Ärger der Chefin in der Buchhandlung ein paar Stunden frei und
fand meine Mutter aufbruchbereit in ihrem Sportkostüm, mit
den Wollstrümpfen und den schweren Wanderschuhen, die sie
auf ihren Touren in den schlesischen und österreichischen Bergen getragen hatte. Wir warteten auf die Tram der Linie 14, um
zum Sammelpunkt zu fahren (ursprünglich die große Halle der
Prager Handelsmesse), und zum Glück kam eine Tram mit
Triebwagen und Anhänger, denn Juden durften nur ganz hinten
einsteigen und mußten notfalls eben warten, bis eine Straßenbahn mit Anhängewagen kam. Dennoch gab es ein Problem; als
die Türen sich öffneten, stiegen wir ein und kamen im mittleren
Bereich zu stehen, ich stellte den Koffer ab, doch ein tschechischer Mitbürger, sichtlich aus dem Mittelstand, protestierte und
rief laut, Juden – meine Mutter trug unübersehbar den Stern –
hätten in der Mitte des Anhängewagens nichts zu suchen, sondern müßten laut polizeilicher Verordnung im hinteren Wagenteil stehen. Er schrie weiter, rot im Gesicht, und ich mußte den

Koffer wieder aufheben und meine Mutter durch den vollen Wagen nach hinten führen, wo uns die Leute Platz machten, stumm und mit abgewandtem Blick, weil sie sich schämten und fürchteten. Die Straßenbahn überquerte die Moldau, hielt vor der Halle, wir gingen auf den Eingang zu, und die als Ordnungshüter eingesetzten jungen Juden winkten uns durch, die Mutter mit, den Sohn ohne Stern. Offensichtlich war ihnen diese Konstellation nicht neu.

In der großen Halle, die fast die Ausmaße eines Fußballplatzes hatte, hockten und saßen die Leute auf ihrem Gepäck und bildeten kleine Kreise aus Angehörigen und Freunden, während die Aufseher (kenntlich, glaube ich, an den weißen Armbinden) in eifriger und sinnloser Wichtigtuerei umherschwirrten, und ich fand einen Platz, um den Koffer abzustellen; meine Mutter setzte sich darauf wie alle anderen. Im Lauf der Jahre habe ich oft und oft versucht, mir in Erinnerung zu rufen, was sie damals sagte und was ich sagte, aber es fällt mir nicht mehr viel ein, wenn überhaupt etwas; an die dunkelbraune Farbe des kompakten kleinen Koffers erinnere ich mich, an das mit wenig Grau durchsetzte Haar meiner Mutter, an ein paar herumlaufende Kinder und ein paar Alte, die ganz allein waren.

Ich glaube, meine Mutter ermahnte mich, mein bevorstehendes Studium nicht zu vernachlässigen – wir gingen beide davon aus, daß die Okkupation, irgendwie, bald vorbei wäre und ich studieren würde –, auch redeten wir darüber, daß sie in Theresienstadt nicht allein wäre, denn Tante Irma und Großmutter waren schon dort. Wir umarmten uns, sie küßte mich, und ich zwängte mich zum Ausgang durch, begleitet von den Witzen der Aufseher, die meine nicht mit dem »J« gekennzeichneten Papiere prüften und meinten, ich solle gleich dableiben, ich wäre ohnehin bald an der Reihe. Ich trat auf die gewöhnliche Straße des siebten Bezirks hinaus, wo Autos und Trambahnen fuhren, die Leute vom Büro nach Hause gingen. Zwei Männer traten mir in den Weg, es waren mein Vater und Michal Mareš, ein anarchistischer tschechischer Schriftsteller, der einen Freund zur Halle begleitet hatte; sie wollten wissen, was drinnen geschah, und ich sagte ihnen, was ich wußte. Sie waren eine Zeitlang rund um den Block gegangen und wollten bleiben, ich aber mußte in den Laden zurück. Die Chefin machte mir die Hölle heiß, weil ich zu spät kam, und ich glaube nicht, daß Mareš und mein Vater noch dort waren, als am nächsten Tag im Morgengrauen der Transport zum Bahnhof ging. Außerdem wäre meine Mutter wohl kaum erbaut gewesen, meinen Vater zu sehen, der ihr, wieder einmal als Zuschauer, von fern zuwinkte.

IV. Das Ende des Protektorats

K. H. Frank: Aufsteiger aus der Provinz

Karl Hermann Frank, geboren am 28. Januar 1898 in Karlsbad und gehenkt am 22. Mai 1945 im Prager Gefängnis Pankrác, war ein Parteifunktionär aus der Provinz, der lange ein ewiger Zweiter war, ehe es ihm nach Heydrichs Tod endlich gelang, seine Konkurrenten aus dem Rennen zu schlagen und seine unumschränkte Alleinherrschaft zu behaupten – obwohl Hitler in den letzten Wochen seiner Herrschaft in Prag alle Macht, jedenfalls nominell, dem Heer und dem in Böhmen operierenden Feldmarschall Ferdinand Schörner übertrug. Frank hatte einen ungeregelten und unvollständigen Bildungsweg hinter sich, und sogar seine Freunde hielten ihn für ungehobelt, egoistisch und verschlagen (wo es um seine Karriere ging), und seine zweite Ehe mit der Ärztin Lola Blaschke, einer kultivierten Frau aus dem Prager Bildungsbürgertum, war fraglos als Mittel zum Zweck seines gesellschaftlichen Aufstiegs in die Reihen der Prominenz gedacht. Als er den eleganten Heydrich kennenlernte – auch er ein Emporkömmling, wenngleich von anderer Art –, entschloß sich Frank zu späten Reitstunden, doch ein Reiter wurde nicht aus ihm: Die vorhandenen Fotografien zeigen ihn niemals zu Pferd, sondern, in offenkundiger Imitation Hitlers, stehend in einem offenen schwarzen Mercedes. Er war kein Mann weitblickender strategischer Planung, außer wenn es darum ging, eigensinnige Tschechen zu germanisieren, und im Unterschied zu Heydrich zeigte er die ausgeprägte Neigung, sofort das Kommando an sich zu reißen, wie im Fall der Zerstörung von Lidice oder der gegen die Partisanen in den Beskiden gerichteten »Operation Auerhahn« im Winter 1944. Doch bewies er auch bemerkenswerten Pragmatismus, als er sich bemühte, den Amerikanern eine Delegation entgegenzuschicken, um mit den Westmächten zu verhandeln und den sowjetischen Vormarsch aufzuhalten. Von den längst beschlossenen Plänen der Alliierten hatte er freilich keine Ahnung.

Franks Vater Heinrich, ein Volksschullehrer, aktives Mitglied des »Turnvereins« und Bewunderer Bismarcks, ließ zur Bekräftigung seiner Loyalität gegenüber K. H. Wolf, dem radikalen Wiener Parlamentsabgeordneten der Alldeutschen, seinen Sohn auf die Namen Karl Hermann taufen, und die Abneigung des Vaters gegenüber Österreich, der Kirche und den Tschechen prägte den Horizont des Sohnes auf Lebenszeit. Er war schon als Knabe wild – ein Freund schoß ihm im Streit mit der Steinschleuder ein Auge aus; seinen starren Blick verdankte er dem Glasauge –, und nach dem Abbruch seines Jurastudiums an der Prager Universität hatte er ein paar subalterne Jobs im mährischen Vítkovice (Schwerindustrie) und kehrte nach einer Weile in seine Heimatstadt zurück, um in der Verwaltung eines privaten Eisenbahnunternehmens zu arbeiten. Er betätigte sich zunehmend in den Randzonen der nationalistischen Parteien und der ursprünglich als Gegensatz zur kleinbürgerlichen Welt der Väter entstandenen Jugendorganisation »Wandervogel«, und 1923 kam er auf die Idee, ins Verlags- und Buchwesen einzusteigen. Er zog ins benachbarte Sachsen, um bei dem »Wandervogel«-Verleger und Buchhändler Erich Matthes in die Lehre zu gehen (und in dessen Leipziger Niederlassung zu arbeiten), und war nach drei Jahren wieder zurück in der Heimat, wo er in Elbogen einen »Egerländer Buch- und

Kunstverlag« eröffnete, der allerdings eine spektakuläre Pleite wurde und ihn auf Jahre hinaus mit den Forderungen der Gläubiger belastete. 1925 hatte er Anna Müller geheiratet, eine Stenotypistin aus Sachsen, die ihm zwei Söhne gebar und bereitwillig im Laden mithalf, doch seine ehrgeizigen Vorstellungen von Ehe und Erfolg nicht befriedigen konnte. 1931 zog er abermals um und eröffnete eine Buchhandlung im Zentrum des noblen Karlsbad, doch seine wirtschaftliche Pechsträlne riß nicht ab (es war die Zeit der Weltwirtschaftskrise, die er später auf tschechische Machenschaften zurückführte), und er verbrachte den größten Teil seiner Zeit mit dem »Turnverein« und den verschiedenen sudetendeutschen Gruppen, die um organisierte Macht in der Region und im Prager Parlament rivalisierten.

Hitlers Machtergreifung in Deutschland gab den verschiedenen nationalistischen Gruppierungen im Sudetenland zwar unmittelbaren Auftrieb, führte jedoch nicht unbedingt zu einer einheitlichen Strategie im Konflikt mit der Republik. Die radikale Deutschnationale Sozialistische Arbeiterpartei (DNSAP), die ihrer Schwesterpartei im Deutschen Reich, der gutorganisierten Deutschnationalen Partei (DNP), sehr nahestand, und der Kameradschaftsbund – vorwiegend Akademiker, die fest an die Idee eines Ständestaats glaubten – konkurrierten miteinander, und erst im Herbst 1933 bildete sich eine Art Zusammenschluß, der, wie der Südtiroler San Nicolò, der nationalistische Rektor der Prager deutschen Universität, vorgeschlagen hatte, unter dem Vorsitz des eher nichtssagenden Turnvereinsvorsitzenden Konrad Henlein stehen sollte. Diese Organisation gab sich die militaristische Bezeichnung Sudetendeutsche Heimatfront (SHF), und anscheinend war K. H. Frank der erste, der in Karlsbad eine schlagkräftige Ortsgruppe aufbaute. Ohnehin war unterdessen auch seine zweite Buchhandlung bankrott, er hatte einen bescheiden dotierten Posten als Parteisekretär in Eger angetreten, wo er sich um sämtliche Propagandaangelegenheiten kümmerte, und konzentrierte sich fortan auf eine rein politische Laufbahn.

Mitte der dreißiger Jahre war die neue Bewegung, die sich nun Sudetendeutsche Partei (SdP) nannte (1935), noch immer zerrissen von den Konflikten zwischen den »Autonomisten« – bestehend aus Henlein und etlichen dem Führerprinzip feindlich gesinnten Mitgliedern des Kameradschaftsbundes, von denen bis 1940 einige ins KZ geschickt wurden – und den auf das Reich und den Faschismus blickenden Alldeutschen. K. H. Frank baute seine Karriere auf Unabhängigkeit von den Kameradschaftsbund-Leuten um Henlein und auf seiner ererbten Affinität zur älteren Generation der Nationalisten auf. 1935 prahlte die SdP mit ihren tausend Ortsgruppen und konnte bei den Wahlen im Mai 1,25 Millionen der deutschen Stimmen oder 15,2 Prozent aller tschechoslowakischen Wähler auf sich vereinen, womit sie zur stärksten Partei im Land wurde und den deutschen »Aktivisten« und der liberalen Republik einen vernichtenden Schlag versetzte. 1937 ernannte Henlein den unterdessen zum Chef der SdP-Fraktion im Prager Parlament gewordenen Frank zu seinem Stellvertreter, schloß sich mit einem Schreiben vom 19. November den Zielen der NSDAP an und unterwarf sich am 28. März 1938, nach dem »Anschluß« Österreichs, uneingeschränkt Hitlers Autorität. Nach dem Münchner Abkommen war es Frank, der Hitler auf der Reise von Böhmisch-Leipa nach Prag begleitete und an seiner Seite das Schloß der böhmischen Könige betrat.

Doch am 18. März 1939, nach Neuraths Ernennung zum Reichsprotektor, war Frank abermals die Nummer zwei. Hitler bestand lange auf der Ernennung von Reichsprotektoren (jedenfalls bis 1944), weil er an einer mittelalterlichen oder kolonialen Idee vom Reich als »Schutzmacht« der Region festhielt, und vertraute das Amt einem Vertreter des ursprünglichen Deutschen Reichs (nicht des Sudetenlands) an, so daß sich Frank wiederum in einem hierarchischen Nachteil befand. Doch er hatte noch weitere Trümpfe im Ärmel; im Herbst 1938 hatte ihn Hitler zum SS-Gruppenführer ernannt. Das war der Beginn einer steilen SS-Karriere (nicht viel später war er Brigadeführer), und Himmler beförderte ihn am 28. April 1939 zum Chef aller Polizeitruppen, auch des Sicherheitsdienstes und der Gestapo, sowie sämtlicher SS-Einheiten im Protektorat. Frank hatte, auch auf die Gefahr administrativer Reibungen hin, nie Skrupel, seine Autorität geltend zu machen. Zeitgenössische Beobachter stellten fest, daß Neurath und Frank nicht die beste Meinung voneinander hatten; Neurath hielt Frank für einen Tölpel aus der Provinz, und Frank sah in Neurath, zu seinem Bedauern, den manierlichen Diplomaten, den Hitler nur ernannt hatte, um die Engländer zu beschwichtigen.

Doch in wichtigen politischen Fragen arbeiteten Neurath und Frank, sehr zu Heydrichs Verblüffung, durchaus zusammen. Das vielleicht erst getrennt entworfene, doch als gemeinsames Dokument herausgegebene Memorandum über die Zukunft des Protektorats und des tschechischen Volkes wurde Hitler Ende August oder Anfang September 1940 vorgelegt, in einem triumphalen Moment nach der Niederlage Frankreichs. Zu diesem Zeitpunkt, hieß es in dem Memorandum, habe die Kriegsproduktion Vorrang, doch hatte Frank umfassende Pläne für die Assimilation – die »Umvolkung«, wie sie das nannten – vieler Tschechen ausgearbeitet. Mit der Zeit sollten die Oberschulen und später sogar die Grundschulen geschlossen werden und alle Tschechen ausschließlich deutsche Schulen durchlaufen, bis die tschechische Sprache am Ende zum bloßen regionalen Dialekt herabgesunken wäre. Frank teilte die Tschechen in drei Kategorien ein – in Profiteure der Republik und ältere Intellektuelle (nicht assimilierbar); Angehörige einer älteren Generation, die ihre Zweifel an der Ordnung von 1918 hatten (eventuell assimilierbar); und schließlich Bauern, Arbeiter und jene, die von der deutschen Obrigkeit ungenügend gesteuert, jedoch vermutlich formbar seien. Eingedeutscht werden sollten nur die »rassisch« wertvollen Tschechen, während die übrigen entpolitisiert und neutralisiert und irgendwo in den Osten umgesiedelt oder aber einer »Sonderbehandlung« unterzogen werden sollten, wie die übliche Bezeichnung für die physische Vernichtung lautete.

Es ist mehr als wahrscheinlich, daß Frank mit Himmlers Hilfe Neuraths Position erfolgreich untergraben hat; dennoch muß er überrascht gewesen sein, als er zum Rapport in Hitlers Hauptquartier in Rastenburg zitiert wurde und dort erfuhr, daß als Neuraths Nachfolger, zumindest vorläufig, der eilig zum SS-Oberstgruppenführer beförderte Heydrich vorgesehen war, dem Frank in seiner bisherigen Position als Staatssekretär sekundieren sollte. Es muß ihm klargeworden sein, daß er einige Chancen zu eigenständigem Handeln vertan hatte; Neurath entstammte einem anderen Verwaltungssystem, Heydrich und Frank indes kamen aus derselben Polizei- und SS-Hierarchie – Heydrich war überhaupt nach Himmler der mächtigste General im Reichssicherheitsapparat. Es stellte sich heraus, daß Heydrich dank seinem Sicherheitsdienst und der Gestapo über die tschechische Situation gut informiert war, und während Frank später seine persönliche Position festigte, indem er Heydrich überredete, den Prager General Rudolf Toussaint, Franks Verbündeten in den Tagen des Münchner Abkommens, als Vertreter der Wehrmacht abzusetzen, war Heydrich stets darauf bedacht, Frank bei öffentlichen Anlässen rechts neben sich zu haben, und wenn es darum ging, die »Autorität« der tschechischen Regierung weiter zu untergraben, waren die beiden ein Herz und eine Seele.

Frank war einer der ersten, die am 27. Mai 1942 am Schauplatz des Attentats eintrafen; noch am selben Nachmittag wies ihn Hitler telefonisch an, die Aufgaben Heydrichs zu übernehmen, solange der amtierende Reichsprotektor amtsunfähig sei. Heydrichs Tod am 4. Juni hätte Frank vom Schicksal des ewigen Stellvertreters befreien sollen; jedenfalls benahm er sich, als wäre er der unangefochtene Herrscher des Protektorats, unterzeichnete Hinrichtungsbefehle, leitete die Fahndung in die Wege und überwachte die weitreichenden Ermittlungen nach Heydrichs aus dem Ausland geschickten Feinden und deren Verbündeten vor Ort und war sowohl bei der Identifizierung der Opfer in der orthodoxen Kirche als auch bei der Zerstörung von Lidice anwesend. Gegen Hitlers Befehl, zehntausend Tschechen auf der Stelle hinzurichten, hatte er mit der Begründung argumentiert, es seien erhebliche Auswirkungen auf die industrielle und landwirtschaftliche Produktion zu befürchten. Es blieb jedoch Hitlers Überzeugung, daß ein Reichsprotektor nicht aus dem Protektorat selbst stammen dürfe. In seinem Erlaß vom 28. August 1942 entschied sich Hitler für eine Doppellösung: Er beförderte Frank zum »Deutschen Minister für Böhmen und Mähren« und betraute ihn mit sämtlichen Regierungspflichten, die bisher dem Reichsprotektor oblegen hatten, bestand aber darauf, einen neuen Reichsprotektor als Stellvertreter des Führers in Prag zu ernennen. Mit dem Polizeigeneral Kurt Daluege hatte Frank zunächst seine Schwierigkeiten, doch der General war krank und bat Hitler am 23. August 1943 um zweijährige Beurlaubung aus gesundheitlichen Gründen, und Dr. Wilhelm Frick, ehemaliger preußischer Innenminister und Parteimitglied der ersten Stunde, war an dem inzwischen vorwiegend repräsentativen Posten nicht besonders interessiert und lebte lieber in Bayern, weitab von den böhmischen Konflikten – und nicht nur diesen – zwischen konkurrierenden deutschen Bürokratien.

Daß Frank maßgeblich an der Zerschlagung der Organisation Vlajka in Prag und anderswo beteiligt war, so nützlich ihre Mitglieder als bezahlte und unbezahlte Spitzel auch waren, ist nicht ganz paradox. Zweimal hatten sie sich, mit total unzulänglichen Methoden und ungenügend vorbereitet, in die Angelegenheiten der Protektoratsregierung einzumischen versucht, einmal am 8. August 1940 in der Prager Altstadt, als sie das Generalsekretariat der Národní souručenství/Nationalen Solidarität an der Dušní-Straße stürmen wollten, und ein zweites Mal mit ihrem verzweifelten Versuch am 25. Januar 1941, die Prager Regierungsgebäude zu besetzen (nur acht Prozent ihrer Mitglieder reagierten auf den Aufruf zur Mobilmachung). Die Vlajka-Leute, vielmehr ihr kläglicher Überrest, bekämpften sich gegenseitig und attackierten ununterbrochen die »aktivistischen« Journalisten, vor allem die ehemaligen KP-Mitglieder unter ihnen, und den jetzt in der Regierung sitzenden Emanuel Moravec als ehemaligen Freimaurer und Masarykanhänger. Moravec war ihnen eine Zeitlang freundlich gesinnt gewesen, in erster Linie, um ihre Jugendorganisation (in braunen Hemden) und ihren Vorsitzenden Dr. František Theuner für sein »Kuratorium für die Erziehung der tschechischen Jugend« abzuwerben, indem er ihnen gutbezahlte Stellen anbot, doch nach neuerlichen Angriffen beschwerte er sich bei Frank, der dem Vlajka-Führer Jan Rys am 18. April 1942 mitteilte, alle Attacken gegen Moravec müßten aufhören, und die Organisation Vlajka habe innerhalb von drei Tagen, bis zum 21. April, sämtliche Aktivitäten einzustellen. Nach Heydrichs Tod wandte sich Jan Rys wieder dem Sicherheitsdienst und Frank zu, doch die Okkupationstruppen waren mit ihrer Geduld am Ende. 350 aktive Mitglieder der Vlajka wurden für die Zwangsarbeit in der deutschen Industrie rekrutiert (darunter Rys' Freundin, die nach München geschickt wurde), und am 12. Dezember 1942 wurden Rys und František Burda (der sich vor allem durch Erpressung jüdischer Geschäfte hervorgetan hatte) als Ehrengefangene – die von den anderen Tschechen intensiv gehaßt wurden – im KZ Dachau inhaftiert. (Rys wurde von den Amerikanern befreit und zur Erholung nach Capri geschickt, bat jedoch, nach Prag zurückkehren zu dürfen, um sich und seine Kameraden gegen alle Anklagen zu verteidigen, wurde gemeinsam mit Burda vor Gericht gestellt, zum Tod verurteilt und aufgehängt. Graf Jindřich Thun-Hohenstein, der in einer Vlajka-Regierung als Außenminister vorgesehen war, wurde zu lebenslanger Haft verurteilt, floh jedoch später aus einem Arbeitstrupp nach Deutschland und später nach Kanada, wo er heiratete und 1994 friedlich starb.)

Die Verschwörung der konservativen deutschen Offiziere gegen Hitler hätte Franks Aufstieg jäh beendet, doch war ihr Komplott so schlecht geplant, daß Hitlers Leute ihre Macht innerhalb von achtzehn Stunden wiederhergestellt hatten. Am 20. Juli 1944 plazierte Claus Schenk Graf von Stauffenberg im »Führerhauptquartier« Wolfsschanze eine britische Bombe unter dem Konferenztisch vor Hitlers Sitz, doch einer der Generäle verschob unwissentlich die Tasche mit der Bombe, und als sie explodierte, wurden vier Offiziere verwundet und starben kurz darauf, Hitler selbst aber blieb bis auf blaue Flecken und beschädigte Trommelfelle unverletzt. Leider war Stauffenberg in der Überzeugung, Hitler sei tot, vorzeitig abgereist und hatte an alle Kommandoposten im besetzten Europa das Codesignal »Walküre« durchgeben lassen, das der Befehl zur Verhaftung sämtlicher Parteifunktionäre und SS-Kommandanten war – während Hitler sogleich mit Goebbels in Berlin telefonierte, der seinerseits regimetreue Truppen mobilisierte, die zum Wehrmacht-Hauptquartier in der Bendlerstraße marschierten und die Verschwörer festnahmen; fünf wurden an Ort und Stelle erschossen, rund zweihundert später verhaftet und hingerichtet.

In Prag (wie in Paris) nahmen die Ereignisse eine beinahe groteske Wendung: Weil Frank nicht an seinem Schreibtisch saß, verhaftete General Ferdinand Schaal Franks Stellvertreter Dr. Robert Gies, und als der General mit Frank telefonierte, schrie der Stellvertreter in den Hörer, er sei von der Wehrmacht festgenommen worden. Frank waren bereits wirre Gerüchte aus Berlin zu Ohren gekommen, er wollte aber kein Risiko eingehen, sondern verließ augenblicklich mit einem kleinen bewaffneten Konvoi das Palais Czernin und begab sich nach Benešov im Süden der Stadt, wo starke SS-Panzertruppen stationiert waren, um sich dann in Schloß Konopište zu verschanzen, dem ehemaligen Sitz des k. u. k. Thronerben. Der unglückliche Schaal hatte unterdessen erfahren, daß die Verschwörung gescheitert war, entschuldigte sich bei Franks Stellvertreter und auch bei dem nach Prag zurückgekehrten Frank selbst, den er telefonisch seines Gehorsams gegenüber den Befehlen seiner Vorgesetzten versicherte. Frank ließ Schaal von der Gestapo festnehmen; auf seinen Befehl hin wurden er und drei weitere Offiziere seines Stabs kurz darauf in der Villa Jenerálka im Šarka-Tal unweit der Stadt hingerichtet.

Das war nicht die einzige Auswirkung vor Ort; unter den festgenommenen Verschwörern war auch Friedrich Karl Klausing, einer der Söhne von Friedrich Klausing, dem Rektor der Prager deutschen Universität, seit 1933 Parteigenosse und Mitglied der SA. Als er von der Verhaftung seines Sohnes erfuhr, begab sich Klausing zu Frank und erklärte, er wolle das Verbrechen seines Sohnes sühnen, indem er sich sofort zum Einsatz an der russischen Front melde, doch ein von der sudetendeutschen SA einberufenes Ehrengericht erklärte, nur Klausings freiwilliger Tod könne den Familiennamen reinwaschen. Ohne das geringste Verständnis für seinen Sohn schrieb Klausing einen letzten Brief an den Führer, Frank, das Vaterland und seine Familie und erschoß sich in seinem Prager Büro am 6. August 1944, zwei Tage vor der Hinrichtung seines Sohnes in Berlin-Plötzensee. Die Frau des Rektors mußte die Dienstvilla räumen, doch Frank bot ihr großzügig eine Vierzimmerwohnung an, die sie ablehnte, nur um daraufhin eine Sechszimmerwohnung zu erhalten, die zweifellos von einer jüdischen Familie konfisziert worden war.

Im Herbst und Winter 1944/45 stand Frank vor der Aufgabe, sich gegen den Parteigeneralsekretär Martin Bormann behaupten zu müssen, der sich ununterbrochen in die böhmischen Angelegenheiten einmischte. Er mußte in Prag und im Protektorat Zehntausende vor den Bomben der Alliierten und der vorrückenden sowjetischen Armee fliehende Deutsche unterbringen und sowohl gegen die von britischen Flugzeugen abgesetzten Fallschirmspringer als auch gegen slowakische, tschechische und sowjetische Partisanen vorgehen, die in den mährischen Beskiden, den Vysocina-Hügeln im mährisch-böhmischen Grenzgebiet und im böhmischen Brdy-Gebirge kämpften. Die Disziplin in den Fabriken war gering, Sabotageakte an Bahnstrecken nahmen zu, und nachdem Prag am 14. Februar 1945 wegen eines Navigationsfehlers von US-Piloten bombardiert worden war (fünfhundert zivile Opfer), zielten die alliierten Bomber mit beginnendem Frühling präziser, griffen Fabriken, Raffinerien und Verkehrsverbindungen in Prag, Kolín, Ostrau und Brünn an und zerstörten am 29. April die Škoda-Rüstungswerke in Pilsen beinahe vollständig.

Im späten Winter und zu Beginn des Frühlings 1945 hörten die Bewohner des Protektorats, welcher Sprache und welchen Ursprungs sie auch waren, die unglaubwürdigsten Gerüchte, sie verfolgten gebannt die tschechischen, deutschen, schweizerischen und alliierten Abendnachrichten, und sie fragten sich, wann der große Umschwung kommen werde. Nach der blutigen Schlacht von Stalingrad im Winter 1942/43, bei der die Wehrmacht 200 000 Soldaten verlor, begannen Stalins Armeen damit, die Deutschen aus der Sowjetunion zu verdrängen, und im April 1944 mußten die Deutschen aus der Ukraine abziehen. Alliierte Truppen waren im Sommer 1943 in Sizilien gelandet, um von dort in den Norden Italiens vorzurücken, Mussolini war am 23. Juli 1943 von seinen eigenen Landsleuten verhaftet worden, und Rom hieß die Alliierten am 6. Juni 1944 willkommen. General Pattons Panzer durchbrachen die deutschen Stellungen bei Avranches, und Paris wurde am 25. August 1944 von den Alliierten und General Charles de Gaulles Komitee »Freies Frankreich« befreit. Rumänien, Bulgarien und Ungarn wechselten die Seiten und schlossen sich der Koalition gegen die Nazis an. Aachen war die erste westdeutsche Stadt, die im Oktober 1944 von den amerikanischen Truppen eingenommen wurde. Im Osten Deutschlands wurde Breslau im Februar 1945 von den sowjetischen Truppen zumindest eingekesselt, und die sowjetischen Armeen setzten ihren Marsch auf Berlin fort.

Am 3. April 1945 besuchte Frank zum letzten Mal den Führer in seinem unterirdischen Bunker in Berlin, nur um zu erfahren, daß Hitler alle etwaigen politischen Lösungen ablehnte, weil er noch immer glaubte, Feldmarschall Ferdinand Schörner werde in einer militärischen Schlacht letztlich den Sieg davontragen. Frank erschrak über Hitlers krankes und zerrüttetes Aussehen und ging daran, seine pragmatischeren politischen Pläne zu verwirklichen. In der letzten Aprilwoche des Jahres 1945 zitierte er eine aus tschechischen und deutschen Regierungsfunktionären und Industriellen zusammengewürfelte Truppe ins Palais Czernin, die als »gemischte Delegation« mit den Amerikanern verhandeln sollte – Frank wollte den Vormarsch der sowjetischen Armee verlangsamen und den friedlichen Übergang des Protektorats (mit garantiert gleichen Rechten für Tschechen und Deutsche) in die Hände der Amerikaner spielen. Die Delegation bestand aus Bienert, dem nunmehrigen Chef der tschechischen Regierung, der 1918 Masaryks vertrauter Verbündeter gewesen war, dem Landwirtschaftsminister Adolf Hrubý, zwei tschechischen Industriellen und ihrem deutschen Kollegen Bernhard Adolf, dem ehemaligen tschechoslowakischen Militärattaché in der Schweiz und General a. D. Vladimír Klecanda sowie dem Österreicher Dr. Hermann Raschhofer, Professor für Internationales Recht und Franks Rechtsberater. Ihr Sonderflugzeug startete am frühen Morgen des 25. April und landete in Neubiberg bei München, das sich noch in deutscher Hand befand, doch Feldmarschall Albert Kesselring wußte ihnen keinen Rat, er kenne nicht einmal den Frontverlauf, sagte er. Zwei Delegationsmitglieder kehrten sofort nach Prag zurück, Minister Hrubý und zwei der Industriellen fuhren weiter zum SS-Hauptquartier in Bad Tölz, um die Möglichkeit eines Austausches prominenter Gefangener zu erörtern – es gab keine; die Delegationsmitglieder traten daraufhin den Heimweg nach Böhmen an, während Klecanda und Raschhofer, die den Erzbischof von Mailand zu treffen hofften, um ihn um Fürsprache beim Papst zu bitten, in Bozen (das in amerikanischer Hand war) anhalten mußten. Vergebens versuchten sie, über die Schweizer Grenze zu entkommen. Am Ende beschloß Raschhofer klugerweise, bei seinen Eltern in Salzburg unterzuschlüpfen, während der abenteuerlustige Klecanda zu Fuß und per Autostop nach Prag zurückkehrte, um Frank zu melden, daß die Mission auf ganzer Linie gescheitert sei.

Am 6. Mai, nachdem in Prag der offene Aufstand gegen die Nazis ausgebrochen war, sandte der (handlungsbefähigte) Tschechische Nationalrat einen Abgeordneten zu Frank, um die Möglichkeiten eines Waffenstillstands zu besprechen. Frank saß auf dem Hradschin in der Falle und begab sich zu General Toussaints Wehrmacht-Hauptquartier in Dejvice, um seine Abreise vorzubereiten. Zusammen mit 25000 Soldaten, die ihre Waffen in der Stadt niederlegen mußten, und deutschen Zivilisten, die in den Westen wollten, zog er am frühen Morgen des 9. Mai ab. Die vier Wagen seines Konvois – Frank im zweiten, Frau und Kinder sowie eine Gouvernante im dritten – kamen nicht sehr weit; tschechische Gendarmen wurden auf ihn aufmerksam, riefen ihre entlang der Front postierten Kollegen an, und im amerikanisch besetzten Rokycany wurde Franks Wagen vor dem städtischen Schlachthaus aufgehalten. Frank leistete keinen Widerstand und wurde formell vom tschechischen Polizeiwachtmeister Ranc verhaftet und den zuständigen Behörden der U.S. Army übergeben, die ihn zur weiteren Einvernahme erst nach Pilsen, dann nach Wiesbaden brachte. Am 22. Mai 1946 wurde er verurteilt und zwei Monate später hingerichtet. Seine Familie hatte er in Rokycany zum letzten Mal gesehen; seine Frau wurde von Pattons Armee in ein amerikanisches Gefängnis verlegt, später aber den sowjetischen Behörden überantwortet, die sie erst im Moskauer Lubjanka-Gefängnis einsperrten und bald darauf – unter den ebenso wachsamen wie schützenden Augen eines Sowjetgenerals – nach Sibirien schickten, wo sie zehn Jahre, bis zur Entlassung der deutschen Kriegsgefangenen in die Heimat, als Ärztin arbeitete. Nach langer Suche fand sie ihre drei Kinder in der Bundesrepublik, und es heißt, sie habe Prag nach der Samtrevolution mit einem auf ihren Mädchennamen ausgestellten Paß noch einmal besucht.

Das Mädchen mit dem Samthaarband

Es war nicht die beste Zeit, um sich in eine junge Deutsche zu verlieben; auch nach sechzig und mehr Jahren weiß ich noch, daß es sehr plötzlich geschah, und ich erinnere mich – oder würde mich eigentlich lieber nicht erinnern –, wie stark meine Gefühle waren, wenn wir uns mitten im Krieg zu endlosen Spaziergängen durch die Prager Gärten und Straßen trafen. Zum ersten Mal sah ich sie, wie sie vor einem kleinen Theater – um genau zu sein, war es die von meinem Vater eine Generation früher gegründete Kleine Bühne – auf und ab ging und auf die Öffnung der Abendkasse wartete. Nach meiner Erinnerung an ihre Erscheinung und die milde Luft muß es Frühling gewesen sein, jedenfalls scheint es mir so. NS-Rassentheoretiker, dachte ich, hätten sie sofort als dinarischen oder vielmehr alpinen Typus klassifiziert: dunkelbraunes Haar, die Augen von derselben Farbe, das Gesicht nicht bleich, sondern wie von der Sonne gebräunt, die Gliedmaßen lang und schlaksig, Arme und Beine in ständiger Bewegung. Sie trug eine schlichte Bluse und einen strengen Rock, die sie auf den ersten Blick als Deutsche auswiesen – obwohl ein schmales schwarzes Samthaarband, das ihr kurzgeschnittenes Haar hielt, eigenartig, wenn auch auf provinzielle Weise raffiniert wirkte. Ich weiß, daß ich nicht übertreibe, wenn ich sage, daß sich ihr freimütiges Gesicht und das schwarze Samthaarband unauslöschlich meiner Erinnerung eingeprägt haben, und nachdem ich sie ein bißchen unhöflich angestarrt hatte, ging ich an ihr vorbei, weil ich nicht die leiseste Möglichkeit sah, eine Eintrittskarte zu kaufen und sie später aus heiterem Himmel in der Pause, mitten im deutschen Publikum, anzusprechen.

Schriebe ich einen Roman, würde ich sagen, daß mir der Atem stockte (so war es nicht, denn es schien alles ganz unvermeidlich), als sie am folgenden Samstagnachmittag die Buchhandlung betrat, in einem anderen Rock, einer anderen Bluse, doch wieder mit dem schwarzen Samthaarband. Sie sah sich eine Weile um; dann fragte sie mich, den vielbeschäftigten Angestellten, ob wir Billigausgaben älterer Autoren hätten, und ich hätte ihr sofort Goethes gesammelte Werke in vierzig Bänden aus dem Keller herbeigeschleppt und ihr meine eigenen Gedichte noch draufgelegt. Sie nicht wieder fortzulassen, war das Wichtigste auf der Welt, und ich begann liebenswürdig zu fragen, ob sie ein bestimmtes Jahrhundert im Sinn habe oder vielleicht die Romantiker. Sie fragte nach Eichendorffs Novelle »Aus dem Leben eines Taugenichts«, um sie auf einem geplanten Ausflug zu lesen. Mit Sicherheit sprach sie nicht Pragerdeutsch, das mit seiner Nähe zu den tschechischen Lauten leicht zu identifizieren ist, sondern eine (unter anderem am breiten A kenntliche) Mundart aus den böhmischen Bergen im Norden, und ich merkte auf einmal, daß, wäre sie in der BDM-Uniform gekommen, das schwarze Dreieck am Ärmel deutlich Sudetenland gesagt hätte. Kalter Schweiß hätte mir ausbrechen sollen, aber auch das geschah nicht; ich tat, als suchte ich nach einer Eichendorff-Ausgabe, obgleich ich wußte, daß wir keine hatten, und sagte, wenn ihr der Eichendorff wirklich so am Herzen liege, könnte ich ihr vielleicht im Lauf des Nachmittags bis zu ihrer Abreise einen besorgen. Anscheinend fand sie meinen

Vorschlag nicht völlig abwegig; sie sagte bloß, sie fahre um 7 Uhr 25 vom Hauptbahnhof mit dem Abendzug nach Brandeis, ins ostböhmische Hügelland, und verließ den Laden.

Es war vier, die Buchhandlung schloß um sechs, und ich hatte Zeit genug, um nach Hause zu laufen, mir den Eichendorff aus der Bibliothek meines Vaters zu holen, quer über den Wenzelsplatz zum Hauptbahnhof zu hasten, den richtigen Zug zu finden und nach dem Mädchen mit dem Samthaarband Ausschau zu halten. Und da stand sie am offenen Fenster eines kleinen Zugs nach Osten. Sie langte herab, um das schmale Buch entgegenzunehmen, fragte, wieviel sie mir schulde, und ich antwortete, es sei ein Geschenk für ihren Wochenendausflug. Sie war in keiner Weise kokett, sondern erzählte mir von ihrem Vorhaben, am Sonntag durch die Wälder zu wandern, die sie in Prag so sehr vermisse (mir kamen einige Bedenken bei der Vorstellung, wie eine junge Deutsche allein durch das tschechische Jizerské hory, das Isergebirge, wanderte). Dann ertönte die Pfeife, der Zug fuhr ab, und ich stand da mit dem unabweislichen Gefühl, daß etwas Wichtiges geschehen sei, wußte aber nicht, was es war, etwas Wunderbares, doch angesichts der Umstände auch Bitteres und Unmögliches, und als sie am folgenden Samstagnachmittag wieder in die Buchhandlung kam, um mir noch einmal für das Buch zu danken, spazierten wir anschließend miteinander durch die Stadt, und ich war überwältigt von einer stillen Verwirrung und dem Wunsch, unser Spaziergang möge nie enden.

In einem anderen Jahrhundert oder auf einem anderen Planeten hätten wir uns (hoffte ich) von Anfang an an den Händen halten oder tief in die Augen blicken können, doch die Zeit, in der wir lebten, war gegen uns, und so war sie fast zwei Jahre lang meine Freundin, ohne je meine Freundin zu sein. Die ersten drei Wochen waren die schrecklichsten von allen, weil ich ihr nicht zu gestehen wagte, daß ich nach den Gesetzen ihres und meines Landes Halbjude sei, doch als ich mich dann doch dazu durchrang – mit starrem Blick in die Ferne –, war sie erstaunlich gelassen und sagte, eine Mitschülerin habe ähnliche Schwierigkeiten gehabt, ehe sie von der Schule verwiesen worden sei, und sie habe schon so etwas vermutet, weil ich keine Uniform trüge und auch nichts von einer baldigen Einberufung zum Militär erwähnt hätte. Das war seltsamerweise alles, und obwohl ich später über meine Mutter und über Theresienstadt und Auschwitz mit ihr sprach, akzeptierte sie mich mit einer Art unausgesprochener, argloser und ernsthafter Heiterkeit, die als Gleichgültigkeit hätte ausgelegt werden können, hätte sie nicht auf ihre Weise gezeigt, daß sie durchaus bereit war, mit mir zu fühlen. Einmal fuhr sie für eine Woche nach Wien, sah dort Wilhelm Kienzls »Evangelimann« in der Oper und zitierte in einem Brief an mich eine Zeile aus dem Chor, »Selig sind, die Verfolgung leiden«, und unterstrich das Zitat auf dem dünnen Papier, das an manchen Stellen, wo sie zu fest aufgedrückt hatte, zerriß (noch ein halbes Jahrhundert später rührt mich die Erinnerung an das aufgeschlitzte grüne Papier).

Meine Schwierigkeiten begannen bei ihrem Taufnamen, der schrecklich wagnerianisch klang und für ihr Aussehen völlig unpassend war, so daß ich aus »Waltraut«, also der auf dem Schlachtfeld Beheimateten, durch Hinzufügung eines einzigen Konsonanten kurzerhand eine »Waldtraut«, eine in den Wäldern Geborene, machte, und obwohl sie die Veränderung nicht hören konnte, wenn ich ihren Namen sagte, schien er mir in dieser Form poetischer und angemessener. Ansonsten wußte ich nicht viel über meine reizende sudetendeutsche Feindin. Sie war Medizinstudentin, die nebenbei eine Teilzeitstelle als Assistentin im Klinikviertel, am Institut für Physiologie, hatte und an vielen Vormittagen damit beschäftigt war, die Experimente vorzubereiten, die ihr Professor zur Veranschaulichung seiner Einführungsvorlesungen brauchte. Ich pflegte zu Fuß von unserer

Wohnung zum Albertov-Viertel zu gehen – damals in zwanzig Minuten, heute brauche ich dafür mehr als eine halbe Stunde –, und wenn ich vor dem Institut stand, pfiff ich eine Melodie aus Bizets »Carmen« oder der Chorszene aus dem zweiten Akt von Puccinis »La Bohème«, woraufhin sie, wenn sie fertig war, in ihrem kleinen Zimmer über dem Haupteingang zum Institut das Fenster öffnete, herunterkam, ungekünstelt und ohne eine Spur von Make-up, und wir unseren Spaziergang machten, meist auf den nahen Vyšehrad oder durch die Gärten der Malá Strana (der Kleinseite, wie sie sagte) zur Burg oder zum Petřín, dem Laurenziberg, hinauf, und W. wußte natürlich nichts von der unter jungen Tschechen verbreiteten Tradition, vor dem Denkmal von K. H. Mácha, dem Dichter der Liebe und des Frühlings, einen Veilchenstrauß niederzulegen. Die Innenstadt vermieden wir, glaube ich, beide instinktiv, um möglichst nicht von zu vielen Bekannten, tschechischen oder deutschen, gesehen zu werden, die über das merkwürdige Paar den Kopf geschüttelt hätten, und als mich einmal ein tschechischer Freund mit W. die Národní trída hinabgehen sah, rief er mich am nächsten Tag an und meinte, es wäre vielleicht patriotischer, wenn ich mich nicht ausgerechnet mit einem Mädchen sehen ließe, das so offensichtlich deutsch sei. Nie besuchten wir eine Vorstellung im Ständetheater oder im Národní divadlo (aus naheliegenden Gründen), sondern saßen in abgelegenen Cafés und speisten hin und wieder in einem Nobelrestaurant an der Michalská-Straße, wo, freilich an getrennten Tischen, Tschechen und Deutsche der Oberschicht verkehrten, und von dem meine patriotischen Freunde angesichts ihres schmalen Budgets (man mußte ja auch die Lebensmittelmarken bezahlen) nur träumen konnten. Es war der Abend nach Mussolinis Verhaftung, ich lud W. ein, sich aus einer in Leder gebundenen Speisekarte etwas auszusuchen, wir bestellten etwas Flambiertes, und der Kellner in seinem makellosen Frack tat sein Bestes.

Langsam und in Bruchstücken erzählte mir W. mehr über sich und ihre familiäre Situation, und es war keine glückliche Geschichte. Wie sich herausstellte, war ihr Vater in Masaryks Republik ein Schulinspektor gewesen, nach München aber vom neuen sudetendeutschen Regime seines Amtes enthoben worden, weil beschlossene Sache war, daß er als gläubiger Katholik für diese Aufgabe ungeeignet sei; er hatte schließlich eine Büroarbeit in der Privatindustrie gefunden, leider sehr weit entfernt von seinem Haus auf dem Schneeberg (nahe der Grenze zu Sachsen), wo seine Frau, W.s Mutter, von einer seltsamen, wiederkehrenden Lähmung befallen war und eine freundliche Nachbarin sich ihrer annahm. Es stellte sich ferner heraus, daß W. regelmäßig zur Kirche ging; sie gehörte der Gruppe um Pater Paulus an, der offizieller »Studentenseelsorger« war, und besuchte regelmäßig seine strenge Messe – nie wäre ihr eingefallen, sonntags zur Elfuhrmesse nach St. Jakob in der Altstadt zu gehen, wie es viele Prager Ästheten zu tun pflegten (auch ich), weil dort ein großartiges Orchester mit Chor während des ganzen Krieges Mozart und Dvořák aufführte –, und in den Ferien verschwand sie oft nach Leitmeritz, um die berühmten Predigten von Pater Bitterlich zu hören, dem Generalvikar des Bischofs, der in der Schule ihr Lehrer gewesen war (ich besuchte Pater Bitterlich 1946 in einer Pfarrei in Wien, wo er Zuflucht gefunden hatte, und er zeigte mir ein Klassenfoto mit W.). Und doch war sie – zu meinem Bedauern, weil sie mir damit ein Argument möglicher Selbstverteidigung nahm – keine Katholikin, die zu dem Schluß gekommen war, daß der christliche Glaube unter den gegebenen Umständen ein politischer Akt sei (wie Pater Paulus, der sich an die Front meldete, um der Festnahme und dem KZ zu entgehen), sondern einfach gläubig, ohne die Unordnung hier unten auf Erden radikal zu hinterfragen. Immerhin hatten wir einige Gesprächsthemen, und wir diskutierten nicht nur über die Romantiker, Goethe, die Prager

Geschichte (je weiter zurückliegend, desto besser) und Rainer Maria Rilke, den Schutzpatron unserer Spaziergänge.

Doch gab es auch Gelegenheiten und Ausflüge, bei denen wir uns wie ganz normale Leute benahmen – als schlitterten wir nicht auf dünnem Eis, als müßten wir uns nicht vor jeder uniformierten Patrouille fürchten, die womöglich auf die Idee kam, unsere ungleichen Ausweise zu kontrollieren. Einmal setzte ich mir in den Kopf, W. nach Leitmeritz zu begleiten, die alte Diözese gleich jenseits der Demarkationslinie, die den jetzt zum Reich gehörenden Sudetengau vom Protektorat trennte, und knapp fünf Kilometer von Theresienstadt entfernt, wo meine Mutter gestorben war. W. wollte die ganze Strecke von Prag mit dem Rad fahren; und ich hatte meinen Freund Kari überreden können – freilich ohne ihm den Zweck zu verraten –, mir sein Fahrrad zu leihen, doch W. war viel kräftiger und durchtrainierter als ich, so daß ich auf halbem Weg aufgab und verzweifelt keuchend, von ihrer sportlichen Leistung vollkommen besiegt, am Straßenrand verschnaufen mußte. Wir verabredeten, daß ich in der Kathedrale nach ihr Ausschau halten oder, falls ich sie dort nicht fand, am Grenzposten (auf der tschechischen Seite) auf sie warten würde.

Der Trick war, daß man gegen eine »Gebühr« von zwanzig Zigaretten, wofür die tschechische Grenzpolizei beide Augen zudrückte, seinen Ausweis am Kontrollposten abgeben und hinübergehen konnte, ohne daß Fragen gestellt wurden. Ich hinterlegte die Zigaretten und meinen Ausweis, trat über die Grenze ins Reich, fand W. aber nicht in der Kirche und trank deshalb ein Glas Bier in einem Gasthaus auf dem Marktplatz – ein junger Mann im wehrfähigen Alter, aber nicht uniformiert und, dachte ich, für jedermann auffällig. Nicht im Laufschritt, sondern so gemächlich wie möglich kehrte ich zur Demarkationslinie zurück, wo W. strahlend in der Sonne, die Strümpfe bis zu den Knöcheln hinuntergerollt und das vom Physiologischen Institut geborgte Fahrrad neben sich im Gras, auf mich wartete. Zum Glück wollte auch sie mit dem Zug zurückfahren, wir luden unsere Räder ein und waren vor Einbruch der Nacht wieder in der Stadt. Es war der 20. Juli 1944 und, wie wir am nächsten Tag aus dem Radio erfuhren, der Tag, an dem der Putsch der Generäle gescheitert war, und ich wagte nicht mir vorzustellen, was geschehen hätte können, wenn mich eine Militär- oder SS-Patrouille in Leitmeritz, fünf Kilometer von Theresienstadt, ohne Ausweis aufgegriffen hätte. Ich hätte große Mühe gehabt zu erklären, daß ich, der Halbjude, lediglich auf eine junge Deutsche wartete, die beim Generalvikar zu Besuch sei.

W. war vielleicht kühner als ich (oder nicht von meinen politischen Ängsten belastet), und als ich ihr eines Tages erzählte, ein paar Freunde hätten ihre Skier und sonstigen Wintersachen bei einer Bauernfamilie in den Beskiden, an der Grenze zur Slowakei und zu Polen, versteckt (nachdem sie bereits ein Paar Skier und alte Wollhandschuhe den deutschen Behörden geopfert hatten, die Material für die Soldaten an der Ostfront requirierten), war sie es, die den Vorschlag machte, wir könnten doch nach Weihnachten ein paar Tage Ski fahren gehen, und fort waren wir, fuhren mit einem günstigen Zug quer durch ganz Böhmen und Mähren nach Nordosten. Natürlich war sie auch eine viel bessere Skiläuferin als ich; kaum hatten wir mit dem Aufstieg zum Radhošt-Gipfel begonnen, war sie mir schon weit voraus, und ich hatte alle Mühe, halbwegs Schritt zu halten. Die Berghütte auf dem Radhošt war von einer HJ-Truppe besetzt, die nachmittags abfuhr, und die tschechische *locandiera*, die sich weder für Volkszugehörigkeit, Sprache, Rasse noch für die politische Lage interessierte, gab uns ein kleines Zimmer, sauber und mit zwei einzelnen Betten in je einer Ecke. Während ich in meinen besten Schlafanzug schlüpfte, zog sich W. auf der Toilette um (die sich hinter einer dünnen Holztrennwand befand) und kam in einem altmodischen Flanellnachthemd zurück. Sie ging schnurstracks zu ihrem Bett in der Ecke gegenüber und wünschte mir von dort aus gute Nacht. Ich aber fiel auf die Knie (es war mir ernst) und bat sie, mich für einen kurzen Moment in ihr Bett zu lassen – ich würde ganz stillhalten, versprach ich –, und doch war ich auch wieder froh, als sie sagte, ich wisse doch selbst, daß das unmöglich sei. Ich stimmte ihr zu. Wir löschten das Licht und schliefen diese und die drei folgenden Nächte in getrennten Betten, als könnte es nicht anders sein.

Auch einen Sonntag im Sommer habe ich in Erinnerung, als wir südlich von Prag am Moldauufer durch die Hügel wanderten. Es fing an zu regnen, und weit und breit war kein Unterstand in Sicht, so daß wir im Dickicht unter den Fichten Schutz suchten und uns in eine grüne Höhle betteten. Ich zögere nicht, dieses uralte Bild zu verwenden, denn der Wald umgab uns mit seiner natürlichen Gegenwart, doch was immer das Bild der grünen Höhle einst heraufbeschwor, fand nicht statt; wir berührten uns nicht, obwohl uns allenfalls ein paar Zentimeter trennten, als ich mich über sie beugte, um einen menschlichen Schirm zu bilden. Es war merkwürdig und dann auch wieder nicht. Mit der Zeit waren wir einander sehr nah, und nachdem sie mir eines Tages anvertraut hatte, daß ihr Kämmerchen im Institut zwar fließendes, aber nur kaltes Wasser habe, und mich gefragt hatte, ob sie ab und zu in unserer Wohnung ein heißes Bad nehmen dürfe, erschien sie mit einem Stück Seife und einem Handtuch wie ein Schulmädchen (ich hatte natürlich schon eine Auswahl an Seifen und Parfums bereitgestellt). Wir behandelten einander mit vollendeter Höflichkeit, als wäre unser praktisches Abkommen selbstverständlich. Als sie fertig war und aus dem Bad kam, glänzte ihr Gesicht, ein zarter Parfumduft ging von ihrem Kleid aus, ich machte ihr weltmännisch (dachte ich jedenfalls) eine Tasse Tee, und als ich sechzig Jahre später in dieselbe Wohnung zurückkehrte und dort duschte, konnte ich nicht umhin, mir ihren knochigen jungen Körper, den ich nie gesehen habe, in der dampfenden Wanne vorzustellen.

Die Alliierten bereiteten ihre Landung an den Stränden der Normandie vor, ich wußte, daß ich bald in ein Lager für Halbjuden mußte, und öfter als früher verschob sich unser Gespräch von der Lyrik auf die Diskrepanz zwischen dem (ihrem) Glauben an eine vollkommene transzendente Wahrheit und den Ungerechtigkeiten hier auf Erden. Oft war sie melancholisch; und seitdem man sie als Hilfsschwester im Prager Krankenhaus für tschechische Gefängnisinsassinnen zwangsverpflichtet hatte, war sie aufgewühlt, und es ging etwas in ihr vor, für das sie kaum Worte fand. Eines Nachmittags rief sie mich an und sagte zum ersten Mal, sie brauche mich; ich rannte sofort zum Albertov. Ohne auf mein Pfeifsignal zu warten, kam sie heraus, in einen zerschlissenen Morgenrock gehüllt, die Augen rot verweint, und sagte, ein Freund von ihr, ein Flieger im Einsatz an der Ostfront, sei vermißt, und ich, statt zu sagen, daß die Sowjets glücklicherweise zu kämpfen verstünden, beging Verrat an all meinen Überzeugungen und bemühte mich, sie zu trösten. Sie war ein Mensch, der an meiner Schulter weinte.

Sie wollte sofort nach Hause fahren, wir stapften zum Bahnhof, und ich beschloß, sie bis zur Demarkationslinie zu begleiten. Im leeren Abteil legte sie sich auf die hölzerne Bank, und ich kniete neben ihr nieder und legte mein Gesicht an ihre Brust, schweigend, aber durchdrungen vom Rattern des Zuges. Wäre ich Romanschriftsteller, würde ich sagen, daß ich auf den vorüberflitzenden Telefonleitungen 50 000 riesige schwarze Vögel sah, die mich mit brennenden Augen anstarrten: die jüdischen Gefangenen aus Prag, die einmal mit dem gleichen Zug zur Bahnstation Bohušovice gefahren waren, um von dort zu Fuß nach Theresienstadt zu gehen; oder daß ich wenigstens stumm in einer Abteilecke meine Mutter sitzen sah. Aber es war nichts dergleichen. Wir waren allein im Abteil, W. weinte um einen gefallenen Feind von mir, und ich versuchte zu vergessen, daß sie Deutsche war. Ich weiß nicht mehr, wie ich in Bohu-šovice aus dem Zug kam, jedenfalls war es das allerletzte Mal, daß ich sie sah. Ich ging ins Lager, und sie kam in Prag bei dem Luftangriff der Alliierten vom 14. Februar 1945 auf dem Karls-platz, nicht weit vom alten Benediktinerkloster, das beinahe vollständig zerstört wurde, durch eine Fliegerbombe ums Le-ben. Als ihr Vater ein paar Monate nach Kriegsende den Aus-weisungsbefehl erhielt (er sollte sein Haus und seine Frau in dem kleinen Bergdorf verlassen), tötete er seine an Muskel-dystrophie erkrankte, inzwischen vollkommen gelähmte Frau, setzte sein Haus in Brand und starb in den Flammen.

Prager Filme: Die Jahre der Okkupation

Die Historiker waren sich lange Zeit einig, daß der Natio-nalsozialismus auf wirksame Weise überholte Ideen wie die aus dem neunzehnten Jahrhundert stammende Rassenlehre mit modernster Technik, in der Herstellung und im Verleih von Filmen oder beim Flugzeug- und Autobahnbau, ver-band. Was die Filme betraf, war Hitler, jedenfalls bis 1939, geradezu kinosüchtig; jeden Abend schaute er sich einen (oft amerikanischen) Film an, während er die Kontrolle der Film-industrie seinem Kultur- und Propagandaminister Goebbels überließ, der sich der politischen Bedeutung von Filmen beim Umgang mit der Macht sehr genau bewußt war und bereits am 26. April 1933 vor den Mitarbeitern der Berliner UFA eine Rede hielt, um die »Gleichschaltung« des deut-schen Films anzukündigen, die bald vom sogenannten Reichskulturkammergesetz vom 29. September 1933 bestätigt wurde. Goebbels war der festen Überzeugung, Deutschland habe in den Jahren 1917/18 den Ersten Weltkrieg verloren, weil der verdrossenen und hungernden Nation der Wille zum Widerstand abhanden gekommen sei, und er war entschlossen, derlei nie wieder geschehen zu lassen (48 Prozent aller Nazifilme waren Komödien und nur vierzehn Prozent reine Propaganda). Mitten im Krieg hatte Goebbels zusätzliche Gründe, seine Filmpolitik anzupassen, zumindest topographisch: Die Luftangriffe der Alliierten zerstörten die Berliner Studios, und die Barrandov-Studios im besetzten Prag waren in punkto Ausstattung die modernsten und verfügten über sehr versierte technische Stäbe.

Auch nach dem Münchner Abkommen konnten Böhmen und Mähren, was die Zahl der Kinos und Sitzplätze für Besucher betraf, durchaus mit England und Italien mithalten, und während der Okkupationsjahre nahm die Zahl der Lichtspieltheater in Prag ebenso sprunghaft zu wie die Zahl der – deutschen und tschechischen – Kinobesucher. Die patriotischen Andeutungen, das tschechische Publikum habe deutsche Filme aus Prinzip boykottiert, sind mit Vorbehalt zu werten, vor allem wenn es um deutsche Musicals mit viel Steptanz und Marika Rökk ging. 1939 gab es im Protektorat 1101 Kinos, 1942 waren es 1181, und 1943 war die Zahl auf 1195 gewachsen; allein in Prag stieg die Zahl der Lichtspieltheater von 108 (1939) auf 111 (1944), und das Kinopublikum verdoppelte sich sogar, genau wie in Deutschland, jedenfalls bis 1944, dem Jahr, in dem die intensiven Bombardements der Alliierten viele Kinos zerstörten. Ob dabei das künstlerische Interesse ausschlaggebend war, sei dahingestellt; viele Konsumgüter waren nicht zu bekommen, die Wohnungen ungeheizt, die Stadt finster, in Kaffeehäusern und Restaurants wurden ständig Polizeikontrollen durchgeführt, öffentliche Tanzveranstaltungen waren (meistens) verboten, und damals hieß es, daß die Leute abends entweder ins Kino gingen oder direkt ins Bett.

Bei der Entwicklung der Prager Filmindustrie war die Familie Havel aktiver als alle anderen und geriet später zwangsläufig in Konflikt mit den Interessen der deutschen Besatzer, die politisch in der Person des Reichsprotektors handelten und ökonomisch über die Berliner UFA und die Cautio Treuhand GmbH, die vom Staat beauftragt war, unabhängige Produktionsfirmen in und außerhalb Deutschlands zu kaufen oder zu enteignen. Václav Havel (der Vater des künftigen Präsidenten), Sprößling einer konservativen Patrizierfamilie, war ursprünglich in der Studentenorganisation der frühen Ersten Republik und im tschechischen CVJM aktiv und hatte hochfliegende Ideen vom modernen Leben. 1923 unternahm er eine lange Reise durch die USA, von New York nach San Francisco und Hollywood, informierte sich über die neuesten Trends im Investitions- und Immobiliengeschäft und im Film und nahm bei seiner Rückkehr ein in der Prager Architektur nie dagewesenes experimentelles Bauprojekt in Angriff: 1924 begann er mit der Errichtung einer »Gartenstadt« aus Fertigteilvillen auf den Barrandov-Felsen (so benannt nach dem französischen Paläontologen Joachim Barrande, der im neunzehnten Jahrhundert ihr Schichtgestein erkundet hatte), die bei der neuen Finanz- und Künstlerelite sehr beliebt war, und 1927 folgte das modernste Café und Restaurant auf den Barrandov-Terrassen, das große Ähnlichkeiten mit dem »Klippenhaus« in San Francisco hatte, woraus sein Erbauer auch gar kein Hehl machte. Es wurde ein Mittelpunkt des schicken Lebens, oben in der etwas später hinzugekommenen »Trilobitenbar«, wo R. A. Dvorský und seine Band ihre eleganten Stücke spielten, ebenso wie unten am Fuß der Klippe, wo ein

Swimmingpool angelegt wurde, an dem all die Starlets zu bewundern waren.

In den Jahren 1932/33 bauten die Havels die Barrandov-Filmstudios, das Zentrum neuer Produktionen (die bis dahin in großen Biergärten oder Vorstadtecken dahinvegetiert hatten). Der erste Barrandov-Film, ein tschechischer Thriller, wurde Ende Januar 1933 fertiggestellt, eine Woche ehe Hitler in Berlin an die Macht kam. Den Betrieb in den Filmstudios leitete Václavs Bruder Miloš Havel, der seit den frühen zwanziger Jahren im Filmgeschäft aktiv gewesen war, die ersten US-Western in die Prager Kinos gebracht und die AB-Filmfabrikations AG organisiert hatte, die er, der auch Eigentümer der Lucerna-Filmgruppe und Miteigentümer des palastähnlichen Lucerna-Kinos in der Innenstadt war, zusammen mit einem Gremium von Regisseuren führte. Als die Deutschen die Prager Ateliers begehrten, stand er natürlich direkt in der Schußlinie.

Die tschechischen Faschisten waren sich mit den Besatzern einig, daß das Kino von vorrangiger Bedeutung für den Umgang mit der Macht sei, und sie waren die ersten, die, 24 Stunden nach dem Einmarsch der Wehrmacht in Prag, die gesamte Filmindustrie, eingeschlossen die großen Lichtspieltheater und den Verleih, an sich zu reißen versuchten. Unbeeindruckt vom spärlichen Zulauf der Prager Faschisten zum Kohlenmarkt, wohin ihr Anführer sie einberufen hatte – es kamen nur dreihundert Mann, die hastig eine neue Regierung zusammenschustern wollten –, hatte General Gajda seine detaillierten Pläne und beauftragte Josef Kraus, einen Produktionsassistenten, und zwei weitere Faschisten, zu den Barrandov-Studios zu eilen, wo Kraus, der dort am Vormittag des 16. März 1939 eintraf, unverzüglich den Verwaltungsdirektor feuerte und Walter Schorsch sowie Jiří Weiss, zwei Regisseure jüdischer Abstammung, zum Verlassen des Geländes aufforderte. Das Personal und der technische Stab protestierten, woraufhin Gajda eine weitere Dreiergruppe, bestehend aus Dr. Zdeněk Zástěra, einem langjährigen Mitglied der faschistischen Organisation, dem Regisseur Václav Binovec und dem Maler Jan Tulla, als Verstärkung aussandte, um den Widerstand zu brechen. Unterdessen war Miloš Havel telefonisch verständigt worden, und der nahm sich nun Zástěra vor und legte ihm nahe, von seinem illegalen Einmischungsversuch abzulassen. Die Faschisten, bösartig, aber unschlüssig, was zu tun sei, zogen ab – mit Ausnahme von Binovec, der zur nachmittäglichen Sitzung der Regisseure blieb, allerdings umsonst, denn das Gremium war nicht gewillt, mit ihm zu diskutieren. Miloš Havel besaß genügend Autorität, um mit faschistischen Amateuren fertigzuwerden, doch den Deutschen gegenüberzutreten, war eine andere Sache.

Nur einen Monat nach der Besetzung Prags ernannte der Reichsprotektor Hermann Glessgen (der erst im Januar 1939 Parteimitglied geworden war) zum »Sonderbeauftragten« für alle die Filmkunst betreffenden Angelegenheiten. In seinem programmatischen Memorandum erklärte er, der Film sei eine der Ausdrucksformen der tschechischen Kultur und werde von der Nation hochgeschätzt, doch eine Jahresproduktion von fast fünfzig Filmen sei viel zuviel; es liege im deutschen Interesse, die tschechische Produktion zu reduzieren und zu »steuern«, um Platz für deutsche Filme zu schaffen, zu welchem Zweck es am praktischsten sei, sämtliche Unternehmen in deutscher Hand zu vereinigen, der eine Anteilsmehrheit gehören solle. Mehr als ein Jahr lang stand der tapfere Miloš Havel unter gnadenlosem Druck von seiten Glessgens und seiner Verbündeten: Dazu zählten die Gestapo, die Havel kurz verhaftete und sein Büro in den Studios auf den Kopf stellte, und die staatlich finanzierte

Berliner Cautio Treuhand GmbH unter Leitung von Max Winkler, der beträchtliche Erfahrung mit gesetzlichen Enteignungen hatte. Glessgen argumentierte, die AB-Filmfabrikations AG sei ein jüdisches Unternehmen, weil Havels jüdischer Freund Osvald Kosek (dem mehrere bedeutende Prager Kinos gehört hatten) im Gremium sitze, doch Havel wies ihn darauf hin, daß der Name Kosek (der in die USA ausgewandert war) bereits am 16. März von der Liste der Mitglieder gestrichen worden sei. Dann würden eben die maßgeblichen Stellen im Gesetz verändert, erwiderte Glessgen, doch Havel leistete weiter Widerstand, K. H. Frank und Präsident Hácha mischten sich in die Streitfrage ein, ob das Kapital der AB-Filmfabrikations AG erhöht werden solle oder nicht, und am Ende unterzeichneten die Anwälte Havels und der Cautio Treuhand eine auf den 26. April 1940 datierte Vereinbarung.

Nach diesem Dokument war Havel verpflichtet, 51 Prozent des Grundkapitals der Cautio Treuhand zu überschreiben, und sollte als Gegenleistung die in mehreren Raten zu entrichtende Summe von 6 885 000 tschechischen Kronen, die Möglichkeit, jährlich mindestens fünf tschechische Filme in den Barrandov-Studios zu produzieren, freie Hand bezüglich seiner kleinen Lucerna-Filmgruppe (Havel richtete augenblicklich eine Kommission von Dramaturgen ein, zu der einige der bedeutendsten tschechischen Schriftsteller gehörten, um sie vor der Rekrutierung durch die Deutschen zu schützen) sowie weitere Kredite im Fall hoher Produktionskosten erhalten. Die Situation war, gelinde ausgedrückt, verworren, denn Max Winkler von der Berliner Cautio Treuhand war unterdessen damit beschäftigt, sämtliche deutschen Produktionsgesellschaften, darunter die UFA, Tobis, Terra, Bavaria und Wien-Film, in politischer und wirtschaftlicher Hinsicht unter einem Dach zu vereinigen, und obwohl sich die neue Gesellschaft nach wie vor UFA nannte, war sie nicht mehr die alte Firma, sondern eine Dachorganisation, die weit hinein in die besetzten Gebiete griff und allein in Berlin über fünftausend Mitarbeiter beschäftigte. 1941 beschloß ein neuer Aufsichtsrat, die AB-Gruppe (zu der jetzt die kleinen Hostivař-Studios in der Vorstadt gehörten) fortan Prag-Film zu nennen, neue Hallen zu errichten und mit Maschinen auszustatten, außerdem die Labors aus Paris und der Cinecittà, die nach Mussolinis Sturz von den Deutschen geplündert wurden, nach Prag zu verlegen. Unterdessen hatten alliierte Luftangriffe die Berliner Filmstudios zerstört, im November 1944 kam Goebbels nach Prag und erklärte die Stadt feierlich zur künftigen Metropole des deutschen Films, während sich im tschechischen Untergrund Autoren und Schauspieler regelmäßig trafen, um zu besprechen, wie ein neues sozialistisches Gesetz die Nationalisierung der tschechischen Filmindustrie nach der Niederlage des Reichs regulieren solle.

In den späten zwanziger und frühen dreißiger Jahren hatten Tschechen und Deutsche beziehungsweise Österreicher eine Zeitlang gemeinsame Filme (oder unterschiedliche Sprachfassungen vom selben Drehbuch) hergestellt, und ein UFA-Vertrag galt oft als wichtiger erster Schritt auf dem Weg nach Hollywood. Die schlaue Anny Ondra (oder Ondráková), die eigentlich aus Polen stammte, und ihr (erster) Ehemann Karel Lamač, ein Schauspieler und Regisseur, begannen ihre Zusammenarbeit im Prag der frühen zwanziger Jahre, und nachdem die Ondráková in einer Vielzahl britischer Filme, sogar einem Hitchcock-Thriller, mitgewirkt hatte, gründeten die beiden 1930 in Berlin eine eigene Produktionsfirma. Doch ihre Wege trennten sich bald wieder, denn sie heiratete den deutschen Boxweltmeister Max Schmeling (der nach dem Krieg ein regionaler Coca-Cola-

Vertreter wurde). Die Situation änderte sich radikal, als sich die junge tschechische Schauspielerin Lída Baarová, die 1931 in Prag ihr Debüt absolviert hatte, Mitte der Dreißiger von der UFA unter Vertrag nehmen ließ, etliche Filme mit dem Frauenschwarm Gustav Fröhlich drehte (sie waren nicht nur auf der Leinwand ein Liebespaar) und Goebbels derart bezauberte, daß er bereit war, sich von seiner Frau Magda scheiden zu lassen und, im Austausch gegen einen Botschafterposten in Tokio, sein Parteiamt aufzugeben, nur um die tschechische Diva heiraten zu können. Die Affäre hätte beinahe deutsche Geschichte gemacht, aber Hitler verhinderte das durch seine eigenen Maßnahmen. Goebbels unterwarf sich seinem Führer, blieb bei Magda und seiner Brut, und Lída Baarová wurde prompt des Landes verwiesen. Sie kehrte in ihre Heimat zurück und konnte in Prag, unter dem Schutz von Miloš Havel, mehrere Filme drehen (ihre besten), doch unter dem Druck der Deutschen mußte sie nach Italien ausweichen, wo sie in der Cinecittà ein paar kleinere Rollen bekam, ehe sie wieder nach Hause zurückging.

Petr Bednaříks bewundernswerte Archivrecherche hat aufgezeigt, daß die Okkupationsmacht ihre eigenen Schwierigkeiten mit manchen ihrer Treuhänder und Sonderbeauftragten hatte. Im Unterschied zur Prager Theaterwelt lockte die Filmindustrie mit ihren komplizierten und oft konkurrierenden Organisationen und Büros, den Reizen berühmter Stars, mit hohen Gehältern, leichten Krediten und, nach den Aussagen trinkfreudiger Augenzeugen zu schließen, ununterbrochenen Festen in der Lucerna-Bar alle möglichen Leute an, und nicht alle waren gefeit gegen Bestechung und die Versuchungen des blühenden Prager Schwarzmarkts. Hermann Glessgen, der aus dem Saarland und von der katholischen Volkspartei herkam, war der Prototyp des ortsfremden Profiteurs, der sich in seinem früheren Leben als

Lehrer und Journalist unmöglich gemacht hatte, weil er nie seine Rechnungen zahlte; dann ging er nach Prag und legte sich dort einen noch viel ausschweifenderen Lebensstil zu: vier Pelzmäntel für den Star Adina Mandlová, zu schweigen von den eigenen Anzügen und sonstigen Bedürfnissen, die er befriedigte, ohne je zu bezahlen. Nachdem der wichtige Vertrag mit Miloš Havel ausgehandelt war, wurde Glessgen von seinen Vorgesetzten augenblicklich fallengelassen und nach einem sich in die Länge ziehenden Gerichtsverfahren vor einer Berliner Kammer zu sechs Monaten Gefängnis verurteilt; das Filmgeschäft sah ihn nie wieder.

Sein Kollege Karl Schulz, der erste deutsche Treuhänder der Barrandov-Studios, war seit den zwanziger Jahren im Geschäft, über die Bavaria AG nach Prag gekommen und stand schon 1942 wegen seiner Schwarzmarktaktivitäten in der Schußlinie – er kaufte tschechischen Angestellten rationierte Waren ab, Cognac, Lebensmittel und Textilien, und verkaufte sie Personen in Berlin, die er sich gewogen machen wollte, billiger weiter; die Differenz beglich er aus der Kasse der Prag-Film. Er wurde von einem Berliner Gericht zu neun Monaten Gefängnis verurteilt und saß mit seinem Kumpel Max Winkler von der Cautio Treuhand, der nach dem Krieg als Eigentümer der Kultur- und Wirtschaftsfilm AG in Düsseldorf wieder in Erscheinung trat.

Die Prager Kinobesucher, vor allem die jüngere Generation, hatten keinen Grund, sich über das Repertoire verfügbarer Filme zu beklagen, denn es wurden, wie in Berlin und anderswo im Deutschen Reich, internationale, bis zu den Tagen von Pearl Harbor (Dezember 1941) sogar amerikanische Filme gezeigt. Um die Mitte der dreißiger Jahre hatten die amerikanischen Importe den tschechischen Markt beherrscht (54 Prozent im Jahr 1938), erst in der Zweiten Republik rückten deutsche Produktionen an die erste Stelle auf, während die amerikanischen Filme mit 37 Prozent auf den zweiten und die tschechischen Filme (siebzehn Prozent) auf den dritten Platz zurückfielen, wo sie bereits Mitte der dreißiger Jahre gewesen waren. In der Zweiten Republik kamen machtvolle nationalistische und antisemitische Regungen auf; schon Anfang Oktober 1938 mußten Prager Kinos umbenannt werden, wenn ihre Namen zu international klangen – aus »Hollywood« wurde »Máj« (»Mai«), aus »Alfa« »Aleš« (nach dem angesehenen tschechischen Maler), aus »Fénix« »Blaník« (ein berühmter Berg der tschechischen Mythologie), aus »Adria« wurde »Adrie«, und das »Apollo« verwandelte sich infolge einer Art patriotischer Verdrehung in »Amerika«. Das neue und modernste Innenstadtkino, das ursprünglich »Broadway« hieß, benannte sich erst nach seinem Standort in »Na Příkopě« um, später bestanden die Deutschen auf »Victoria«. Nach dem Münchner Abkommen wurden Filme mit Hugo Haas, der jüdischer Herkunft war, nicht mehr gezeigt, ebensowenig wie Karel Čapeks antifaschistischer Film »Bílá nemoc«/»Die weiße Krankheit«, doch immerhin sahen die Leute noch den pazifistischen Streifen »No Greater Glory«, den erst verbotenen, dann, zur einhelligen Begeisterung, freigegebenen »Gunga Din«, zu Weihnachten 1938 hielt »Alexander's Ragtime Band« festlichen Einzug, und später brillierte Leslie Howard als Professor Higgins in »Pygmalion« (obwohl oder gerade weil er aus Budapest stammte).

Besonders stark war die tschechische Filmproduktion in den schwierigen Jahren der Republik (49 Filme im Jahr 1937, jeweils 41 Produktionen 1938 und 1939), doch danach ging die Filmproduktion rapide zurück – 1942 wurden nur zehn und 1944 elf Filme gemacht. Der einzige Film, der 1945 in Prag entstand, wurde erst nach dem Krieg gezeigt.

Nach Heydrichs Ankunft in Prag konnte von einem »nationalen Eigenleben« oder wenigstens von einer »Autonomie der nationalen Kultur« praktisch keine Rede mehr sein; Produzenten, Drehbuchautoren und Schauspielern fiel es schwer, in einer Weise für nationale Interessen einzutreten, die nicht die Argumente des deutschen Nationalismus nur mit umgekehrten Vorzeichen wiedergab. Von den verschiedenen Möglichkeiten, mit denen der tschechische Film seine Unabhängigkeit zu behaupten suchte, waren manche erfolgreicher als andere. Man kann sehr wohl die Meinung vertreten, daß die Unterhaltungsfilme (im faschistischen Italien waren es die sogenannten »Telefoni Bianchi«-Filme) sich mit Witz, Ironie und, wenigstens indirekt, Eleganz gegen eine Welt der Aggression weit besser behaupteten als der Großteil des Historien- und Heimatkitsches.

Der beliebteste Film, der je im Protektorat entstand, war die Biographie des Musikers František Kmoch, der in den Jahrzehnten vor dem Ersten Weltkrieg mit seinem Orchester tschechische Volkslieder in ganz Mittel- und Osteuropa bekanntmachte (in Österreich drehte Willy Forst um dieselbe Zeit mehrere Filme über populäre Wiener Musiker, die deren von den Preußen so verschiedenen Talente priesen). »To byl český muzikant: František Kmoch«/»Er war ein tschechischer Musiker: František Kmoch« wurde von der kleinen Elekta-Film in den Hostivař-Studios produziert, lief am 9. Februar 1940 in den Kinos an und brach alle Publikumsrekorde. Das von drei Autoren gemeinsam verfaßte Drehbuch erzählt die Geschichte des jungen Lehrers Kmoch, der, sehr zum Mißfallen seines Direktors, die Musik weit über seine pädagogischen Pflichten stellt. Er wird vom Dienst suspendiert, zieht in die Kleinstadt Kolín, verzaubert dort das Publikum mit seinen Orchesterkonzerten und reist bald nach nah und fern, sogar ins zaristische Rußland, nach Nižnij Novgorod (im Film nur angedeutet). Vladimír Slavínský war zwar ein erfahrener Regisseur, doch sein bester Film war dies nicht; gegenüber der dramatischen ersten Hälfte der Geschichte – Kmoch verläßt die Schule und die Tochter des Direktors – fiel die zweite Hälfte stark ab: Sie besteht aus einer Serie von Orchesterauftritten und Kmochs triumphaler Rückkehr zu seinen bewundernden Eltern, seiner Frau und seinen drei Töchtern – kein Lobgesang auf ein launisches Genie, sondern eine Apotheose bürgerlicher Werte.

Um die Wahrheit zu sagen, die Kritiker waren von der künstlerischen Qualität des Films nicht gerade überwältigt, hatten aber Verständnis für die Gründe seines Erfolgs. Otto Rádl erklärte in der *Kinorevue*, sämtliche Verdienste des Films lägen in seiner Musik, nicht in überzeugender Schauspielkunst. A. M. Brousil meinte in der konservativen *Venkov*, einige Darsteller benähmen sich wie Amateure (vielleicht mit Ausnahme von Jana Ebertová als Schuldirektorstochter), und die *Národní listy* gab der berühmten Ella Nollová, die Kmochs sentimentale Mutter spielt, schlechte Noten, lobte aber Zita Kabátová als Kmochs Frau und Jaroslav Vojta (vom Nationaltheater) in der Rolle von Kmochs Vater. Insgesamt waren sich freilich alle einig, daß es ein sehenswerter Film sei, bei dem man die alten Melodien mitsummen könne und das Kino anschließend mit den richtigen Gefühlen im Herzen verlasse. Sicherlich empfand das Prager Publikum so, denn der Film lief mehrere Monate lang in drei großen Lichtspieltheatern gleichzeitig, und allein in Prag wurden 337 000 Eintrittskarten verkauft. Der Nationale Schauspielpreis des Jahres 1940 ging an Jaroslav Vojta – den das Drehbuch leider zwang, das Publikum immer wieder darauf hinzuweisen, wie es über Kmoch denken und empfinden solle – und nicht an Otomar Korbelář (Kmoch selbst), dessen Interpretation als leicht blutarm aufgefaßt wurde.

Die elegante Komödie »Dívka v modrém«/»Das Mädchen in Blau« hat viel von seinem ungewöhnlichen Charme
behalten, denn sie wurde von einer Gruppe von Profis produziert, die alle höchst unterschiedliche Einzelcharaktere
waren, aber für die Zeit der Dreharbeiten als Team zusammenarbeiteten. »Dívka v modrém« entstand in Miloš Havels
AB-Barrandov-Studios für seine Lucerna Film und lief am
26. Januar 1940 in den Kinos an, erhielt respektable Kritiken
und erfreute sich wachsenden Erfolgs beim Publikum (der
Film wird noch heute im tschechischen Fernsehen in der
Reihe »Filme für Zeitgenossen« am frühen Samstagnachmittag für ein durchschnittlich achtzigjähriges Publikum gezeigt). Es ist eine Art Pygmaliongeschichte; anders gesagt,
geht es darin um ein zum Leben erwachtes Bild. Es beginnt
in einer böhmischen Burg, deren antikes Mobiliar auf einer
Auktion verkauft wird, doch für das aus dem siebzehnten
Jahrhundert stammende Gemälde einer jungen Dame will
keiner ein Angebot machen – es soll, behauptet ein Gerücht,
mit einem Fluch belegt sein. Der Anwalt Dr. Karas, der die
Auktion leitet, erklärt sich bereit, das Bild mit nach Hause zu
nehmen, wo er, nolens volens, wachsende Bewunderung für
die Dame empfindet, bis er eines Abends ihr Bild küßt – woraufhin sie aus dem Rahmen steigt, lebendig und betörend:
In tadellosem Alttschechisch stellt sie sich als Contessa Blanka von Blankenburg vor und erklärt, sie wolle nicht mehr ins
Bild zurück. Der Anwalt, der sich augenblicklich in sie verliebt, hat nun ein 318jähriges Problem am Hals; mutig erklärt
er der Welt, Blanka sei seine Kusine aus dem Ausland, denn
sie lockt alsbald eine Schar von Bewunderern an. Einer ist
darunter, der in einem passenden historischen Kostüm auftritt und ihr, die Mandoline schlagend, den Hof macht. Zum
Glück geht Blanka nicht zu weit; sie sei, gesteht sie, die Studentin Vlasta und von den Freunden des Anwalts engagiert

worden, um ihm einen vertrackten Streich zu spielen, und das Paar eilt vor den Traualtar – sehr zum Mißfallen einer jungen Witwe, die auf den einst so erstrebenswerten Junggesellen schon lange ein Auge geworfen hatte.

Die meisten Kritiker waren anscheinend überrascht, daß die tschechische Filmproduktion mit ihrem Hang zum Seriösen, Tragischen oder zum Milieu imstande war, so ein »bezauberndes kleines Kammerstück« zustande zu bringen, leicht, luftig, sogar elegant. A. M. Brousil räumte in *Venkov* ein, daß der Film geschmackvoll sei, auch die konstruktivistischen Innenräume von Jan Zázvorka und die Kameraführung von Jan Roth, der häufig (zwangsläufig) gedämpftes Halblicht scharfen Schwarzweißkontrasten vorzog. In ihrer Befangenheit begriffen die Kritiker nicht, daß der Film zum großen Teil eine glänzende Parodie auf den vorherrschenden Historizismus in den Sujets und der Ausstattung sonstiger Produktionen war. Das Publikum bekam Gelegenheit, die Vergangenheit, wie heroisch oder patriotisch-tugendhaft sie auch sein mochte, aus ironischer Distanz zu betrachten; und der Kritiker, der in der *Kinorevue* bemerkte, der eingängige, jazzige Titelsong »Dívka v modrém« (komponiert von Sláva Eman Nováček; Text von K. M. Walló) hätte doch dem Thema angemessen ein wenig altmodischer sein sollen, war gewiß auf der falschen Spur, zumal wenn man bedenkt, daß das Lied inzwischen zum unzerstörbaren Evergreen geworden ist. Sämtliche Mitwirkenden hatten Gelegenheit, ihre besten Talente unter Beweis zu stellen, und mußten ihnen nicht entgegenarbeiten: Oldřich Nový als Anwalt, wie geboren für den Smoking und ein selbstironisches Auftreten à la Maurice Chevalier, Lída Baarová, die als dunkeläugige Blanka überzeugender war denn als Studentin der tschechischen Philologie, die elegante Nataša Gollová als enttäuschte junge Witwe, die immer unveränderte Antonie

Nedošinská als Haushälterin und der verhalten komische Jindřich Láznička als Anwaltssekretär.

Oldřich Nový, der vor dem Krieg oft in Paris gewesen und mit einer Vorliebe für die intime, leichte, mit ein paar Chansons gewürzte Komödie zurückgekehrt war, besaß allerdings nicht die Massenanziehungskraft eines Vlasta Burian. Burian regierte im eigenen Theater und mit seinen acht im Protektorat gezeigten Filmen zweifellos lange als unumstrittener »König der Komödianten«. Er kam aus einer Prager Arbeitervorstadt und von der populären Varieté-show her, und nach Ansicht seiner Freunde machten sein feines Gehör für sprachliche Nuancen, seine Art, unpassende Idiome nachzuahmen, und sein unheimliches Talent, die Durchschnittstschechen zu imitieren, seine Farbenblindheit mehr als wett. Seinen ersten Film drehte er bereits 1923 mit dem Team Anny Ondra und Karel Lamač, doch er veränderte sich eigentlich nie und schuf auf ebenso verläßliche wie groteske Weise tschechische Charaktere, die sofort erkennbar waren, ob es ein Pfleger war (wie in »U pokladny stál«/»Er stand an der Kasse«, 1939), ein Straßensänger (»Ulice zpívá«/»Die Straße singt«, 1939), ein kleiner Bürokrat (»Katakomby«/»Katakomben«, 1940) oder der Mann, der seine Bahnfahrkarte nicht rechtzeitig gekauft hat (»Přednosta stanice«/»Der Stationsvorsteher«, 1941). Er unterhielt Millionen, privat aber war er paradoxerweise eher trübsinnig und ein Einzelgänger und nicht besonders beliebt bei seinen Kollegen, die sich durch seinen protzigen Lebensstil (weißes Auto, riesige Villa, Jagdhütte und ostentative Tennisleidenschaft) brüskiert fühlten; nach dem Mai 1945 mußte er dafür teuer bezahlen.

Der politisch dubioseste Film der Protektoratsjahre war František Čáps »Jan Cimbura«, der in den Barrandov-Studios für die Lucerna Film gedreht wurde und am 21. November 1941 in Prag anlief, gerade rechtzeitig fürs Weihnachtsgeschäft. Das Drehbuch beruhte auf einem Roman von J. Š. Baar, einem katholischen Priester, der viele Geschichten vom Land verfaßt hat; wie getreu sich der Film an die Vorlage hielt, wurde später des langen und breiten erörtert. Im Film jedenfalls kehren zwei Freunde nach langem Militärdienst in ihr Dorf in Südböhmen zurück, und während Josef das Glück hat, Marjánka zu heiraten (die einen Bauernhof erben soll), muß der land- und mittellose Jan Cimbura als Knecht hart arbeiten, beeindruckt aber jeden (ausgenommen die anderen Dorfburschen) mit seiner Ehrlichkeit, seiner Intelligenz und seiner Tapferkeit. Als sein Freund stirbt, muß ihm Jan Cimbura versprechen, daß er sich um Marjánka und die Kinder kümmern wird, und nachdem er die Kinder aus einem brennenden Wald gerettet hat, treten Marjánka und Jan zur Freude des Dorfes glücklich in den Stand der Ehe. Der Film enthält allerdings auch noch eine Nebengeschichte um einen zwielichtigen jüdischen Gastwirt, der eine dunkelhaarige Kellnerin beschäftigt und den arglosen Bauernsöhnen Geld zu Wucherzinsen leiht. Eines Tages rotten sich die aufgebrachten Bäuerinnen zusammen, mißhandeln die Kellnerin, stecken das Gasthaus in Brand und verjagen den Juden aus dem Dorf.

Es wäre sinnlos, gegen einen Blut-und-Boden-Film dieser Sorte zu argumentieren, der sich eng an die traditionellen Klischees hält (ob in tschechischen oder deutschen Filmen) – die Bauern im schmucken Sonntagsstaat, ihre Frauen trotz Stallarbeit in sauberer, gestärkter Tracht und Jan Cimbura, der die Frühlingserde schnuppert, bevor er vor mächtigen Wolken am Horizont mit dem Pflügen beginnt. Deutlicher tritt das ideologische Element zutage, als Cimbura auf einem Spaziergang durch Prag die Burg auf dem Hradschin, den Innenraum der Kathedrale, die Karlsbrücke als patriotische Monumente der tschechischen Geschichte bewundert – obwohl sie auch von der Luxemburger, der polnischen und der Habsburger Dynastie und deren Architekten geschaffene Symbole einer gemeimsamen böhmischen Geschichte sind. Leider ähnelt der Marsch der tschechischen Dorfweiber zum jüdischen Gasthaus sehr stark der Empörung der Württemberger Bürger gegen den »Jud Süß« (Veit Harlans Film lief in Prag ein Jahr vor »Jan Cimbura«, Ende November 1940); und die Kamera verweilt beinahe liebevoll auf den Gesichtern der Bäuerinnen, als sie die Kellnerin mit Brennesseln versohlen und das Gasthaus anzünden.

Unmittelbar nach der Befreiung, im Sommer 1945, wurde František Čáp vor den Untersuchungsausschuß der Filmschaffenden und ein Jahr später vor die Nationale Sicherheitskommission zitiert, deren Mitglieder Näheres über die »Pogromszene« in »Jan Cimbura« wissen wollten, und wahrscheinlich muß man den Tschechen zugute halten, daß sie den Umständen gleich auf den Grund gehen wollten, statt wie das deutsche Gericht im Fall von Veit Harlan und seinem »Jud Süß« Jahre zu warten (allerdings wurden sowohl Čáp wie Harlan freigesprochen). Čáp verteidigte sich mit zwei Argumenten: Erstens stehe die Szene so in Baars Roman, und zweitens sei sie nur auf nachdrückliches Betreiben eines deutschen Barrandov-»Treuhänders« in den Film aufgenommen worden. Überraschend ist, daß zwei tschechische Zeugen, die Čáp offensichtlich unterstützen wollten (der eine Literaturhistoriker von Beruf), aussagten, die Pogromszene stamme aus dem Roman. Dessen Autor war zwar vom Anderssein der Juden »in Blut, Sprache und Religion« überzeugt, doch ganz bestimmt predigte J. Š. Baar keine Gewalt gegen Juden: Im Roman haben Solomon Steiners Laden und Gasthaus ursprünglich eine große Kundschaft; das sind jedoch alles Italiener und Deutsche, die beim

Eisenbahnbau mitarbeiten, und als ihre Arbeit beendet ist, bleibt bei Steiner (den im Film František Roland mit den plattesten jüdischen Klischees spielt) die Kundschaft aus, weil die von ihren engelhaften Gattinnen bewachten tschechischen Bauern keinen Fuß in sein Lokal setzen; als er sich entschließt zu gehen, bringen sie ihn freundlicherweise zum Bahnhof, wo er in den Zug steigt, um sein Geschäft anderswo neu zu eröffnen. Die Kellnerin (im Film Stanislava Strobachová vom Nationaltheater), die viel bestrumpftes Bein zeigt, ist schon lang vor ihm weggezogen, weil die tschechischen Bauernburschen im Roman gegen ihre Reize immun sind, und die Bäuerinnen haben keinen Grund, sie zu mißhandeln.

Die öffentliche Diskussion über »Jan Cimbura« ging noch auf ein paar Seiten der im allgemeinen linken Wochenzeitschrift *Kulturni politika/Kulturpolitik* weiter: Ende Dezember 1945 publizierte sie einen offenen Brief von Jiří Weiss, der aus seinem Londoner Exil zurückgekehrt war, um wieder Filme zu drehen, an den in der wiederhergestellten Republik für die Filmpolitik zuständigen surrealistischen Dichter und Kommunisten Vítězslav Nezval. Weiss schrieb, er habe sich geschworen, sich niemals über seine Barrandov-Kollegen zu äußern, müsse jetzt aber eine Ausnahme machen, weil er soeben, zwei Monate nach der Revolution, in einem kleinen Kino am Wenzelsplatz »Jan Cimbura« gesehen habe und mit der ersten antisemitischen Szene in einem tschechischen Film und mit den antijüdischen Bemerkungen des Publikums nach der Vorführung konfrontiert gewesen sei. Er müsse sich also fragen, wie es überhaupt möglich sei, daß der Produzent von »Cimbura« wieder als Regisseur zugelassen sei, nachdem er einen antisemitischen Film zu einer Zeit gedreht habe, »als die deutschen Bestien meine Mutter in Auschwitz umbrachten« und Juden den gelben Stern tragen mußten. Weiss entschuldigte sich nicht für seine harten Worte gegen Čáp; volle Unterstützung bekam er von Jaroslav Žák, einem Autor populärer Romane und Filme, obwohl in der Fortsetzung der Diskussion mindestens zwei Briefe von Lesern veröffentlicht wurden, die versicherten, das Dorfleben und die zweifelhafte Rolle jüdischer Geschäfte dort sehr genau zu kennen. Čáp verließ die Republik nach dem kommunistischen Putsch, drehte ein Dutzend Filme in Westdeutschland, darunter die archetypische Heimatschnulze »Die Geierwally«, zog dann nach Jugoslawien, wo er zahlreiche Filme für Tito drehte, und starb 1979 in Portorož. Jiří Weiss verließ 1968 seine Heimat zum zweiten Mal, lehrte am Hunter College in New York, drehte einen weiteren Film über die Tschechoslowakei unter deutscher Okkupation (eine deutsch-französische Koproduktion) und starb 91jährig 2004 im kalifornischen Santa Barbara. Daß »Jan Cimbura« heute als Video erhältlich ist – über die antisemitischen Szenen schweigt sich der Begleittext auf der Hülle vollkommen aus – und mit dem Gütesiegel »Aus dem goldenen Schatzkästchen der tschechischen Filmkunst« für sich wirbt, ist einigermaßen befremdlich.

Der letzte im Protektorat produzierte Film war Václav Krškas »Řeka čaruje«/»Der Zauber des Flusses«, der aber erst nach der Befreiung gezeigt wurde (es mußten noch ein paar Innenszenen fertiggestellt werden), zuerst in dreißig Kinos auf dem Land, am 25. Januar 1946 dann in Prag; in der tschechischen Filmgeschichte entspricht er dem deutschen Streifen »Unter den Brücken«, der in den letzten Monaten des Dritten Reichs entstand und erst nach dessen Ende in die Kinos kam. »Řeka čaruje« führt anschaulich vor, daß Krškas Hingabe an seine südböhmische Heimat niemals in ein Blut- und-Boden-Spektakel ausartet, denn die Landschaft und vor allem ihre Flüsse (der Zusammenfluß von Otava und Sázava) werden nicht mit der Geschichte oder dem Geschick einer Nation verknüpft, sondern mit dem Schicksal eines Individuums. Krška begann als Romancier fern von Prag und lernte viel von seinem lebenslangen Mentor, dem Dichter Fráňa Šrámek, der dem Leben und der sinnesfrohen Anarchie huldigte; und wenn Krška in seinem »Zauber des Flusses« überhaupt in irgendeiner Weise ideologisch wird, dann allenfalls in Form eines lyrischen Populismus, der die Menschen am Flußufer, die Landstreicher, Fischer, die Knechte und Müller dem bürgerlichen Städter vorzieht. Der Fluß bleibt nie stehen, und er verjüngt auf beinahe mystische Weise; wer sich in der Nähe seiner lebendigen Gewässer aufhält, kann nicht irren. So tritt eine wahrhaft märchenhafte Verwandlung im Leben des alternden Kommerzienrates Kohák ein, der eines Tages sein trübseliges Zuhause, seine dominante Gattin und sein sinnentleertes Dasein verläßt, um an den südböhmischen Fluß seiner Kindheit zu ziehen und eine Art Vagabund zu werden; und zumindest ein Rezensent, der surrealistische Dichter František Listopad, schrieb am 30. Januar 1946 in der *Mládlá fronta/Jungen Front* ironisch, Krškas Stück sei ein »Film für ältere Herren«. Doch Krška war kein Realist, und die faktische Glaubwürdigkeit war seine geringste Sorge; als einer der wenigen Symbolisten, die der tschechische Film während des Protektorats hervorbrachte, experimentierte er gern mit ungewöhnlichen Kameraperspektiven, kombinierte unterschiedliche Aufnahmen zu wiederholten Übereinanderblendungen und arbeitete, in wahrhaft lyrischer Art, mit der Stimme des Flusses, die zu hören nur wenigen gegeben ist. Krškas späteres Meisterwerk war »Měsíc nad řekou«/»Der Mond über dem Fluß« (1953) nach dem gleichnamigen Stück von Fráňa Šrámek mit Dana Medřická in der Rolle der jungen Frau, die als vermutlich erste Feministin im tschechischen Film selbst über ihr Leben bestimmen will. Es war kein Wunder, daß Krška Ende der fünfziger Jahre ernste Probleme mit den kommunistischen Kritikern bekam, die ihn des »Individualismus« und anderer Sünden ziehen. Er war ein ganz eigener Künster und starb 1969, als die jüngere Generation sich gegen die Dogmatiker zu wehren begann.

Eine Chronik der tschechischen Filmproduktion in den Jahren der deutschen Okkupation wäre zu fragmentarisch, ohne einen Blick auf die Ereignisse nach dem Mai 1945 zu werfen, als die revolutionäre Vergeltung für Kollaborateure, Informanten, Faschisten und Plünderer der nationalen Ehre möglicherweise mehr als eine Million Bürger betraf. Wer im Rampenlicht stand, wurde als erstes verhaftet, und zumindest eine der Betroffenen schrieb in ihren Memoiren, es sei besser, sicher im Gefängnis zu sitzen, als vom Mob auf der Straße gelyncht zu werden: Lída Baarová kehrte 1944 von Rom nach Prag zurück, und es war Hans Albers, der ihr riet, lieber nach Bayern zu gehen, doch als sie im Frühjahr 1945 seinem Rat folgte, wurde sie prompt von der amerikanischen Spionageabwehr festgenommen und eine Zeitlang in München inhaftiert, dann wieder nach Prag überführt, wo ihr eine Anklage wegen Hochverrats drohte – ihre Mutter starb während des Verhörs an einem Herzinfarkt, und ihre jüngere Schwester Zorka Janů, selbst eine begabte Schauspielerin, beging mit einem Sprung aus dem Fenster Selbstmord. Lída Baarovás späteres Leben ähnelt einem melancholischen Film: 1947 wurde sie aus dem Gefängnis entlassen (wo sie die meiste Zeit damit zugebracht hatte, Speisepläne für die Polizeikantinen abzutippen), floh nach abenteuerlichen Wirrnissen mit ihrem neuen Ehemann Jan nach Österreich, lebte in Salzburg, ließ sich scheiden und verheiratete sich neu, drehte wieder in Italien (zum Beispiel trat sie in Fellinis »I Vitelloni« auf) und Spanien und kehrte im April 1990 zum ersten von mehreren Kurzbesuchen nach Prag zurück. Sie starb still und allein 2000 in Salzburg, und der Umbestattung ihrer Asche in Prag ein paar Monate später wohnte nur eine Handvoll Menschen bei.

Adina Mandlová war die widerspenstige Tochter eines Eisenbahninspektors in der Provinz und hatte sich schon immer zum hohen Lebensstandard der Reichen und Berühmten hingezogen gefühlt. Von 1932 bis 1943 drehte sie 45 tschechische Filme mit Hugo Haas und Oldřich Nový und eine harmlose deutsche Komödie mit Heinz Rühmann, 1943 erhielt sie den Nationalen Filmpreis. Den Vamp spielte sie nicht nur auf der Leinwand: Zu eng ließ sie sich mit den deutschen Barrandov-Treuhändern ein (zu schweigen von ihren tschechischen Liebhabern) und wurde im Mai 1945 unter der Anklage festgenommen, sie sei auch die Geliebte von K. H. Frank persönlich gewesen. Nach ihrer Entlassung heiratete sie einen Kampfpiloten mit britischem Paß, zog nach England, unternahm einige Anläufe, auf Bühne und Leinwand zurückzukehren, doch als sie 1966 nach Prag eingeladen wurde, um in »Hello, Dolly!« mitzuspielen, wurde sie nie damit fertig, ihre Rolle einzustudieren. Mit 81 kehrte sie nach Prag zurück, um dort zu sterben. Dort erschienen 1990 auch ihre witzigen, ehrlichen Memoiren.

Nataša Gollová war die Intelligenteste unter den jungen tschechoslowakischen Filmstars der dreißiger und vierziger Jahre, vor allem in ihren Rollen als burschikose, unkonventionelle junge Frau, als *garçonne*, als überkandidelter Teenager. Sie war die Enkelin des berühmten tschechischen Historikers an der Karlsuniversität, Jaroslav Goll, und konnte sich lang nicht entscheiden, ob sie sich der Bühne, dem modernen Ballett oder dem Film zuwenden sollte. Sie studierte in Paris, verliebte sich in Tristan Tzara, der sie regelmäßig in Prag besuchte, und später in Dr. Wilhelm Söhnel, einen der deutschen Barrandov-Treuhänder, der aus Nordmähren stammte und in Prag studiert hatte. Im Mai 1945 meldete sie sich freiwillig als Krankenschwester ins befreite Theresienstadt, wo der Typhus grassierte, und steckte sich ebenfalls an. Während der Vergeltung wurde sie nicht angeklagt, und obwohl Söhnel (der später die UFA-Filmgesellschaft in Wien vertrat) für kurze Zeit die tschechische Staatsbürgerschaft zurückerhielt, wurde Nataša Gollová an die Provinztheater verbannt, durfte nur noch gelegentlich eine Rolle im Film oder Fernsehen übernehmen und starb 1988, 76jährig, in einem Armenhaus.

Vlasta Burian wurde im Mai 1945 verhaftet und bis September festgehalten, ehe der Staatsanwalt sämtliche Anklagen gegen ihn prüfte und entschied, er habe keinen Prozeß vor dem Volksgericht verdient. Es war erst der Anfang der Gerichtsverfahren, in die sich wiederholt die Geheimpolizei einmischte. Zwar blieb ihm das Volksgericht erspart, doch 1946 wurde Burian vor einen Strafausschuß und 1947 vor einen Sonderstrafausschuß gestellt, der die vorherige Freisprechung für null und nichtig erklärte und ihn zu öffentlicher Zensur, einem Bußgeld von einer halben Million Kronen und drei Monaten Haft verurteilte – nicht wegen eines gegen Masaryk gerichteten antisemitischen Sketches, sondern weil seine sozialen Beziehungen zu den Deutschen »enger als nötig« gewesen waren. Nach 1953 durfte er noch sporadisch auftreten und starb 1962 mehr oder weniger in Ungnade; erst 1994 wurde er rehabilitiert.

Miloš Havel wurde am 30. Juni 1945 von Václav Kopecký, dem kommunistischen Kulturminister, angegriffen, und im Oktober untersagte ihm ein Sonderausschuß jegliche weitere Arbeit in der Filmbranche. Es drohte ihm das Urteil eines Vergeltungsgerichts, doch obwohl das Verfahren gegen ihn im Dezember 1947 eingestellt wurde, floh er später nach Österreich, wurde von einer Sowjetpatrouille auf österreichischem Boden festgenommen und kehrte nach Prag zurück, wo er zu zwei Jahren Haft und anschließender Zwangsarbeit verurteilt wurde. 1952 gelang ihm abermals die Flucht; er entkam in die Bundesrepublik, wurde wieder Geschäftsmann und eröffnete in München ein Restaurant mit tschechischer Küche, das bei Schauspielern, Intellektuellen und Radio-Free-Europe-Mitarbeitern sehr beliebt war. Obwohl er zuletzt einen Prozeß gegen die ehemalige Treuhand GmbH gewann, betrogen ihn seine Partner um sämtliche Gewinne, und als er 1968 starb, hinterließ er seinem Bruder ein Erbe in Höhe von 171 Mark und 15 Pfennigen. Seine Asche wurde in aller Stille ins Familiengrab auf dem Vinohrady-Friedhof überführt, und eine zeitgenössische Fotografie zeigt in der spärlichen Menge, mit Sonnenbrille und langen Haaren, seinen Neffen. Es ist der künftige Präsident der Tschechischen Republik.

Nachrichten aus Theresienstadt

Wir wußten nicht viel darüber, wie es Großmutter, Tante Irma und meiner Mutter in Theresienstadt erging. In Prag blühten die Gerüchte. Manche hatten vorgedruckte Postkarten aus Theresienstadt und anderen Lagern weiter im Osten erhalten, Pakete wurden geschickt, von denen man hoffte, sie kämen an. Was wahr und was falsch war, ließ sich schwer sagen, und viele rechneten damit, daß es mit der Kommunikation besser klappen werde, sobald in Theresienstadt eine Routine eingekehrt wäre;

andere setzten ihre Hoffnungen auf den Trupp tschechischer Staatspolizisten (Gendarmen), die abkommandiert waren, um das kleine SS-Kontingent dort zu unterstützen. Der Historiker Miroslav Kárný hat das Verhalten der (ziemlich hochdotierten) Theresienstädter Gendarmen analysiert und kam zu dem Ergebnis, daß drei Prozent aller von den deutschen Behörden während des Krieges verfolgten tschechischen Gendarmen verhaftet wurden, weil sie KZ-Insassen Hilfe geleistet hatten – dazu zählen nicht jene sechzehn, die kurze Zeit in Haft saßen, weil sie sich während der Gepäckskontrolle bei eintreffenden Transporten – *Šlojs* nannte man das, »die Schleuse« – an Tabak, Sardinen, Parfum schadlos gehalten hatten. Vierzehn Angehörige der Staatspolizei wurden zu langen Gefängnisstrafen verurteilt, weil sie Juden auf die eine oder andere Weise geholfen hatten, wurden in die Konzentrationslager Ravensbrück, Mauthausen und die Kleine Festung von Theresienstadt deportiert, und während die meisten von ihnen nach dem Mai 1945 zurückkehrten, kamen zwei Gendarmen, Vilém Vlach und J. A. Černý, in der Kleinen Festung ums Leben.

Ich wußte nicht genau, wie mein Vater das anstellte – es blieb mir immer ein Rätsel –, denn es war sehr teuer, über die Vermittlungsdienste eines Gendarmen Briefe zu schicken und zu empfangen, doch während einiger Monate in den Jahren 1942 und 1943 trafen zumindest fragmentarische Nachrichten ein, und wir schickten Mitteilungen an meine Mutter (hin und wieder legte ich ein Gedicht bei). Meine 75jährige Großmutter (sie hatte Prag am 20. Juni 1942 mit dem Transport »AAe« verlassen, von dem nur 73 überlebten und 928 umkamen) starb innerhalb weniger Wochen, und ich weiß nicht, ob ich damals oder erst später erfuhr, daß sie »sich einfach zur Wand drehte und verstummte«; wir sagten uns, daß sie wenigstens nicht lange hatte leiden müssen. Meine Mutter war am 23. Juli 1942 abtransportiert worden (AAt; von diesem Transport kamen 947 um, 52 überlebten), und wir wußten lange nicht, wie es ihr ging, doch mein Vater stand (ungeachtet der Gebühr) in Verbindung mit einem guten tschechischen Gendarmen, der ihn wissen ließ, daß meine Mutter Magenprobleme habe und besondere Tabletten brauche. Das Arzneimittel (der Schweizer Pharmafirma Ciba, erinnere ich mich) auf dem Schwarzmarkt zu beschaffen, war nicht einfach, wir wußten nicht, ob die Tabletten ordnungsgemäß eintrafen, und eines Tages bekam mein Vater den Bescheid, meine Mutter sei an blutenden Geschwüren, die nicht behandelt werden konnten, gestorben. Erst viel später erhielt ich ein Dokument von der Prager jüdischen Gemeinde, demzufolge sie am 26. Juni 1943 im Alter von 51 Jahren gestorben war.

Vier Jahre später sollte ich mehr über meine Mutter in Theresienstadt erfahren, und dies am unwahrscheinlichsten Ort, den man sich vorstellen kann: einem Büro des Prager Ministeriums für Kultur. Ich war zu einem Vortrag über Franz Kafka in Wien eingeladen worden und brauchte für den Besuch im besetzten Wien natürlich ein doppeltes Ausreisevisum der Republik. Ich erfuhr, daß ich erst zum Kulturministerium und dann zur sowjetischen Kommandantur mußte, und als ich in ein kleines Büro im (total kommunistischen) Ministerium geführt wurde, hatte ich nicht viel Hoffnung – Kafka galt bei den Genossen nicht als Held der Kultur. Die gestrenge Dame mit dem Parteiabzeichen auf der Bluse war von Kafka anscheinend auch nicht begeistert, doch dann sah sie meinen Namen auf dem Antrag, und es ging eine jähe Verwandlung mit ihr vor: Sie erzählte mir, daß sie monatelang einen Strohsack mit meiner Mutter geteilt und alle meine Nachrichten und meine wenigen Gedichte gelesen habe, und wie glücklich meine Mutter über einen gelegentlichen Brief von zu Hause gewesen sei. Ich erhielt den Stempel ohne weiteres, die *bumaschka* der Sowjets erwies sich, nachdem die tschechischen Genossen meine Reise genehmigt hatten, als bloße Formsache, und so kam es, daß ich im Sommer 1947 meinen Vortrag hielt, den ersten über Kafka im hungernden Wien. Später erfuhr ich, daß die irdischen Überreste meiner Mutter verbrannt, als Asche in einem Pappkarton verwahrt und nach einer Weile in den nahen Fluß Eger geworfen worden waren, und ich stelle mir immer vor, daß die Eger sie in die mächtige Elbe mitnahm und deren Wasser sie in die freie Weite des Atlantiks trug.

In den Lagern und im Gefängnis

Es war an einem Tag Ende September 1944, als ich den Gestapo-Befehl erhielt, mich einem Transport von Halbjuden anzuschließen, und nachdem schon zuvor ein paar Gruppen in ein Lager nahe Benešov auf halbem Weg zwischen Prag und Südböhmen deportiert worden waren, nahm ich an, daß auch ich dorthin mußte. Mein Abschied von der Buchhandlung ging sehr schnell; eine Woche, bevor ich fortmußte, erschien ein junger Mann (Tscheche, aber aus Wien), um meinen Job zu übernehmen, ich sollte ihn einweisen; und als zwei Gestapo-Männer kamen, mit Ledermantel und allem, wurde ich ins Hinterzimmer geschickt, während Josef angelegentlich den Boden kehrte, um zu lauschen, was sie unserer servilen Madame zu sagen hatten (die Rede sei von mir, teilte Josef mir mit). Ich war töricht genug, mir einzubilden, daß sie mich einfach kontrollieren wollten. Die Situation war komplizierter, wie sich später zeigte, und irrig war auch meine Annahme, ich käme ins nahe Benešov, wo, wie anscheinend jeder wußte, der berühmte Tenor Jára Pospíšil seine Mithäftlinge (1943) gelegentlich mit seinen populären Operettenarien unterhielt. Anfang Oktober

335

1944 versammelten wir uns in einer kleinen Villa auf dem Hradschin, vorwiegend deutsch- und tschechischsprachige Männer
jungen und mittleren Alters, und die ersten Stunden unserer Gefangenschaft vergingen damit, daß wir herumsaßen und über
die neuesten Nachrichten aus Benešov diskutierten. Einmal erschien für eine Stunde ein Gestapo-Offizier (es war der Kommandant Hans Günther), um kühl die Lage zu überblicken, eine
Freude war es jedoch, als wir herausfanden, daß unten in den
Eingeweiden des Heizungssystems ein junger Jude, der hier arbeitete, abends regelmäßig nach Hause ging und sich für ein
kleines Trinkgeld willens zeigte, unsere Familien anzurufen und
zu berichten, wie es uns bisher ergangen war. Literarische Menschen fühlen sich anscheinend von Natur aus zueinander hingezogen: Mein erster Kamerad war ein Sohn des für seine Erforschung der griechischen Syntax und des Etruskischen
berühmten Professors Friedrich Slotty, der früher an der Universität Jena gelehrt und dem »Prager Linguistischen Zirkel« angehört hatte, dann von der Prager Universität entlassen worden
war, nach dem Krieg aber einer der herausragendsten Altphilo-
logen der DDR wurde.

Am frühen Morgen fuhr unser Zug vom Hybernská-Bahnhof
ab, und nach dreißig Minuten war klar, daß wir nicht nach Südböhmen, sondern in Richtung Nordosten unterwegs waren. Unsere »Weisen«, ein selbsternanntes Komitee kenntnisreicher Ingenieure, verkündeten, es sei nicht ausgeschlossen, daß unser
Zug nach Auschwitz fahre. Eine entsetzliche Zeitlang beobachteten wir die Namen aller kleinen Bahnstationen, bis unsere
»Weisen« die Gefahr für ausgestanden erklärten: Wir seien unterwegs nach Breslau in Schlesien. Doch ehe wir dort eintrafen,
hielt der Zug plötzlich mitten auf der Strecke, wir stolperten hinaus und fanden uns in einer endlosen, bleichen Ebene, die vom
einen Horizont zum anderen leer war. Später erfuhren wir, daß
wir uns in der Nähe eines Ortes namens Klein-Stein befanden

und unser Lager selbst errichten mußten, ehe wir wieder ein Dach über dem Kopf hatten, und bei Tageslicht entdeckten wir einen Kreis flacher Zelte, in denen kirgisische Stammesangehörige mit ihren Familien wohnten, die als deutsche Hilfswillige, als »Hiwis«, die Sowjetunion verlassen hatten und jetzt mit dem Bau eines Flugplatzes für die deutsche Luftwaffe beschäftigt waren – wie bald auch wir, freilich weniger willig als unsere neuen kirgisischen Freunde.

Von der berühmten deutschen Organisation war zum Glück nichts zu spüren, es ging alles ein bißchen planlos zu. Nachdem wir die Holzwände unserer Baracken aufgestellt und unsere *palandy* gebaut hatten (mit Heu gefüllte hölzerne Kisten, die uns, übereinandergestapelt, als Betten dienten), durchstreiften wir einen Tag lang die Ebene. Ich weiß noch, daß ich eine schöne alte Kirche entdeckte und daneben eine Art Gasthaus, das wohl eher ein Luftwaffenbordell war – die vielen blonden Damen hätten mir liebend gern frisches Bier und auch noch sonst allerlei serviert, hätte ich Reichsmark vorzuweisen gehabt, was leider nicht der Fall war. Wärter waren keine zu sehen, und unsere »Weisen«, die sich auf einmal in Lagerleiter verwandelt hatten, sagten, es sei besser, hier zu arbeiten als in Auschwitz oder anderswo. Ich lernte Regel Nummer eins, nämlich daß es dumm war, sich zu früh um die Abendsuppe anzustellen, weil sich die guten Sachen, Nudeln und so weiter, naturgemäß am Boden der großen Töpfe befanden, und arbeitete wie alle anderen in einem Steinbruch, wo wir große Trümmer in kleine zerschlugen. Von Zeit zu Zeit tauchte ein kirgisischer Kollege mit einem langsamen Pferdefuhrwerk auf, in das wir die Steine schaufelten, bis er auf russisch *davolna* befahl, »genug«, und wir uns wieder auf unsere Hämmer und Schaufeln stützten. Es war alles ziemlich langweilig, und ich tat mich mit Ivan zusammen – der, wie es der Zufall wollte, ein ehemaliger Schulkamerad aus Prag war –, um gemeinsam geistig am Leben zu bleiben; nachdem er aus mir unbekannten Gründen Arabisch gelernt hatte, führte er mich in das komplizierte System der arabischen Plurale ein, bis der kirgisische *izvoščik* wiederkam, um bald darauf seinen *davolna!*-Refrain anzubringen. (Ivan wurde nach dem Krieg Zahnarzt in Toronto.)

Gern hätte ich meinen Arabischunterricht fortgesetzt, doch eines frühen Morgens tauchte vor meiner *palanda* ein gewöhnlicher deutscher Polizist in grüner Uniform auf und nahm mich in Anwesenheit eines unserer »Weisen« in aller Form und mit der Begründung fest, die Gestapo ermittle gegen mich, und ich müßte nach Prag. Ich konnte gerade noch meine Sachen packen, dann zückte der Polizist seine Handschellen, ließ die eine um mein Handgelenk zuschnappen und die andere um das Gestänge seines Fahrrads, das er schob, während ich neben ihm dahintrottete, und so durchquerten wir das erstaunte Lager (ein kurzer Moment des Ruhms) und die herbstlichen Wiesen bis zur Polizeistation von Klein-Stein, wo man mich in eine Gefängniszelle sperrte, die erste von vielen, in denen ich während der folgenden Tage saß und schlief. Ich sei »auf Transport«, erfuhr ich, und würde unter Bewachung von Gefängnis zu Gefängnis bis nach Prag reisen, um dort von dem Gestapo-Beamten verhört zu werden, der den Haftbefehl unterzeichnet hatte. Am nächsten Tag setzten sie mich in ein Polizeiauto und brachten mich nach Oppeln, wo ich in ein reguläres Gefängnis kam, allerdings als nur zeitweiliger Gast, ohne besondere Privilegien. Gemäß den strengen alten Regeln unterstand die Einrichtung dem Justizministerium, nicht der Gestapo. Die Mittagskartoffeln wurden heiß serviert, ich nahm am täglichen Hofrundgang teil, verbrachte den größten Teil meiner Arbeitszeit damit, Briefumschläge zu kleben und meinen Abort blitzsauber zu halten (eine weitere Grundregel), und als der »Kalfaktor«, der mit der Essensverteilung beauftragte Mithäftling, sich als alter Sozialdemokrat vorstellte und mich fragte, ob ich etwas zu lesen brauchte, sagte ich, ein englischer Roman wäre mir sehr willkommen. Er brachte mir einen Band Galsworthy, allerdings auf deutsch, und ich war ihm dankbar für seinen Mut.

Seitdem ich »auf Transport« war, lernte ich die Schwachstellen des Systems kennen: Daß man uns frühmorgens, wenn noch kaum jemand auf den Beinen war, vom Gefängnis zum Bahnhof marschieren ließ, war kein Wunder. Nie werde ich den Morgen am Bahnhof von Oppeln vergessen. Als ich dort mit meinem Aufseher wartete, einem älteren »Grünen«, sah ich nicht weit von uns drei britische Kriegsgefangene, die ebenfalls »auf Transport« waren: wohlgenährt und rotbackig, in sauberen, gebügelten Kampfanzügen, die von der zerlumpten Uniform des sie bewachenden älteren deutschen Infanteristen auffällig abstachen. Ihr Offizier trug wie im Film einen kleinen Kommandostab, und der Anblick zeigte mir sehr deutlich, wer den Krieg gewonnen und wer ihn verloren hatte.

Im Lauf des Tages schwand meine Hoffnung leider wieder dahin. Der altmodische Häftlingszug hatte winzige Abteile, so daß jeder von uns in einer eigenen kleinen Zelle eingesperrt war. Zum Glück hatten die Holzwände Ritzen, und ich konnte mich mit meinem Nachbarn unterhalten, der, sagte er, ein alter Kommunist sei und auf dem Weg vom KZ Groß-Rosen nach Auschwitz; dorthin fuhren wir. Er war ein so guter Mann wie jeder andere, den ich »auf Transport« kennenlernte, und als ich über meinen Hunger klagte, schob er mir kleine Brotkrümel durch die Ritzen, und ich kaute noch, als wir in Auschwitz eintrafen und ich einen letzten Blick auf meinen Wohltäter werfen konnte, der von der SS abgeführt wurde.

Über Auschwitz kann ich nicht viel sagen, denn ich kam nicht ins Lager, sondern ins Polizeirevier der Stadt (es gab eine Stadt), wo ich wieder in eine kleine Gefängniszelle gesperrt wurde: eine merkwürdige Idylle, dem Inferno sehr nah. Das Polizeirevier bestand aus dem Polizeimeister und seiner rührigen

Gattin, der Polizeimeisterin, ferner gab es drei junge Ukrainer, meine gemütlichen Mithäftlinge, die das Polizeiduo als seine Hausgäste, Sklaven und Laufburschen betrachtete, sie kauften für die Frau Polizeimeisterin ein, mähten den Rasen und machten sich ganz allgemein nützlich. Ihre Solidarität allerdings war begrenzt. Als ich einmal meinen Hunger erwähnte, überließ mir der zuständige Ukrainer aus seinen üppigen Vorräten einen halben Laib Brot und nahm dafür meine Armbanduhr, die ich von einem prominenten Prager Schriftsteller zur Konfirmation erhalten hatte. Ich habe das meinem Vater nie erzählt, auch nach dem Krieg nicht. Ich war froh, als ich wieder zum Bahnhof abgeführt wurde und Auschwitz hinter mir ließ; nach etwa zwölf Stunden langsamer Zugfahrt traf ich, ausgerechnet, im guten alten Brünn ein und kam in das heute bei jedermann als »Na Cejlu« (an der Zeil) bekannte Landesgefängnis, in dem in besseren Zeiten Taschendiebe und Prostituierte eingesperrt worden waren.

Es war ein geselliger Ort, der von Häftlingen überquoll. Sie wurden in großen Hallen verwahrt, und wir, die »auf Transport« waren, hatten gute Chancen, auf die interessantesten Leute zu treffen, gegen die schon lange ermittelt wurde, Kriegsgefangene, Offiziere der tschechoslowakischen Armee, die im Widerstand kämpften, Schwarzmarkthändler. Besonders in Erinnerung sind mir ein Hauptmann vom sowjetischen Fliegerkorps, der phantastische Abenteuergeschichten zu erzählen hatte, und zwei große, grauhaarige Brüder, eigentlich prominente mährische Anwälte, mit deren Nichte ich in der Oberschule befreundet gewesen war, doch um ihnen das zu erzählen, war es jetzt zu spät, fand ich. Einmal in der Woche kam ein Friseur, um uns zu rasieren (leider mit sehr abgenutzten Klingen), und ich saß gern am Fenster und blickte auf die Straße hinaus, denn direkt gegenüber stand das jetzt heruntergekommene Gebäude des »Varieté«, in dem ich als Kind so viele Sonntagsvorstellungen gesehen hatte – zuerst akrobatische Kunststücke auf der Bühne und nach der Pause einen Film, der am anderen Ende der Halle auf einer Projektionsleinwand lief (ich saß mit meinem Kinderfräulein an einem Tisch, schlürfte eine *Lesněnka*, eine »Waldlimonade«, und wir brauchten nur die Köpfe zu wenden, um den Buster-Keaton-Film beginnen zu sehen). Es ging lebhaft zu in »Na Cejlu«, aber ich mußte bald wieder weiter und wurde wie vorgesehen ins Pankrác-Gefängnis nach Prag verfrachtet, für das die Gestapo zuständig war. Dort verbrachte ich die schlimmsten Tage meines Lebens.

Begegnungen mit der Gestapo

»Auf Transport« hatte ich genügend Zeit, um über mein bevorstehendes Zusammentreffen mit der Gestapo nachzudenken und im Geist einzuüben, was ich sagen würde. Die Gestapo jedenfalls hatte mich mit dem sauber auf einer schwarzen Tafel an der Zellenwand in Oppeln vermerkten Schlüsselbegriff »Illegale Tätigkeit« versehen, die Frage war jedoch, welche meiner (sogenannten) Tätigkeiten bedeutend genug war, um mitten im Krieg meinen Transport vom Lager im Osten nach Prag zu rechtfertigen. Hatte jemand der Polizei zugetragen, daß ich einem eifrigen Leser Thomas Mann oder Bertolt Brecht verkauft hatte? Wußten sie von den Dichterlesungen in unserer Wohnung oder von der Lyrikanthologie, die ich so fleißig getippt hatte? Oder verdächtigten sie mich, mit meiner Freundin Elisabeth, vielmehr Alžběta, und ihrer Gruppe unter einer Decke zu stecken, die versucht hatten, den hungernden Juden in Theresienstadt Nahrung ins Lager zu schmuggeln? Je länger ich mir über die verschiedenen Möglichkeiten den Kopf zerbrach, desto mehr festigte sich meine Überzeugung, daß ich wegen Elisabeth hier war, die 1943 verhaftet worden war; ich dachte an die zwei Gestapo-Männer, die in die Buchhandlung gekommen waren (warum eigentlich?), auch Markéta fiel mir wieder ein, eine junge Tschechin, die mich mit der Bitte, Elisabeths Tätigkeiten weiterzuführen, in der Buchhandlung aufgesucht und mir eine kleine Druckerpresse angeboten hatte, mit der Flugblätter gedruckt werden konnten – schließlich war ich der Literat.

Angefangen hatte alles damit, daß mir, nachdem ich ans Prager *Akademické gymnasium* gewechselt war, zwischen den Unterrichtsstunden, wenn ich den Flur auf und ab ging, ein Mädchen aufgefallen war, das sich von den anderen ziemlich unterschied, wie ich fand. Sie hatte rötlichblondes Haar, eine hohe Stirn und war (ein bißchen) fremdartig gekleidet, und immer ging sie allein. Nach dem Unterricht folgte ich ihr zur Trambahn, fuhr mit ihr zum Letná und sprach sie sofort an, nachdem sie dort ausgestiegen war. Ich begleitete sie nach Hause, zuvor aber drehten wir noch etliche Runden. Es stellte sich heraus, daß sie aus Wien stammte, Halbjüdin war und seit dem Tod ihres Vaters allein mit ihrer Mutter lebte. Das Tschechische fiel ihr noch ein bißchen schwer, doch sie strengte sich sehr an, und ihre Noten wurden immer besser; und als hätte sie meine Frage erwartet, sagte sie, daß sie wenig Zeit für Verabredungen, Tanzveranstaltungen oder Kino habe.

Wir trafen einander gelegentlich, unterhielten uns auf deutsch oder tschechisch, und eines Tages rief ihre Mutter mich an und sagte, die Gestapo habe Elisabeth verhaftet, und ich möge herkommen und mit Elisabeths kleiner Bibliothek etwas unternehmen, bevor sie wiederkämen und die Wohnung auf den Kopf stellten. Sie besaß Werke von Marx, Engels, Lenin; manche verbrannte ich an Ort und Stelle im Ofen, andere brachte ich fort – gerade noch rechtzeitig, denn die Gestapo kam wieder und verhaftete auch die Mutter.

Als ein paar Monate später Markéta in der Buchhandlung aufkreuzte, sich als Elisabeths beste Freundin und vage auch als Mitglied der Gruppe vorstellte und mir im Namen der Gruppe die Druckerpresse aushändigen wollte, war ich zuerst verwirrt, aber nicht lange; mein Instinkt verriet mir, daß da etwas nicht stimmte. Markéta war gepflegt, hübsch, vielleicht zu hübsch, vor allem aber hielt ich sie für eindeutig nicht intelligent genug, um Elisabeths beste Freundin zu sein, zumal nachdem ich Lenins Streitschrift gegen den Empiriokritizismus in ihrer Bibliothek gesehen hatte. Markétas wiederholte provokante Bemerkungen über die angeblich auf Prag vorrückenden sowjetischen und slowakischen Partisanen waren ausgesprochen töricht – sie kannte mich ja überhaupt nicht. Nachdem mir ohnehin bald das Lager bevorstand, entschloß ich mich zu einem doppelten Spiel; weil es nicht einfach war, weiteren Unterhaltungen aus dem Weg zu gehen (ihre durchsichtigen Blusen waren so verführerisch wie ihre Nachrichten), zog ich mich auf die Rolle des weltfremden Einfaltspinsels zurück, der keine anderen Gesprächsthemen kannte als seine geistigen Interessen, insbesondere Dichtung, und dessen weite innere Seelenräume von der Frage, ob die Partisanen die mährische Grenze erreicht hatten oder nicht, vollkommen unberührt blieben (zu dem Zweck plagiierte ich Rilkes »Weltinnenraum«, wovon sie natürlich keinen Schimmer hatte). Lieber wäre ich mit ihr im Café Vltava gesessen, um Jazz zu hören, doch sie redete und redete und nötigte uns in Gesprächssituationen, in denen ich vorsichtig sein mußte, um nicht versehentlich von der Metaphysik in die Politik abzugleiten. Zu meinem Glück blieb ich bei meiner Rolle, denn wie sich herausstellte, war sie eine tschechische Gestapo-Agentin.

In Prag wurde unser Häftlingszug im Hybernská-Bahnhof, von dem ich sieben Wochen zuvor abgereist war, auf ein Nebengleis verschoben, und jetzt, in den frühen Morgenstunden, war alles still, nicht einmal eine ferne Lokomotive war zu hören. Um sechs Uhr ging ein Eisenbahner mit einem langstieligen Hammer langsam den Zug entlang, um die Räder zu testen, und als ich ihn näherkommen hörte, riß ich das Fenster auf und bat ihn flüsternd, meinen Vater anzurufen, während ich die Telefonnummer mit einem im Hemd versteckten Bleistiftstummel auf ein Blatt Klopapier kritzelte, das ich zusammengeknüllt aus dem Fenster warf. Er ging weiter, gegen die Räder klopfend, tat aber gewissenhaft, worum ich ihn gebeten hatte, und als wir um acht Uhr durch den Bahnhof marschierten, wartete mein Vater (samt der unvermeidlichen Freundin) nahe dem Ausgang, und obwohl ich wieder Handschellen trug, konnten wir uns immerhin verständigen – ich war wieder zu Hause, auch wenn mein Zuhause das Pankrác-Gefängnis sein sollte und meine Aufseher Volksdeutsche aus Rumänien, die sich freiwillig zur SS gemeldet hatten und sich dementsprechend benahmen.

Die unterirdische Gefängniszelle, in die sie mich stießen, hatte Platz für ein oder zwei Personen, wir waren aber zu sechst, und ich dachte mit Wehmut an meine Einzelhaft in Oppeln und die weiten Hallen im Brünner Knast zurück. Wir hatten ständig Hunger und malten uns die kompliziertesten Gerichte, erfundene wie wahrhaftig verspeiste, in den behaglichsten Restaurants aus. Dennoch war das Zusammenleben nicht einfach, denn immer war einer von uns (so schien es mir wenigstens in meinem gekränkten und anachronistischen Schamgefühl) damit beschäftigt, sich zu erleichtern, und fließendes Wasser war minimal. Morgens hämmerten die Wärter an die Tür, woraufhin der Zellenälteste »Alles gesund« schreien mußte; das verhinderte aber nicht, daß die Wärter hin und wieder hereinstürzten, unsere Köpfe in die Kloschüssel tunkten oder uns zu einer Spezialgymnastik auf den Flur hinauszerrten, die darin bestand, mit erhobenen Händen stundenlang an der Wand zu stehen oder Liegestützen zu machen, bis wir zusammenbrachen oder ohnmächtig wurden, woraufhin wir mit Tritten und Schlägen wieder zum Leben erweckt wurden. Doch das Warten auf das Verhör oder den nächsten Transport war noch schlimmer; am Mittwochmorgen wurden die Namen der Häftlinge gerufen, die zur Deportation in die Kleine Festung von Theresienstadt vorgesehen waren, einen Ort tödlichen Grauens. Einer meiner Mithäftlinge, ein älterer Student, der in den österreichischen Alpen erwischt worden war, als er in die Schweiz zu entkommen suchte, hörte seinen Namen und wurde mit einem Schlag totenbleich; nie werde ich sein Gesicht vergessen, das sich innerhalb eines Augenblicks so schrecklich veränderte.

Nach ein paar Tagen war ich an der Reihe und wurde in die Pečkárna abgeführt, das Palais Petschek, das vormals Sitz des Familienunternehmens (Bankwesen, Kohle und Eisen) gewesen und jetzt das Hauptquartier der Gestapo war. Bewacht von regulären SS-Truppen, warteten wir auf schmalen Stühlen und wurden dann nach oben ins Vorzimmer des zuständigen Ermittlers gebracht. Wäre ich Romancier, hätte ich geschrieben, daß Markéta in dem Zimmer saß und sich die Nägel feilte, doch meiner Erinnerung nach hackte sie mit zwei Fingern auf eine alte Schreibmaschine ein. Beim Anblick des Gestapo-Mannes, der hinter seinem Schreibtisch saß, war ich überrascht und ein bißchen enttäuscht, denn er hatte nicht die geringste Ähnlichkeit mit einem SS-Sturmführer. Er war eher untersetzt, trug einen stramm sitzenden dunklen Anzug (Doppelreiher), Hemd und dunkler Krawatte und hatte unsoldatisch lange Haare (später, nachdem ich viel Kafka gelesen hatte, setzte ich ihn mit einem von K.s Henkern gleich, der Kafka, und mir, wie ein Tenor aus einer Provinzoperette vorkam. Ich hatte keine Gelegenheit, meine vorbereitete kleine Rede anzubringen. Er wollte sofort wissen, weshalb ich meiner Ansicht nach verhaftet worden sei, und ich erwähnte die »illegalen Tätigkeiten« auf der Tafel in der Gefängniszelle von Oppeln und meine Begegnungen mit der im Vorzimmer sitzenden Markéta. Er schien ihre Dienste nicht besonders hochzuschätzen, ich meinte ihn die Achseln zucken zu sehen, als wollte er andeuten, daß er von meinem mangelnden Interesse an der Politik ohnehin kein Wort glaubte. Tatsächlich wußte er fast alles, auch über meine Familie – meine Mutter, die in Theresienstadt gestorben war, meinen On-kel, der in Dresden im Gefängnis saß –, und war äußerst inter-essiert an den Lesungen in unserer Wohnung. Offensichtlich hatte jemand die Versammlungen unseres Freundeskreises bei den deutschen Behörden angezeigt (ich begann einen jungen Schauspieler zu verdächtigen, aber sicher war ich mir nicht), der Gestapo-Mann hatte bereits meinen Freund Kari verhört, der von einer alten böhmischen Adelsfamilie abstammte, und ich sagte mir, daß es jetzt zumindest schwierig wäre zu glau-ben, unsere Treffen seien von der Kommunistischen Partei or-ganisiert worden. Dennoch konnte ich mir nicht erklären, was er eigentlich wollte; nie fing er an zu schreien, hob nicht ein-mal die Stimme, sondern horchte mich fast professoral über die Gedichte und die Dichter aus, die wir gelesen und besprochen hatten (ich redete viel über die Dichter vergangener Epochen und wenig über Zeitgenossen), und zeitweilig hatte ich den Ver-dacht, er führe (vielleicht) ein ausgeklügeltes Theater auf, um mir zu beweisen, daß er ein Polizist alter Schule sei, der sich später, wenn die Gestapo-Mitglieder vor Gericht stünden, auf mich als Zeugen berufen wollte. Das Verhör oder vielmehr die Prüfung wurde drei Tage später wiederholt. Ich kehrte ins Pan-krác-Gefängnis zurück und erfuhr, daß ich wieder »auf Trans-port« sei und in ein anderes Lager für Halbjuden käme, und so kam es dann auch in den ersten Tagen des Januar 1945.

Heute wundere ich mich nicht mehr, daß der Prager Ge-stapo-Mann mich nicht über Elisabeth ausfragte. Er wußte viel mehr über sie und ihre Gruppe, als ich je erfahren habe, und von Elisabeths Mutter, die nach ihrer Entlassung aus dem Gefängnis nach Wien zurückkehrte, hörte ich nach dem Krieg, daß die Gestapo selbst die kleine Gruppe organisiert und gelenkt hatte; es wird nicht die einzige gewesen sein. Zwei tschechische Historiker, Alena Hájková und Dušan Tomášek, die unter dem Titel »Sie nannten sie Líza« 1988 einen investigativen Essay über Elisabeth veröffentlichten, halten es für möglich, daß ein langjähriges KP-Mitglied von der Gestapo erfolgreich »umgedreht« und zum Informanten gemacht wurde; am 6. August 1943 wurden alle Mitglieder der Gruppe verhaftet, so auch Elisabeth, die zuerst im Pankrác-Gefängnis saß und später in die Frauenabteilung der Kleinen Festung in Theresienstadt deportiert wurde. Am 1. Mai 1945 wurde ihre enge Freundin Hanka unerwartet aus der Festung entlassen, Elisabeth aber wurde am 3. Mai in den Innenhof geführt und erschossen, eines der letzten Opfer des Naziterrors in Theresienstadt (der Gestapo-Bote, der Franks Hinrichtungsbefehl überbrachte, war kein anderer als Kommissar Georg Friedrich, jener »Tenor«, der die Gruppe kontrolliert hatte). Später fand ich Elisabeths Namen, allerdings in der tschechischen Version Alžběta Švarcová, auf einem Gedenkstein in Theresienstadt.

Transport in ein anderes Lager

Anfang Januar 1945 wurde ich von Prag in ein anderes Lager für Halbjuden nahe der böhmisch-sächsischen Grenze geschickt, und dort arbeitete ich bis zu den ersten Maitagen 1945, oder eigentlich bis Ende April, als wir aufhörten, Holz zu schlagen und statt dessen Kartoffeln suchten, um am Leben zu bleiben. Als ich in die winterliche Gegend kam, fühlte ich mich vage an die sibirischen Lager für politische Gefangene im neunzehnten Jahrhundert erinnert. Es war kein einzelnes Lager, sondern ein ganzes System improvisierter, über die gesamte Ebene verteilter Behausungen – Baracken, Hütten, baufällige alte Gasthäuser, alle mit den unvermeidlichen *palandy* vollgestopft, die Hügel weiß verschneit und die ganze Gegend seltsam leer in der klirrenden Kälte. Geleitet wurde das Lager von der Organisation Todt, die unsere Forstarbeit von einem Büro im Dorf Natschung aus beaufsichtigte, in unseren Baracken aber wurden wir weder von Menschen noch von Hunden bewacht. Ich wohnte mit rund fünfzig Männern in einem ehemaligen Gasthof mit Tanzsaal im Weiler Kallich (die Wirtin kochte die tägliche Suppe für uns), und wir wußten, daß die einsamen Bahnhöfe von der Polizei kontrolliert wurden und jeder Mensch, der sich allein über den Schnee bewegte, als verräterischer schwarzer Fleck auf dem endlosen Weiß kilometerweit sichtbar war, und das Postamt war ohnehin keine Anlaufstelle, weil man den Leuten dort eingeschärft hatte (das sagten sie uns), wir seien Staatsfeinde. Es durften keine Briefe aufgegeben und keine Anrufe getätigt werden.

Jeden Tag stapften wir zwei Stunden lang bis zu einer Lichtung im Wald, wo wir unter den Augen eines tuberkulösen sudetendeutschen Vorarbeiters, der meist für sich blieb, doch uns, den Großstadtpinkeln, zeigte, wie man mit dem Werkzeug umging und nicht von einem stürzenden Baum erschlagen wurde, Holz schlugen. Zwei von uns waren immer abgestellt, ein Lagerfeuer in Gang zu halten, an dem wir unsere Scheibe Brot oder selten auch einmal eine Kartoffel rösteten. Unser Arbeitstempo war langsam, zumal wir ständig diskutierten: wie lang die Wehrmacht, vor allem in der Alpenfestung, noch durchhalten werde, ehe sie sich den Alliierten ergab, und ob wir uns nicht schuldig machten, indem wir zu den deutschen Kriegsbemühungen beitrugen. Doch unsere »Weisen« (natürlich die Ingenieure) versicherten uns bei den täglichen Diskussionen, es stünden keinesfalls genügend Transportmittel zur Verfügung, um das Holz dorthin zu transportieren, wo es nötig sein könnte, und unser sudetendeutscher Vorarbeiter schien überhaupt zu vermuten, daß es gar nicht fortgebracht würde. Über die Situation an den Fronten waren wir ziemlich gut informiert; wie sich zeigte, waren einige Glückspilze unter unseren Kollegen heimlich von Frauen aus dem Dorf, deren Männer irgendwo im Krieg waren, angesprochen und gebeten worden, ein Stromkabel im Haus oder einen Radioapparat zu reparieren, so daß sie, wo immer möglich, Nachrichten hörten. Unsere »Gurus« und auch einige Kommunisten vertraten die Ansicht – die bei den Diskussionen am Lagerfeuer auf Zustimmung stieß –, das Wichtigste sei jetzt, so langsam wie möglich zu arbeiten und den Deutschen nicht in den letzten gefährlichen Kriegsmonaten offenen Widerstand zu leisten, weil unser Lager, wenn es denn eines war, gute Überlebenschancen biete. Es waren wichtige und tiefgehende Gespräche, die wir führten, sogar auf der Latrine, die aus einem Donnerbalken über einem stinkenden Graben bestand; dort saß ich fast jeden Abend mit Emil Radok, dem späteren Kritiker und Philosophen, und wir sprachen über die marxistische Ästhetik, über expressionistisches Theater und sowjetische Filme, die wir aus früheren Zeiten in Erinnerung hatten.

Etwa auf halbem Weg zwischen unserer kleinen (ehemaligen) Tanzhalle und einer Holzhütte, in der eine andere Gruppe von (sozusagen) Holzfällern schlief, stand auf einer Anhöhe ein Steinhaus, der Sitz des Oberförsters, den wir immer nur in einer romantischen grünen Uniform, das Jagdgewehr am Riemen über der Schulter, zu Gesicht bekamen. Er war blaß, sprach nie ein Wort, sah uns an, als wäre es ihm schrecklich unangenehm, aber überließ uns, wenn ich mich recht entsinne, in den ersten Frühlingstagen, als wir wirklich großen Hunger hatten, einen Sack Kartoffeln. In Erinnerung ist er mir, weil er zu einer Figur in einem Film über die deutsch-tschechischen Grenzgebiete wurde, zu dem ein Holzfällerkollege nach dem Mai 1945 das

Drehbuch schrieb. Im Film war der Oberförster der Erzböse mit teuflisch gefletschten Zähnen – fast troff ihm das Blut von seinen unnatürlichen Reißzähnen: unverkennbar ein Werk der Abteilung für ideologische Spezialeffekte.

Die Wirklichkeit aber war oft viel erstaunlicher. Eines Tages, wir marschierten wie üblich zur Arbeit, trat ein Mann zwischen den Bäumen hervor und sah sich suchend um. Es war mein Vater. Gekleidet in einen städtischen Wintermantel mit schwarzem Hut, Seidenschal und eleganten Halbschuhen, als träte er aus dem Café Savarin in Prag. Wir umarmten uns, meine Holzfällerkollegen schlossen die Reihen um Vater und Sohn (um uns vor etwaigen Blicken zu schützen, doch es kam niemand vorbei), er berichtete das Neueste von meinem Onkel im Dresdner Gefängnis und dem Vormarsch der Alliierten, dann griff er in einen kleinen Lederbeutel und reichte mir eine Salami, die wir später am Feuer in dünne Scheiben schnitten. Wir gingen ein Stück gemeinsam, meine verblüfften Kollegen und mein Vater (der einzige, der je von außen in unsere Isolation eindrang), und in einer der nächsten Wegbiegungen sprang er wieder zwischen die Bäume und war so schnell verschwunden, wie er gekommen war.

Nachts schliefen wir, vom langen Marsch zur Lichtung und zurück erschöpfter als von der eigentlichen Arbeit, auf unseren Strohsäcken, doch eines Abends schreckte uns jemand auf: Wir sollten schnell herauskommen und den Himmel im Norden sehen. In der Ferne brannte es, die Wolken am Horizont leuchteten rot und gelb, es war ein sich dauernd veränderndes, lautloses Gewoge, stundenlang, bis weit in die Nacht und in den frühen Morgen hinein. Wir gingen auf und ab und starrten zum Horizont, unsere »Gurus« sagten, das müsse Dresden sein, das möglicherweise nach einem Luftangriff der Alliierten in Flammen aufgegangen sei, und sie hatten recht – es war die Nacht des 13. Februar 1945. Wir beobachteten den Großbrand aus einer Entfernung von vielleicht zweihundert Kilometern, und erst viel später erfuhren wir, daß die alliierten Flugzeuge auch Prag bombardiert hatten (daß Onkel Karl in der Nacht aus dem Dresdener Gefängnis ausbrach und W. W. in Prag während des Angriffs von einer Bombe getroffen worden und sofort tot war, wußte ich nicht). Wir waren überzeugt, daß der Brand von Dresden das Ende unseres Lagerlebens ankündigte.

Und noch ein Ereignis zeigte uns, daß die Wälder nicht außerhalb der Geschichte waren: Eines Tages im März marschierten die Polizei und die Todt-Leute, die sich sonst nur selten blicken ließen, in den Forst und ließen uns in Reih und Glied Aufstellung nehmen (einige Kollegen fürchteten das Schlimmste und zogen sich verstohlen zum nahen Waldrand zurück), woraufhin ein Polizeibeamter und eine Frau vom Ort jeden von uns genau in Augenschein nahmen. Die Frau war im Wald vergewaltigt worden, wir waren die Hauptverdächtigen, doch sie war so ehrlich zu sagen, sie könne den Täter nicht unter uns entdecken. Wir wurden entlassen; wir sagten uns, daß wahrscheinlich einer der deutschen Deserteure, die sich im nahen Grenzgebirge versteckten, die Tat begangen hatte.

Der Frühling kam stotternd, manchmal war die Sonne schon warm, der Schnee schmolz allmählich, und wir waren hungriger denn je. Die tägliche Suppe war schrecklich dünn, ohne Nudeln, und die »Weisen« redeten davon, daß alliierte Piloten überall im Tiefflug die Züge bombardierten, um den Transport deutscher Soldaten und Waren (Kartoffeln) zu vereiteln. Wir hatten zahlreiche Diskussionen am Feuer, wie sich wohl etwas zu essen beschaffen ließe. Manche kamen mit der Idee, wir sollten nachts in einsam gelegene Häuser einbrechen und uns mit Gewalt nehmen, was wir brauchten, andere wandten ein, es sei zu früh, das deutsche System sei noch gefährlich intakt, und Franz, unser einsamer, schmächtiger Hamburger Kommunist (der sich brüstete, er sei Mitglied einer revolutionären KPD-Nudistengruppe gewesen), lehnte es kategorisch ab, Gewalt gegen Menschen anzuwenden, die arm und in den bevorstehenden Klassenkämpfen unsere potentiellen Verbündeten seien.

Ich vertrat die Theorie, daß unsere beste Kartoffelquelle die Dorfpfarreien und die Pfarrersköchinnen wären. Mitglieder des geistlichen Standes hätten vielleicht Verständnis für unsere Notlage, und, noch wichtiger, sie lebten in Steinhäusern, deren Keller mit Kartoffeln gefüllt waren. Leider gab es nur zwei Pfarreien in der Nähe unserer Hütten, die eine war unten im Dorf, die andere knapp fünf Kilometer im Norden. Es war März, und ich ging eines Sonntags durch den Wald ins Nachbardorf G., kam nach dem Ende der Messe dort an, klopfte an die Tür und wurde von zwei Frauen empfangen, der Köchin und ihrer Schwester, die sich eben zu einem frühen Mittagessen niedersetzen wollten. Die Gemüsesuppe war wunderbar dick, ich erzählte meine Geschichte (wobei ich die Zahl der gläubigen Katholiken in unserer Behausung womöglich ein wenig übertrieb) und erhielt eine Papiertüte voller Kartoffeln. Meine Ausbeute war ziemlich schwer, und ich setzte mich auf dem Rückweg an einen kleinen Tümpel, um zu rasten. Das Wasser war ruhig, ein Vogel flatterte auf und nieder, am blauen Himmel standen ein paar Wölkchen, und ich erinnere mich an das merkwürdige Gefühl, das mich auf einmal überkam: Es war fast ein erster zögernder Vorgeschmack des Friedens.

Natürlich ging ich zum Betteln auch zum Pfarrhaus im Dorf, wurde gleich zu einem schlichten Abendessen eingeladen, und der Dorfpfarrer erwies sich als wohlunterrichtet über uns und den nahen Untergang des Regimes. Er hatte zwei Fahrräder im Haus, und nachdem er für Besuche bei seinen Gemeindemitgliedern nur eines brauchte, bot er mir das andere auf der Basis eines Art Leih-Pacht-Verfahrens an, falls ich irgendwann in der Zukunft nach Hause wollte. Da er ständig Radio hörte, wußte er allerdings, daß die Armee von Feldmarschall Schörner vom

Norden her auf Prag zumarschierte, und warnte mich. Ich brannte darauf, endlich fortzukommen, und als mir der Pfarrer ein paar Tage später von Hitlers Selbstmord im Berliner Bunker berichtete, bat ich ihn um das Fahrrad, um nach Hause zurückzukehren. Das war ein Fehler. Als ich das Rad auf dem Rückweg zu unseren Baracken bergauf schob, holte mich eine Truppe SS-Männer ein, die mich zu ihrem Gefangenen erklärten, der binnen drei Stunden erschossen würde, und sperrten mich und mein Fahrrad in eine Hütte auf der Anhöhe.

Dort saß Ich und dachte an die Worte unserer »Weisen«, die gesagt hatten, die letzten Kriegstage seien die gefährlichsten, und da ich keine Uhr hatte, verging die Zeit quälend langsam. Wie lächerlich, dachte ich, nach so vielen Abenteuern von einer zufällig vorbeikommenden SS-Bande aufgegriffen zu werden. Als meinem Gefühl nach drei Stunden vorüber waren, spähte ich durch die Ritzen zwischen den Holzbrettern, nur um festzustellen, daß ringsum alles menschenleer war, weit und breit kein Soldat in Sicht. Mit dem klerikalen Fahrrad als Rammbock brach ich die windige Tür auf und trat ins Freie.

Es ist schwer zu sagen, wann wir Halbjuden und Gelegenheitsholzfäller wirklich wieder frei waren – im Grenzgebirge kam die Veränderung fast schleichend und Tag für Tag, es gab keine Kulissen in Technicolor, keine einrollenden Panzer, keine Musik und keine befreiten Menschen, die einander um den Hals fielen. Wir wußten, wenn auch nur vage, durch Radiomeldungen aus zweiter und dritter Hand, daß das Regime in Auflösung begriffen war und die Alliierten von allen Seiten siegreich einmarschierten. Zu Beginn des Hungermonats April waren wir noch ein paar Mal in den Wald marschiert, um Holz zu schlagen, unser tuberkulöser Vorarbeiter döste an unserem Feuer – doch dann erschien auf einmal wieder ein Bataillon der Wehrmacht im Dorf und zwang uns, auf einer Bergstraße eine Panzersperre zu errichten, und wir bauten eine Barrikade aus schweren Baumstämmen, obwohl sich die abgerissenen Soldaten kaum dafür interessierten, wie effizient wir arbeiteten, und nach 48 Stunden spurlos wieder fort waren. Aus dem zentralen Büro der Lagerleitung hörten wir, daß ein paar Bürokraten der Organisation Todt Hals über Kopf verschwunden waren, und bei unseren endlosen Diskussionen begannen sich zwei Gruppen zu bilden, die eine meinte, wir sollten augenblicklich nach Prag gehen, während die anderen, die »Realpolitiker«, argumentierten, die Straße nach Prag sei noch von der Schörner-Armee blockiert, und an ein Durchkommen sei vorläufig nicht zu denken. Aber etwas mußte geschehen, und als wir aus dem zentralen Büro – wo unsere Holzfällerkollegen angeblich den letzten verbliebenen Todt-Mann aufgehängt hatten – unsere Papiere wiederhatten, brachte ich das Fahrrad zum Pfarrhaus zurück und beschloß, zu Fuß in die Kleinstadt im Tal zu gehen, um dort abzuwarten, was weiter geschah.

Der Prager Aufstand

Der Prager Aufstand vom 5. bis 9. Mai 1945, in den letzten Augenblicken des Krieges, war von zahlreichen politischen und militärischen Gruppen sowie von Bürgern aus allen Berufen und Schichten erwartet und vorbereitet worden. Es gab keine einheitlichen Pläne, jedenfalls nicht von Anfang an, und die berauschenden Tage der Befreiung waren ein elementarer Aufruhr des Widerstands, eine Reaktion auf die immer wieder überraschend veränderte Situation, auf ständige, improvisierte Verhandlungen tschechischer und deutscher Institutionen (berechtigte und weitaus weniger berechtigte), alle Tage und Nächte hindurch, auf das unerwartete Auftauchen von General Andrej Vlasov und seiner Truppe sowjetischer Soldaten, die sich der Wehrmacht angeschlossen hatten, nun plötzlich die Seiten wechselten und gegen die Deutschen kämpfen wollten, auf potentielle Konflikte zwischen tschechischen Liberalen und Kommunisten, die sehr genaue, ja dogmatische Vorstellungen davon hatten, wie ein »antifaschistischer« Kampf des »Volkes« vonstatten gehen sollte, und letztlich auf die sehr unterschiedlichen Sichtweisen der Prager Revolutionäre und der tschechoslowakischen Regierung, die am 10. Mai aus dem Exil zurückkam.

Prag gab nicht das Signal zu einem großen Aufstand gegen die Besatzer. Die Sowjetarmee war am 26. April in Brünn, am 30. April in Ostrau einmarschiert. Am 1. Mai brach in der mährischen Stadt Prerau die offene Revolte aus, ein Nationalrat übernahm die Macht, wurde aber von den zurückkehrenden Deutschen wieder überwältigt (es endete mit der Erschießung der Nationalratsmitglieder). In Prag kamen die Vorbereitungen zu einer Vereinigung der verschiedenen Widerstandsorganisationen (beziehungsweise dem, was davon noch übrig war, nachdem der Untergrund von der Gestapo, die häufig mit eingeschleusten Spitzeln arbeitete, dezimiert worden war) im Winter 1945 ein gutes Stück voran, und Ende Februar trat der Česká národní rada/ Tschechische Nationalrat als umfassendes, wenn auch fragiles politisches Organ hervor, um den Aufstand zu lenken. Der ČNR bestand aus Mitgliedern des Rada 3 (Rat der Drei), der die Tradition der Obrana národa (ON) fortführte, und des PVVZ (Petitionsausschusses), der sich für eine liberale nationale Republik einsetzte, aus Vertretern des Ústřední rada odborů/Zentralrats der Gewerkschaften, nominell linken Sozialdemokraten, die in Wahrheit Kommunisten waren, und Abgeordneten des IV. (interimistisch amtierenden)

Zentralkomitees der Kommunistischen Partei, das sich rasch gebildet hatte, nachdem die Gestapo das gesamte III. Zentralkomitee bei einer noch am 7. März 1945 veranstalteten Überraschungsrazzia festgenommen hatte. Der ČNR war ursprünglich links (sicher mehr als die zurückkehrende tschechoslowakische Regierung), und ČNR-Mitglieder hörten fassungslos, daß die Exilregierung darauf bestand, in der künftigen Republik das demokratische Parteiensystem (aus dem allenfalls die konservativen Agrarier ausgeschlossen würden) wiederherzustellen, und beschlossen einigermaßen widerstrebend, die Reihen ihrer Mitglieder zu erweitern. In Ermangelung von Waffen (die nie in ausreichender Zahl geliefert wurden, obwohl Philip Nichols, der britische Botschafter bei Beneš' Regierung und später in Prag, heldenhaft bei Churchill intervenierte) war die Haltung eher zögernd, und selbst die Kommunisten baten ihre Genossen am 3. Mai, ihr Pulver trocken zu halten und abzuwarten.

Die militärischen Angelegenheiten waren nicht weniger kompliziert als die politischen. Es gab mindestens zwei unabhängig vom ČNR eingerichtete Kommandoeinheiten, die bereit waren loszuschlagen. Das Kommando »Alex«, der letzte Nachfolger des ON, wartete mit der Verlegung von General František Slunečko von der böhmischen Provinz nach Prag bis Ende April. Jedoch gründete »Alex« sein eigenes ziviles Nationalkomitee (das rasch dahinsiechte), Slunečko erkannte die Autorität des ČNR an, und bei einem Gespräch am 2. Mai wurden General Karel Kutlvašr zum Militärbefehlshaber von Prag ernannt und die Grundlagen für die Übernahme der Rundfunkstationen und Fernsprechämter geschaffen. Das Kommando »Bartoš« mobilisierte eifrig die ehemaligen Zöllner und andere uniformierte Einheiten, doch hatte unterdessen der ČNR eine eigene Militärkommission gebildet und Hauptmann Jaromír Nechanský unterstellt, der im Januar 1945 mit der Fallschirmspringer-Gruppe »Platinum-Pewter« aus England gekommen war und die Funkverbindung mit London betreute. Das Problem war, daß die Prager Bürger ohne große Rücksicht auf militärische Planung oder die Weisungen des zögernden ČNR zu revoltieren begannen, und aus der Konfusion, aber auch aus der Bereitschaft der militärischen Gruppen und Kommissionen zur Zusammenarbeit kam eine militärische Kommandostruktur mit General Kutlvašr als Befehlshaber und František Bürger als Stabschef zustande – zu dem Zeitpunkt aber tobten natürlich schon die Straßenkämpfe.

Eigentlich hatte alles auf altmodischste Weise begonnen, als nämlich am 4. Mai die Angestellten der Post und der Eisenbahn (möglicherweise auf Weisung des Verkehrsministeriums) deutsche Schilder und Hinweistafeln zu entfernen begannen, Trambahnschaffner sich weigerten, deutsche Münzen anzunehmen und – ein erster Schritt über die alten Gewohnheiten hinaus – ein durch Vršovice führender Transport zurückkehrender Lagerhäftlinge öffentliche Proteste auf den Straßen auslöste. Am 5. Mai nahmen die Ereignisse eine entscheidende Wendung, obwohl viele Gruppen und der ČNR momentan noch zögerten, zu sofortigem Handeln aufzurufen. Am Morgen wurden an den meisten öffentlichen Gebäuden, auch am Nationaltheater, tschechoslowakische Flaggen gehißt, rastlose Gruppen demonstrierten überall in der Innenstadt, und das Kommando »Alex« traf sich zu einer bequemen Zeit, um neun Uhr morgens, um über seine Befehle nachzudenken. Aus dem Funkhaus an der Fochova-Straße wurde nur noch auf tschechisch gesendet, jedoch erschien um 11 Uhr 45 eine umfangreiche SS-Abteilung zur Verstärkung der deutschen Wache. Unterdessen gab das »Kommando der tschechischen Protektoratspolizei« den Befehl, das Funkhaus zu besetzen, gegen zwölf Uhr verließ eine Gruppe bewaffneter Polizisten mit einem Transportbus das Hauptquartier, und in der Fochova-Straße brachen heftige Kämpfe aus. Kurz nach 12 Uhr 30 riefen die tschechischen Radiosprecher um Hilfe (»Tschechen werden im Rundfunksender ermordet!«), ganz Prag vernahm ihren Ruf, es war das erste öffentliche Signal zum militärischen Aufstand, und über die Dächer und aus den Nachbarhäusern kamen Bewaffnete zu Hilfe (neunzig Tschechen kamen bei diesen Kämpfen um). Merkwürdigerweise warteten »Alex« und »Bartoš« auf General Kutlvašr, der erst um 14 Uhr 40 am Schauplatz erschien, im Rathaus fand ein Machtwechsel statt, doch erst am Abend bequemte sich der ČNR, ermutigt durch eine Radiosendung aus London, die seine Legitimität anerkannte, sich ebenfalls über Rundfunk den kämpfenden Bürgern vorzustellen. Professor Albert Pražák, der für die »kulturelle Welt« stand, war Vorsitzender des Nationalrats, sein erster Stellvertreter war Josef Smrkovský (Kommunist), sein zweiter Josef Kotrlý (Sozialdemokrat), darüberhinaus gab es drei weitere stellvertretende Vorsitzende als Repräsentanten der »Revolutionären Bauern« (oder was auch immer), der Katholiken sowie der Nationalliberalen (dies war der Soziologe Otakar Machotka von der Beneš-Partei), und ein radikaler Gewerkschaftsmann fungierte als Generalsekretär.

Die Deutschen zögerten anfangs nicht weniger als die Tschechen, sich auf die letzte Schlacht einzulassen. Die Wehrmacht hatte mehr als achttausend, die SS mehr als viertausend Männer in der Stadt, doch am Morgen des 5. Mai konzentrierten sie sich vorwiegend darauf, ihre Stellungen zu halten und eine Antwort auf die Frage zu finden, wer für Einsatzbefehle zuständig sei (General Rudolf Toussaint). K. H. Frank und der Sicherheitsdienst unternahmen im Verein mit der Gestapo ihre letzten Versuche, mit den Überresten der Protektoratsregierung zu verhandeln oder rasch noch eine letzte Regierung zusammenzustellen, doch Richard Bienert, seit Januar 1945 Regierungschef, wurde im Rathaus festgenommen, und als die Gestapo den Versuch unternahm, eine Gruppe prominenter tschechischer politischer Gefangener zu versammeln, um die Situation mit ihnen zu besprechen, scheiterte sie kläglich, denn es wollte sich niemand vor ihren Karren spannen lassen. Den ganzen Tag und bis weit nach Mitternacht dauerten die Verhandlungen zwischen deutschen und tschechischen Gruppen. Dem ČNR mißlang es aus rein technischen Gründen, einen Kontakt mit Frank herzustellen, andere Gruppen und Befehlshaber schickten Abgesandte zu ihren deutschen Pendants, um über einen lokalen Waffenstillstand zu verhandeln, und spät nachts erschien eine bedeutende tschechische Delegation, zu der auch General Kutlvašr und Hauptmann Nechanský gehörten, vor dem SS-Gruppenführer Karl Friedrich von Pückler, der jedoch ein unverschämtes Ultimatum stellte; die tschechischen Gruppen lehnten es ab.

Die eigentliche Schlacht um Prag begann am 6. Mai, ein paar Stunden nach Mitternacht. Vier Kolonnen deutscher Truppen, Soldaten der Heeresgruppe Mitte und SS-Divisionen, bewegten sich von den Außenbezirken auf Prag zu, die Tschechen forderten im Rundfunk (vergeblich) amerikanische und britische Kampfflieger auf, die Straße von Benešov nach Prag zu bombardieren, wo die SS-Panzer sich in Bewegung gesetzt hatten, und die ganze Nacht hindurch und bis in den Morgen hinein wurden bei starkem Regen überall in der Stadt Barrikaden errichtet.

Das Morgengrauen brachte heftige Kämpfe auf den Zufahrtsstraßen zur inneren Stadt, weitere Verhandlungen zwischen K. H. Franks Büro und dem ČNR und wiederholte Angriffe der deutschen Luftwaffe auf das Stadtzentrum.

Spätnachmittags zerstörte eine Bombe das Funkhaus an der Fochova-Straße nahezu völlig, doch der Sender in Strašnice war noch funktionsfähig. Dann wechselten die Vlasov-Truppen, auch »Russische Befreiungsarmee« genannt, plötzlich die Seiten. Die Vlasov-Soldaten schufen nahezu unlösbare Probleme für den ČNR; die zurückkehrende tschechoslowakische Exilregierung bekundete über Rundfunk ihr äußerstes Mißfallen, gleichzeitig aber fanden hektische Verhandlungen zwischen dem ČNR und Hauptmann R. L. Antonov statt, der im Namen von Vlasovs Vertreter, General S. K. Buňačenko, handelte. Vlasovs Armee erklärte sich einverstanden, »in völligem Einklang« mit dem tschechischen Kommando gegen die Deutschen zu kämpfen, und griff auch sofort und heldenhaft die vorrückende SS an, vor allem bei Chuchle und Zbraslav. Das Kommando »Bartoš«, dessen Aufgabe es war, Informationen zu sammeln und auszuwerten, war über die Absichten der US-Armee nicht gut informiert, konnte es auch gar nicht sein; sogar Josef Smrkovský, der erste stellvertretende Vorsitzende des ČNR, war überzeugt, die amerikanischen Truppen seien lediglich fünfzig Kilometer von der kämpfenden Stadt entfernt.

Am 7. Mai geriet der Prager Aufstand in eine kritische Phase. Zwar wurden die deutschen Kampftruppen auf den Zufahrtsstraßen aufgehalten, doch die Kolonnen aus Milovice, die auch mit Panzern kamen, schlugen sich nach Karlín durch und rückten bis zu einer Front vom Hybernská-Bahnhof zum Poříčí-Park vor. Im Stadtzentrum tobten nach wie vor heftige Straßenkämpfe, die sich auf die Gegend rund um das Funkhaus, das Nationalmuseum und den Hauptbahnhof konzentrierten. Am Bahnhof gelang es den Deutschen, alle Tschechen im Bereich Personenverkehr festzunehmen, während die tschechischen Verteidiger des Frachtbereichs ihre Stellung gegen tödliches Maschinen-

Eine wartende Barrikade

gewehrfeuer hielten. Die Vlasov-Soldaten kämpften tapfer
weiter, doch die Konflikte innerhalb ihres Kommandos sowie zwischen ihrem Kommando und dem ČNR verschärf-
ten sich. Nachdem ein Emissär Vlasovs ausgekundschaftet
hatte, daß die amerikanische Armee nicht nach Prag vordringen werde, gab General Buňačenko den Befehl zum Ab-
zug nach Westen; zurück blieben eine kleine Gruppe seiner
Männer, die auf eigene Faust an der Seite der Tschechen
kämpfte, dreihundert Tote und Hunderte Verwundete (jene,
die im Lazarett lagen, fanden später bei den sowjetischen
Soldaten kein Erbarmen). K. H. Frank und der ČNR setzten
ihre Verhandlungen fort – Frank hoffte auf eine politische
Lösung, der ČNR bestand auf Kapitulation. Im fernen Reims
unterzeichnete Generaloberst Alfred Jodl im Namen der Regierung von Großadmiral Karl Dönitz – den Hitler, bevor er
Selbstmord verübte, damit beauftragt hatte, nach seinem
Tod Deutschland zu regieren – die bedingungslose Kapitu-

lation aller deutschen Streitkräfte, die in der Nacht vom 8. auf den 9. Mai mit der Einstellung sämtlicher Kampfhandlungen in Kraft trat.

Die Prager Bevölkerung konnte nicht begreifen, weshalb die Amerikaner nicht kamen, doch da erschien endlich Captain Russell Hill von der *New York Herald Tribune*, um einen Lagebericht zu verfassen, und spät nachts traf eine amerikanische Delegation (zu der auch ein deutscher Offizier gehörte) unter dem Kommando von Major C. O. Dowd in Prag ein; sie kam allerdings nicht als Vorhut von General Pattons Dritter Armee, sondern war auf der Suche nach dem deutschen Hauptquartier, um den Deutschen den Wortlaut der bedingungslosen Kapitulation mitzuteilen. Später stellte sich heraus, daß das amerikanische Office of Strategic Services (Büro für strategische Dienste) mehrere Mitarbeiter in Prag im Einsatz hatte; einer von ihnen, Sergeant Kurt Taub (der zufällig der Sohn eines prominenten Mitglieds der deutschen Sozialdemokraten in Brünn war), schlug dem ČNR vor, eine Delegation zum amerikanischen Kommando zu schicken, doch dabei kam weiter nichts heraus: Daß die Sowjetarmeen rasch vorrückten, wußten die Amerikaner ohnehin.

Die Prager Bürger, die auf den Straßen kämpften, wußten nicht, daß die Tatsache, wer zuerst nach Berlin oder Prag gelangen würde, eine entscheidende Frage von politischer und militärischer Bedeutung war, in die die gesamte Führung der Alliierten sowie Churchill, Truman und Stalin persönlich involviert waren. Churchill war unermüdlich in seinen Bemühungen für eine amerikanische Einnahme Prags vor den Sowjets, weil er (so wie viele Tschechen) glaubte, daß die amerikanische Präsenz die gesamte Nachkriegssituation der Tschechoslowakei verändern würde. Er wandte sich an Truman, aber der amerikanische Präsident war entschlossen, die Sache, die er als militärische Angelegenheit betrachtete, seinen Generälen zu überlassen, und George C. Marshall, Chef der U.S. Army, war nicht gewillt, »das Leben von Amerikanern für rein politische Zwecke aufs Spiel zu setzen«. General Dwight D. Eisenhower teilte diese Ansicht voll und ganz und stimmte außerdem mit dem sowjetischen Anführer A. I. Antonov überein, wonach die vorrückenden amerikanischen Streitkräfte eine Stoplinie im Westen von Böhmen respektieren und nicht bis nach Prag vordringen würden. Churchill wandte sich noch einmal vergeblich an Truman, und als General Patton am 4. Mai 1945 den Befehl bekam, in die Tschechoslowakei einzumarschieren, wurde auch er angewiesen, die zwischen Eisenhower und den Sowjets vereinbarte Frontlinie Budweis–Pilsen–Karlsbad zu respektieren. Patton schrieb in seinem Tagebuch, Eisenhower wolle offensichtlich nicht in internationale Komplikationen verwickelt werden, er persönlich aber hätte nichts dagegen, nach Osten in Richtung Moldau vorzudringen. Doch Patton führte (dieses Mal) die Befehle aus, was auch immer er privat davon dachte.

Der Prager Aufstand war spontan ausgebrochen, und die Alliierten waren von seiner Vehemenz nicht weniger überrumpelt als die tschechoslowakische Exilregierung und nicht zuletzt die Kommunisten, die sich nicht vorstellen konnten und wollten, daß Bürger ohne Lenkung durch Parteifunktionäre einfach revoltieren können; als die kommunistischen Minister der tschechoslowakischen Regierung zum ersten Mal von dem Aufstand hörten, galt ihre Hauptsorge der Frage, ob die Ereignisse auch dem vorgeschriebenen Ablauf einer antifaschistischen Volksrevolution entsprächen. Erst nach wiederholter Bestätigung, daß die amerikanische Armee die Pilsen-Karlsbad-Frontlinie nicht überschreiten werde, erteilte Stalin am 7. Mai den Befehl, unmittelbar mit der »Operation Prag« zu beginnen, woraufhin drei ukrainische Armeen nach schweren Kämpfen in Preußen, Sachsen und Mähren ihren Kurs änderten und auf das von der deutschen Heeresgruppe Mitte besetzte Zentralböhmen vorrückten.

In Prag gingen die Straßenkämpfe bis in die frühen Morgenstunden des 8. Mai weiter, deutsche Panzer arbeiteten sich durch Holešovice und Karlín bis ins Stadtzentrum vor und trafen am Morgen auf dem Altstädter Ring ein. Das Rathaus und andere historische Gebäude gingen in Flammen auf, und entmutigte, munitionslose tschechische Kämpfer verließen ihre Stellungen, während viele Bürger panisch in jene Stadtviertel zu fliehen suchten, die sich in tschechischer Hand befanden. Doch General Toussaint war sich darüber im klaren, daß er seine Männer nur retten konnte, wenn er sofort von Prag nach Westen abzog und sich in amerikanische Gefangenschaft begab; gegen elf Uhr kamen eine deutsche und eine ČNR-Delegation zusammen und arbeiteten fünf Stunden lang eine formelle Vereinbarung über den deutschen Rückzug aus: Er sollte unverzüglich beginnen. Leichte und schwere Waffen waren den Tschechen auszuhändigen, deutsche Zivilisten (jene, die sich nicht dem Exodus anschlossen) sollten unter dem Schutz des Internationalen Roten Kreuzes stehen. Um sechzehn Uhr wurde die Vereinbarung unterzeichnet und anschließend in beiden Sprachen im Rundfunk gesendet; der Auszug von Soldaten und zahlreichen Zivilisten – Gesunden und Kranken, Männern und Frauen, Alten und Jungen – begann wenige Stunden später und hielt die ganze Nacht an.

Kurz nach Mitternacht hatten die ersten Panzer von D. D. Leljuschenkos Erster Armee, gefolgt von General P. S. Rybalkos Truppen, die äußeren Prager Vororte erreicht, und bis zum Nachmittag des 9. Mai trafen die Panzer der zweiten und der vierten ukrainischen Armee in der Innenstadt ein und besiegten gemeinsam mit tschechischen Einheiten, oft in heftigen Kämpfen, die letzten SS-Divisionen, die noch am Barrandov und anderswo aushielten. Der Historiker Stanislav Kokoška geht von 1694 im Kampf gefallenen Tschechen aus und schätzt die Verluste der Deutschen auf rund tausend, die der Vlasov-Armee auf dreihundert und die der Sowjets auf zwanzig Gefallene.

Die Prager Bevölkerung feierte das Eintreffen der Sowjetsoldaten mit überwältigender Begeisterung, mit Blumen, Umarmungen, Flaggen und aufrichtiger Dankbarkeit, und es bestand wenig Grund, den Gerüchten über Fehlverhalten von sowjetischen Soldaten in abgelegenen mährischen Dörfern Glauben zu schenken. Alte panslawische Hoffnungen flammten auf und verschmolzen mit der immensen Freude, daß Krieg und Okkupation vorbei waren; auf den Straßen und bei offziellen Anlässen verschrieben sich Dichter, Politiker, Generäle einhellig der Idee einer tschechoslowakisch-sowjetischen Freundschaft.

Am 10. Mai traf die tschechoslowakische Regierung, die streng nach dem Prinzip einer Nationalen Front aus ausgewählten Parteien, auch den mächtigen Kommunisten rein stalinistischer Prägung, organisiert war, am Prager Flughafen ein, und sogleich begann die Herabwürdigung des Aufstands und des Widerstands. Präsident Beneš, der ein paar Tage später mit der Bahn eintreffen sollte, hatte durchweg den Heldenmut des Aufstands gepriesen, sein Regierungschef Zdeněk Fierlinger aber, nominell ein Sozialdemokrat, doch den Stalinisten verpflichtet, bekundete, kaum eingetroffen, unverzüglich die Dankbarkeit der Nation gegenüber der Sowjetunion, die Prag befreit und letztlich seine von Feuer und Vernichtung bedrohte alte Herrlichkeit gerettet habe.

Am 11. Mai führten mehrere Unterredungen die Mitglieder der Regierung und des ČNR zusammen, doch es war bereits ausgemachte Sache, daß der ČNR in eine Art Regionalrat (Zemský výbor) von einigermaßen ungewissem rechtlichem Status umgewandelt werden sollte. Professor und Vorsitzender Pražák zog es klugerweise vor, an die Universität zurückzukehren und seine Vorlesungen wiederaufzunehmen, während sich die übrigen ČNR-Mitglieder wachsendem Mißtrauen gegenübersahen.

Es war V. A. Zorin, der sowjetische Botschafter und Stalins Wachhund in Prag, der am 31. Mai 1945 in einer formellen Note die wichtigsten Anklagepunkte gegen den ČNR formulierte; darin hieß es unter anderem, der Nationalrat habe »im voraus die Rettung der deutschen Armee vorbereitet« und sich deshalb »die Sympathien der sowjetischen Armee« sowie der (eine seltsam unzutreffende Bezeichnung) »tschechoslowakischen Regierung« verscherzt. Die Vorwürfe richteten sich gegen den Genossen Smrkovský und die Unterzeichner der deutschen Kapitulation; innerhalb einer Woche waren Smrkovský und Kotrlý von ihren neuen Ämtern im Regionalrat abgesetzt, fünf Offizieren sollte ihr Offizierspatent der tschechoslowakischen Armee entzogen werden. Dies alles geschah jedoch heimlich: Offiziell dankte Smrkovský aus gesundheitlichen Gründen ab, Kotrlý wurde in diplomatischer Mission nach Kanada geschickt, und von den fünf Offizieren blieben immerhin drei (Kutlvašr, Bürger und Nechanský) verschont, die zwei übrigen hatten die Konsequenzen zu tragen. Am 10. Oktober rüstete Smrkovský seinerseits zum Angriff gegen seine ČNR-Kollegen und warf ihnen vor, sie hätten den Aufstand zu früh begonnen; er war jedoch ein gezeichneter Mann, wurde später unter der Anklage »Gestapospitzel« festgenommen und auf diverse Verwaltungsstellen in landwirt-

schaftlichen Produktionsgenossenschaften und Ministerial-
ämtern abgeschoben.

Ein Jahr später schrieb Augusta Müllerová, das einzige
weibliche ČNR-Mitglied und eine loyale Genossin, ihre Erfahrungen nieder, wobei sie General Kutlvašr und Kotrlý
systematisch überging und einem anderen prominenten
Parteisprecher den Weg ebnete, der erklärte, der Aufstand
sei durchaus nicht vom ČNR, sondern in Wahrheit vom Zen-
tralrat der Gewerkschaften gesteuert worden. Es war ein er-
bärmlicher Anblick, wie der ČNR, vielmehr der Regionalrat,
in den Lumpen seiner moralischen Autorität des Vorjahres
die Forderungen der Kommunisten unterstützte (beispielsweise die Erfüllung des Zweijahresplans); und als am 21. Februar 1948 die Mitglieder des ČNR angehalten wurden, sich
für die kommunistische Machtübernahme auszusprechen
und drei Mitglieder ihre Unterschrift verweigerten (darunter Otakar Machotka, der ins Exil ging und einen Essay über
seine Erlebnisse veröffentlichte), hatte der ČNR sich überlebt, und die Kommunisten sahen keinen Grund, seine Dienste noch länger in Anspruch zu nehmen.

Zwischen Krieg und Frieden

Als ich aus den Bergen herunterkam, war ich in gewisser Weise
im Vorteil, denn ich hatte ein Ziel. Mein Schulfreund Kari hatte
mir geraten, im Notfall die Villa, vielmehr das Schloß des Fürsten H. aufzusuchen, eines fernen Verwandten von ihm, der zufällig der Besitzer des Forstes war, in dem wir arbeiteten. Ich war
eher skeptisch, als Kari den Namen erwähnte, und mir schwan-
te, daß ich an solch historischem Ort sehr fehl am Platz wäre.

Meine Vorahnung war nur teilweise zutreffend: Als ich an die herrschaftliche Hinter- oder Küchentür klopfte, empfingen mich zwei mütterliche tschechische Köchinnen, die inzwischen schon daran gewöhnt waren, daß Besucher aus dem Wald hereingeschneit kamen und Hunger hatten. Ich berief mich auf Kari, die eine von ihnen ging, um mit der zuständigen Dame zu sprechen, kam nach einer Weile wieder zurück, überbrachte mir die Entschuldigung des Fürsten (er könne mich nicht empfangen, denn er sei im Begriff, in den von den Amerikanern besetzten westlichen Teil Böhmens abzureisen) und sagte, es stehe ein Zimmer für mich bereit. Das Zimmer war klein und lag direkt neben dem ihren, doch es stand ein echtes Bett mit Decke und Kissen darin, die Köchinnen drückten mir eine Tasse Kaffee (echten Kaffee!) in die Hand, und ich fühlte mich im Paradies.

Allerdings nicht lange. Kaum hatte ich die Augen geschlossen, kam eine der Köchinnen herein und sagte, im Gemüsegarten sei ein deutscher Soldat damit beschäftigt, ein Maschinengewehr in Stellung zu bringen, und ich möge ihn doch bitten, sich anderswohin zu begeben. Genau das versuchte ich. Er war in meinem Alter, und ich sagte, wenn er hier sein Maschinengewehr abfeuere, werde er sicherlich eine feindliche Reaktion herausfordern und damit die beiden Frauen in der Küche in Gefahr bringen. Er pochte auf seinen Befehl wie ein braver Schüler, doch als ich in die Küche zurückkehrte, war er fort, und die beiden patriotischen Köchinnen (die jetzt damit beschäftigt waren, auf ihrer ratternden Singer-Nähmaschine tschechoslowakische Fahnen zusammenzunähen) dankten mir überschwenglich.

Der MG-Schütze der Schörner-Armee war fort, doch der lange Tag war noch immer nicht zu Ende. Ich war müde vom Abstieg aus den Bergen und schlief schon halb, als eine dürre weißhaarige Dame leise in mein Zimmer kam. Sie stellte sich als Gräfin Soundso vor (den Namen habe ich vergessen); sie sei, sagte sie, aus Schlesien geflohen, wo das Familiengut an die vorrückende Sowjetarmee gefallen sei, und wolle sich am Morgen ihrem Gastgeber, dem Fürsten, bei dem Zug nach Westen, in die amerikanische Zone, anschließen. Sie sorge sich um den letzten Besitz, der ihr geblieben sei, und fragte, ob ich bereit sei, den Familienschmuck über Nacht in meinem Zimmer zu verwahren. Dabei hielt sie mir einen kleinen Lederbeutel hin. Ich wußte nicht, was ich tun sollte – ihr den Gefallen tun oder den Beutel an mich nehmen und ihre Schmuckstücke im Namen der bald wiederhergestellten Republik requirieren? Später kam mir der Gedanke, daß mein Vater mit seinem Geschäftssinn einen günstigen Handel vorgeschlagen und eine Provision von zehn oder gar 25 Prozent gefordert hätte. In diesem Fall wichen meine politischen Ideen dem elementareren Instinkt, der alten Frau, die wie meine Großmutter aussah, zu helfen; in meiner ideologischen Unfähigkeit, dem historischen Augenblick gerecht zu werden, schob ich den Beutel unter mein Kopfkissen und schlief unbehelligt die letzte Nacht des Kriegs darauf.

Am Morgen kam die Dame wieder, nahm den Beutel entgegen, und gleich darauf machten sich mehrere Automobile mit feudalen Flüchtlingen an Bord eilends auf den Weg nach Karlsbad und in die amerikanische Zone. Die mütterlichen Köchinnen hatten ein üppiges Frühstück zubereitet, bei dem es jetzt, nach der Abreise des Fürsten, sogar Eier gab, und erzählten mir, daß ganz in der Nähe eine Fabrik, die Radioapparate herstellte, ihre Tore öffne und ihre Radios (die sie für die Wehrmacht produziert hatte) umsonst an die Bürger aus der Umgebung verteile; ich solle hinlaufen und mich anstellen, um einen zu ergattern.

Es war ein merkwürdiger Tag, schien mir, eindeutig Frühling, aber kühl, die Geschäfte hatten geschlossen, es waren kaum Menschen auf der Straße, und die wenigen, die unterwegs waren, huschten hastig hin und her. Ich fand die Fabrik, stellte mich in die Warteschlange, mußte keine Fragen beantworten und erhielt einen Wehrmacht-Radio neuester Bauart, mit dem ich in die herrschaftliche Küche zurückkehrte, wo die Köchinnen zwei weitere Frühstücke servierten: Der eine Gast war Tanja, die ukrainische Haushälterin, die sich Sorgen machte, was wohl aus ihr würde, sobald die Sowjets da wären, und der andere war Vladimír, ein junger Mann in meinem Alter, der irgendwo in der Nähe als Buchhalter gearbeitet hatte. Vladimír meinte, man müsse unbedingt etwas tun, um noch vor der Ankunft der Sowjets zu demonstrieren, daß der Geist der Tschechoslowakischen Republik nach wie vor lebendig und ungebrochen sei, und er überredete mich, mit ihm zum Marktplatz zu gehen, um die Polizeistation zu beobachten und vielleicht, wenn es sich machen ließ, zu besetzen. Wir packten die von den Köchinnen genähte dreifarbige Fahne, marschierten los und bezogen am Rand des vollkommen menschenleeren Marktplatzes Stellung. Unterwegs hatten wir zwei Infanteriegewehre samt Munition aufgelesen, die von den deutschen Soldaten auf dem Rückzug in den Gräben zurückgelassen worden waren (es gab genügend Waffen, um ganze Bataillone damit auszurüsten), und der militärisch gesinnte Vladimír nahm jetzt die Polizeistation unter Beschuß; nachdem er mir gezeigt hatte, wie man das Gewehr lud und abdrückte, folgte ich seinem Beispiel.

Wir veranstalteten einen Heidenlärm, und aus den Fenstern der Polizeistation wurde zurückgeschossen. Wir feuerten von einem Graben aus, dennoch wurde Vladimírs Hand von einem Querschläger getroffen und blutete heftig, obwohl es nur ein Streifschuß war. Er konnte selbst nicht mehr feuern, und deshalb mußte ich drauflosballern, als wäre eine ganze Partisanentruppe aus den Bergen herabgekommen. Die Polizei erwiderte das Feuer nur sporadisch, und schließlich erschien ein weißer Fetzen in der Tür; nachdem ich ebenfalls das Feuer eingestellt hatte, tauchten zwei Schupos der normalen Polizei, beide mittleren Alters und weiße Tücher schwenkend, in der Tür auf und verschwanden rasch zwischen den Häusern. Wären sie von der SS gewesen, hätte ich trotz der weißen Fetzen geschossen, doch ich war nicht trainiert genug, um auf zwei schmerbäuchige Schupos zu schießen, also ließen wir sie ziehen (ohnehin hätten wir nicht gewußt, was wir mit ihnen hätten anfangen sollen). Nach einer Weile betraten Vladimír und ich das Polizeirevier, zertrümmerten die Hitler- und Himmler-Bilder an der Wand und suchten dann sofort nach einem Erste-Hilfe-Kasten, um Vladimírs Hand zu verbinden.

Den ganzen Nachmittag hindurch hörten wir fernes Artilleriefeuer, das gegen Abend näher kam, wie ein plötzlicher Donner. Wir hißten die Trikolore auf unserem Revier, und in dem Moment, als wir die Tür absperren wollten, klopfte es draußen, Frauenstimmen waren zu hören. Wir machten auf; vor uns standen drei Krankenschwestern in voller, gestärkter Tracht und baten uns, sie über Nacht zu verstecken: Die Russen kämen, andere Frauen seien schon in die Wälder geflohen und hätten sich Asche ins Gesicht geschmiert, um alt und abgetakelt auszusehen, sie aber müßten am nächsten Tag im Krankenhaus arbeiten. Vladimír, der meinte, wir würden vielleicht später dafür belohnt, beschloß, die drei im Keller zu verstecken, sie versorgten sachkundig und geschickt seine Hand, dann schlossen wir die Bodenklappe hinter ihnen. Oben hörten wir den Polizeifunk, Militärnachrichten und Jazz auf einem amerikanischen Sender, der gar nicht mehr so weit entfernt war, doch dann wurde der Lärm schrecklich – Detonationen, Kommandorufe, Schüsse aus Handfeuerwaffen, das Dröhnen und Mahlen einer Kolonne rollender Panzer (wir nahmen an, daß die Sowjets gegen die Nachhut von Schörners Armee kämpften).

Gegen Morgen, als die Lage sich halbwegs beruhigt hatte, klopfte wieder jemand an die Tür: Es war ein Sowjetoffizier (vielleicht angelockt von unserer Trikolore, die aus einem Meer weißer Fahnen in deutschen Fenstern hervorstach), der uns förmlich begrüßte und als Genossen und Partisanen anredete, und wir waren davon so ergriffen, daß wir augenblicklich und passenderweise die drei deutschen Krankenschwestern im Keller vergaßen. Er gab mir eine große Pistole, und ich erinnere mich bis heute, daß sie vollständig geladen war: Die Munition war sichtbar, weil das Magazin aus irgendeinem durchscheinenden Material bestand. Wir traten hinaus in eine Welt des Friedens, und das erste, worauf mein Blick fiel, war die Leiche eines Mannes – oder einer Frau –, die von den Ketten eines schweren Panzers vollständig zermalmt worden war, so daß die Gehirnmasse in den Staub des Marktplatzes gespritzt war.

Revolutionäre Vergeltung?

Patriotische Bilder von der Befreiung schwelgen gern in Flaggen und Blumen und mutigen Bürgern, die sich mit Jackett, Krawatte und Stahlhelm über Barrikaden lehnen und auf die entgegenkommenden Panzer zielen, ignorieren aber oft, was in Prag, Paris und anderswo auf den Straßen und Plätzen geschah, als zerlumpte Kollaborateure, ob echt oder nicht, und Deutsche, Soldaten wie Zivilisten, unterschiedslos getötet wurden. Die letzten Schlachten des Krieges waren keine Schule der Menschlichkeit, sondern der blutigen Rache, und die deutschen Soldaten, vor allem die SS-Truppen, die sich von den Ausbildungslagern in den Außenbezirken bis in die Stadt durchschlugen, kämpften mit mittelalterlicher Brutalität. In Psáry wurden dreizehn Gefangene umgebracht, im Stadtteil Pankrác ermordeten SS-Männer der Gruppe Jörchel 37 Menschen in einem Kel-

ler: zehn Kinder zwischen sechs und fünfzehn, zehn Frauen,
zwei von ihnen schwanger, und siebzehn Männer; und an einem der Bahnhöfe wurden Tschechen, die den Bahnhof zu
verteidigen versuchten, mit Maschinengewehren nieder-
gemäht.

Anfang April hatte K. H. Frank bekanntgeben lassen, daß
es deutschen Frauen, Kindern und Alten erlaubt sei, die
Stadt zu verlassen, sofern sie nicht arbeiten müßten und sofern sie im Reich eine Anlaufstelle hätten, doch gab es Zehntausende Flüchtlinge aus dem Osten oder ausgebombten
Stadtteilen, die nicht wußten, wohin. Das deutsche Kommando rechnete mit zwölftausend Männern in Prag und
30 000 weiteren in den Ausbildungslagern und kleinen Gar-
nisonen der Umgebung. In der Nacht der Kapitulation verließen (möglicherweise) 25 000 Soldaten und Zivilisten die
Stadt, doch der Paragraph der Kapitulationsvereinbarung,
dem zufolge deutsche Frauen und Kinder unter dem Schutz
des Internationalen Roten Kreuzes standen, war illusorisch
(es gab zwar einen Delegationsleiter in der Stadt, doch die
wenigen Leute, die ihm zur Verfügung standen, waren alle
in Theresienstadt beschäftigt).

Das Ende der Okkupation war der Beginn der Vertreibung der deutschen Zivilisten, sofern sie die ersten Stunden
und Tage blinder Rache überlebt hatten. Eine alte Frau
wurde aus dem Fenster gestürzt, ein Musiker, Mitglied eines
deutschen Orchesters auf Tournee, wurde auf der Straße erschlagen, weil er nicht Tschechisch konnte, andere, die nicht
alle der Gestapo angehört hatten, wurden aufgehängt, mit
Benzin übergossen und angezündet wie lebende Fackeln;
wütender Mob durchstreifte Krankenhäuser, um dort leichte
Opfer zu finden (wie zum Beispiel den tschechischen Patienten, der nach seinen Papieren zu urteilen im Sudetenland
geboren war; das war der Vater des Schriftstellers Michal

Anfang Mai 1945: Pragerdeutsche werden
aus ihren Wohnungen vertrieben

Mareš), und von Mai bis Mitte Oktober verzeichneten offizielle Statistiken 3795 Selbstmorde von Deutschen in Böhmen.

An Dutzenden Stellen in Prag – Kinos, Schulen, Sportstadien, Garagen – wurden Deutsche zusammengezogen und von dort aus in Zwischenlager in der näheren Umgebung gebracht; bis Juni wurden an die 30 000 aus der Stadt ausgewiesen. Die »Revolutionsgarden« (RG: von manchen skeptischen Mitbürgern auch »Räubergarden« genannt) machten keinen Unterschied zwischen »Reichsdeutschen«, die mit den Besatzern gekommen waren, und Pragerdeutschen, die seit Generationen in der Stadt gelebt hatten (bei den Prager Stadtratswahlen am 22. Mai 1938 hatte ein Viertel der rund 20 000 köpfigen deutschsprachigen Bevölkerung für den antinazistischen »Block Demokratischer Bürger« gestimmt, und nicht alle waren Juden). Manche wurden innerhalb von Monaten ins besetzte Deutschland abgeschoben, andere Familien wanderten ein Jahr oder länger von einem Lager ins nächste, ehe sie in die Viehwaggons verladen wurden.

Sigrid John-Tumler, aus Prag stammend und jetzt Psychoanalytikerin in Berlin, beschrieb vor einigen Jahren in einer Rundfunksendung ihre Erlebnisse, die sie mit vielen Deutschen teilte; die Vertreibung der Deutschen aus Prag sei, betonte sie, kein singulärer »Willkürakt« gewesen, sondern »die Konsequenz aus der vorangegangenen Naziaggression«, und obwohl sie selbst zu den Vertriebenen zählte, zog sie eine scharfe Grenze zwischen der »kaltblütigen Liquidierung von Millionen Menschen durch die Nazis« und der »Vertreibung als Folge eines Aggressionskriegs«. Die letzten Kriegstage verbrachte die Familie John in einem Keller, obwohl tatsächliche Luftangriffe selten waren, und nachdem Tonča, die tschechische Haushaltshilfe, am Morgen des 8. Mai gegangen war, packten Frau John und ihre drei Töchter kleine Taschen mit dem Nötigsten. Es war nicht zu früh, denn am 9. Mai erschien der *domovník*, der Hausmeister, natürlich in Begleitung seiner Frau (die sofort eine alte Uhr mitgehen ließ), und verkündete, die Familie habe augenblicklich die Wohnung zu räumen und sich den Deutschen des Viertels anzuschließen, die sich am Štrossmayerovo náměstí/Strossmayerplatz versammelten. Zum Glück gelang es Frau John, die Wohnungsschlüssel bei einem Onkel zu hinterlegen, der teilweise jüdischer Abstammung war und in der Wohnung ein Stockwerk höher Krieg und Okkupation überlebt hatte, und dank der Hilfe eines freundlichen tschechischen Gardisten konnte sie noch einmal in die Wohnung zurückkehren, um frische Kleider für die Kinder zu holen.

Auf dem Platz liefen geschäftige Männer mit Farbeimern

herum und malten jedem Deutschen ein Hakenkreuz auf den Rücken. Die Festgenommenen wurden in ein Kino verfrachtet, wo sie Tage und Nächte auf den Sitzen und in den Fluren verbrachten. Ein Mann beging Selbstmord, indem er sich von einem Balkon stürzte, und verletzte die unten zusammengelaufenen Menschen. In der Dunkelheit kamen sowjetische Soldaten und suchten sich im Licht der Taschenlampen Frauen aus, die sie an Ort und Stelle vergewaltigten (zumindest in den ersten Nächten). Frau John rettete ihre älteste Tochter, indem sie einem Soldaten ihre Armbanduhr anbot. Vom Kino aus wurde die festgenommene Familie in eine Schule und später ins Lorettokloster verlegt (wo der Onkel sie besuchen wollte, aber ohne Erfolg), und von dort ins Letná-Sportstadion, wo sie sich unter freiem Himmel und heißer Sonne und mit wenig Nahrung, von Hautkrankheiten befallen, sechs Wochen aufhielten; die Kinder waren erpicht darauf, die Toten zu sehen, die jeden Tag mangelhaft zugedeckt mit Lastwagen fortgebracht wurden.

Es ging das Gerücht, die Gefangenen würden den Amerikanern ausgeliefert, und tatsächlich kam eines Tages der Marschbefehl, allerdings ging es zum Bahnhof und von dort weiter in die Kleine Festung von Theresienstadt, Frauen, Kinder und Männer getrennt; die von Läusen befallenen Frauen wurden von Aufseherinnen rasiert und in einen Raum mit Duschen gebracht. Eine junge Frau schlug um sich und kreischte, jetzt würden sie alle vergast; sie beruhigte sich erst, als aus den Brauseköpfen das Wasser zu tröpfeln begann. Im Herbst 1946, nach weiteren vier Wochen in einem Quarantänelager, wurde die Familie John schließlich bis zur deutschen Grenze gebracht, wo alle vor dem Grenzübertritt die weißen Armbänder, die sie als Deutsche auswiesen, abnahmen und fortwarfen. Sie waren »frei, aber heimatlos«, wie sie sagten.

Die Politik, wenn auch nicht die Praxis, massenhafter Vertreibung war genaugenommen der einzige Sieg des heimischen Widerstands über die Exilregierung, vielmehr über Präsident Beneš, der lange unschlüssig gewesen war, was die wiedererstandene Republik mit den Deutschen anfangen sollte. Gemeinsam war den Mitgliedern der Exilregierung und den Menschen im Widerstand das Erlebnis der Tragödie und der extremen Demütigung durch das Münchner Abkommen; doch damit trennten sich ihre Wege schon wieder: Die täglichen Erfahrungen im Widerstand, die konkreten Begegnungen mit dem tödlichen Naziterror standen in krassem Gegensatz zum Leben der Staatsmänner im Exil, die trotz der deutschen Luftangriffe auf London weiterhin in einer Atmosphäre der Memoranden und Verhandlungen dachten und agierten. Viele Exilpolitiker hatten nach wie vor die europäische Idee der neuen Republik als eines Vielvölkerstaates im Sinn. Präsident Beneš hielt lange an seinem wichtigsten Ziel fest, die liberale, zumindest aber territoriale Integrität der von München zerstörten Republik wiederherzustellen, und schwankte eine ganze Weile zwischen der Möglichkeit einer schlichten prozentualen Verringerung der deutschen Bevölkerung durch Grenzkorrekturen (bis hin zum Verzicht auf wenigstens drei Grenzregionen) und der Ausweisung der schuldigen Deutschen. Erschwert wurde seine Lage durch die Zustände in den tschechoslowakischen Armeelagern im französischen Agde und im englischen Cholmondeley, wo sich viele junge jüdische Soldaten über den Antisemitismus einiger Offiziere beschwerten (zehn Prozent aller Soldaten, die in der tschechoslowakischen Armee im Ausland dienten, hatten Deutsch als Muttersprache angegeben). Beneš führte eine fortgesetzte Diskussion mit Wenzel Jaksch, dem Vorsitzenden der sudetendeutschen Sozialdemokraten, stellte sogar die Möglichkeit in Aussicht, daß Deutsche eine gewisse Anzahl von Sitzen im exilierten tschechoslowakischen Staatsrat bekämen, doch die Verhandlungen brachen im Frühjahr 1943 ab, als Jaksch enttäuscht und frustiert meinte, seine jüngeren Anhänger sollten sich lieber zur britischen, nicht zur tschechoslowakischen Armee melden; und auch wenn einige Mitglieder der Exilregierung, so etwa Jan Masaryk und der Sozialdemokrat Rudolf Bechyně, die Massenvertreibung für unsinnig oder falsch hielten, hörten sie während der Tage des Heydrich-Terrors und der Vernichtung von Lidice bei den Radiosendungen aus der Heimat doch sehr genau hin. Der (nichtkommunistische) Widerstand zu Hause hatte ständig gegen jeglichen Umgang mit Deutschen, ob Faschisten oder nicht, protestiert, hatte vor und nach Heydrich erklärt, man werde keine deutsche Präsenz auf tschechischem Staatsgebiet mehr dulden, und der Rat der Drei meldete gegen Ende des Krieges nach London, Deutsche und zurückkehrende (deutschsprachige) Juden seien nicht mehr willkommen.

Viele deutschsprachige Intellektuelle, Schriftsteller, Liberale und Linke, häufig jüdischer Herkunft, hatten sich Präsident Beneš im Exil angeschlossen oder waren aus dem KZ zurückgekommen, nur um jetzt zu erleben, daß die neue Republik sie nicht mehr haben wollte. Die einst so berühmte und reiche Prager deutsche Literatur war, zumindest vorläufig, zu weiterem Exildasein verurteilt. Von den älteren Dichtern starb Paul Leppin drei Wochen vor dem Prager Aufstand (seine Frau wurde aus der Stadt vertrieben und starb ein Jahr später), und der Expressionist Paul Adler, der in einer Mischehe überlebt hatte (sofern von Überleben die Rede sein kann – er war vollständig gelähmt), starb im Sommer 1946 in Zbraslav bei Prag und wurde unweit von Franz Kafka bestattet. Parteitreue Kommunisten hatten immerhin die Möglichkeit, in die DDR auszuwandern und dort zu arbeiten; F. C. Weiskopf, der eine bedeutende Anthologie tschechoslowakischer Literatur in New York herausgegeben hatte, trat in den diplomatischen Dienst der Tschechoslowakei und der DDR ein, bekam weit abgelegene Einsatzorte zugewiesen, unter anderem Peking, und gab später in Ostberlin eine Literaturzeitschrift heraus. Aus dem Dichter Louis Fürnberg wurde der Generalsekretär der Schiller-Stiftung und stellvertretende Leiter der Nationalen Forschungs- und Gedenkstätten der klassischen deutschen Literatur in Weimar. Der Sozialist und Romanautor Ernst Sommer, der wie Fürnberg aus Mähren stammte, blieb und arbeitete in London, bis er erkrankte und starb (1955), und Johannes Urzidil, der die Hoffnung nicht aufgab, der böhmische Deutsche ließe sich im Geist der Demokratie umerziehen, lebte weiterhin in New York, wo er, auf deutsch, seine beliebten Erzählungen und Romane schrieb, und starb auf einer Lesereise in Rom, wo er im November 1970 auf dem Campo Santo Teutonico beerdigt wurde. H. G. Adler, der aus dem KZ in seine Geburtsstadt Prag zurückgekehrt war, emigrierte im Herbst 1947 nach London, wo er seine bahnbrechenden soziologischen Analysen des Lagers Theresienstadt abschloß, Lyrik und Romane schrieb und zwei angesehene Auszeichnungen erhielt, den Charles-Veillon- und den Leo-Baeck-Preis. Er starb am 21. Oktober 1988 in seinem Londoner Exil.

Von den Tschechen, die all die Jahre des Protektorats durchgestanden hatten, gehörte Přemysl Pitter zu den wenigen, die weiterhin überzeugt waren, daß die Deutschen (wie überhaupt jede Nation) nicht kollektiv verurteilt werden dürften. Nach den letzten Kriegstagen machte er sich auf den Weg nach Theresienstadt und den neuen tschechischen Internierungslagern für Deutsche, um Kinder zu retten und die öffentliche Aufmerksamkeit auf die unmenschlichen Bedingungen in den alten und den neuen Lagern zu lenken. Pitter war ein mehr zur tätigen Nächstenliebe als zur Theorie neigender protestantischer Theologe der hussitischen Tradition, tendierte in seiner Weltanschauung zu Tolstoj, Masaryk und dem tschechischen Philosophen Emanuel Rádl, und nachdem er in Hitler-Deutschland gewesen war, um sich ein Bild von der Lage zu machen, eröffnete er Anfang der dreißiger Jahre ein Heim für vernachlässigte Kinder – auch die Kinder der ins Land strömenden deutschen politischen Flüchtlinge. 1938 richtete er ein Kindersanatorium in Mýto bei Rokycany ein, das die Kinder von Sudetenflüchtlingen und jüdischen Eltern aufnahm, und in seiner Zeitschrift *Sbratření/Verbrüderung*, die von 1924 bis 1941 erschien, schrieb er unbeirrt an gegen das Laster des Nationalismus und, unter Berufung auf Masaryk, den Antisemitismus.

Gleich nach der Befreiung konnten Pitter, seine Schweizer Frau Olga, die während der Kriegsjahre bei ihm geblieben war, sowie einige Freunde und Helfer, darunter der Arzt Emil Vogl und H. G. Adler (die alle selbst erst aus dem KZ zurückgekehrt waren), die Regierung überzeugen, die knapp südlich von Prag gelegenen, weitgehend zerstörten vier Schlösser Olešovice, Kamenica, Štiřín und Lojovice als Heime für elternlose Kinder (woher immer sie stammten) zur Verfügung zu stellen; danach holte er 25 Kinder aus Theresienstadt, denen eine deutsche Kindergruppe (mit drei deutschen Müttern) aus einem der neuen Internierungslager folgte. Innerhalb von drei Jahren kamen knapp achthundert Kinder in die Obhut professioneller Krankenschwestern, Lehrer und Sozialarbeiter.

Pitter wurde in den Sozialausschuß des ČNR berufen, solange der Rat existierte, und besuchte in Ausübung seines Amtes 25 der zahlreichen neuen Internierungslager, auch die schlimmsten von ihnen, so etwa das ehemalige Lorettokloster, das Lager Hagibor (in dem die Gestapo die jüdischen Partner von Mischehen inhaftiert hatte) und das Sportstadion Letná, wo er gewissenhaft die Zahl der Kinder und das Fehlen von medizinischer Versorgung festhielt. Pitter war der erste, der öffentlich die Zustände nach der Befreiung beklagte: »Die Wasser sind zurückgegangen, doch die Erde bleibt von Unrat übersät.« Und in seiner Einmannpublikation im September 1945 schrieb er in durchaus unverblümten Worten: »Auch heute leiden wieder Unschuldige. Leider gehören die Menschen, die Gesetzwidrigkeiten, Grausamkeiten und diese Ungerechtigkeiten begehen, unserer Nation an. Wenn wir die SS kopieren, sinken wir auf deren Niveau herab. Das schickt sich nicht für das Volk von Hus und Masaryk und widerspricht unserer spirituellen Tradition.«

Pitter erkannte sehr genau die Irrungen dessen, was man später den tschechischen »Gestapismus« nannte, die Kommunisten wetterten gegen ihn, und als sie 1948 an die Macht kamen, drohte ihm die Verhaftung. Pitter floh über Ostdeutschland in die Bundesrepublik, wo er als Prediger und Sozialarbeiter im Flüchtlingslager Valka bei Nürnberg arbeitete und sich über Radio Freies Europa an seine Landsleute wandte. Nachdem das Lager geschlossen worden war, zog er mit Olga in deren Schweizer Heimat und war in den Ortsgruppen der Tschechischen Brüder und des Weltkirchenrats aktiv. Lang vor seinem Tod im Jahr 1976 hatte ihn Yad Vashem als einen der »Gerechten unter den Völkern« geehrt (wie Milena Jesenská), 1973 erhielt er das Bundesverdienstkreuz Erster Klasse, und es mag typisch für sein Heimatland sein, daß ihm der Masaryk-Orden Dritter Klasse erst fünfzehn Jahre nach seinem Hinscheiden verliehen wurde.

Ein Geschmack von Freiheit

Es fällt mir schwer, mich zu erinnern, was in den ersten Tagen und Stunden meines befreiten Lebens geschah und was ich tat. Vladimír wollte im Polizeirevier bleiben, während ich praktisch auf der Straße lebte, überall zugleich war, mit den Leuten im Krankenhaus sprach, mit einem sowjetischen Propagandabeauftragten verhandelte, als eine Art Gemeindesekretär fungierte, in einem Friseursalon herumsaß, wo ich umsonst rasiert wurde, und die ganze Zeit darüber nachdachte, wie ich wieder mit W. W. Kontakt aufnehmen könnte und wie ich nach Hause käme, um endlich mit meinem Studium anzufangen. Ich begleitete die drei Krankenschwestern zum Spital, und der dafür zuständige Arzt fragte mich sofort – als besäße ich irgendeine Art von Autorität –, was er mit mehreren gesunden Frauen anfangen sollte, die über Nacht bei ihm Zuflucht gesucht und sich in Spitalsbetten versteckt hätten, die er jetzt für verwundete Sowjetsoldaten brauche. Ein intelligenter junger Sowjetoffizier (der an der Universität Leningrad Deutsch studiert hatte) erkundigte sich bei mir nach dem örtlichen Funk- und Verstärkersystem (mit dem die Deutschen der Bevölkerung ihre Siege verkündet hatten), und als wir den Sender gefunden hatten, fragte ich ihn, was er denn senden wolle. Es war, stellte sich heraus, eine im voraus aufgezeichnete Rede über die Hitlers, die kommen und gehen, und den deutschen Staat, der fortbesteht – was mir angesichts von Zeit und Ort, nämlich der Tschechoslowakischen Republik, sehr falsch vorkam. Ich riet ihm, seine Landkarten zu prüfen, und tatsächlich stellte sich heraus, daß seine Rede für die Rundfunkhörer in Sachsen, achtzig Kilometer weiter nördlich, gedacht war. Es war das erste und vermutlich letzte Mal, daß ich die Integrität der Republik gegen sowjetische Intentionen verteidigte. Der junge Offizier sah ein, daß er sich verlesen hatte; er und seine kleine Truppe sagten: »Do svidanja«, wendeten ihren Wagen und fuhren davon, in den künftigen deutschen Staat, der fortbestehen sollte.

Die Sowjetarmee wurde vertreten von Verkehrspolizisten, genauer gesagt, von zwei oder drei lebhaften Frauen, die von früh bis spät an der Straßenecke auf kleinen Stühlen saßen, auf denen sie praktisch lebten, stinkende Zigaretten rauchten und Äpfel aßen, die ich ihnen brachte; gelegentlich standen sie auf, um mit winzigen roten Flaggen, die sie mit viel Schwung schwenkten, den Verkehr zu regeln. Kein ganz einfacher Job; einmal kam eine Kompanie entwaffneter ungarischer Soldaten auf dem Weg nach Budapest die Straße entlangmarschiert, und es war nicht leicht, ihnen klarzumachen, daß es für alle Beteiligten das beste wäre, wenn sie in der nächstgrößeren Stadt im Süden ihr Lager aufschlugen; aber dann verschwanden sie so plötzlich, wie sie gekommen waren.

Es trafen weitere Neuankömmlinge ein, so etwa ein schnauzbärtiger Slowake aus einem Zwangsarbeitslager in Duchcov, der sich als Kavallerieoffizier alter Schule ausgab, ein Pferd verlangte und daraufhin, der Inbegriff von Autorität, die Straßen auf und ab ritt. Ein anderer Neuankömmling war Emil oder Emilek, der Zwangsarbeiter in Deutschland gewesen war; er erkannte auf Anhieb, was nötig war, und etablierte sich als Beschaffungskommissar für Lebensmittel und sonstige Vorräte (er lud mich in seine von geflohenen Nazis geräumte Wohnung ein, bot mir eine Flasche Champagner an und machte mich mit den beiden sudetendeutschen Mädchen bekannt, die sich entschlossen hatten, mit ihm im Überfluß zu leben). Auch einen älteren Sozialdemokraten lernte ich kennen, der Ende der dreißiger, Anfang der vierziger Jahre in Dachau gewesen war, wir führten endlose Gespräche über die Lage, und während ich von T. G. Masaryk und der Vielvölkerrepublik schwärmte, hatte er seine Zweifel an meinem altmodischen Humanismus, wie er es nannte, und seine zwanzigjährige Tochter, eine politische Realistin, die den Radiosendungen aus London aufmerksam zugehört hatte, machte mir mit sehr deutlichen Worten klar, daß ich den neuen tschechischen Nationalismus gefährlich unterschätzte; sie, die deutschen Antifaschisten, müßten jetzt ihr Haus, in dem sie das Regime knapp überlebt hatten, mit fünfzig Kilo persönlichem Besitz auf dem Rücken verlassen. Wie sich bald zeigte, hatte sie recht und ich unrecht, und ich mußte oft an sie denken, als ich, nach 1948, einer der Studenten im Exil war, die in unserer Genfer Zeitung *Skutečnost/Realität* beklagten, daß Masaryks Nation, mit der ich mich so lange politisch identifiziert hatte, sich leider die nationalsozialistische Idee von Kollektivschuld als moralische und politische Leitlinie zu eigen gemacht hatte.

Einige Telefone funktionierten wundersamerweise, und es war an der Zeit, W. W. anzurufen, die, wie ich wußte, als Assistenzärztin im Krankenhaus von Bodenbach im Elbetal arbeitete, im Schatten des Gebirgszugs, von dem sie herstammte. Ich fand die kleine Fernsprechvermittlung nahe dem (geschlossenen) Postamt und öffnete die Tür. Das einsame Mädchen auf Krücken, das dort von Hand die altmodische Vermittlung bediente, muß bei meinem Anblick fürchterlich erschrocken sein, ich sah bestimmt schlimm aus – lange Haare, fehlende Schneidezähne (der Lagerdentist hatte nichts als eine Zange, eine Flasche Jod und einen Bohrer, den er bediente, indem er ein Fußpedal trat wie bei einem Fahrrad), im Gürtel die russische Pistole. In meinem höflichsten Deutsch teilte ich ihr mit, ich müsse ein Ferngespräch mit einem Krankenhaus führen, und nach etlichen Versuchen kam die Verbindung zustande. Ich fragte nach W. W., die Krankenschwester sagte, sie leite meinen Anruf an die Mutter Oberin weiter (es war ein Spital der Barmherzigen Schwestern), ich wiederholte meine Frage und hörte einen Satz, den ich mein Leben lang nicht mehr vergaß: »Ja, wissen Sie denn nicht, daß W. im Feber beim Luftangriff auf Prag umgekommen ist?«, und es dämmerte mir, daß mein Vater mir bei seinem Besuch im Lager absichtlich nichts erzählt hatte (später erfuhr ich, daß er für die Beerdigung gesorgt hatte, mein Freund Otakar war einsam dabeigewesen). Ich weiß nicht, wie ich aus der Vermittlung wieder hinauskam, die Krücken des Mädchens gaben ein schrecklich kratzendes Geräusch von sich, ich fühlte mich leer, und die Welt, in der ich fortan zu leben geglaubt hatte, war nicht mehr dieselbe.

Nachdem drei Gendarmen der älteren Generation mit wenig Illusionen eingetroffen und die Polizeistation übernommen hatten, fand ich es an der Zeit, nach Hause zu gehen. Ich packte eine kleine Tasche und mein neues Radio, verabschiedete mich von den mütterlichen Köchinnen, die sich um ihre Zukunft sorgten, und marschierte drei oder vier Stunden nach Süden bis zum nächsten Bahnhof, von dem hin und wieder Züge nach Prag abgingen. Die Straße war vielbefahren: Lastwagen mit zurückkehrenden kahlgeschorenen ehemaligen Häftlingen, tschechische Arbeiter, die aus Deutschland kamen, die unvermeidlichen ungarischen Honvéds, deutsche Flüchtlinge ohne Ziel; und in den Straßengräben ausrangierte Waffen, ausgebrannte Wehrmacht-Autos, ein totes Pferd mit erigiertem Penis. In einem U.S.-Army-Mantel ungewisser Herkunft, auf dessen Rücken aber die drei großen weißen Buchstaben POW prangten, fuhr ich in einem Bummelzug nach Hause. Vor dem Bahnhof in Prag, demselben, von dem ich fünf Monate zuvor abgereist war, stieg ich einfach in die Tram Nummer 14, der Schaffner warf einen Blick auf meinen historischen Mantel und fragte nicht nach der Fahrkarte. Von der Haltestelle an der Vodičkova waren es nur noch ein paar Schritte bis zur Pričná-Straße, und als ich an der Tür läutete, erkannten mich alle sofort. Mein Vater war da, immer noch ein wenig hinkend, Tante Irma, die kurz zuvor aus dem befreiten Theresienstadt zurückgekehrt war, bleich, aber munter wie eh und je, und später kam Onkel Karl, ein wenig abgezehrt nach drei Jahren in der Theresienstädter Festung und im Dresdener Gefängnis; und aus der Speisekammer tauchten zwei Polinnen auf, die mit irgend jemandes Empfehlung gekommen waren und nach Warschau weiterwollten. Es gab viel zu bereden: meine Mutter, Großmutter, Onkel Karel, seine Frau und der jüngere Sohn, die in den Gaskammern umgekommen waren, W. W. und die Anfang Mai hingerichtete Elisabeth. Tante Irma überreichte mir ein Geschenk aus dem Theresienstädter Warenlager – schließlich stand der Sommer vor der Tür. Es war ein altmodischer Badeanzug, der mir infolge eines starken Desinfektionsmittels bald einen Hautausschlag verursachte, doch mir gute Dienste leistete, denn ich verbrachte all diese Sommertage auf den Schwimmflößen in der Moldau, direkt unterhalb des Nationaltheaters, halb betäubt von der Vergangenheit und der Gegenwart, in Gedanken aber bei meinem Philosophiestudium, mit dem ich beginnen wollte, sobald die Universität ihren Betrieb wiederaufnahm.

Bibliographie

Zu den allgemeinen Werken, die ich am meisten schätze, zählen

J. W. Brügel, *Tschechen und Deutsche* (München 1967)

G. E. R. Gedye, *Betrayal in Central Europe: Austria and Czechoslovakia* (New York 1939)

Eva Hahnová, *Sudetoněmecký problém: Obtížné loučení s minulostí* (Praha 1996)

J. K. Hoensch, *Geschichte Böhmens* (München 1993)

Hillel J. Kieval, *The Making of Czech Jewry: National Conflict and Jewish Society in Bohemia 1870–1918* (Oxford 1988)

Jan Křen, *Konfliktní společenství: Češi a Němci 1780–1918* (Praha 1990)

Emanuel Rádl, *Válka Čechů s Němci* (Praha 1928)

Samuel Harrison Thompson, *Czechoslovakia in European History* (Hamden, Conn., 2. Aufl. 1965)

Christian Willars, *Die böhmische Zitadelle* (München 1965)

Elizabeth Wiskemann, *Czechs and Germans* (Oxford, 2. Aufl. 1967)

Zdenûk Zeman, *The Break-up of the Habsburg Empire* (Oxford 1963).

1. Der Einmarsch

a. Die Tschechoslowakei, die Zweite Republik und die Errichtung des Protektorats

Heinrich Bodensieck, »Die Politik der Zweiten Tschecho-Slowakischen Republik«, in: *Zeitschrift für Ostforschung* 6 (1967), 54–71.

Jan Gebhard und Jan Kuklík, *Druhá Republika 1938–1939: Svár demokracie a totality* (Praha/Litomyšl 2004). Eine grundlegende Analyse.

Jan Holzer, »Stranický systém druhé republiky. Úvod do komparace stranických systémů«, in: *Politologický časopis* 4 (1997), 330–351.

George Kennan, *From Prague after Munich* (Princeton 1968).

Callum MacDonald und Jan Kaplan, *Prague in the Shadow of the Swastika: A History of the German Occupation 1939–1945* (Wien 2001). Bemerkenswerte fotografische Dokumente.

Victor Mamatey und Radomír Luža, Hg., *A History of the Czechoslovak Republic 1918–1938* (New York 1973).

Vojtěch Mastný, *The Czechs under Nazi Rule: The Failure of National Resistance 1939–1942* (New York/London 1971).

Milan Nakonečný, *Vlajka: K historii a ideologii českého nationalismu* (Praha 2001).

Tomáš Pasák, *Český fašismus-kolaborace: 1922–1945* (Praha 1999). Äußerst aufschlußreich.

–, »Vstup německých vojsk na české území v roce 1939«, in: *Československý časopis historický* 17 (1969), 161–183.

Theodor Procházka, *The Second Republic: The Disintegration of Post-Munich Czechoslovakia* (New York 1981).

Jan Rataj, »Český antisemitismus v proměnách let 1918–1945«, in: *Židé v české a polské občanské spolecnosti: Sborník přednášek* (Praha 1999).

–, *O autorititivní národní stát: Ideologické proměny české politiky v Druhé republice 1938–1939* (Praha 1997).

Telford Taylor, *Munich: The Price of Peace* (New York 1979).

b. Die Flüchtlingsfrage und das
Ende der deutschen liberalen Institutionen in Prag

Peter Becher, »Metropole des Exils. Prag 1933–1939«, in: *Exilforschung: Internationales Jahrbuch* (hg. v. C. D. Krohn und Lutz Winckler) 20 (2002), 159–177.

Miroslav Beck, Květuše Hyršlová, Gabriela Veselá und Jiří Veselý, Hg., *Azyl v Československu 1933–1938* (Praha 1983). Steht der offiziellen Lesart nahe, enthält jedoch eine vollständige Liste deutscher Intellektueller, die als Flüchtlinge nach Prag kamen.

Walter A. Berendsohn, *Die humanistische Front* (Zürich 1926).

Fini Brada, »Emigration to Palestine«, in: *The Jews of Czechoslovakia* II (New York 1971), 589–598.

Bohumil Černý, *Most k novému životu: Německá emigrace v ČSR v letech 1933–1939* (Praha 1968).

–, »Emigrace židů z českých zemí v letech 1938–1941«, in: *Češi a svět. Sborník k pětasedmdesatinám Ivana Pfaffa* (2000), 181–189.

Drehscheibe Prag: Deutsche Emigranten 1933–1939. Ausstellungskatalog, hg. v. Peter Becher und Sigrid Canz (München 1989).

Manfred George, »Refugees in Prague«, in: *The Jews of Czechoslovakia* II (1971), 582–588.

Kurt R. Grossmann, »Refugees to and from Czechoslovakia«, in: *The Jews of Czechoslovakia* II (1971), 565–581. Vorzüglicher Überblick.

Klaus Jarmatz, *Literatur im Exil* (Berlin-Ost 1966).

Ivan Pfaff, »Německá kultura v českém exilu 1933–1958«, in: *Svědectví* 18 (1983), 70–83.

Das melancholische Buch über das Hinscheiden der deutschen liberalen Institutionen in Prag wurde noch nicht geschrieben. Quellen dafür wären, was das Theater betrifft, die Essays von Veronika Ambrož (Toronto), Adolf Scherl (Prag) und Vlasta Reitterová (Prag-Wien), in: *Deutschsprachiges Theater in Prag*, hg. v. Alena Jakubcová, Jitka Ludvová und Václav Maidl (Praha 2001); und zur Universität: Alena Míšková, *Německá (Karlova) univerzita od Mnichova k 9. květnu 1945* (Praha 2002), insbesondere die Seiten 37–76 und 193–220.

Die Pionierarbeit von Pavel Doležal, seine Dissertation »Tomáš G. Masaryk, Max Brod und das Prager Tagblatt: 1918–1938. Deutsch-tschechische Annäherung als publizistische Aufgabe« (Frankfurt/M. 2004) befaßt sich mit den glorreichen Tagen des *Prager Tagblattes*; hinsichtlich der Agonie der *Prager Presse*, der *Bohemia* und des *Prager Tagblattes* sei auf späteres Archivmaterial verwiesen, insbesondere die Ausgaben vom 31. Dezember 1938 und, im Zusammenhang mit dem *Prager Tagblatt*, vom 15. März bis Anfang April 1939.

c. Biographische Werke

Václav Michálek, *Prezident v zajetí. Život, činy a kříž Emila Háchy* (Praha 1998). Defensiv.

Tomáš Pasák, *JUDr. Emil Hácha: 1938–1945* (Praha 1997). Konzentriert sich auf Háchas Amtszeit als Präsident, informativ.

Dušan Tomášek/Robert Kvaček, *Causa Emil Hácha* (Praha 1995).

*

Antonín Klimek/Petr Hoffmann, *Vítěz, který prohrál. Generál Radola Gajda* (Praha 1995).

II. Der Beginn des Protektorats: 1939 bis 1941

a. Neurath und die ersten Demonstrationen
gegen die Okkupation

Stanislav Biman, »17. listopad«, in: *Dějiny a současnost* 8 (1966), 17–20.

Heinz Boberach, Hg., *Meldungen aus dem Reich: Auswahl aus den Geheimen Lageberichten der SS 1939–1944* (Neuwied/Berlin 1965).

Detlef Brandes, *Die Tschechen unter deutschem Protektorat* (München/ Wien 1969–1975), 2 Bände. Auswertung des Archivmaterials. Eine meisterhafte Analyse, die den Schwerpunkt auf das Nebeneinander von Tschechen und Deutschen legt. Band 1: *Besatzungspolitik, Kollaboration und Widerstand im Protektorat Böhmen und Mähren bis zu Heydrichs Tod (1939–1942)*.

Jan Gebhart und Jan Kuklik, *Dramatické i všední dny Protektorátu* (Praha 1996).

John L. Heinemann, *Hitler's First Foreign Minister: K. v. Neurath* (Stanford 1979). Äußerst aufschlußreich.

Josef Leikert, *Černý pátek sedmnactého listopadu* (Praha 2000). Unabhängige Forschungsarbeit, unentbehrlich.

Vojtěch Mastný, »Design or Improvisation: The Origins of the Protectorate of Bohemia and Moravia in 1939«, in: *Columbia Essays in Foreign Affairs*, hg. v. A. W. Cordier (New York 1966), 127–153.

Horst Naude, *Erkenntnisse und Erlebnisse. Als politischer Beobachter im Protektorat Böhmen und Mähren* (München 1965). Ein anderer Blickwinkel.

Karel Polák, »Máchův návrat«, in: *Kritický měsíčník* 2 (1939), 265–266.

Josef Polišenský, »28. říjen a 17. listopad, persekuce českého studentstva«, in: *Sedmnáctý listopad* (Praha 1959), 33–46.

Gustav von Schmoller, »Die deutschen Vergeltungsmaßnahmen nach den tschechischen Studentendemonstrationen in Prag im Oktober und November 1939«, in: *Vierteljahreshefte für Zeitgeschichte* 27 (1979).

Volker Zimmermann, *Die Sudeten im NS-Staat. Politik und Stimmung der Bevölkerung im Reichsgau Sudetenland* (Essen 1999).

b. Die Entstehung des Widerstands

Arnošt Bareš und Tomáš Pasák, »Odbojová organizace Zdenka Schmoranze«, in: *Historie a vojenství* 7 (1968), 1003–1033.

Jiří Doležal und Jan Křen, *Czechoslovakia's Fight 1938–1945. Documents on the Resistance Movement of the Czechoslovak People* (Praha 1964).

František Fuchs, »Die tschechisch-jüdische Widerstandsbewegung in Theresienstadt«, in: *Theresienstädter Studien und Dokumente*, hg. v. M. Kárný, R. Kemper und M. Kárná (Prag 1997).

Jaroslav Jelínek, *PÚ – Politické ústředí domácího odboje* (Praha 1947).

Radomír Luža, »The Czech Resistance Movement«, in: *A History of the Czechoslovak Republic 1918–1948*, hg. v. Mamatey/Luža (Princeton 1973), 343–361. In Ermangelung neuerer Forschung ist dieser Essay wahrscheinlich der aufschlußreichste.

Odboj a revoluce. Nástin dějin českého odboje (Praha 1965).

Gordon H. Skilling, »The Czechoslovak Struggle for National Liberation in World War II«, in: *Slavonic and East European Review* 29 (1960), 174–197. Ein hilfreiches Panorama.

Jan Boris Uhlíř, *Ve stínu říšské orlice: Protektorát Čechy a Morava: odboj a kolaborace* (Praha 2003).

c. Meine jüdische und ladinische Familiengeschichte

Die Juden in den böhmischen Ländern, Kolloquium Bad Wiessee (München 1983).

Wilma Iggers, Hg., *Die Juden in Böhmen und Mähren* (München 1986). Siehe insbesondere die Seiten 90–102, 214–221, 252–293 und die Essays von Ruth Kestenberg (161–200), Gustav Otruba (209–268) und Ladislav Lipscher (269–290).

Kde domov můj/Wo ist mein Heim? Ausstellungskatalog, hg. v. Helmut Köser. Vgl. *The Brod Family*, 154–158.

Jana Svobodová und Helena Krejčová, »Sociální a demografická struktura pražského židovského obyvatelstva v Praze a její proměny v letech 1938–1945«, in: *Postavení a osudy židovského obyvatelstva v Čechách a na Moravě v letech 1939–1945* (Praha 1998), 50–85.

Rudolf M. Wlaschek, *Biographia Judaica Bohemiae* (Darmstadt 1995), S. 28 (Fritta und Leo Brod).

*

Marina Demetz, *Hausierhandel, Hausindustrie und Kunstgewerbe im Grödental* (Innsbruck 1987).

Gröden, der Grödner und seine Sprache. Von einem Einheimischen (Bozen 1864, Neuauflage 1998).

Christoph Perathoner, *Die Dolomitenladiner 1848–1918* (Bozen 1998).

Kajus Perathoner, Adolf Andres Kostner und Lois Craffonara, *Ladinisches Vermächtnis* (Bozen 1980).

Cesare Poppi, *Ladins: People of the Pale Mountains* (Dublin 2001).

d. Fragen der »kulturellen Autonomie« und literarische Diskussionen

Václav Černý, »Největší z pierotů«, in: *Kritický měsíčník* 2 (1939), 447–455.

František Červinka, *Česká kultura za okupace* (Praha 2002).

Jiří Doležal, *Česká kultura za protektorátu: školství, písemnictví, kinematografie* (Praha 1996). Umfassend und ausgesprochen hilfreich.

František Kožík, *Největší z pierotů* (Praha 1939; in englischer Übersetzung von Dora Round, New York 1940).

–, *Vzpomínky* (Praha 1995).

Antonín Měšťan, *Geschichte der tschechischen Literatur des 19. und 20. Jahrhunderts* (Köln/Wien 1984), insbesondere 309–350.

Arne Novák, *Czech Literature* (aus dem Tschechischen von Peter Kussi). Herausgegeben und mit einem Anhang versehen von William E. Harkins (Ann Arbor 1976), insbesondere 327–338.

Václav Poláček, *Kniha a národ 1939–1945* (Praha 2004).

Albert Pražák, »Co dělat«, in: *Kritický měsíčník* 2 (1939), 273–276. Eine Polemik wider den Historizismus.

e. Antijüdische Maßnahmen und Vorgehensweisen, Rationierung

Christopher R. Browning (unter Mitwirkung von Jürgen Matthäus), *The Origins of the Final Solution: The Evolution of Nazi Jewish Policy: September 1939–March 1942* (Lincoln, Neb., Yad Hashem, Jerusalem 2004).

Helena Krejčová und Anna Hyndráková, »Postoj Čechů k židům: Z politického zpravodajství okupační správy a protektorátního tisku v letech 1939–1941«, in: *Soudobé dějiny* 2 (1995), 578–605.

Helena Petrův, *Postavení židů v Protektorátu Čechy a Morava* (Praha 2000). Sehr hilfreich und detailliert.

*

Marie Durmanová, »Řízené hospodářství a správa Ústředního svazu průmyslu za nacistické okupace«, in: *Sborník archívních prací* 16 (1966), 366–396.

Food, Famine, and Relief 1940–1946 (Genf 1946).

Václav Král, *Otázky hospodářského a socialního vývoje v českých zemích v letech 1938–45* (Praha 1957–1959). 3 Bände. Enthält eine Fülle von statistischen Daten und ist streng stalinistisch ausgerichtet.

Václav Průcha, »Základní rysy válečného řízeného hospodařství v českých zemích v letech nacistické okupace«, in: *Historie a vojenství* 15 (1967), 215–239.

Alice Teichová, »The Protectorate of Bohemia and Moravia; The Economic Dimension«, in: *Bohemia in History*, hg. v. Mikulas Teich (Cambridge 1998).

Die Angaben über die Einführung der Rationierung stammen aus dem Archiv der *Národni politika/Nationalpolitik* (einer Prager Tageszeitung) vom 10. September bis zum 7. November 1939.

III. Terror und Widerstand

a. Die Geschichte Reinhard Heydrichs

Shlomo Aronson, *Reinhard Heydrich und die Frühgeschichte von Gestapo und SD* (Stuttgart 1991).

Edouard Calic, *Heydrich – L'homme-clef du IIIième Reich* (Paris 1982).

Mario R. Dederichs, *Heydrich: Das Gesicht des Bösen* (München 2005).

Günther Deschner, *Reinhard Heydrich: Statthalter der totalen Macht* (Esslingen 1977). Die hilfreichste biographische Studie.

G. S. Graber, *The Life and Times of Reinhard Heydrich* (London 1981).

Lina Heydrich, *Leben mit einem Kriegsverbrecher* (Pfaffenhofen 1976). Die Gattin erzählt.

Charles Whiting, *Reinhard Heydrich: Henchman of Death* (Barnsley 1999). Hilfreich.

Alan Wykes, *Heydrich* (New York 1973).

393

b. Protektoratsjazz

Lubomír Dorůžka und Ivan Poledňák, *Československý jazz: Minulost a přítomnost* (Praha/Bratislava 1967). Reich bebildert.

Václav Holzknecht, *Jaroslav Ježek a Osvobozené divadlo* (Praha 1957).

Josef Kotek und Jaromír Hořec, *Kronika české synkopy* (Praha 1990). Besonders wichtig die Seiten 9–96, »Swing unter dem Hakenkreuz«, mit fotografischen Dokumenten aus Theresienstadt.

Eine Anthologie des tschechischen Jazz der Jahre 1920 bis 1965. Supraphon DV (1965), 10177 – 8H, arrangiert von I. Poledňák und Zbyněk Mácha.

R. A. Dvorský und seine Melody Boys. Arrangiert von Miroslav Černý. Ultraphon (1986), SU 5127–2–301.

Karel Vlach se svým orchestrem. Supraphon Trezor 10 1587–2–311.

c. Jiří Orten

Jiří Orten, *Elegie/Elegien*. Übersetzt von Lyn Coffin unter Mithilfe von Eva Eckert (Washington, D.C., 1980). Enthält ein nützliches Vorwort von George Gibian.

Ivan Diviš, »Ortenovy Elegie«, in: *Slovem do prostoru* (Bratislava 1993).

Jan Grossmann, *Nad dílem Jiřího Ortena. Mladá Fronta* (Praha), 8.6.1945.

Josef Kocián, *Jiří Orten* (Praha 1966).

d. Milena Jesenská

Alles ist Leben, hg. v. Dorothea Rein (Frankfurt/M. 1996).

The Journalism of Milena Jesenská. A Critical Voice in Central Europe, herausgegeben und ins Englische übersetzt von Kathleen Hayes (New York 2003).

Přes naše síly: Češi, Židé a Němci (Olomouc 1997). Eine Anthologie ihrer Werke.

Margarete Buber-Neumann, *Milena: Kafkas Freundin* (München 1977).

Jana Černá, *Milena Jesenská* (Frankfurt/M. 1985). Erinnerungen von Milenas Tochter.

Franz Kafka, *Briefe an Milena* (Frankfurt/M. 1966).

Marta Marková-Kotyková, *Mýtus Milena* (Praha 1993). Milena ohne Legenden.

Alena Wagnerová, *Milena Jesenská. Biographie* (Mannheim 1994).

e. Hans W. Kolben

Jindřich Kolben, Jan Havelka, Václav Daněk und Vladimír Žák, *Přiběh rodiny Kolbenů* (Praha 2000).

Ruth V. Gross, *»Plan« and the Austrian rebirth: Portrait of a Journal* (Columbia, S.C., 1982).

Jürgen Serke, *Böhmische Dörfer: Wanderungen durch eine verlassene literarische Landschaft* (Wien/Hamburg 1987), 450.

f. Heydrichs Politik

H. G. Adler, *Theresienstadt 1941–1945. Das Antlitz einer Zwangsgemeinschaft*. Mit einem Vorwort von Jeremy Adler (Göttingen 2005, 1. Aufl. 1955).

Michael Berenbaum und Abraham Peck, Hg., *The Holocaust and History* (Bloomington 1998).

Detlef Brandes, *Die Tschechen unter deutschem Protektorat. Band 2: Besatzungspolitik, Kollaboration und Widerstand im Protektorat Böhmen und Mähren von Heydrichs Tod bis zum Prager Aufstand* (München/Wien 1975).

George C. Browder, *Hitler's Enforcers. The Gestapo and the SS Security Service in the Nazi Revolution* (New York/Oxford 1996).

Jaroslava Eliášová und Tomáš Pasák, *Heydrich do Prahy, Eliáš do vězení* (Praha 2002). Erinnerungen der Witwe Eliáš'.

Saul Friedländer, *Das Dritte Reich und die Juden: Die Jahre der Verfolgung* (München 2000).

Miroslav Kárný mit Jaroslava Milotová und Margita Kárná, Hg., *Deutsche Politik im »Protektorat Böhmen und Mähren« unter Reinhard Heydrich 1941–1942* (Berlin 1997).

Alena Míšková, *Německá (Karlova) univerzita od Mnichova do 9. května 1945* (Praha 2002), insbesondere 125–192 über die Heydrich-Stiftung.

Tomáš Pasák, *Generál Eliáš a odboj: Jeden český osud* (Praha 1996).

Tomáš Pasák, »Problematika protektorátního tisku a formování tzv. skupiny aktivistických novinářů na počátku okupace«, in: *Příspěvky k dějinám KSČ* 1 (1987), 52–80.

Livia Rothkirchen, *The Jews of Bohemia and Moravia: Facing the Holocaust* (Lincoln, Neb., und Jerusalem 2005).

g. Der Fall Emanuel Moravec
und die neue Regierung

Jiří Pernes, *Až na dno zrady: Emanuel Moravec* (Praha 1997). Detaillierte Biographie.

Dušan Tomášek und Robert Kvaček, *Obžalovaná je vláda* (Praha 1999). Die letzte Protektoratsregierung vor Gericht.

h. Thalia, zweigeteilt

Richard Billinger, *Die Hexe von Passau. Schauspiel in sechs Aufzügen und einem Vorspiel* (Berlin 1935).

Franz Hauptmann, *Die Entscheidung* (Eirich, Wien o.J.).

Vítězslav Nezval, *Manon Lescaut* (Praha, 13. Aufl. 1946).

František Zavřel, *Fortinbras. Roman* (Praha, 2. Aufl. 1930), zweiter Teil (Praha 1934).

–, *Polobozi. Dramatická pentalogie* (Praha 1941).

i. Das Theater in Theresienstadt

František Černý, Hg., *Theater/Divadlo. Vzpomínky českých divadelníků na německou okupaci a druhou světovou válku* (Praha 1965).

František Červinka, *Česká kultura a okupace* (Praha 2000), insbesondere 84–116.

Hans Demetz, *Geschichte des Prager deutschen Theaters*, XI. Teil: 1939–1944, 216 Manuskriptseiten, aufbewahrt im Prager Theaterinstitut.

Joža Karas, *Music in Terezín 1940–1945* (New York 1985). Umfassende, herausragende Bibliographie.

Eva Šormová, *Divadlo v Terezíně 1941–1945* (Ústi n./L. 1973).

Bořivoj Srba, »Z osudu českých divadel za nacistické okupace«, in: Artur Závodský, Hg., *Otázky divadla a filmu/ Theatralia et Cinematographica* (Brno 1971), II, 191–234.

j. Heydrichs Tod

Alan Burgess, *Seven Men at Daybreak* (London 1960).

Hellmut G. Haasis, *Tod in Prag: Das Attentat auf Reinhard Heydrich* (Reinbek 2000).

Miroslav Ivanov, *Atentát na Reinharda Heydricha* (Praha, 5. Aufl. 1987). Fakten und Fiktion.

Callum MacDonald, *The Killing of the SS Obergruppenführer Reinhard Heydrich: 27 May 1942* (London 1990).

Richard Ströbinger, *Das Attentat von Prag. Reinhard Heydrich, Statthalter Hitlers. Seine Herrschaft und die Hintergründe seines Todes* (Bergisch Gladbach 1976).

Jan G. Wiener, *The Assassination of Heydrich* (New York 1969).

*

Hangmen Also Die (Hollywood 1943). Film von Fritz Lang, Drehbuch (teilweise) von Bertolt Brecht.

Hitler's Madman (Hollywood 1943). Regie: Douglas Sirk, mit John Carradine als Heydrich.

IV. Das Ende des Protektorats

a. K. H. Frank

Ernst Frank, *K. H. Frank. Staatsminister im Protektorat* (Heusenstamm 1971). Erinnerungen seines Bruders.

Miloslav Mouliš und Dušan Tomášek, *K. H. Frank: Vzestup a pád karlovarského knihkupce* (Praha 2003).

Marlis Steinert, *Die 23 Tage der Regierung Dönitz* (Düsseldorf/Wien 1967).

Zpověď K. H. Franka-Český národ soudí K. H. Franka (Praha 1947). Prozeßakten, herausgegeben vom Informationsministerium.

b. Prager Filme: Die Jahre der Okkupation

Luboš Bartošek, *Náš film 1896–1945* (Praha 1985). Vollständige Übersicht, allerdings eng an den offiziellen Standpunkt angelehnt.

Petr Bednařík, *Arizace české kinematografie* (Praha 2003). Herausragende Analyse.

Český hraný film II 1930–1945/Czech Feature Film II 1930–1945 (Praha 1998). Ein Repertoire sämtlicher tschechischer Filme aus der Zeit, herausgegeben auf tschechisch und englisch vom Nationalen Filmarchiv.

Boguslaw Drewniak, *Der deutsche Film 1938–1945* (Düsseldorf 1987). Hitlers Lieblingsfilme finden sich auf den Seiten 632–45.

Václav M. Havel (sen.), *Mé vzpomínky* (Praha 1993).

Helena Krejčová, »›Jsem nevinen‹: Süss, Harlan, Čáp, a jiní«, in: *Iluminace* 5 (1993), 65–97.

Stanislav Motl, *Mraky nad Barrandovem* (Praha 2006).

Ladislav Pištora, »Filmoví návštěvníci a kina na území české republiky«, in: *Iluminace* 8 (1996), 35–59.

Hans Dieter Schäfer, *Das gespaltene Bewußtsein. Deutsche Kultur und Lebenswirklichkeit 1933–1945* (München 1981).

Joseph Wulf, *Theater und Film im Dritten Reich* (Gütersloh 1965). Offizielle Dokumente.

*

Lída Baarová, *Života sladké hořkosti* (Praha 1991). Memoiren.

Aleš Cibulka, *Nataša Gollová – Život tropí hlouposti* (Praha 2002). Biographie.

Vladimír Just, *Vlasta Burian: Mysterium smíchu* (Praha 1993). Ausgewogene Biographie.

Adina Mandlová, *Dnes už se tomu směju* (Praha 1990). Die Memoiren der Diva.

c. Der Prager Aufstand

Stanislav Auský, *Vojska generála Vlasova v Čechách* (Praha 1992; russische Ausgabe San Francisco 1982).

Karel Bartošek, *The Prague Uprising* (Praha 1965). Eine konformistische Interpretation des Aufstands als »demokratischer Revolution des Volkes«.

Stanislav Kokoška, *Praha v květnu 1945. Historie jednoho povstání* (Praha 2005). Ausgewogene Analyse.

Stanislav und Jaroslav Kokoška, »Česká národní rada a vojenská příprava květnoveho povstání«, in: *Historie a vojenství* 39 (1990), 3–16.

Radomír Luža, »The Liberation of Prague: An American Blunder?«, in: *Kosmas* 3 (1984), 41–57.

Albert Pražák, *Politika a revoluce* (Praha 2005). Erinnerungen.

Pražské povstání 1945 (Washington, D.C., 1965). Die liberale und sozialdemokratische Sicht. Mit Beiträgen von Otakar Machotka, Josef Kotrlý und anderen. Wichtig.

d. Revolutionäre Vergeltung?

Eduard Beneš, *Demokracie dnes a zítra* (London 1941–1942), 2 Bde.

–, *Paměti* (Praha 1941).

Wenzel Jaksch, *Europas Weg nach Potsdam. Schuld und Schicksal im Donauraum* (Stuttgart 1958).

Jan Masaryk, *Ani opona, ani most* (Praha 1947).

Přemysl Pitter, *Unter dem Rad der Geschichte* (Zürich/Stuttgart 1970).

*

Detlef Brandes, *Der Weg zur Vertreibung 1938–1945* (München 2001).

Tomáš Brod, *Osudný omyl Edvarda Beneše. Československá cesta do sovětského područí* (Praha 2002).

Benjamin Frommer, *National Cleansing: Retribution against Nazi Collaborators in Postwar Czechoslovakia* (Cambridge 2005). Bahnbrechende Analyse.

Erich Kulka, *Židé v československé armádě na Západě* (Praha 1992).

Radomír Luža, *The Transfer of the Sudeten Germans* (New York 1964).

Tomáš Pasák, *Život pro druhé. Česko-německé soužití v díle Přemysla Pittra* (Praha/Litomyšl 1997).

Tomáš Staněk, *Německá menšina v českých zemích 1948–1989* (Praha 1993).

Alena Wagnerová, *Odsunuté vzpomínky* (Praha 1993).